The Superspeed Remember Method

집중력과 기억력 향상

신비한 뇌의 능력

특기적성 지도교사 저자 공개 세미나 손동조 원장

실전 훈련을 위한 지도 방법 설명

교보문고 기억법 공개 세미나 손주남 원장

대전 공개 강좌 교사 세미나 손동조 원장

지도교사 실전 교육 과정

일반인 기억·속독 공개강좌 손동조 원장

기억과 속독의 이해

초기억법의 세계

기억법과 속독법으로 천재 만들기

두뇌 훈련으로 집중력 향상 교육

대전 학부모 기억술 공개 세미나 손동조 원장

지도자 과정 실전 교육 저자직강

중학교 속독 기억의 공부 기술
저자 손동조 원장 공개 강좌

속독의 이해와 훈련 방법

방과후 지도교사 저자 공개 세미나 손동조 원장

우등생의 비결은 기억술

일반인 기억·속독 공개 강좌 손동조 원장

교보문고 기억법 공개 세미나 손주남 원장

숫자와 글자 공식의 해설

영풍문고 공개 세미나 저자 특강 손동조 원장

교보문고 기억법 공개 세미나 손동조 원장

공간 위치와 결합의 이해

중학교 속독법 공개 강좌 저자 초빙 손동조 원장

속독과 안구 운동 글자 인지

기억법으로 잠재력 계발

마인드 속독법 실전 훈련 교육 손동조 원장

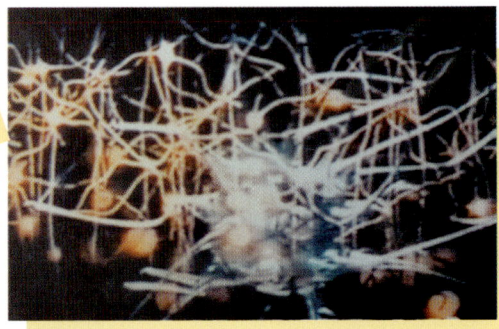
기억법 훈련으로 집중력과 인지 능력 향상

김해 학부모 암기법 공개 세미나 손주남 원장

기억의 원리 이해

출판 기념 2003년 4월 부산 공개 세미나
저자 손동조 원장

시야 확대 훈련과 주변 시야 인지

뇌의 신비와 두뇌개발

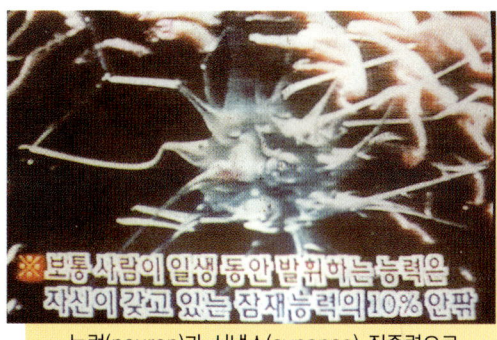

뉴런(neuron)과 시냅스(synapse) 집중력으로 잠재력 개발

성인 뇌 속에 5,000조 개의 시냅스
시냅스는 뉴런과 뉴런을 연결하는 접합부

출간 기념 2003년 4월 부산 공개 세미나
저자 손동조 원장

서울 교보문고 기적의 암기 비법 공개 세미나
손동조 원장

고등학교 저자 기억술 특강 손동조 원장

두뇌와 잠재력 개발의 이해

속독 기억법으로 공부기술 익히기

한국두뇌개발교육원 속독법·기억법 손동조 원장

다독을 위한 속독의 이해

단시간에 많은 정보 습득

대구 학부모 공개 세미나 손동조 원장

속독 기억의 공부기술 저자 손동조 원장 공개 강좌

고등학교 저자 초청 특강 손주남 원장

컴퓨터와 두뇌의 비교

0의 장(場) 공부방

3의 원리	좌(左)	중(中)	우(右)
상(上)	1. 책꽂이	4. 안경	7. 화병
중(中)	2. 국어사전	5. 연필	8. 컴퓨터
하(下)	3. 서랍	6. 슬리퍼	9. 휴지통

10의 장(場) 십자수

3의 원리	좌(左)	중(中)	우(右)
상(上)	11. 색실	14. 머리핀	17. 안테나
중(中)	12. 실 바구니	15. 바늘	18. TV
하(下)	13. 가위	16. 수틀	19. 리모컨

20의 장(場) 이정표

3의 원리	좌(左)	중(中)	우(右)
상(上)	21. 밀짚모자	24. 소	27. 갓
중(中)	22. 핸들	25. 농부	28. 봇짐
하(下)	23. 페달	26. 마차	29. 짚신

30의 장(場) 삼일절

3의 원리	좌(左)	중(中)	우(右)
상(上)	31. 무궁화꽃	34. 국기봉	37. 머리
중(中)	32. 무궁화잎	35. 태극기	38. 치마
하(下)	33. 줄기	36. 깃대	39. 고무신

40의 장(場) 사냥

3의 원리	좌(左)	중(中)	우(右)
상(上)	41. 새부리	44. 총알	47. 개머리
중(中)	42. 새날개	45. 총	48. 개꼬리
하(下)	43. 새꼬리	46. 탄띠	49. 개다리

50의 장(場) 오토바이

3의 원리	좌(左)	중(中)	우(右)
상(上)	51. 모자	54. 거울	57. 헬멧
중(中)	52. 장갑	55. 라이트	58. 재킷
하(下)	53. 고무장화	56. 타이어	59. 가죽부츠

60의 장(場) 육상경기

3의 원리	좌(左)	중(中)	우(右)
상(上)	61. 물병	64. 머리띠	67. 호루라기
중(中)	62. 물컵	65. 배턴	68. 깃발
하(下)	63. 테이블	66. 반바지	69. 운동화

70의 장(場) 북두칠성

3의 원리	좌(左)	중(中)	우(右)
상(上)	71. 아이 손	74. 망원 렌즈	77. 별
중(中)	72. 색연필	75. 손잡이	78. 달
하(下)	73. 화판	76. 받침대	79. 산

80의 장(場) 팔씨름

3의 원리	좌(左)	중(中)	우(右)
상(上)	81. 트로피	84. 이마의 땀	87. 카드
중(中)	82. 상장	85. 의자	88. 명찰
하(下)	83. 상품	86. 의자 다리	89. 수건

90의 장(場) 구명 보트

3의 원리	좌(左)	중(中)	우(右)
상(上)	91. 구름	94. 물안경	97. 선장 모자
중(中)	92. 수영 모자	95. 튜브	98. 확성기
하(下)	93. 오리	96. 물고기	99. 밧줄

ESP 집중력 테스트

① 책꽂이	②	③	⑤
⑦	⑧	⑨	⑪ 색실
⑬	⑭	⑯ 수틀	⑱
⑲ 리모컨	㉒	㉓	㉔
㉖	㉘ 봇짐	㉙	㉛
㉝	㉞	㊱	㊲ 머리
㊳	㊶	㊷ 새날개	㊺
㊻ 탄띠	㊼	㊾	52 장갑
54	56 타이어	57	58
59	61	62 물컵	63
66	68	69	73 화판
74 망원 렌즈	75	76	78
79	81 트로피	82	83
85	86	87 카드	91
94	96	97	99 밧줄

※ 장의 그림을 본 후 빈 칸에 알맞은 단어를 채우시오.

기억법 공식 훈련 학습법 가이드

초스피드 기억법

    한국두뇌개발교육원 손 동 조 지음
한국최초기억법창안자 손 주 남 감수

www.cyber.co.kr

머리말

천재는 보통사람보다 집중하여 정신을 더 많이 쓰고, 그것을 특별한 방법으로 이용하고 있습니다. 이것이 천재와 보통사람의 차이입니다.

이 특별한 방법과 몰입 수련을 통해 학습 능력을 배가시키기 위하여,

◇ **정신 집중** : 고도의 정신력 활용 천재 지능 개발로 칠판, 노트, 책의 내용을 한 번 읽으면 영화의 화면처럼 머리에 떠오르는 정신 공간 표출법을 활용하였습니다. 또한 잡념 없는 알파(alpha) 상태에서의 강의 청취법을 두뇌 공학으로 풀이하여 정신 통일을 생활화하도록 하였습니다.

◇ **기억 증진** : 옛 선인들의 참선 명상법을 과학화하여 통찰력 개발에 역점을 기울임으로써 정신 통일에 의한 뇌력 집중 상태에서 고도의 상상을 하여 누구나 5분만에 사물 100개씩을 기억할 수 있는 수련 방법을 실었습니다.

◇ **능률 학습** : 문장 기억, 논문 기억, 단어 기억, 이름 기억, 한자 기억 등 각 분야에 모든 학습을 수평적 사고(水平的 思考) 방법에 의하여 응용함으로써 입시, 승진, 모든 국가 시험에 활용할 수 있도록 창조적 학습 능력을 높이는 데 힘을 기울였습니다.

그리고 본 학습의 단계적 수련을 위하여,

천재 학습의 기법과 통찰력·공간력 개발, 그리고 공간 지각 능력을 향상시킴으로써 모든 기억에 자신감을 갖게 하는 능률 학습의 과정을 실었고, 집중력 향상을 위하여 기억회생 연상법을 실었습니다.

초스피드 기억법이 우리와 우리 후손의 소중한 보배가 되리라는 소신을 갖고, 두뇌 훈련과 학습 능력 향상 방법을 세상에 발표합니다.

저자 손동조

CONTENTS

제1편 기억법의 이해

제1장 초스피드 기억법의 이해 / 27

제2장 두뇌 훈련 / 47
- 우뇌와 좌뇌의 구조 / 48
- 뇌파 조절로 잠재력 개발 / 50
- 완전 학습·뇌의 작용 / 58
- 정신통일 이완 조절법 / 61
- 정신통일 몰입 수련 / 63

제2편 기억법의 실제

제3장 마인드 컨트롤 / 73
- 수면 조절(Sleeping Control) / 74
- 꿈 조절법 / 83

제4장 공간 지각 능력 / 93
- 형의 표상력 / 94
- 공간에 의한 기억 / 103
- 공간력 만드는 법 / 104

제5장 공간력 공식 / 109
- 장의 연상 결합 훈련 / 110
- 신체의 장 ①~⑳까지 / 120

제6장 공간력 조화 훈련 / 123
- 몰입 수련 / 124
- 공간력 조화 훈련 / 128
- 링크(link) 연상화 100개 기억 회생 실전 연습 / 158
- 링크(link) 연상화 130개 기억 회생 실전 연습 / 162
- 조선 27대 왕 기억 훈련 / 163
- 고구려 28대 왕 기억 훈련 / 166
- 고구려 28대 왕 기억술 공간력 활용 / 167
- 고구려 28대 왕 기억 조화 훈련 / 170

제7장 통찰력 구조화 활용 / 171
- 한글 가나다 공식 활용 / 172
- 00~01~09까지 응용 조화 훈련 / 174
- 글자 공식 도표 심상 수련 / 192
- 글자 활용 헌법 암기 초능력 공식 / 193
- 고시와 사시 패스의 지름길 / 194
- 한글 공식 100~999장까지 / 226
- 99단계 글자 공식으로 5분에 100단어 / 271

The Superspeed Remember Method

제8장 음의 감각도 / 275
- 음의 구성 원리 / 276
- 법률 논문 구조화 기억 / 281
- 법률 논문 구조화 / 285
- 손해 배상 구조화 / 287
- 60갑자 알면 암기 박사 된다 / 289
- 12지(支) 열 두 동물 기억 / 293
- 한글 문장을 초스피드로 기억한다 / 295
- 문장을 양적으로 처리하는 방법 / 297

제9장 초능력 숫자 암기법 / 307
- 글자 공식으로 익히는 초능력 숫자 암기법 / 308
- 한글로 100단위와 1000단위 숫자 만드는 법 / 309
- 낱말 공식으로 숫자를 글자로 변환(變換)하는 기억 훈련 1 / 312
- 낱말 공식으로 숫자를 글자로 변환(變換)하는 기억 훈련 2 / 315
- 숫자를 글자와 함께 조화를 시켜 성씨(姓氏) 기억 훈련 / 333
- 역사 연대와 사건 연상 조합 기억술 / 334
- 한글·공식 연상 조합법으로 역사 공부 뚝딱 / 336
- 교과서 내용 기억 훈련 / 357

제10장 문예동인지 연상 훈련 및 수의 신비 / 367
- 조화·연상 훈련으로 끝내는 1920년대 문단사 / 368
- 머릿속의 비밀 숫자를 훔친다 / 370
- 성경 자동 암기 기억법 / 374

제11장 영어 단어·문장 연상 기억법 / 387
- 영어 단어·문장 연상 기억법 / 388
- 줄줄이 건져 올리는 영어 단어 초기억법 / 424

제12장 초능력 기억법 / 435
- 부동산 중개업법 / 436
- 한글 자동 암기 공식으로 끝내는 초능력 계산법 / 447
- 한의대생을 위한 경혈 기억법 / 450

제13장 한자 연상 기억법 / 461
- 한자의 논리적 사고 / 462
- 한 자(字)를 알면 열 자(字)가 보인다 / 497
- 고사성어 뜻 연상 기억법 / 509
- 고사성어 뜻 기억하기 / 510

제 1 편

The Superspeed Remember Method
기억법의 이해

제1장 초스피드 기억법의 이해

제2장 두뇌 훈련

The Superspeed
Remember Method

제1장 초스피드 기억법의 이해

두뇌와 컴퓨터 비교

　인간이 이룩하는 과학 문명은 어디까지 발전할 것인가? 옛날 사람들은 상상조차 할 수 없는 무서운 힘이 오늘의 역사 속에 신비와 기적을 낳고 있다.
　1945년, 일본의 히로시마에 떨어진 원자 폭탄의 출현은 핵폭발이라는 무서운 공포의 전율을 남겼고, 1960년대에 미국의 아폴로호가 달나라를 정복하는 과학의 신비는 2000년대에 스타워즈의 실전을 눈앞에 보게 하였으며, 드디어 인간이 창조한 최대의 걸작 기계인 컴퓨터는 1980년대의 첨단 과학 기술이 이끄는 산업 세계의 독보적인 존재로 등장하게 되었다.
　원자 폭탄도, 아폴로호도, 컴퓨터도 인간의 두뇌가 창조한 것이며, 오늘의 정보 산업 세계에서 없어서는 안 될 컴퓨터의 신비한 회로의 원리도 알고 보면 우리 두뇌의 원리를 본땄을 따름이다.
　어떤 컴퓨터 학자가 인간처럼 생각하고, 창작하고, 오감을 통한 감정 작용과 기억을 담당할 컴퓨터의 제작 과정을 설계해 본 결과, 인간의 두뇌와 같은 컴퓨터를 제작하려면 그 컴퓨터의 크기는 지구만해야 한다는 것이었다. 그러고 보면, 우리는 지구만한 컴퓨터를 이고 다니는거나 다름이 없다.
　태초의 침묵에서 인간의 탄생, 창조는 그 자체로 신비라 할 수밖에 없다. 인간이 전지전능한 신의 능력을 대신할 수 있는 만물의 영장으로 탄생되고 이제 컴퓨터는 만물을 지배할 모든 정보 시스템을 갖추게 되었는데 이 컴퓨터가 바로 우리의 두뇌인 것이다.
　인간이 만든 최대의 기계가 컴퓨터인데, 신이 창조한 최대의 걸작 기계는 인간의 두뇌인 것이다. 컴퓨터의 조직은 두 가지 체계로 갈라진다.
　그 하나는 하드웨어(hardware), 다른 하나는 소프트웨어(software)이다.
　하드웨어는 조직 자체가 기능 자체를 말하는 것이다. 소프트웨어는 하드웨어에 기능을 주는 모든 기획 관리 경영의 총체를 말한다.
　하나의 컴퓨터가 계산·기억·정산·설계·도안·작곡 등 많은 기능을 갖자면 컴퓨터 자체에서 그 기능이 발휘되는 것이 아니고 소프트웨어에서 그 과정에 대하여 프로그래밍(programming)해 주어야 그 능력을 발휘할 수 있다.
　그런데 우리 뇌가 그 기능을 갖고 있는 것이다. 우리 뇌를 칼에 비유하여 말하길, 칼을 쓰지 않고 두면 녹이 슨다고 한다.
　칼은 쓰면 쓸수록 날카롭고 예리해지는 것과 마찬가지로, 우리 두뇌도 쓰지 않으면 녹이 슬고, 쓰면 쓸수록 좋아지는 것이다.
　우리 머리 자체가 무한한 신비와 기능을 갖고 있어도 그 기능을 주지 않으면 그 능력을 발휘 못하는 것이다.
　그 기능을 주는 일이 바로 교육 활동이라고 할 수 있다.

1970년 어느 여름, 인도의 정글 속에서 늑대 아이가 발견되었다. 사람임에 틀림없으나 늑대처럼 짖고 네 발로 기며 걷지 못했다. 이 아이는 아주 갓난아이 시절 정글에 버려져 늑대들과 함께 생활하여 인간과 단절된 지 10년이 지난지라 말 한 마디 할 수 없고 지능은 어린 아이들의 미분화된 상태로 IQ 50도 안 되었다. 이것은 바로 교육을 받지 않을 경우 사람의 기능에 능력이 생기지 않음을 보여 주는 것이다.

영어를 잘 하자면 영어 기능의 능력이 나올 수 있도록 단어 문장을 우리 뇌에 많이 프로그래밍(programming)하여 입력(input)할 때 그것이 능력으로 나오는 것이다.

뇌의 신비

인간의 성장 발달 과정에서 가장 먼저 탄생하는 것이 머리이다.

그리고 인간의 두뇌는 3~4세 정도까지 400g 정도, 초등학교 들어갈 때는 700~800g 정도 되는 것이, 중학 시절이 되면 1,200g, 성년이 되었을 때 1,350~1,400g의 무게를 갖게 된다.

무게가 느는 것으로 보아 뇌가 성장해 가는 것은 틀림없다 하겠다. 생리학에서 생명체의 성장은 세포의 분열·증식으로 이루어진다.

그런데 우리 몸의 400조에 이르는 많은 세포 가운데 뇌신경 세포는 다른 특징을 지니고 있다. 절대로 분열·증식하지 않으며 어머니 배에서 태어나면서부터 죽는 날까지 그대로 간다는 것이다.

만약 분열이 일어난다면 어머니의 인상을 어느 신경 세포가 기억하였을 때, 한 개의 세포가 둘로, 둘이 넷으로, 또 여덟로 갈라질 경우 어머니의 인상이 흐려져 알 수 없게 될 것이다.

무게가 느는 것은 신경을 중심으로 뻗어 있는 신경돌이에 있다. 이 돌기가 수신·교신·연합·추리하는 기능을 하는데, 무게가 느는 것은 그 옆에 붙어 있는 신경섬유질의 팽창때문이다.

인간은 태어나서부터 죽는 날까지 같은 숫자의 신경원을 지니고 있으며, 인간의 정신적 성숙과 학문의 연구가 끝없이 깊고 무한한 이유도 신경원이 무엇을 보관할 때 어떤 부피와 들이와 면적도 차지하지 않기 때문이다. 그래서 인간의 기억 능력은 무한한 것이다.

뇌 그림

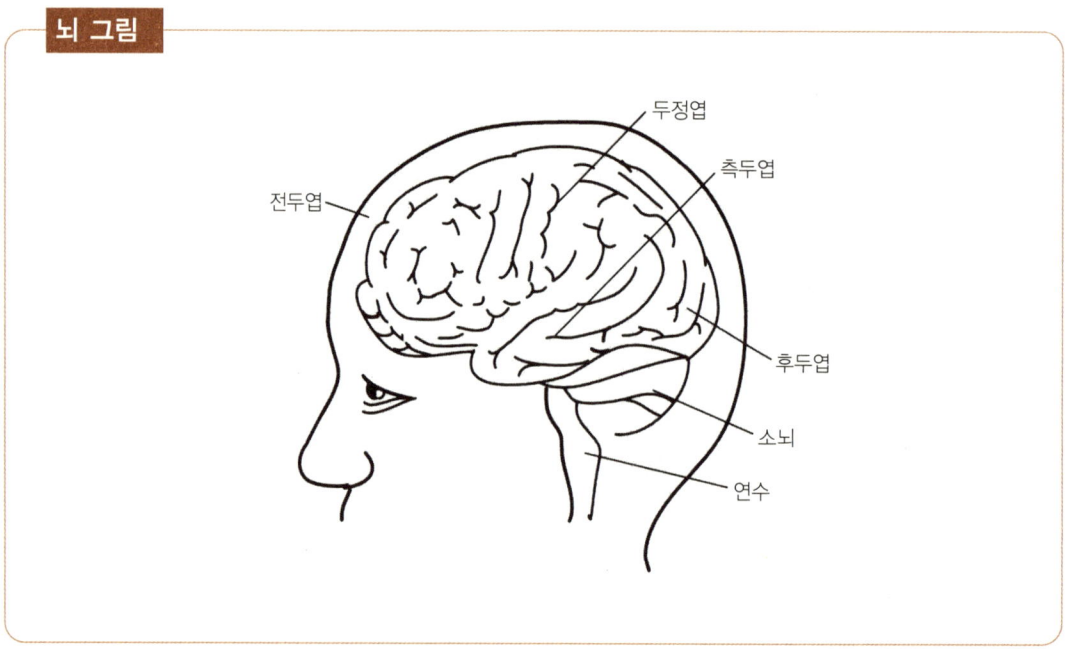

당신도 천재가 될 수 있다

● IQ에 대한 고정 관념

IQ에 대한 점수는 자신의 선천적 두뇌의 능력을 한정짓는 치수인 양 잘못된 견해들을 많은 사람들이 가지고 있다.

IQ는 같은 또래의 정신 연령을 기준으로 집단 테스트한 결과 평균 100을 기준으로 하여 100보다 150 정도의 IQ를 가진 사람을 천재라고 하고, 70, 60, 50 이하의 사람을 천치, 노둔, 백치라 하여 보통 사람과 구별짓는 것이다.

천치, 노둔, 백치를 제외하고는 보통 100을 중심으로 100보다 점수가 많은 사람, 100보다 조금 떨어지는 사람이 대부분이다. IQ 점수가 변하는 것은 후천적으로 자라나는 환경 속에서 문화적, 교육적 환경 조건에 의하여 지능이 좀 빨리 발달하는 아이와 지능이 조금 늦게 발달하는 후천적 관계에 지나지 않는다.

학자들이 IQ와 공부와의 상관관계를 조사해 본 결과 12세 전 초등학교 때까지는 IQ 점수가 높은 사람이 대개 공부 성적이 좋지만 중·고등학교, 더 나아가 대학, 성년 시절에는 IQ와 공부와는 관계가 멀다는 것을 주장하고 있다.

만에 하나 1,000만에 하나 정도의 특출한 IQ를 지닌 사람도 있지만 이 세상에는 출세한 사람, 위대한 발명가, 저명한 인사 이러한 사람 가운데 특별히 선천적 IQ가 높아 출세했다는 얘기는 별로 없다.

세기의 석학이라 불리는 아인슈타인도 학교 성적과 IQ가 나빠 담임 선생님으로부터 퇴학 처분을 받았지만 그 후 17년간의 연구 끝에, 40명의 학자가 40년간 연구 정립해야 할 논리를 스스로 깨쳐 물질의 상대성 원리를 이 세상에 내 놓게 되었으며, 영국의 처칠 수상, 발명왕 에디슨도 낙제 내지는 머리가 나빠 학교에 못가는 어려운 고난을 겪었지만 보통 사람보다 정신을 더 많이 쓰고 그것을 특별한 방법으로 이용한 나머지 역사에 이름을 남기게 된 것이다.

공부 성적이 좋지 않은 어떤 초등학교 학생이 전학을 하여 IQ 테스트를 했는데 150이라는 엄청난 천재적인 점수가 나와 학부형과 선생님들을 놀라게 했다.

그러나 그 점수는 전 학교에서 IQ 테스트를 한 번 받은 경험을 토대로 틀린 사항을 친구들과 이야기하여 미리 다 알고 있었기 때문에 나온 점수였다.

역사상 IQ 210을 가진 어린이도 있었으나 그가 훗날 대학에 갈 때 보통 평균 이하의 점수로 대학을 갔다고 한다. 이로 미루어 보아 IQ는 공부와 상관이 없으며 허구성이 많다는 것을 알 수 있다.

독일의 버넬 시몬 같은 사람이 100년 전에 쓰던 지능지수 검사의 잘못된 방법으로 검사된 것을 오늘날 현대인이 이 점수에 고정 관념을 가져서는 안 될 것이다.

왜냐하면, 12세가 넘어 중학교, 고등학교를 갈 시기이면 자기의 사명과 목표가 정해지고 자기 주체성이 확립되어감에 따라 장래의 큰 이상과 꿈의 비전 속에 현실의 노력이 내면의 주관적 잠재력을 일깨워 주기 때문이다.

K대 건축학과 1학년 낙제생이 내 연구실을 찾아온 적이 있었다.

이 학생은 입학 시에는 우수한 성적으로 장학생이 되었으나 그 후 학점이 나오지 않아 학교를 휴학하고 본원을 찾아 왔다고 했다.

사연인즉, 고등학교 졸업할 때까지 그는 우등생이었으며, 자기 친구들도 모두 150 이상의 IQ를 지니고 있었다. 그 친구 중에서도 자기가 월등했기에 대학을 장학생으로 입학할 수 있었다.

대학 1년 시절 어느 날, 교무처에서 고등학교 시절의 생활기록부 사본이 필요하다 해서 모교인 고등학교에 가서 사본을 떼어 봉투에 넣어 들고 오다가 왠지 고등학교 시절 담임이 나를 어떻게 평가했을까? 한번 뜯어보고 싶은 충동을 느끼기 시작했다.

그는 마침내 봉투를 뜯어보고 말았다.

그런데 이게 웬일일까?

자기가 IQ 150 이상의 천재(天才)인 줄 알았는데 겨우 130밖에 안 되더라는 것이었다.

일반에게 IQ 130은 좋은 점수지만 K대 이 학생에겐 실망을 주는 점수였다.

그래서 그날부터 머리가 나쁘다는 생각을 하니 공부가 안 되고, 자신감이 없고, 계속 마음이 불안해지기 시작해서 신경성 노이로제에 걸리고 만 것이다.

IQ 점수를 몰랐다면 얼마나 좋았을까.

이 점수를 알고 정신적 피해를 받은 것이다.

과거에 IQ 테스트를 받아 본 사람은 그 점수가 몇 년 전 과거의 것이라 믿고, 현재 지금의 IQ는 절대 알려고 하지 말고 죽을 때까지 모르는 것이 좋겠다. 항상 '내가 최고다.'라는 생각을 하며 자신감 있는 태도로 공부에 임해야 한다.

에디슨은 "천재는 99%의 노력과 1%의 영감으로 이루어진다."고 말했다.

이 말을 명심하는 것이 좋을 것이다.

99%의 노력을 의지력(意志力)의 힘으로 끌고 가는 것이 아니고 정신(精神)의 상상력으로 끌고 갈 수 있는 능력을 발휘하게 하는 것이 바로 PSIQ 개발이다.

● 천재(天才) 지능 PSIQ 개발

사이큐(PSIQ)는 정신세계의 주관적 기능을 말한다.

초등학교 때까지는 객관적 기능이 IQ에 의하여 공부 성적에 영향을 미치지만, 12세가 넘어 중·고등·대학 시절은 자기의 발견, 자아관의 확립, 주체성, 사명과 신념에 찬 목표 달성을 위한 끊임없는 노력 속에 인간 내면에 숨어 있는 주관적 잠재력이 발동하여 공부를 잘 하게 되는 것이다.

초등학교를 나온 뒤 가난 때문에 학교를 가지 못하고 신문팔이, 구두닦이, 배달꾼 노릇을 해가며 주경야독하여 고시를 패스한 젊은이의 무서운 내면에 IQ가 아닌 정신적 주관의 힘 PSIQ가 작동한 것이다.

오늘날 책의 홍수, 참고서의 홍수, 시험의 홍수 속에 의무에 찬 나날의 공부는 부담과 억압을 낳고 스트레스(stress)는 날로 늘어 마침내는 '고3병'을 만들게 된다.

이는 자아의 상실 속에 신경을 의무화, 피동적으로 움직이므로 자율 신경계의 움직임에 역조 현상을 빚어 머리가 무겁고 불안하고 초조해져 신경성을 낳게 하는 것이다.

보고, 듣고, 냄새 맡고, 맛을 알고, 냉·온·습도 감각을 우리의 생활 속에서 오감(五感)을 통하여 느끼는 감정이 육체적 감각 기능에 의하여 받아진다.

육체적 감각 기능은 외부 의식 상태에서 신경계의 3~7% 정도의 움직임이 일어나며 14사이클 이상의 뇌파 수준에서 물리적 행동의 연속이므로 깊은 사고(思考)를 뜻하게 된다.

깊은 사고, 명상, 상상, 창작, 영감 아이디어(idea)는 뇌파가 7~14사이클(cycle) 사이의 낮은 수준에서 동작될 때 외부로부터 잡념의 침해 없이, 잡음에 의한 정신의 분산됨 없이 집중된 상태를 유지할 수 있다.

외부 의식(beta) 수준에서 학습 방법은 좌측 뇌를 통한 계속적인 입력(input)에 의하여 이루어지므로 계속적 연습 되풀이에 의하여 신경계의 습관적인 조건 반사로 기억되는 것이다.

좌측 뇌로 입력된 것은 다시 우측 뇌로 표출(output)되기 때문에 학습에 있어 우측 뇌를 활용하는 방법이 ESP 완전 학습법이다.

베타(beta) 수준의 뇌파가 14사이클(cycle) 이하로 떨어져 10.5사이클 정도에 머무르면 좌우 뇌의 교신이 가장 활발하게 일어나고 가장 뇌력이 집중된 가운데 외부로부터의 잡념에 방해를 받지 않는 상태가 된다.

이 상태를 알파(alpha) 상태라 하고 이 알파(alpha) 상태에서는 학습이 정리되고, 잡념 없는 상태에서 책의 내용, 칠판, 노트에 있는 글의 문항이 한 번 읽으면 머리에 영화의 화면처럼 떠오르는 정신 공간 표출법(mental screen)의 획기적 학습 방법을 창출할 수 있다.

● 기억의 천재가 따로 없다 (누구나 기억의 천재가 될 수 있다)

사람은 누구나 머리가 좋아 봤으면, 기억력이 좋았으면, 지능 지수가 높아 봤으면 하는 것이 소원이다.

공부를 잘하는 사람도 원래 선천적으로 머리가 좋고, 원래 IQ가 높아서 잘하는 것이 아니다.

기억을 잘하고 공부를 잘하는 것은 후천적인 조건과 방법이고 노력인 것이다.

사람은 누구나 140억의 뇌신경을 지니고 있다.

이 140억의 뇌신경은 1초에도 1,000만 신경 세포의 전달 작용을 하는 연합 작용이 일며 머리의 움직이는 속도는 초극단적이다.

이러한 뇌의 바탕 위에서 기억을 한다는 것은 어려운 학술적인 해석이 필요 없이, 우리 생활 그대로가 기억이고 자연적 원리가 되는 것이다.

아침에 일어나 잘 때까지 보고, 듣고, 냄새 맡고, 맛보고, 꼬집으면 아프다는 느낌 그대로가 기억인 것이다.

가장 짧게 정의를 내린다면 "기억은 느끼는 것이다."라고 할 수 있다. 느낀다는 것은 우리 두뇌 안의 정신작용이다. 이 정신작용의 결과, 뇌실에 전기적 반응이 일어나고, 이 반응이 두뇌 안에 일어나는 전압 방전의 뇌파가 된다. 뇌파는 물결의 파장과 같은 전율이기 때문에 머무는 것이 아니고 순간적으로 스쳐가는 것이다.

우리가 하루에 기억하고 느낄 수 있는 것은 40만 가지이다. 이 40만 가지를 느껴 머리 안에 기억이 되는 것이다. 기억은 생활 속에서 스치다 보니 필요한 것, 필요 없는 것 모두가 기억이 되는 것이다.

우리가 공부한다는 것은 필요한 것을 의도적으로 기억하는 것이다. 하루 생활 중 나의 학습에 유익하고 나의 발달과 변화에 도움을 줄 수 있는 많은 기억 중에서 아름답고, 보람 있고, 가치 있는 기억을 많이 하자는 것이다.

하루 40만 가지의 느낌을 어떻게 다 기억할 수 있겠는가?

우리가 노력의 천재라 하는 사람들은 하루에 느껴 기억할 수 있는 이러한 한도 내에서 더 가치 있고 유익한 것을 효과적으로 선별해서 기억하는 사람인 것이다.

우리가 태어날 때 140억의 뇌신경을 지니고, 하루 40만 가지를 느낄 수 있는 게 기본 능력이라면 사람은 누구나 다 천재적 기본 바탕을 지닌 것이다.

이 기본 바탕을 과학적이고 합리적인 학습 관리와 창의적인 활용 방법에 의해서 능력적인 학습을 하자는 것이다.

'느낌이 기억'이라고 할 때 느끼는 것은 누구나가 느낄 수 있는 일반적인 얘기다.

다만, 기억의 방법에서 차이라고 하는 것은 느끼되, 느끼는 조건의 여하에 따라 기억을 잘 시켜 주고 잘 못 시켜 주는 결과의 차이를 만들어 주기 때문이다.

이 조건이 바로 후천적인 방법인 것이다.

부동산 전화번호는 8949(팔구사구)인 것이 많다. 이런 전화번호가 다른 집 전화번호보다는 조건상 기억이 쉽게 되는 것이다. 기차 안내 전화번호가 7788(칙칙폭폭)인 것도 우연한 음의 조건을 주어 기억이 잘 되게 한 것이다.

우리가 하기에 따라 기억이 잘 되게 하는 100배 유리한 조건이 있는가 하면, 100배 불리한 조건이 있는 것이다.

기억이 잘 안 되는 사람은 100배 불리한 입장에서, 안 되는 방법과 안 되는 원리를 택하고 있기 때문에 그런 것이다.

이왕이면 우리는 100배 유리한 방법과 원리로 학습 유도를 하여야 겠다.

입시 공부를 하는 학생, 승진 시험을 치르는 분, 갑자기 외국을 가기 위해 언어 교육을 받는 분, 사법시험, 행시, 고시 공부를 하는 사람은 특별히 많은 기억이 필요하기 때문에 후천적인 공식과 같은 방법으로 학습하여야 좋은 효과를 거둘 수 있는 것이다.

● 숫자를 글자로 변경

0515 : 영어일어

7942 : 친구사이

0787 : 콩쥐팥쥐

7784 : 척척박사

3964 : 삼국유사

●기억의 정신력 개발

과거에 세계의학협회는 인간의 숨이 멎는 상태를 죽음이라고 정의를 내렸었다. 그러나 이것은 틀린 정의인 것을 알게 되었다.

숨이 멎어 죽었던 사람이 며칠 만에 다시 살아나는 경우가 있었기 때문이다.

그 후, 심장이 멎는 상태를 죽음이라고 명명했으나 그것도 심장이 멎은 사람 역시 강심제를 놓으니 다시 살아나는 경우가 있어 이 또한 옳은 정의라 할 수 없게 되었다.

그 후, 과학이 발달되어 인간 두뇌의 뇌파를 측정하면서부터는 뇌파의 정지가 인간의 죽음이라는 것으로 정의되었다.

그래서 오늘날 죽음의 정의는 "뇌파의 정지"이다.

이와 같이, 우리가 태어나면서부터 죽는 날까지 한 번도 쉬지 않고 죽는 순간까지 시시각각으로 변화하며 움직이는 것이 뇌파이다.

잠을 잘 때도 15W의 기전력을 가진 뇌파가 자율 신경 계통을 지배하기 때문에, 숨을 쉬고, 피돌림이 일고, 소화가 되는 것이다. 그런데 이 뇌파의 움직이는 속도가 1초에 1,000만 신경 세포의 통과를 보이는 움직임이 있는가 하면 때에 따라선 퍽 낮은 500만의 속도로 떨어지는 것은 뇌파가 정신력에 의한 마음의 지배에 영향을 받고 있기 때문이다.

(가) 자신과 용기를 가질 것

어떤 격파 선수가 벽돌을 몇 개 포개 놓고 관중 앞에 서서 격파 시범을 보이려고 한다.

자그마한 체구, 그리 크지도 않은 손, 저 단단한 벽돌이 어떻게 깨어질까, 관중은 의아하게 생각한다.

이제, 우리 인간 주먹의 한정된 힘의 근원을 살펴보자.

때리는 동작이 일 때 손이 움직였다고 할 수 있고, 그 근육이 움직이기 이전에 신경이 움직이고, 신경이 움직인 것은 마음의 명령에 의한 정신력이다.

지금 이 격파 선수는 손을 허공에 한 번 휘두르며, 천지가 진동할 기합을 넣고, 소리를 지르며 내려친 손은 일격에 벽돌을 산산조각으로 만들고 말았다.

보는 사람에게는 저 벽돌이 정말 깨어질까 망설여지고, 갈등이 솟구치고 도저히 자신이 없다. 그러나 이 격파 선수는 기합을 넣으며 소리를 칠 때, 우리가 느끼는 갈등이나 안 된다는 부정적인 생각은 추호도 없는 것이다.

오직 자기를 잊고, 무아지경에서 무한한 마음의 힘을 구하고, 그 마음의 힘이 기(氣)를 움직이는 데 그 기의 함성이 기합이다.

이러한 기합은 우리 손의 한정된 근육의 힘을 벗어나 우리 체내에, 자연에, 마음에 내재된 인간제2의 힘을 생기게 하는 것이다.

반대로, 자신과 용기가 결여된 상태와 갈등 속에서 그 벽돌을 때릴 때는 벽돌이 부서지는 것이 아니고 반대로 손이 깨어지는 것이다.

우리가 자신을 가질 때 이러한 힘이 모아지고, 합력하여 큰 힘이 되고, 그 힘이 무엇이든 정복할 수 있는 용기를 낳게 하는 것이다.

공부를 하는 사람이 이해에 자신이 없고, 기억에 자신이 없고, 성공에 자신이 없을 때 손을 움직이고 머리를 움직이는 신경계는 마지못해서 움직이는 결과가 되고, 모여야 할 힘들이 분산되고, 책을 정복할 용기가 나지 않게 되는 것이다.

발전소에서 변전소에 전기를 보낼 때, 전압을 높여 보내야 흐름이 빠르고 소모가 적은 것이다.

우리가 걷고 일하고 공부하고 생활할 때, 자신의 힘과 용기가 나지 않으면 미래에 거는 희망과 꿈이 작게 되고 충만된 보람을 느끼지 못하게 되고, 마음 또한 연못에 갇힌 고인 물이 되어 썩고 마는 것이다.

우리의 마음은 항상 목표의 꿈을 향해 달려야 한다.

하루의 생활이 큰 이상 속에서 보람되게 전개될 때, 푸른 꿈 속의 하루 생활은 바다에 이를 푸른 꿈을 간직한 맑은 시냇물과 같이 계속 흐르는 것이다.

(나) 적극적인 관념

적극적이고 긍정적인 100의 관념을 가질 때 100의 결과와 사실을 낳는다.

어떤 사형장에서 사형을 집행당하는 사형수가 눈에 흰 수건을 가리고 가슴에 흰 마크를 달고 앞에서 다섯 사람이 쏘는 총소리만 기다리고 있다고 하자.

이 총소리를 기다리는 사람의 마지막 심정, 오직 저 총소리와 함께 나는 저승으로 간다는 생각뿐일 것이다.

다시 말해서 죽는다는 관념이 자신을 100으로 지배하고 있는 것이다.

그런데 앞에서 쏘는 총이 전부 공탄이라 하여도 총소리가 나자 총에 맞지도 않은 사형수는 쓰러지는 것이다. 이것은 바로 100의 관념이 100의 결과를 낳는다는 말이다.

관념이 사실을 지배하는 관계라 말할 수 있겠다.

나는 머리가 나쁘고, 나는 공부를 못하고, 나는 안되지 하는 생각이 바로 부정적인 관념이다.

무서운 일은 자기가 가진 이 부정적 관념이 바로 자기 생활의 사실들을 부정되게 만든다는 사실이다.

이왕이면 우리는 긍정적이고 적극적인 관념을 갖고, '나는 무한히 변화되고, 창조되고, 발달되고, 보람과 희망 속에서 오늘도 멋진 하루를 풍요롭게 사노라, 행복하노라, 즐거웠노라.' 열심히 마음 속으로 반복하며 살자. 내일에 희망을 낳는 오늘의 괴로움도 달게 감수하고, 오늘을 마련해 준

대자연과 신에게 감사하며 살게 되면, 충만된 하루 생활의 피로가 꿈의 천국 속에서 깊은 잠을 자게하고 식욕을 돋워 주게 된다.

원효 대사 이야기다.

마음에 대한 공부를 하기 위하여 당나라 유학의 길을 떠났다. 어느 날 밤, 칠흑같이 어두운 산중 길을 걸을 때 몹시 갈증을 느꼈다.

온 산을 헤매면서 샘물을 찾던 도중 어느 바위 밑에서 샘물을 발견하고 배가 남산이 되도록 달고 맛있게 마셨다. 그 물이 그렇게 시원하고 달 수 없어, 그 이튿날 다시 이 샘물을 찾게 되었다.

심산계곡에서 흐르는 물이니 옥수같이 맑을 것이라는 기대감에 차 올라갔으나 가본 즉 정반대였다.

송장 해골 썩은 물에다, 벌레가 우글거리고 낙엽이 떨어져 썩어 있고 더럽기 짝이 없었다.

내가 어제 저녁에 저 더러운 물을 먹었구나 생각하니 아침 먹은 밥마저 다 토하고 말았다.

왜 토했을까?

엊저녁에 달고 맛있게 시원하게 마신 물을 지금 토하는 것은 오직 더럽다는 관념이 작용했기 때문이다.

이 자리에서 원효 대사는 크게 깨닫고, 당나라 유학의 길을 포기하고 말았다.

당나라 유학을 가는 것은 마음에 대한 것을 깨닫기 위함인데 이보다 더한 것을 깨달을 수 있겠는가?

인간 매사는 마음먹기 여하에 달려 있다는 것을 깨닫게 되었다.

긍정적이고 적극적인 관념을 개발하기 위해 마음에 좋은 씨를 넣는 연습을 해야 한다.

아침마다 일어나서 거울 앞에 서서 '나는 세상의 제왕으로서, 하고자 할 바 안 될 게 무엇이 있겠는가?' 하고 자신감을 갖자.

나는 무한히 발달되고, 변화되고, 창조되고, 날이 갈수록 더 건강해지고, 젊어지고, 예뻐질 거라고 생각하고, "나는 천재다."라고 한 번씩 소리쳐 보자. 열흘 동안 해 보면 결과가 나타날 것이다. 아니 반드시 나타난다.

열흘 동안 이렇게 실천한 학생이 하루는 나를 찾아와서 따졌다.

"선생님, 아침마다 일어나 주변의 창피를 무릅쓰고 열심히 소리쳤습니다. 그런데 아무 변화도 없습니다."

그것은 당연한 일이다.

이 학생은 피동적으로 "나는 천재다."라고 소리쳤으나 속으로는 가만히 생각해 보니 '나는 둔재인데'하는 마음이 지배적이었기 때문이다.

앞에서 기술한 대로 마음먹기에 달려 있는데 마음 속 진짜 마음으로 둔재라는 관념을 가지면서 어찌 천재가 될 수 있겠는가? 세상에 천재가 될 수 없는 사람은 없는 것이다. 그러니 무조건 '나는 천재다.'라고 믿어야 한다.

방법의 천재가 되기 전에 마음의 천재가 되어야겠고 '나도 하면 된다.'는 적극적인 신념을 갖자.

(다) 흥미와 관심

신경계가 움직이는 데는 두 가지 길이 있다.

하나는 의식에 대하여 움직이는 뇌척추 신경계와, 또 하나는 의식하지 않아도 움직이는 자율 신경계로 대분할 수 있다.

이를 다시 말하면, 자율 신경은 의식하지 않아도 자동적으로 움직이므로 능동적이라 말할 수 있고, 뇌척추 신경 계통은 의식에 대한 명령에 의하여 움직이므로 피동적이라 할 수 있다.

모든 작업과 공부는 능동적인 작업이냐 아니면 피동적인 작업이냐는 생리학적 견지에서 따지는 것이 아니고 정신적인 문제에서, 그 때의 마음의 상태가 신경계를 지배함에 능동과 피동을 가르는 것이다.

앞으로 세계에서 유명한 피아니스트로 기르기 위한 부모가 초등학교에 다니는 자녀에게 피아노를 가르친다고 하자.

매일 정한 시간에 정기적으로 한 시간씩 레슨을 받는다고 하자.

피아노를 매일 배워서 하루하루 발전하고 레슨을 받는 효과가 나타나고 날이 갈수록 발달할 것인가 못할 것인가 하는 것은 의무적인 연습에 있는 것이 아니고 그 학생이 자발적인 마음에서 신경이 움직일 때 좋은 결과가 나타나게 되는 것이다.

신경이 자동적이고 능동적으로 움직여서, 날이 갈수록 효과가 나타난다면 이것은 이 학생이 피아노를 칠 때마다 자기가 치는 그 소리에 매혹되어 자기의 관심과 흥미 그리고 장래의 꿈이 베토벤 이상의 피아니스트가 되겠다는 희망이 있기 때문인 것이다. 이럴 때, 한 시간 치는 것이 어딘가 부족하고, 항상 끝날 때면 더 치고 싶은 충동을 느끼고, 하루 생활 중 자꾸만 그 시간이 기다려지게 된다.

이렇게 관심과 흥미가 있다면 피아노 앞에 앉아 있는 한 시간은 절대 피로하지 않으며 움직임은 능동적이고 활발하게 된다.

피로하지 않고, 계속 더 하고 싶은 생각이 용솟음친다.

바로 자기가 원해서 할 때는 포도당의 분해 작용이 잘 일어나고, 에너지 공급 자원이 풍부한 나머지 동작이 활발하고 항상 의욕에 차 있게 된다.

그러나 반대로, 피아니스트가 된다는 것은 어머니의 꿈이고 본인은 한 시간의 피아노 공부가 싫증나고 지루하지만 어머니의 매가 무서워 의무적으로 한 시간씩 피아노를 친다고 하자.

이럴 때는 피로가 빨리 오고, 빨리 그만 두었으면 하는 도피의식이 생겨 신경계가 피동적으로 움직이게 된다.

이 도피의식이 생기면 발달이 안 되고 효과가 나지 않게 된다. 뿐만 아니라 싫은 것을 억지로 할 때는 포도당의 분해 작용이 일어나지 않아 에너지의 공급 자원이 부족하게 되므로 힘이 나지 않게 된다.

능동적이고 적당한 작용을 할 때 신경계는 좋아지고 발달하게 되지만, 피동적인 무리한 신경계의 쓰임은 노쇠현상을 빚게 할 뿐이다.

● 기억은 어디에 보관되는가?

오감을 통하여 느끼는 모든 결과는 대뇌의 잠재의식에 보관되었다가 필요한 때에 재인식된다고 한다.

문제는 잠재의식이 소화기관 같이 우리 육체의 어디에 붙어 있는 기관이 아니고, 또 어떤 과학자나 심리학자도 본 사람이 한 사람도 없고 앞으로 볼 수 있는 사람도 없을 것이다.

그러면 어떻게 잠재의식 속에 보관된다는 말을 할 수 있을까?

아무도 보지 못했으니 학자들에 따라 기억에 대한 이론이 정립 못되고 분분할 수밖에 없다.

대뇌 생리학자들은 대뇌를 과학적으로 분석하여 냄새와 맛을 기억하는 것은 후두엽이고, 말을 기억하는 것은 전두엽, 색깔을 기억하는 두뇌는 측두엽이라 하였다.

그러나 지금으로부터 15년 전 미국의 아론 스미스 박사는 악성 뇌종양에 걸린 사람에게 왼쪽 측두엽의 일부를 절제 수술해야 했을 때, 학계에서는 수술을 받게 하면 수술 받은 사람은 색깔에 대한 기억상실증이 올 것이라고 했는데 수술 결과 그 가설과는 달리 기억상실증이 오지 않았다.

학자들의 생각은 가설적인 추론이었기 때문이다.

즉, 보관되지 않는다는 것을 증명한 셈이다.

또 다른 문헌은 캐나다의 펜필드에 의한 실험이다.

뇌에 전기적 자극을 가해 실험을 하는 도중, 간뇌 사이에 있는 작은 뇌를 건드릴 때마다 빨강·파랑의 색소가 나타나고, 색소가 나타날 때마다 예전에 기억했던 이름, 전화번호, 문자, 노래 이러한 것이 줄줄 말이 나왔다.

그 후, 이 콩알만 한 크기의 뇌를 기억의 중추뇌라 이름 짓고, 이것을 20C 최대의 발견이라고들 한다. 그러나 이것은 어디까지나 생리적 반응의 기구인 것엔 틀림없겠으나, 기억이 여기 보관되고, 기억만 담당하는 뇌라면 그 뇌의 수술이나 혹은 다른 방법으로 인간의 기억력을 무한히 발달시켰을 것이다.

그러나 그곳이 기억되는 창고가 아니라는 것을 알게 되었다.

어떤 학자는 기억은 반응의 물질이 미량으로 저장되었다가 회생이 된다는 추론을 펴지만 보관이 된다면 이도 큰 문제일 것이다.

기억이 어떤 물질로 존재된다면 기억을 하면 할수록 머리가 점점 커져야 한다는 비극과 무거워지는 결과를 가져올 것이다.

또 어떤 사람은 140억 뇌신경이 기억을 하나씩 담당하고 천재가 죽을 때까지 뇌를 써도 1/3밖에 쓰지 못하고 2/3를 남겨 놓는다고도 한다.

그러나 이도 믿을 만한 이론이 못 된다.

천재가 죽을 때 1/3은 까맣게 이용되고, 2/3은 하얗게 남아 있는 사실을 입증한 학자가 없기 때문이다.

바다보다 넓은 무한한 잠재의식 세계가 있어 기억한 사실이 잠재된다는 것을 어떻게 믿느냐? 고 반문할지도 모른다.

이는 믿지 않으려는 마음이다.

"하느님"이라는 말은 현실로 보지 못해도 존재하기 때문에 말이 존재하듯이, 잠재의식엔 개발치 않은 많은 능력이 존재하고 있는데, 이러한 정신계의 개발을 잠재능력 개발이라고 한다.

인류사에서 세계적 천재인 아인슈타인은 자기의 머리를 가리켜 10%밖에 활용하지 못했다고 했다.

이는 우리의 잠재력이 그토록 무한하기 때문에 그렇게 많은 공부를 하고 연구를 했어도 결국 10%밖에 개발이 안 되었다는 얘기다.

인간은 무한히 변화되고 발달될 수 있기에 교육이 필요하고 교육을 통하여 능력을 쌓는 것이다.

능력의 잠재가 없고서야 어떻게 능력이 나오겠는가?

우리의 신경계에 능력을 쌓기 위해서 눈, 코, 귀, 손, 발이 계속 움직이고 있다.

막연한 상태로 움직이는 것이 아니고 합리적으로 움직여 효과를 낳자는 것이 바로 방법의 개발이다.

● 망각은 기억의 최대 비결이다.

잠재의식이란 무한한 정신계의 세계이고, 물질적 존재가 아니기 때문에 모습을 볼 수 없는 것이다.

우리의 두뇌를 잔잔한 호수의 물결에 비유하면 기억의 원리를 잘 알 수 있다. 잔잔한 호수는 외부로부터 돌이 던져지고, 바람이 불고, 물결이 일면 파도가 일어난다.

우리 두뇌도 같은 원리로, 외부로부터 오감을 통하여 느끼면 머리 안엔 파도가 인다.

이 파도를 뇌파라 하는데 마치 물결의 파도와 같다.

물결의 파도는 외부의 자극에 의하여 일어나고, 그 자극이 가면 물결도 다시 원래대로 돌아가 잔잔하게 된다.

140억의 뇌신경계도 자극을 받으면 뇌파가 일고 자극이 가면 원래대로 돌아가 잔잔하게 된다. 동작될 당시를 반응이라고 하고 원래대로 돌아간 상태를 망각이라고 한다.

즉 어떠한 부피감도, 들이도, 모양도 남기지 않은 채 다음에 재인식할 수 있는 능력으로 잠재되는 것이다.

836, 547, 965, 862, 295
①, ②, ③, ④, ⑤

위의 100단의 다섯 개의 숫자를 기억해 보라.
기억을 한다는 상식은 어떤 양적인 것을 머리에 넣는다는 고정관념 때문에 안 되는 것이다.
우리는 어떤 것을 기억할 때 기억이 얼마나 오래 보관되느냐고 묻는다.
100개의 단어, 100개의 숫자, 100개의 낱말이 기억하는 종류로 주어졌을 때 이를 몽땅 머리 안에 넣자는 욕심 때문에 수없이 되풀이하여 암기하는 식을 택하는 것이다.
기억의 단계는 외워 넣는 것이 아니고 순간적으로 느끼고 잊는 것이다.
잊는 것이 망각이다.
잊는다는 것이 망각이고, 잊는 것은 잃는 것이 아니기에 언젠가는 또 나온다.
잊는다는 이야기는 없어지는 것이 아니고, 잃는다는 것은 잃어 없어지는 것이다.
잊는 것은 어디에 잊어 두느냐?
잠재의식의 세계에 똑똑 떨어져 잊어 두고, 안심하고 순간순간을 진전시켜 계속적인 영원으로 이어져야 한다.
그래야 기억은 연속할 수 있다.
어떤 단어, 숫자, 이름, 문항을 하나 보고 지각하여 느끼는 것은 순간이다. 이 순간이 연이어지지 못함은 앞에서 본 숫자와 마찬가지로 "836"을 0.2초 이내에 순간적으로 느끼고 다음인 "547"을 연이을 때 앞 뒤 것을 다 머리에 담는다는 생각에서 숫자의 여섯 단위를 머리에 그리니 복잡하게 되는 것이다. ②를 기억하고, ③을 "965"를 봤을 때 ①과 ②에 미련을 두지 말라.
잊었으면 어떻게 하나? 하는 두려움에서 앞의 것을 죽어도 버리지 못하는 미련 때문에 기억은 망각한 것이다.
로마의 대웅변가이고, 정치가였던 키케로는 자기에게 최대의 기억하는 비결을 가르치려면 최대의 망각 기술을 가르쳐 달라고 하였다.
③을 봤을 때 ①을 망각치 않으니 숫자 아홉이 되어 머리가 복잡하다.
왜 버리지 못하는가?
떠나면 돌아오지 않기 때문이겠지만, 버리고 머리를 깨끗하게 하기 위해선 망각을 과감히 행해야 한다.

우리는 어제의 괴로움과 고통을 망각하기 때문에 오늘을 살 수 있다.

복잡한 생각을 잊고 머리를 깨끗이 하여 정신통일할 수 있는 비결도 오직 망각할 수 있기 때문이다.

왜 잊어도 되는가?

우리에겐 무한한 잠재의식의 세계가 있으므로 잊어 두면 재인식되기 때문이다.

재인식이 안 되는 것은 원인적인 문제가 있기 때문이다. 앞의 다섯 개의 숫자를 봤는데 왜 재인식이 안 되는가? 원인은 무형이기 때문에 머리의 뇌파가 일지 않았으므로 재인식이 안 된다.

이와 같이 안 되는 원인적인 문제를 연구하여 되도록 하는 것이 기억법이다.

●기억력 향상과 치매 예방

인간은 나이가 들어가면서 차츰 기억력이 떨어지게 된다. 치매를 예방하려면 뇌를 자극시켜 주는 조건을 만들어 주는 것이 중요하다. 그 조건에는 많은 사람들을 만나거나 장기·바둑·트럼프·요리·여행 등이 좋고, 기억 능력·주의 능력·사고력·언어 능력 등 특히 60세 후반의 노인은 치매 예방에 중점을 두어야 한다.

예컨대, 냉장고에 물건을 가지러 가서 문을 여는 순간 무엇을 가지러 왔는지 전혀 기억이 나지 않는 경우는 치매의 초기 단계라고 볼 수 있다. 또는, 외출하기 위해 대문을 잠그고 나서, 다시 들어가 가스 밸브를 잠갔는지 확인하는 것도 치매로 의심해 보아야 한다. 이런 경우에는 기억력과 집중력 훈련이 필요하다.

기억 회생 운동이 필수적이므로 하루에 한 번씩 저녁에 가벼운 운동과 더불어 오늘 있었던 일을 다시 기억 회생하는 것도 좋다. 이는 치매 예방은 물론 기억 능력을 원활하게 하는 중요한 두뇌 훈련이 되므로 정신 건강과 동시에 학습 능력 효과를 가져올 수 있다.

학습 능력과 두뇌 계발

두뇌 발달은 학습 훈련에 따라 뇌의 발달 부위가 달라지며, 뇌의 발달로 학습 능력이 매우 향상된다.

인간의 뇌는 소아기를 거쳐 사춘기가 되면 뇌의 무게가 1,300~1,500g 정도로 성장하게 된다.

어려서부터 배우는 언어와 놀이, 글자 등 학습 능력에 따라 뇌의 발달 부위가 달라진다. 전두엽과 후두엽, 소뇌, 간뇌 등이 발달되며, 이성과 사고, 기억과 운동 기능, 눈으로 보는 시각적 정보를 담당하게 된다. 머리가 좋은 사람과 나쁜 사람으로 나누어 평가하는 기준은 신경세포인 뉴런이 얼마만큼 그물망처럼 형성됐느냐 아니냐에 따라 달라진다.

인간의 두뇌를 고루 발달시키려면 운동·독서·언어·글짓기·만들기·악기놀이·미술 등을 다양하게 교육시킴으로써 이루어지고 두뇌 계발 향상에 큰 도움이 된다.

초등학교 시기에 사고 능력을 키우는 것이 매우 중요하다. 아이들이 다양한 학습을 하고 배우고 익히는 과정에서 싫어하는 것을 억지 또는 강압적으로 하게 되면 두뇌 스트레스가 쌓이게 되므로 본인이 원하지 않을 시 가급적 삼가야 한다. 또, 재미있는 놀이를 통하여 여럿이 함께 즐길 수 있는 새로운 것을 접하는 것이 쌓인 스트레스를 해소하는 요인이 된다.

조립식 장난감을 가지고 노는 아이들은 창의성이 높아지는 동시에 학습 능력도 향상된다.

● "다중 지능 이론"이란?

"수학은 잘 하지만 노래는 잘 부르지 못한다. 자기 생각을 그림으로는 잘 그려도 말로 잘 표현하지 못한다.…" 이에 대해 미국 하버드대 교육심리학자 하워드 가드너는 "사람의 지능이 8가지 이상의 영역으로 구성되어 있기 때문"이라고 설명한다.

얼마 전까지만 해도 학교는 언어 및 논리 이외의 능력을 아예 능력으로 치지 않았고, 이 평가의 틀(시험)에 맞지 않으면 열등생으로 취급했다.

그러나 아이들을 시험 성적에 따라 일렬로 세우지 말고 각자가 어떤 능력을 갖고 있는지 찾아내 이들의 능력을 최대한 발휘할 수 있도록 가르쳐야 한다는 견해와 주장이 국내에서도 호응을 얻고 있다.

다중 지능 이론에 따른 교육 프로그램은 아이에게 강한 지능을 찾아낸 뒤 그 지능을 이용해 학교나 인생에서 성공할 수 있는 훈련 방법을 터득하도록 교육한다.

또 강한 지능을 이용해 약한 지능을 강화하는 데 활용할 수도 있다.

이 같은 프로그램은 두뇌가 충분히 활성화될 수 있는 환경과 기회가 제공되면 지능도 향상될 수 있다는 이론에 근거한다.

"아이들은 자신이 잘하는 것을 좋아하고, 좋아하는 것을 할 때 몰두하는 경향이 있다."

한국두뇌개발교육원에서는 기초 장을 활용하여 두뇌 훈련을 위한 기억 회생 능력을 향상시키기 위하여 조화 훈련을 실시하고 있다.

● "인지과학"이란?

인지과학은 세계에 대한 인간의 인식 또는 인지가 어떻게 이루어지는가를 연구하면서, 이 문제에 관심을 갖고 있던 전산학·인지심리학·철학·언어학·신경생리학·동물학 등이 함께 참여하면서 구성된 신생 학문 분야이다.

컴퓨터 과학, 그중에서도 인공지능의 발전이 인지과학 형성의 모태를 이룬다. 인공지능은 인간의 초보적인 지능 작업을 흉내 내는 컴퓨터 프로그램을 만드는 것에서 출발한다.

오늘날의 산업 생산 현장에서 이전에 사람들이 하던 일을 컴퓨터 장치와 로봇이 대신하는 경우를 흔히 볼 수 있는데, 이는 바로 인공지능이 발전한 결과다.

시각에서 보이는 인지 과정은 시각 영상을 단서로 하여 외부 대상을 알아맞히는 문제 해결의 과정이며, 이 과정이 컴퓨터에서와 같은 프로그램에 의해 수행된다는 것이 인지과학의 기본적 입장이다.

컴퓨터 과학이 발전하면서 세계를 이해하고 그에 관한 정보를 처리하는 인공적인 체계가 만들어지기 시작하고, 인간의 마음도 결국 컴퓨터와 같은 것이 아닌가 하는 생각이 확산된다. 이러한 혁명적 사고방식이 많은 사람에게 신선한 충격으로 받아들여지고, 인간의 마음을 해명하는 일에 관심을 갖고 있던 철학자·인지심리학자·신경과학자·언어학자들이 연구에 동참하게 된다.

인지과학은 이렇게 컴퓨터 과학을 모태로 해 마음에 관심을 갖는 인접 학문들이 결합하면서 구성된 학제(學際) 연구로 탄생하게 된다.

인지과학 기본틀(철학 제시)

우선 데닛이 해명하는 인지과학의 기본적 틀을 살펴보자. 이에 따르면 인간의 인지 과정은 계산기의 문제를 푸는 과정과 기본적으로 같은 구조를 지니고 있다.

한 사람이 나무를 보게 되면, 우선 그의 망막에 일정한 영상이 맺히고, 이 영상은 두뇌를 거쳐 '저것은 나무다.'라는 판단을 산출한다. 여기서 망막의 자극은 계산기의 자판을 누르는 것에 대응하고, 두뇌를 거쳐 산출된 판단은 계산기에서 계산한 결과 화면에 나타나는 답에 대응한다.

계산기에서 자판을 누르는 입력과 화면의 출력은 일정한 프로그램을 통해 매개되듯이 인간의 마음도 일정한 프로그램을 수행하는 체계로 볼 수 있다는 것이다.

다만, 인간의 마음은 현재 우리가 갖고 있는 어떤 컴퓨터보다도 복잡하며, 단순한 연산뿐 아니라 여러 기능을 동시에 수행할 수 있다는 점에서만 다를 뿐이다.

급진적 과학주의 입장 견지

컴퓨터 과학에 영감을 받은 데닛 등의 철학자들이 제시하는 마음에 대한 기계론적 견해는 초창기부터 많은 반론에 부딪힌다.

마음을 컴퓨터로 보는 입장에 반대하는 사람들은 마음은 단지 문제를 해결하는 지능만 갖는 것이 아니라, 세상을 일정한 방식으로 그려내기도 하고, 또한 세계와 세계를 맺는 과정에서 감각, 통증, 기쁨 등의 온갖 느낌을 동반하는 상태들이 출현함에 주목한다.

이러한 의식과 표상의 현상은 마음에서 빼놓을 수 없는 것이며 단순히 지능적인 계산을 수행하는 컴퓨터에서는 찾아볼 수 없다는 것이다.

The Superspeed
Remember Method

제2장 두뇌 훈련

- 우뇌와 좌뇌의 구조
- 뇌파 조절로 잠재력 개발
- 완전 학습·뇌의 작용
- 정신통일 이완 조절법
- 정신통일 몰입 수련

우뇌와 좌뇌의 구조

　우뇌가 좌뇌보다 더 많은 수초를 만드는 것은 생존에 필요한 필수적인 직관과 정서 반응의 기능을 수행하기 때문이다.
　좌뇌가 이 절연체를 그다지 필요로 하지 않는 것은 그 인지적 기능이 전체적인 것보다 개별적인 정보를 받아들이기 때문이다.

좌뇌(左腦)	우뇌(右腦)
논리적, 합리적	직관적
직선적	공간적
계획적	우발적
언어, 어휘	운율
상징적	구체적
연속적, 시간적	상상적, 공간 지각
현실적	공상적
분석적	감각적
선, 면	색상, 입체
특정한 기능에 대해 좌뇌와 우뇌가 어떻게 다른 역할을 담당하는지 보자.	
문자	영상화
언어	구조
상징	공간 지각
읽기	촉각
음성(발음)	미각
부분, 사실	추측
말하기	음악
듣기	예술적 표현
명령적	창의적
들을 때의 공감	느낌, 감성
언어와 음악을 이해하고 느끼는 데 좌뇌와 우뇌의 역할이 나뉘어져 있다.	
문법, 동사	단어, 구체적인 상상
언어 기능	언어, 어조, 음성 판단
언어 분석	대화적 이해
	노래
	얼굴 표정
분석	종합

우뇌와 좌뇌의 역할

좌뇌는 습득 정보를 체계화하며, 반면에 우뇌는 감정, 감각, 시각 등에 관계된 광범위한 정보를 다루는데, 그 최고의 성능은 예감이나 본능적인 감각으로 나타나 위기 상황에서 큰 힘을 발휘한다.

뇌(腦)

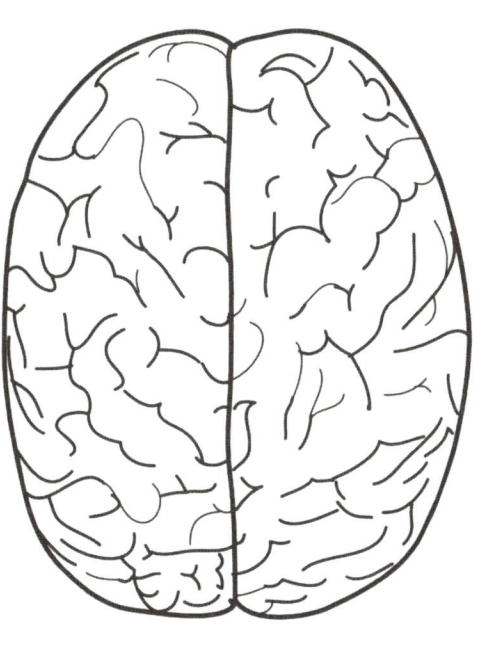

좌뇌	우뇌
계산	공간
분석	직관
수학	음악
관념	창조
언어	비언어
비판	예술
논리	시각
직렬적 사고	병렬적 사고
몸의 오른쪽 조절	몸의 왼쪽 조절
글자	리듬
숫자	멜로디
선	색
시간	공간
청각	직감

뇌파 조절로 잠재력 개발

1. 뇌파의 4단계

　우리가 태어나면서 죽는 날까지 한 번도 쉬지 않고 계속 두뇌엔 리드미컬하게 뛰는 뇌에 의하여 생명이 유지되고, 그 뛰는 속도(주파수)에 따라 정신 작용이 일고, 이 정신 작용이 몸의 생리 작용을 지배하여 내분비 계통의 분비물을 발하여 주며, 그 발하여 주는 에너지(energy)로 활동하고 공부하고 잠자는 24시간의 활동이 좌우된다.
　마치 이것은 자동차의 기어 변속기와 같이 이것을 조정함으로써 정신 작용의 단계를 조절할 수 있다.

[뇌 활동의 척도]

물질 세계 시각 청각 후각 촉각 미각 시간 공간 거리	28 21	beta(β)	의식의 활동
정신세계 시간 공간 거리 없음 ESP	14 7 4	alpha(α) 기본적 단계 theta(θ) delta(δ)	수면
뇌파 초당 주파수		이 수준은 고통이 없는 외파수	

　1929년 독일의 의학자 한스 베르거(Hans Berger)는 정신 작용에 따라 베타(beta), 알파(alpha), 세타(theta), 델타(delta)의 뇌파가 뇌파 측정기(EEG-Electro Encephalo Graph)에 기록된다는 것을 발표했다.
　정신이 긴장 상태일 때는 뇌파는 베타파(beta파 : 14~21cps ; cps : cycle per second, 주파수)를 기록하고, 정신이 안정 상태일 때는 수면(睡眠) 초기와 같은 알파파(alpha파 : 7~14cps)를 기록하며, 정신과 육체가 완전히 휴식을 취하고 있을 때에는 세타파(theta파 : 4~7cps)를 기록하고, 정신 작용을 전연 의식하지 못하고 있는 깊은 수면 상태일 때에는 델타파(delta파 : 0.5~4cps)를 기록한다.

● 베타파

우리가 활동하고 있는 일반 의식의 세계로서 보통 보고, 듣고, 말하고, 냄새 맡고, 꼬집으면 아프다고 느낄 수 있는, 즉 오감(五感)을 통한 지각(知覺)의 세계를 말하며, 시간과 공간이 있는 물질의 세계이고, 행동의 세계인 것이다.

의도 목적의식의 세계이며 의무와 구속을 느끼는 세계로 신경이 파동적으로 움직이는 세계이다. 자아의 문이 열리지 않는 기계적 행동 세계이며 긴장이 자주 와서 뇌파가 14cps에서 21~30cps로 고조되는 것이다.

뇌파가 상승하면 긴장과 흥분이 일어나서 머리에 저항이 많이 일어난다.

이 저항이 공부의 방해 요인이 될 뿐만 아니라 생리작용의 독소와 컴프레스(compress) 감정이 육체의 변화를 일으킨다.

예를 들면, 화를 낼 때 뇌파가 오르고, 뇌파가 오르면 자연히 감정이 치솟아 맥박이 빨라지고 호흡이 가빠지며 열이 난다.

우리의 머리를 잔잔한 호수에 비교해 본다면, 잔잔한 호수는 외부로부터 바람이 불 때, 또는 돌이 던져질 때 물결이 인다. 호수 물결이 맑고 잔잔할 때 하늘의 흰 구름이 호수에 비치어 지듯이 머리가 맑고 잔잔하고 고요할 때 창작의 상(想)이 떠오르는 것이다.

초조와 불안한 상태의 공부는 의식의 세계에서 외부의 피질이 움직이는 육체적 움직임이지 깊은 창작세계의 정신 작용이라고 할 수 없다. 항상 머리는 자유와 평화와 고요를 원하고 있다. 의무에 의한 구속이 있을 때 도피 의식이 생긴다.

도피 의식이 생길 때 억지로 참고 견디는 의지력(意志力)도 있으나, 의지력은 정신의 15%에 해당되며, 육체적 근육의 힘의 상징이며 근육의 긴장이 머리에 유연성을 상실하게 된다.

뇌는 1초 안에 1,000만 신경 세포를 통과하는 연합 전달 작용이 있다.

그러나 정신의 긴장이 육체의 긴장을 주며, 저항이 많이 생길 때 이 전달의 속도가 늦어지며 잠재의식과의 교신이 일어나지 않는고로 추리 판단 사고력이 약해진다.

● 알파파

고요의 경지, 평화의 경지, 뇌력 집중 정신 일도의 경지를 말한다.

독서삼매의 경지 또는 수술 집도의 경지로서 정신이 하나의 초점을 향해 모이는 경지라고 말할 수 있다.

신경계와 내분비의 생리작용, 기능적 육체적 지배들이 의식의 세계가 좁아지며 내부 의식층에 달할수록 정신적 영역의 지배력이 강해지며, 자아(自我)의 문이 열려 수용력이 넓어지고, 신경계의 작용이 능동적인 상태에 이른다.

외부로부터 받는 긴장과 주관적 스트레스가 없으므로 신경계의 전달 작용에 저항이 없는 경지라고 말할 수 있다.

두뇌공학적 경지에서 보면 뇌파의 초당 뛰는 주파수가 7~14cps에 달하면 좌우 뇌의 교신이 활발해지며, 이성에서 자기를 지배하는 정신의 축이 생겨 현실에 충실한 자기의 가치관에 빠지므로 자연히 집중력이 생기고 에너지 작용이 강하게 이는 세계다.

자전거 바퀴가 도는 데 있어 힘의 축이 중심부에 있는 것과 마찬가지로 정신과 육체의 양 사이에 축을 잘 이루어 줌으로 현실에 능동적 지배력이 가하게 된다.

● **세타파**

두뇌에 뛰는 주파수가 4~7cps에 있을 때 우리 몸엔 초능력을 나타내는 내분비의 기능이 일어나는 유리겔라의 초능력 시범의 경지와 같은 것이다. 마음의 세계가 기도와 명상을 통하여 깊은 차원의 수준에 몰입할 때, 기도함으로써 하나님의 말씀을 듣고, 입에서 방언이 나오고, 머리에 빛이 이는 4차원(四次元)의 신비의 세계가 열리고, 인간의 영감과 추리 예시가 열리게 되는 세계다.

생리학적 설명을 하면 우리 몸에 영감력의 지배가 갑상선 호르몬을 분비하게 하고, 신경계의 송과선(松科腺)이 열려 중앙 의식에 도달함으로써 이 세계가 석가의 깨침 경지요, 해탈의 경지라고 말할 수 있는 세계다. 마치, 인간이 잠을 잘 때 꿈을 꾸면, 시간과 공간을 초월하여 천연색 꿈을 꾸고 초시각, 초촉각, 초후각, 초미각의 초상 현상이 일어나는 세계와 마찬가지의 세계다.

● **델타파**

육체가 가장 자연의 경지에 가까운 곳에 도달하는 세계다.

완전 자연일 때, 이때가 죽음의 경지라고 말할 수 있을 것이다. 자연계에 초자연 음파들이 존재하고 그 초자연 전자파를 우리는 오늘날 통신 기구나 TV 전자 제품을 통하여 받아들이듯이 뇌파가 0.1cps 수준일 때에 자연계와 연결되는 상태에서 자연의 리듬으로 우리 몸에 들어오는 생리작용인 것이다.

잠을 잘 때 의식은 없어도 우리 몸이 자연 리듬에 맞춰 심장이 뛰고, 호흡이 일어 피돌림, 내분비의 생리작용이 일고 있는 것이다.

인간의 사념(思念)이 없는 고요의 바다다.

인간이 세상에 태어나기 전 어머니의 모태 속에서 태교의 영향을 받듯이, 24시간 생활의 탄생 준비를 잠 속에서 하는 것이다. 하루에 쓸 에너지의 생산, 정신 작용의 준비 과정이 잠을 통하여 이루어지므로 잠들기 전 바라고 원한 사항이 창작으로 이루어지므로 어떤 사람은 잠 속에서 소설을 쓰는 신비의 세계가 있기도 하는 것이다.

순 무의식 세계의 잠을 뜻한다.

2. 잠재력 개발

우리는 아침에 잠이 깨어 저녁에 잠들 때까지 계속 정신 작용을 하고 있으며, 이 정신 작용에 의해 감정의 표현, 지각을 통한 사물의 인지, 행동, 사고 언어의 표현이 모두 비롯된다.

마음이 원하는 생각을 행동의 결과로 나타내는 것이 정신 작용이다.

정신이 신경을 지배하고, 신경이 근육을 지배하고, 근육의 지배는 행동의 사실을 낳는 기능적 역할을 담당한다.

이 기능의 능력이 인간의 잠재력이라고 말할 수 있다.

오스트리아의 정신분석학자 프로이트(S. Freud)는 우리의 의식을 빙산의 일각이라 말하고, 바다 밑에 잠겨 있는 부위를 내부 의식 잠재력의 세계라고 표현했다.

간혹 우리는 위험하고 긴박한 순간에 자기도 모르는 내면의 힘이 작용하는 놀라운 초능력의 세계를 볼 수 있다.

십 년 전의 얘기인데, 청계천 세운상가에서 불이 났을 때 사무실 안에 2톤 가량의 큰 금고가 있었다.

평상시에는 다섯 사람이 들어도 꼼짝도 하지 않았는데 불이 났을 때 사무실 안에 있던 세 사람이 달려가 덥석 들어 사무실 밖으로 들어냈는데 다시 금고를 들으려 하니 평상시와 같이 금고는 꼼짝도 하지 않았다고 한다.

바로 그 순간의 그 놀라운 힘이 잠재되어 있던 힘이라 하겠다.

유리젤라와 같이 초능력의 힘을 이용하여 정신으로 숟가락을 휘게 하고, 고장 난 시계를 고치는 무서운 힘이 있는가 하면, 옛날 사명대사 같은 분은 불 속에서, 얼음 속에서 인간의 힘으로 온도를 마음대로 조절하는 정신세계를 보였다고 한다. 4차원의 정신세계의 힘이 내재된 안에서 나오는 인간의 잠재력인 것이다. 인간의 잠재력은 보편적인 하루의 생활과 육체적 생리작용에서부터 4차원의 정신세계에 이르기까지 끝없는 무한의 세계요, 그 무한의 세계가 바로 대생명체인 인간의 마음인 것이다.

육체의 변화, 생활의 변화, 공부의 변화, 성격의 변화, 가치관의 변화가 마음으로부터의 정신 작용에서 비롯된다. 인간이 병에 걸릴 때 자연 건강할 수 있고, 자연 치유될 수 있는 능력도 인간의 잠재력인 것이다.

이러한 잠재력은 몸 안의 내분비, 즉 소화를 잘 시키기 위해서는 소화액의 분비, 병에 이기기 위해서는 핏속에 DNA 생산, 성장 호르몬 분비, 영감력의 발휘를 위해선 갑상선 호르몬의 분비, 의식의 감정 작용에 의한 뇌하수체의 생산 등 이러한 것이 생리 변화 기능적 능력을 나타내는 생리적 잠재력이라 말할 수 있다.

이러한 능력을 육체적 기능 능력이라 말할 때, 창작, 상상, 영감, 추리, 판단, 문제 해결의 능력을 정신적 잠재력이라 일컫는다.

　우리의 능력을 정신적, 육체적 두 능력으로 구분할 때 정신적, 육체적 결과의 촉매로 나타나는 것이 신경계의 역할이며, 신경계의 조절이 뇌파 조절인 것이다.

　신경이 예민할 때, 또는 잠이 안 올 때, 흥분하여 가슴이 답답하고 뛸 때, 우리는 신경안정제라는 약을 복용하는 경우도 있다.

　이 약의 효과로 신경이 가라앉으면, 뇌파의 주파수는 떨어지고 불면증에 걸린 사람이 잠을 잘 수도 있다.

　이것은 현대 의학의 물리적 힘이지만, 정신의 조절로 신경을 가라앉혀 뇌파를 조절해 주는 위대한 힘을 고안해 낸 사람이 미국의 호세 실바(Jose Silva) 박사인데, 그가 바로 마인드 컨트롤(mind control)의 창시자이다.

　이제 우리는 정신 조절의 기법을 이용하여 뇌력을 집중하는 수련을 통하여, 학습의 능력 증진과 통찰력 및 기억의 초능력을 기르는 학습 방법을 개발할 수 있게 되었다.

　심리학적 용어로 표시하면 지각(知覺)과 표상(表象)이라고 한다.

　이 두 가지 기능을 담당하는 영역이 좌우 뇌의 교신이다. 좌측 뇌는 객관의 세계로, 정신과 육체를 연결하는 신경계의 반사적 능력과 자아의 세계를 다스리는 영역이다.

　잠재되었던 기능과 능력이 위로 떠 객관적 능력을 외부로 나타내며, 외부로부터 얻은 지각 반응의 결과를 잠재 의식의 세계에 가라앉히는 역할이다.

　위로 뜨고, 내려앉고 하는 것이 좌우 뇌의 통신으로 이루어지며, 통신의 방해 요인이 주관적 스트레스와 육체적 긴장이라고 할 수 있다.

벼락공부 – 바로 내일이 학년말 시험이라고 할 때 밀렸던 공부를 밤 새워 가며 외우고 쓰며 달달 반복 되풀이할 때 잘 외워는 지지만 시험이 끝나면 곧 잊어버린다.

　이것은 신경계의 조건 반사적 방법이다.

　신경은 같은 동작을 되풀이할 때 행동의 습관이 형성되는데 하루 저녁의 벼락공부에 의한 습관은 일생을 연속시키는 것이 아니기 때문이다.

　즉, 육체적 객관의 영역이며 좌측 뇌의 입력만의 세계로, 우측 뇌를 통한 주관적 세계가 아닌 것이다.

목에 힘 준 사람 – 어떤 회사원이 부장으로 갑자기 승진, 많은 직원을 거느린 가운데 하루 종일 근무하다가, 저녁에 퇴근 때가 되면 목이 뻣뻣하고 어깨가 아프고 등에 신경통이 오는 증상이 나타난다. 그것은 긴장 속에 정신이 응축하면 자연히 정신을 통한 신경계에 압축이 오고 근육에 통증을 일으키기 때문이다.

　신경의 응축은 정신의 유연성을 상실하게 한다.

내면의 잠재력은 좌우 뇌의 교신이 될 때, 비로소 창의적 상상력이 생기고, 일할 수 있고, 적응할 수 있는 자연적 힘(잠재력)이 샘솟게 된다.
　이와 반대로, 의도 목적 의식은 뇌척추 신경 계통이 근육을 피동적으로 많이 사용하는 관계에서 오는 증상으로 육체적 객관에 치우친 현재의식의 과중한 부담이 된다.
　긴장 속에 사는 현대인에게, "목에 힘 좀 빼라."는 얘기는 정신을 쓰라는 얘기인 것이다.

상사 앞의 브리핑 – 중진 이상의 회사 중역들이 모인 앞에서 신년 예산 편성에 대한 브리핑을 하게 된 사원이 밤새워 외우고 준비해 간 내용이 막상 앞에 나가 발표를 하려고 하니 다리가 굳고, 입이 굳어 말이 잘 안 나오고, 생각해 놓은 아이디어들이 나오지 않고 캄캄한 지경에 이르게 된다는 경험담을 흔히 듣는다.
　이는 잘 해야겠다는 지나친 목적의식이 불안을 일으켜 신경을 굳게 하기 때문이다. 뇌파가 베타로 오르고, 잠재의식(우측 뇌)에 보관된 정보들이 자연히 떠오를 때 정신의 유연성이 주어지는 것인데, 강제로 떠오르게 할 때는 좌우 뇌의 교신이 일지 않는고로 현재의식의 고립된 상태가 될 수 있는 것이다.

강의 청취 태도 – 공개 강의에 참석하는 사람들의 예를 들어 보자. 너무 자기가 바라는 목적의식 속에서 긴장한 나머지 눈을 똑바로 크게 뜨고 어깨에 힘을 주고 앉아 있는 사람들이 있다. 그러나 이렇게 지나치게 치우친 생각은 자신의 내면적 자아(自我)의 세계를 열지 못하게 되고, 오래 강의를 들을 수 없고, 피로가 빨리 오게 되는 것이다.
　이런 사람은 불합리를 기피하기 위한 수단으로 쓸데없이 교실의 배경, 바닥, 책상, 커튼 등 강의와 관계없는 사항에 신경을 쓰게 되고 선생님의 얼굴, 옷차림에 마음을 돌려 강의와 다른 측면을 생각하게 되는 것이다.

3. 현재 의식(現在意識)

바다에 큰 기선이 움직이는 것과 두뇌의 움직임을 비교해 보자. 선장이 키의 움직임으로 방향을 잡고, 항로를 결정하며, 기관을 움직여 스크루를 돌게 함으로써 앞으로의 추진력을 나타내는 것이다.

큰 기관을 움직여 배의 선체를 움직이게 하는 것이 기관장이라면, 기관장의 역할을 담당하는 것이 현재의식인 외부의식이다.

배가 기관장 혼자서는 움직일 수 없듯이 우리 머리도 외부의 현재 의식만으로 되는 것이 아니고 항상 잠재 의식과의 교신에 의하여 이성 감정 작용이 지배되게끔 되어 있다.

우리 머리는 외부로부터 많은 정보(지식)를 넣는 일과, 받은 정보를 보관하고 창작·기획하여 외부로 표출하는 능력 두 가지로 구분할 수 있다.

4. 잠재 의식(潛在意識)

술에 만취한 사람이 의식이 없는 가운데 차를 집의 차고까지 무난히 몰고 와 차고에 넣고 아침에 깨어 일어났을 때 전날에 한 일이 전혀 생각이 안 날 때가 있다.

이는 알파·세타의 잠재 의식이 내면이 주관적으로 행동했기 때문에 의식에 의한 조절이 습관적인 상태에서 이루어진 것이다.

이러한 상태를 정상적인 상태라고는 할 수 없다. 마치 꿈 속의 몽유병 환자의 행동과 비슷하다.

정상적인 의식생활의 활동이란 것은 외부 의식과 잠재 의식이 서로 교신되는 가운데 이루어지는 행동이며 좌우 뇌의 교신적인 상태라 할 수 있다.

좌우 교신의 상태는 신경의 능동적인 움직임의 상태이고, 자아(自我)의 세계이기 때문이다.

하루 종일의 강의 – 나는 방학 동안의 합숙훈련 속성코스에서 아침 6시부터 저녁 10시까지 무려 15시간씩 연속되는 강의를 6일 정도 연속할 때가 있었다.

힘든 강의의 플랜을 연속시키는 신체적 건강의 지속적인 힘과 정신이 견딜 수 있는 의지력이 관계될 수 있으나, 이것은 어디까지나 외부적인 육체적 자아의 경지라고 할 수 있다.

육체적 힘은 항상 제한이 있고 약한 것이다.

이것을 이기고 견딜 수 있는 힘은 그 강의 자체를 내 자신이 좋아하고, 학생을 무한히 좋아하는 정신적 자아가 신경을 능동적으로 움직여 주기 때문에 일주일 내내 재미있는 흥미의 연속으로 강의라는 부담을 잊게 하는 것이다.

하루 종일의 사무 – 우리가 직장을 나가는 것은 육체의 본능을 충족시키는 하나의 수단으로 조건적 관계와 기계적 관계로 경제적 문제를 타개하려는 목적의식 때문이다.

사업주와 근로자 간에는 근로의 제공 대가로 받는 임금과의 관계다.

관계 그 자체는 경제적 사회의 어쩔 수 없는 주고받는 기계적 관계라 할 수 있지만, 정신적 자아는 기계적 관계를 떠나 생명적 관계로 이어질 때 정신적 자아(自我) 세계에서 능동적 대처를 할 수 있는 것이다.

봉급은 비록 작아도 나의 사명과 목표 그리고 장래를 위한 나날의 발전 모습이 직장을 중심으로 이루어질 때 직장에 충실할 수 있는 자아(自我)의 마음이 생기고, 일하는 보람을 느낄 때 피로하지 않고 의욕 넘친 하루 생활이 될 수 있다. 그러나 봉급이란 조건 때문에 싫은 일과도 참고 견뎌야 한다는 의지력(意志力)이 작용할 때는 자연히 마음은 그 일에 도피의식이 생기고 피로와 권태가 오게 된다.

억지로 참고 일하는 상태는 육체 자아가 조건에 의하여 이루어질 때 목적 의식 피아(彼我)가 신경을 타동적으로 움직여 외부 의식적으로 치우치게 된다.

그러므로 순간의 움직임도 사명과 목표, 의욕, 환희, 즐거움, 보람 등이 행동의 가치관을 만들고, 그 가치관이 현실에 충실하게 되고, 현실에 충실된 정성을 다하게 하는 것이 주관적 잠재력이 일어나는 정신적 에너지(energy)라 말할 수 있다.

나는 나를 중심으로 몸과 마음과 정신이 있고, 나아가 친구, 가족, 사회, 국가, 더 나아가 세계관이 있고, 우주관이 있고, 그 모든 것이 마음과 일치 조화될 때 대생명력의 관계가 유지될 것이다. 그리고 나라는 핵심의 주체가 주인의식을 느낄 때 주체성이 살고, 그 주체성이 정신의 축이라 말할 때 정신에 축이 있으므로 만물과의 조화가 이루어지는 것이다.

건강의 잠재력 – "건강한 육체에 건강한 정신이 깃든다."는 말이 있으나 이는 체육을 중요시할 때 하는 얘기다.

오히려, "건강한 정신에 건강한 육체가 깃든다."고 말해야 옳을 것이다.

육체는 컴퓨터의 하드웨어와 같이 조직 그 자체지만 400조 신경세포에 끝까지 전달되어 가는 것이 기혈(氣血)이고 기혈의 산화작용이 에너지(energy)인 것이다. 기혈(氣血)의 운반작용이 인간의 정신작용에 있으므로 인간은 정신과 육체가 함께하는 것이다.

완전 학습·뇌의 작용

● 1. 현재 의식의 지각 반응

객관을 통한 외부 의식의 지각반응이 시각, 후각, 미각, 촉각, 청각의 세계인데, 이는 객관적 세계의 시청각 교육의 경지를 말한다. 두뇌공학적으로 보면, 뇌파 14~21 → 30cps 주파수로 주로 좌측뇌가 많이 움직이는 영역이다.

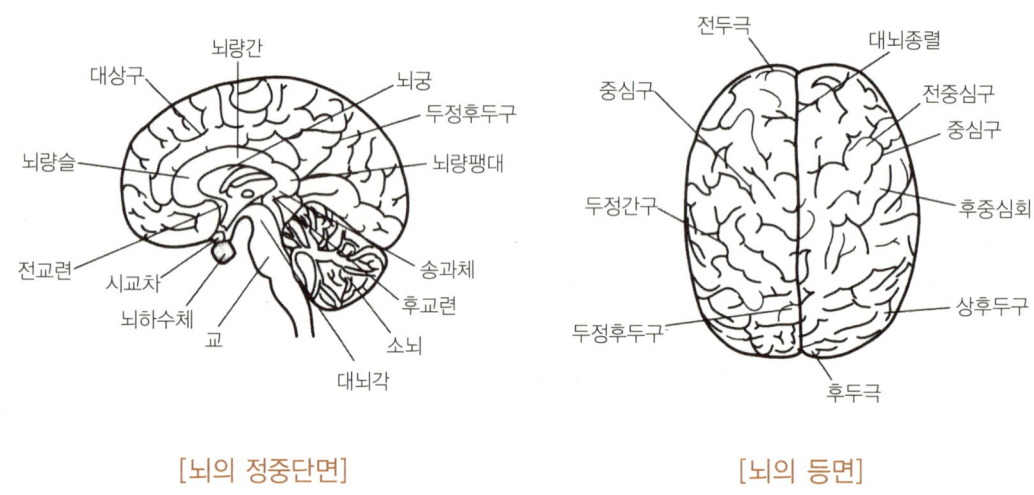

[뇌의 정중단면]　　　　　　　　　　　　[뇌의 등면]

좌측 뇌 – 좌측 뇌는 컴퓨터의 하드웨어와 같은 작용을 하는 기계적 입력 장치로 주로 반사적, 기계적 행동의 영역이 대부분이며 육체를 통한 지각 반응의 감각을 담당한다.

공부를 하는 데 가장 많이 사용되는 감각 부위는 눈과 귀일 것이다.

눈은 외부로부터 지각되는 사물이 빛을 통하여 눈의 수정체를 통과한 다음, 눈의 망막에 거꾸로 선 상이 나타나는데, 이것은 TV의 브라운관과 같은 역할이다. 망막 뒤판에는 1,500만 개 이상의 시신경계와 연이어 있고, 시신경이 전파의 에너지로 바뀌므로 기억은 일정한 주파수를 가진 전파의 진동인 전기적 반응의 에너지로 변한다. 즉 눈은 빛의 강약을 전류의 강약으로 바꾸는 광전관(光電管)의 역할을 한다. 그래서 눈에 들어온 빛 에너지는 전기 에너지로 변환되어 시신경이란 도선을 통해 뇌에 전달되고, 뇌는 빛을 인식하게 되는 것이다.

귀 역시 고막을 통하여 울린 진동수의 소리가 전파로 바뀌는 전기적 에너지가 된다.

즉 귀는 소리 에너지를 전기 에너지로 바꾸는 전화기의 송신기와 같은 역할을 한다. 그래서 귀에 들어온 소리 에너지는 전기 에너지로 변환되어 청신경을 통해 뇌에 전달되고 뇌는 소리를 인식하게 된다.

외부로부터 지각되어 머리가 인지(認知)하는 사고(思考)는 전기적 진동수인 사이클(cycle)로 변하여 우리 머리 안의 컴퓨터 회로와 같은 부위에 보관되었다가 나오는 것이 기억이다.

그러므로 지각 반응은 전기적 에너지의 반응이다.

2. 객관적 세계의 학습작용(일반적 통찰력)

수업 시간 중에 열심히 필기하고 얌전히 앉아 듣고 읽고 쓰고는 있지만 이것은 겉보기 외부의 입력에 불과할 따름이다.

똑바로 앉아 칠판을 향해 보고(눈), 귀로 들으며, 필기를 할 때(손) 움직여진 영역이 육체적인 영역의 수준이다. 육체적 지각은 반사적 지각이기 때문에 본 대로 사실 대로 준 대로 받아들였다고 하지만 받아들인 정도는 정신의 집중도에 따라 다른 것이다. 정신 사고(思考) 작용이 별로 작동하지 않아도 눈과 손이 작동하면 필기는 이루어지기 때문이다.

만약, 칠판의 내용을 베끼는 식이 아니고 칠판에 쓴 내용을 지우고 난 다음 노트에 그대로 옮겨 보라고 한다면 꼼짝없이 머리에서 생각을 떠올려 적어야 할 것이다.

머리에 떠오른 작용을 회생이라고 하는데 이 회생은 우측 뇌가 담당한다. 컴퓨터와 비교한다면 회생을 "출력(output)"이라 할 수 있다.

좌측으로 입력(input)된 지식을 우측으로 출력(output)할 수 있을 때 완전학습이란 말을 할 수 있다. 완전학습이 이루어질 때 뇌력이 가장 집중되고 좌우 뇌의 교신의 통로가 열리고 학습은 정복 정리되어 자신력을 갖게 된다.

필기만 많이 하는 교육과 주입만 많이 하는 교육은 사고(思考)에 균형을 잃게 하고 학습에 부담을 늘리며 좌측 뇌의 피로를 많이 주게 된다.

3. 주관적 세계 학습작용(예외적 감각)

주관은 우측 뇌의 영역이며 뇌파가 7~14cps에서 좌우 뇌가 능동적으로 교신되는 수준이다.

지각을 통하여 좌측으로 들어온 정보들이 우측으로 떠오르는 것을 표상(表象)이라고 하는데, 이것은 상상의 영역이며 정신의 영역이다.

외부 의식의 지각 반응이 있을 때 반대로 내부 의식세계의 정신 지각 반응이라고 말할 수 있다.

지각 반응의 결과가 전기적 에너지일 때 정신적 지각 반응도 전기적 에너지와 같은 영상의 반응이 머리에 떠오를 수 있다.

마치 우리가 꿈을 꿀 때 꿈 속에서 음식을 먹고, 매를 맞으며, 또는 도둑에게 쫓기고, 동산에서 아름다운 꽃을 보며, 임을 만나 데이트를 하는 경우가 있는데 이는 막연한 현상이라기 보다 실지 생활의 감정과 같다.

감각의 결과는 정신이든 육체이든 다 전기적 에너지의 결과로 나타나기 때문이다.

눈을 감고 주관의 상상이 아름다운 산과 물, 새소리 지저귀는 자연의 풍경을 그리며 조용한 명상에 잠길 때, 자연정신의 세계가 깊어지고 우측 뇌의 영역이 커지며 의식에서 잠재 의식의 몰입 수련이 된다.

주관의 깊은 경지에 몰입할 때, 고도의 정신력을 활용할 수 있으며 이 정신을 활용하는 학습 방법이 정신 공간 표출법이다.

즉 칠판, 노트, 책의 내용을 한 번만 읽어도 그 내용이 영화의 화면처럼 머리에 떠오르는 기술을 마인드 컨트롤에서 멘탈 스크린(mental screen)이라 일컫는다.

객관의 수준에서 주관으로 몰입하는 과정은 정신통일, 뇌력집중이란 말로 표현된다.

정신통일 이완 조절법

●5단계

5~1의 방법으로 육체의 근육과 정신 신경을 이완시켜 줌으로써 β(베타파)의 뇌파 수준에서 α(알파파) 수준으로 몰입할 수 있다.

첫 자세를 취하는 방법은 의자에 앉은 자세에서 발을 앞으로 편히 뻗는다.

그리고 의자에 기대고 손을 무릎에 올려 손바닥이 천장을 향하도록 한 채 똑바로 정면을 향한다. 눈은 정면 25도 상단 위의 어떤 점이나 물건을 계속 응시한다.

앞 벽의 하얀 면에 까만 점이 좋을 것이다.

계속 그 점을 향해 눈을 깜박이지 않고 눈동자에 약간 힘을 준 채 약 30초 가량 응시할 때 눈은 피곤하여 눈물이 나올 지경에 이른다.

눈이 피곤하여 참기 힘들 때 머릿속으로 "5"라는 숫자를 크게 떠오르게 한다.

이것의 첫째 목적은 눈이 피곤할 때 잠재 의식은 쉬었으면 좋겠다는 진의를 일어나게 하며, 눈이 외부를 응시하는 수준은 좌측 뇌의 외부적 감각에 처해 있으나 마음 속의 "5"의 숫자는 내부 의식 우측 뇌의 영역에 속하므로 외부 의식과 내부 의식의 경계 시점에서 내부 의식의 몰입 준비 단계에 해당한다.

●4단계

4의 단계는 5의 단계보다 한층 더 깊은 단계로 눈을 감은 채 계속하여 4를 반복한다.

외부 의식 육체적 감각 반응의 에너지(energy) 활동은 뇌실에서 시상(視床) 부위까지 뇌하수체 물질의 통로에 의하여 물질적 자극 반응을 강하게 하는데 내부 의식 수준의 몰입에서 영감력을 내는 물질 분비는 목의 갑상선 호르몬의 분비가 정신 감각의 에너지(energy) 반응의 물질로 차츰 대체되어 간다고 한다.

●3단계

3의 단계는 육체의 근육을 이완시켜 경직을 풀어 줄 때 정신에 유연성을 부여시킬 수 있다. 평상시 앉고 서고 걷는 자세의 모습이 지탱되는 것은 육체 근육 속에 신경이 있고 이 신경 부근에 우리의 마음의 끝까지 차 있으므로 흐느적거리지 않게 되는 것이다.

그러나 잠을 잘 때처럼 의식이 없어져 정신이 빠질 때, 육체는 부드러워진다. 사람은 높은 데서 떨어질 때 또는 어디 부딪힐 때 근육 신경계에 힘이 들어가게 되므로 긴장되어 있을 때 더 강하게 다치게 된다.

어린 아기와 같이 긴장하지 않고 부드러울 때 오히려 덜 다치게 된다.

근육이 부드러울 때 정신에 유연성이 생기고, 이 유연성이 행동을 부드럽게 하기 때문이다. 머리에서 발끝까지 긴장을 풀고 인도문에서 읽는 대로 눈을 감고 부담 없이 들으면 자연 이완되는 것이다.

●2단계

2의 단계는 정신의 안정 단계로서 정신이 편히 쉴 수 있는 이상적인 곳을 선택한다. 아름다운 호수, 산장의 정원, 맑은 물이 흐르는 계곡, 한여름의 시원한 바닷가, 주관의 상상이 이런 곳을 생각할 때 정신이 안정되고 한층 건강한 상태에서 정서적 안정을 기할 수 있다. 우리 머리는 생각하는 대로 되는 세계이다.

눈을 감고 조용한 호수를 그리면 물결 전경이 머리에 광에너지가 전기 에너지(energy)로 나타나고, 그 세계의 몰입이 외적 감각을 잊고 시공(時空)을 초월하는 명상의 세계에 달하게 된다. 이러한 명상으로 객관의 세계를 주관으로 이끌고, 몰입된 맑은 정신 상태를 계속 지속시켜 주는 효과를 준다.

●1단계

1의 단계는 육체적 감각과 정신적 감각의 수준이 일치된 상태요. 정신 에너지의 축이 7~14cps 사이의 10.5cps 수준의 α(alpha) 상태를 말한다.

마음이 외부와 시비하지 않는 조용한 상태에 몰입하게 된다.

즉, 마음과 정신과 육체가 일치되는 세계이고, 객관과 주관이 일치되는 조화(調和)의 세계이다.

우리의 마음이 만물과 일치 조화될 때 자기를 발견하고 자아(自我)의 세계에 신경이 능동적으로 움직여지고 정신의 축이 생기며 이 축이 나(我)인 것이다.

정신통일도 자기의 실체를 찾는 명상의 경지라고 할 수 있다.

 정신통일 몰입 수련

●몰입

1. 이 수련은 5에서 1의 숫자로 시작합니다.
2. 편안한 자세로 고개를 똑바로 들고 눈을 상단 22도 각도로 쳐다보십시오.
3. 벽이나 정면의 어떤 물건이나 점을 선택 응시하여 가능한 한 오랫동안 눈을 깜박이지 않도록 노력하십시오.
4. 천천히 5라는 숫자를 생각 속에 그려 놓고 그것을 응시하십시오.

   눈에 피로감을 느낄 때는 눈을 뜬 채 있지 말고 눈을 감고 긴장을 풀고 편안하게 휴식을 취하면서 이 수련이 끝날 때까지 감고 있으십시오.
5. (강사는 5란 숫자를 계속 떠오르게 하라고 "5"하면서 반복한다.)
6. 눈을 감은 채 여러 번 반복하여 숫자 4를 떠올리십시오.

   (잠깐 4… 반복) 그러면 당신은 4의 상태에 들어갈 수 있을 것이며 이 상태는 숫자 5보다 더 깊은 상태입니다. 특별한 정신 상태에 들어가는 수련을 하기 위해 눈을 감을 때 가끔 당신은 머릿속으로 "누가 나를 부르거나 위험하고 긴박한 순간에 있을지라도 곧 눈을 뜨게 될 것이고 상쾌한 상태로 깨어날 것이다."라고 되뇌이십시오. 그러면 맑은 정신으로 깨어나고 기분 좋고 편안하고 완전한 건강 상태에 있을 것입니다.

●몰입 수련

(숫자 3의 상태에서 신체적인 긴장을 푸는 모습)(육체의 긴장을 푸는 숫자(근육))

1. 신체적 긴장을 푸는 3의 상태에 들어가기 위해서 머릿속으로 3을 그리고 그것을 반복하여 응시하십시오.

   (잠깐 3… 반복) 4를 응시할 때보다 더 깊은 상태로 들어갈 것이며 5를 응시했을 때보다는 더욱더 깊은 상태에 도달해 있을 것입니다. 3의 상태는 몸의 긴장을 푸는 데 효과를 줄 것입니다. 즉 불과 몇 초 만에 머리에서부터 발끝까지 몸의 긴장을 푸는 법을 배우게 될 것입니다.
2. 당신은 3의 상태에서 몸의 긴장을 푸는 법을 배우기 위하여 몸의 각 부분에 신경을 쓰도록 지적하겠습니다.
3. 온 정신을 머리 상단에 집중시키십시오. (조금 쉬고)

   머리 살갗에 가벼운 경련을 느낄 것이며 혈액 순환으로 인하여 가벼운 열기를 느낄 것입니다. (쉬고)

긴장을 풀고 머리에서 가까운 부분부터 이완시켜 점점 완전히 긴장이 풀린 상태에 도달하도록 노력하십시오. (잠깐)

4. 정신을 이마와 이마 살갗에 집중시키십시오.
   (잠깐) 가벼운 경련을 느낄 것이며 혈액 순환으로 인하여 가벼운 열기를 느낄 것입니다.
   긴장을 푸십시오. 이 부분의 힘살의 결속을 풀고 점점 더 보다 깊은 긴장이 풀린 상태에 도달하게 하십시오.

5. 눈꺼풀과 그 주위의 조직에 정신을 집중시키십시오. (쉼)
   그러면 가벼운 경련과 혈액 순환으로 인하여 가벼운 열기를 느낄 것입니다. (쉼)
   긴장을 풀고 눈꺼풀 주위 부분에서부터 몸의 긴장을 풀어 나가 점점 보다 더 깊은 긴장이 풀린 상태에 도달하게 하십시오. (쉼)

6. 얼굴과 뺨 주위에 정신을 집중시키십시오. (쉼)
   가벼운 경련을 느낄 것이며 혈액 순환으로 인하여 가벼운 열기를 느낄 것입니다. (쉬고)
   긴장을 풀고 얼굴 주위부터 이완시켜 나가면서 점점 긴장이 풀린 상태에 이르도록 노력하십시오. (쉼)

7. 목의 부분과 그 주위의 피부에 정신을 집중시키십시오. (쉼)
   가벼운 경련을 느낄 것이며 혈액 순환으로 인하여 가벼운 열기를 느낄 것입니다. (쉬고)
   긴장을 풀고, 목에 가까운 부분부터 긴장을 풀어나가면서 점점 완전히 긴장이 풀린 상태에 도달하도록 노력하십시오. (쉼)

8. 목 내부에 정신을 집중시키십시오. (쉼)
   가벼운 경련을 느낄 것이며 혈액 순환으로 인하여 가벼운 열기를 느낄 것입니다. (쉬고)
   긴장을 풀고 목 내부에서 가까운 부분부터 이완시켜 나가면서 점점 완전히 긴장이 풀린 상태에 도달하도록 노력하십시오. (쉼)

9. 어깨에 정신을 집중시키십시오. (쉼)
   그리고 몸에 옷이 닿아 있다는 것을 느끼십시오. (쉬고)
   피부와 어깨 부분의 피부에 경련을 느끼십시오. (쉼)
   어깨 주위에 긴장을 풀고 어깨 부분이 점점 더 완전히 긴장이 풀린 상태에 도달하도록 노력하십시오. 가벼운 경련을 느낄 것이며 혈액 순환으로 인하여 가벼운 열기를 느낄 것입니다. (쉬고)
   긴장을 풀고 어깨에서 가까운 부분부터 이완시켜 나가면서 점점 긴장이 풀린 상태에 도달하도록 노력하십시오. (쉼)

10. 정신을 가슴 부분(부근) 피부에 옷이 닿는 것을 느끼십시오. (쉼)
    살갗의 경련을 느끼십시오. (쉼)

긴장을 풀고 가슴 주위 부분부터 이완시켜 나가면서 점점 더 깊은 긴장이 풀린 상태에 도달하도록 노력하십시오. (쉼)

11. 가슴 내부에 정신을 집중시키고 모든 내부 기관의 긴장을 풀고 모든 분비선과 모든 조직의 긴장을 풀고 심지어 체내의 세포까지도 긴장이 풀리도록 노력하여 몸이 더 건강하고 율동적으로 기능을 발휘하도록 노력하십시오. (쉼)

12. 정신을 복부 외부에 집중시키고 피부에 옷이 닿아 있음을 느끼십시오. 피부를 느끼고 피부의 경련을 느끼십시오.
    (잠시 후) 점점 더 완전히 긴장이 풀린 상태에 도달하도록 노력하십시오. (쉼)

13. 정신을 복부 내부에 집중시켜 모든 기관과 분비선의 긴장을 풀고 심지어 세포까지 이완시켜 모든 신체 기관이 율동적이고 더 건강한 상태에서 기능을 발휘하도록 하십시오. (쉼)

14. 모든 정신을 허벅지에 집중시키고 옷이 닿아 있음을 느끼십시오. 그 주위의 피부를 느끼고 피부의 경련을 느끼십시오. (쉼)
    긴장을 풀고 허벅지 부근의 모든 부분에 긴장을 풀고 그 부분이 점점 더 완전히 긴장이 풀린 상태에 도달하도록 노력하십시오. (쉼)

15. 당신이 벌써 깨닫게 된 허벅지 부분의 근육 속에 있는 뼈에 경련을 느끼십시오. (잠깐 쉬고)

16. 당신의 모든 정신을 무릎에 집중시켜 피부의 경련을 느끼십시오.
    (잠시 후) 긴장을 풀고 무릎 주위를 누그려 나가면서 무릎 부분이 점점 더 완전히 긴장이 풀린 상태에 도달하도록 노력하십시오. (쉼)

17. 모든 정신을 종아리에 집중시켜 종아리를 덮고 있는 피부와 그 피부의 경련을 느끼십시오. (쉼)
    종아리 부분의 긴장을 풀고 점점 더 긴장이 풀린 상태에 도달하도록 노력하십시오. (쉼)

18. 더 깊고 완전하고 건강한 정신 상태에 몰입하기 위해서 발가락에 정신을 집중시키십시오.
    (잠시 후) 좀 더 깊고 완전하고 건강한 상태에 몰입하도록 노력하십시오. (쉼)

19. 더 깊고 완전하고 건강한 정신 상태에 들어가기 위해서 발가락에 정신을 집중시키십시오.
    (잠시 후) 좀 더 깊고 완전한 건강한 경지에 이르도록 노력하십시오. (쉼)

20. 더 깊고 완전하고 건강한 정신 상태에 들어가기 위해서 모든 정신을 발 뒤꿈치에 집중시키십시오.
    (잠시 후) 좀 더 깊고 완전하고 건강한 상태에 몰입하십시오.

21. ① 발이 당신 몸의 일부분이 아닌 것처럼 느끼십시오. (잠시 후)
    ② 발이 당신 몸의 일부분이 아닌 것처럼 느끼십시오. (잠시 후)
    ③ 발이 당신 몸의 일부분이 아닌 것처럼 느끼십시오. (잠시 후)
    ④ 발, 발목, 종아리, 무릎이 몸의 일부분이 아닌 것처럼 느껴집니다.

⑤ 발, 발목, 종아리, 무릎. 머리, 어깨, 팔, 손이 몸의 일부가 아닌 것처럼 느껴집니다. (잠)
22. 곧 당신은 전보다 훨씬 더 깊고 완전하고 건강한 정신 상태에 있을 것입니다.
23. 이 상태가 숫자 3에서 긴장을 풀기 위한 상태입니다. 여러 번 반복하여 3이란 숫자를 읽으려고 노력할수록, 당신의 신체는 현 상태처럼 완전히 긴장이 풀릴 것이고 나아가서 좀 더 이 수련을 계속하면 점점 더 완전한 상태에 이를 것입니다.

● 몰입(정신 신경의 긴장을 푼다)

1. 정신적으로 긴장이 풀린 상태인 2의 상태에 들어가기 위하여 당신이 숫자 2를 반복하여 생각하면 3, 4, 5의 경우보다 더 깊은 수준인 2의 상태에 들어갈 수 있을 것입니다.
(잠깐 2…) 이 정신 상태에서 당신은 잡음으로 인해 정신적 산만함을 느끼지 않고 오히려 더 정신적으로 긴장을 풀 수 있게 도와 줄 것입니다.
2. 당신을 이 2의 상태에서 정신이완법을 습득하는 것을 돕기 위해 평온하고 수동적인 장면을 설정하여 정신을 그 곳에 집중할 수 있도록 이끌어 주겠습니다. 이 설정이 어떤 의미로든지 당신이 정신적으로 긴장을 푸는 데 도움을 줄 수 있을 것입니다.
3. ① 어느 상쾌한 여름날 해변에서의 한낮은 당신에게 평온한 장면이 될 수 있습니다. (잠)
② 낚시질을 하는 순간도 수동적 장면이 될 수 있겠습니다. (잠)
③ 화창한 여름날 숲 속으로의 산책, 때마침 불어오는 미풍과 높은 나무들의 그늘, 각양각색의 아름다운 꽃들, 맑고 푸른 하늘, 뭉게구름, 멀리서 들리는 새 소리, 나뭇가지 위에서 뛰노는 다람쥐들, 멀리 새들이 지저귀는 소리를 들으십시오. (잠깐 쉬고)
④ 이런 잡음들이 당신을 교란시키지 않는 상태가 2에서의 정신적으로 긴장이 풀린 상태입니다.
4. 이 상태에서 정신적 이완감을 더 높이기 위해서 수동적 장면의 영상을 떠올리면서 그것을 정신으로 바라보십시오. (잠)

● 기본 단계에 들어가기 위한 수련

1. ① 숫자 1의 상태인 기본 단계에 들어가기 위해서 마음 속으로 1이란 숫자를 그려 영상을 떠올리고 이것을 여러 번 반복하여 바라보십시오. (잠깐 쉬고) (1… 반복)
② 이미 당신은 1의 상태에 들어갔습니다. 이 정신적 기본 단계는 당신의 유익을 위해 배우는 것입니다.

● 몰입의 수련

1. ① 보다 더 깊고 완전하고 건강한 상태에 들어가기 위하여, 또 1의 상태의 길이를 크게 하기

위하여 몰입의 수련을 더 하십시오.

② 더 깊은 상태에 들어가기 위하여 25에서 1까지, 50에서 1까지, 100에서 1까지 세어 내려가는 연습을 하십시오. 당신이 1에 도달할 때 전보다 더 깊고 완전하고 건강한 정신 상태에 들어갈 것입니다.

③ 당신은 이 정신 상태에서 외적 의식 상태를 포함해서 어떤 정신 상태에서든지 당신의 감각과 기능을 완전히 조절하고 절대적으로 지배할 수 있을 것입니다.

● 언제 연습할 것인가?

1. ① 이 몰입의 수련을 하기 위해 제일 좋은 시간과 장소는 아침에 잠을 깰 때입니다. 요나 침대에서 5분 동안 수련을 하십시오.

   ② 몰입의 수련을 하기에 두 번째로 좋은 시간은 잠자리에 들기 전입니다.

   ③ 이 수련을 하기에 세 번째로 좋은 시간은 점심 식사 후의 한낮입니다.

2. ① 5분 동안의 수련이 좋고, 10분간의 수련은 더욱 좋고, 15분간의 수련은 아주 좋습니다.

   ② 하루에 한 번 연습하는 것이 좋습니다. 2번은 더욱 좋고, 3번 하는 것은 아주 좋습니다.

   ③ 만일 건강에 문제가 있거든 하루에 15분간 3번 이 수련을 하십시오.

● 위의 상태에서 본 상태로 돌아오기

1. ① 당신이 어떤 수준의 정신적 상태에 있더라도 그 상태에서 돌아오고 싶을 때는 마음속으로 1부터 5까지 헤아리고 5를 헤아릴 때 눈을 뜨고 깨어나서 '기분이 좋고, 잘 쉬었고, 완전한 건강 상태에 있을 것이며, 전보다 훨씬 좋아진 것을 느끼게 될 것'이라고 혼자서 되뇌이십시오.

   ② 그리고 천천히 하나, 둘, 셋을 센 후… 그리고 5를 셀 때에는 눈을 뜰 것이며, 기분이 좋고, 잘 쉬었고, 완전한 상태에 있을 것이며, 전보다 좋아졌다는 것을 느낄 것이라는 것을 머릿속에서 다시 기억하십시오.

   ③ 계속하여 넷, 다섯을 세자마자 눈을 뜨고 나서 '나는 상쾌하고, 잘 쉬었고, 완전한 건강한 상태로 돌아와 전보다 좋아졌다 라는 것을 느낀다.'라고 마음속으로 되뇌이십시오. 그러면 정말로 그런 상태로 될 것입니다.

● 관계

1. 당신은 내 말에 계속 귀를 기울이십시오. 당신의 수련으로 지금까지 이른 이 상태에서나 혹은 지금 도달해 있는 외적 의식 상태를 포함한 정신 상태에서 내 지시를 따라 계속하십시오. 이것은 당신에게 유익을 줍니다. 당신이 이것을 원하고 있고 또 그렇게 될 것입니다.

2. 내가 "긴장을 푸십시오."라고 말할 때마다 당신은 몸이나 정신에 필요 없는 모든 움직임과 활동을 즉시 멈추십시오. 그러면 당신은 완전히 시키는 대로 하게 될 것이고 몸과 정신 모두가 편안하게 될 것입니다.

● 유익한 말
1. 당신의 정신이 이런 상태에 있는 동안 기회가 있는 대로 좋은 말을 자주 반복하는 것은 당신에게 유익이 되는 말입니다. 정신적으로 나를 따라 반복하십시오.
2. 나의 정신적 능력을 보다 나은 방법으로 남을 도와주는 데 사용해야 할 것입니다.
3. 날이 가면 갈수록 나는 더욱 더 좋아지고 더 나아질 것입니다.
4. 모든 면이나 어떤 점에 있어서도 더 완전하고 건강한 상태가 될 것입니다.
5. 이 상태에서 또는 내가 어떤 상태에 있든지 그 상태에서 외적 의식까지 포함해서 나는 나의 모든 감각과 능력을 완전히 조절하고 지배할 수 있을 것이고 정말로 그렇게 될 것입니다.

● 보호의 말
1. 당신을 보호하기 위한 보호의 말입니다.
2. 이 정신 조절(마인드 컨트롤)은 이것입니다. 당신은 언제든지 당신의 정신을 조절할 것입니다. 당신이 어떠한 정신 상태에 있더라도 내 말을 언제든지 받아들일 수 있고 거절할 수 있습니다.
  당신은 언제든지 정신을 조절할 수 있습니다.

● 당신의 건강을 위한 예방적인 말
1. 당신의 보다 나은 건강을 위한 예방적인 말입니다.
2. 나는 정신적으로나 육체적으로나 정신적 무질서나 정신작용법, 신경적 기능적 질환을 결코 일으키지 않겠습니다.
3. 육체적으로나 정신적으로나 심장병 같은 병적 질환을 결코 일으키지 않겠습니다.
4. 육체적으로나 정신적으로나 백혈병과 당뇨병 같은 병이나 혈액 순환의 병도 나는 결코 일으키지 않겠습니다.
5. 육체적으로나 정신적으로나 결코 나는 관절염 같은 병을 일으키지 않겠습니다.
6. 녹내장과 같은 병을 육체적으로나 정신적으로도 나는 결코 일으키지 않겠습니다.
7. 암과 같은 병을 육체적으로나 정신적으로도 결코 일으키지 않겠습니다.
8. 나는 언제나 몸과 정신의 완전한 건강을 유지하겠습니다.
9. 부정적인(negative) 생각들은 내 정신의 어떤 상태에서도 영향을 주지 않겠습니다.

● 효과적인 감각의 프로젝션

1. 나는 나의 감각과 기능을 발전시키는 것을 배우고 있습니다.
   나는 나의 정신으로 이 지구상의 어떤 장소나 지점에 가는 방법을 배우고, 그 곳에서 일어나는 모든 사건들이 인류에게 필요하고 유익한 것인지 깨닫게 될 것입니다.
2. 나는 나의 감각과 기능을 발전시키는 것을 배우고 있습니다.
   어떠한 유성들, 태양계, 은하계, 우주의 모든 다른 별자리에 갈 수 있고, 거기서 일어난 모든 사건들이 인류에게 필요하고 유익한 것인지 깨달을 수 있는 방법을 배우고 있습니다.
3. 나는 나의 감각과 기능을 발전시키는 것을 배우고 있습니다.
   그리고 우리의 기능으로 광물 세계의 모든 깊이와 정도(程度)를 들여다 볼 수 있고, 재생 작용의 기능을 갖고 있는 식물계와 동물계의 깊이와 정도, 그 세부적인 조직도 볼 수 있는 방법을 배우고 있습니다.
   그리고 존재한다는 것을 인식하는 기능과 재생 작용의 기능과 육체를 가진 인간의 모든 부분 안에서 그의 머릿속까지 들어갈 수 있는 방법을 배우고 있습니다.
4. 나는 비정상 상태를 발견하는 것을 배우고 있습니다.
   만일 그것이 인류에게 유익하고 필요한 것이라면 광물계, 식물계, 동물계에 존재하는 어떠한 비정상 상태라도 그 정도와 그 깊이를 알아낼 수 있습니다.
5. 나는 비정상 상태를 정상 상태로 고치는 수단 방법을 어떻게 사용하는지 배우고 있습니다.
   만약, 그것이 인류에게 필요하고 유익하다면 광물계, 식물계, 동물계에 존재하는 어떠한 비정상 상태라도 그것을 고칠 수 있습니다.
6. 부정적인(negative) 생각들은 나의 어떤 상태에서도 영향을 주지 않습니다.

● 효과 – 다음 수련에 대한 요약

1. 다음 수련에서는 전보다 더 깊고 완전하고 건강하고 더 빨리 더 쉽게 들어갈 것입니다.

● 고정된 효과

1. 이러한 특수한 정신 상태에 몰입할 때마다 당신은 정신적으로나 육체적으로 유익을 얻을 것입니다.
2. 이 특수한 정신적 상태를 육체적으로나 정신적으로 당신 자신을 도와 줄 수 있도록 사용할 수 있습니다.
3. 이 특수한 정신적 상태를 이용하여 당신의 친척들을 정신적으로나 육체적인 면에서 도와줄 수 있습니다.
4. 이 정신 상태에서 어떤 사람이라도 정신적으로나 육체적으로 도와 줄 수 있습니다.

5. 이 정신 상태에서 항상 창조적이고 건설적인 면에서 활동적이고 정직하고 적극적이며 순수하고 착하게 이용해야 합니다.
6. 이렇게 얻은 특수한 정신 상태를 결코 다른 사람을 해치기 위해서 사용해서는 안 됩니다. 만일 남을 해치는 데 사용하려 하면 결코 그 경지에 이를 수 없습니다.
7. 건설적이고 창조적인 일을 계속하십시오. 그러면 후배들은 보다 좋은 세상을 보게 될 것입니다. 당신은 모든 인류를 그들의 연령에 따라 아버지, 어머니, 형제, 자매, 자녀로 생각할 것입니다. 당신은 우월한 사람입니다. 왜냐하면 보다 더 이해심을 갖고 있을 것이며, 동정심과 인내로부터 당신과 같은 인간을 형제답게 대하게 될 것이기 때문입니다.

● 되돌아오다

1. 곧 나는 1에서 5까지 세고, 손가락으로 딱 소리를 내겠습니다. 이 순간 당신은 눈을 뜨게 될 것이고, 기분이 좋고, 상쾌하게 잘 쉬었고, 완전한 건강 상태에 있을 것입니다.
   당신은 신체의 어떤 부분에서도 불쾌감을 느끼지 않을 것입니다. 귀에 윙윙거리는 소리도 들리지 않을 것이며, 눈이 아프거나 피곤하지 않을 것이고, 이런 상태에서 시력은 좋아질 것입니다.
   틀림없이 이렇게 될 것입니다.
2. 하나, 둘 조금씩 자기 자신에서 나오십시오.
3. 셋-다섯을 헤아릴 때는 눈을 뜨십시오.
   그러면 기분 좋고, 편히 쉬었고, 완전한 건강 상태에 있고, 모든 면에 있어서 전보다 훨씬 좋아진 것 같이 느낄 것입니다.
4. 넷-다섯(손가락으로 소리 낸다) 눈을 뜨십시오.
   그러면 기분이 좋고, 편히 쉬었으며, 완전한 건강 상태에 있고, 모든 면에 있어서 전보다 훨씬 좋아진 것 같이 느낄 것입니다.

제2편

The Superspeed Remember Method

기억법의 실제

제3장 마인드 컨트롤
제4장 공간 지각 능력
제5장 공간력 공식
제6장 공간력 조화 훈련
제7장 통찰력 구조화 활용
제8장 음의 감각도
제9장 초능력 숫자 암기법
제10장 문예동인지 연상 훈련 및 수의 신비
제11장 영어 단어·문장 연상 기억법
제12장 초능력 기억법
제13장 한자 연상 기억법

The Superspeed
Remember Method

2

제3장 마인드 컨트롤

- 수면 조절(Sleeping Control)
- 꿈 조절법

수면 조절(Sleeping Control)

　이 수련은 언제 어디서나 수면제를 사용하지 않고도 자기를 원하는 시간에 정상적이고 자연적인 수면에 들게 하는 방법이다. 잠자리에서 3에서 1의 방법으로 1의 수준에 몰입하여 이 방법을 사용한다.

　칠판을 정신적으로 떠올리고 한 손에 분필을, 다른 손에는 지우개를 잡고 그 칠판에 커다란 원을 그리고 그 원 속에 ×표를 만든다. 그리고 원이 지워지지 않도록 주의하면서 원 중앙에서부터 ×표를 천천히 지운다.

　×표를 깨끗이 지운 후 원 바깥 오른쪽에 "더 깊이"라는 말을 쓴다. 그 다음 원 속에 100이란 숫자를 쓴다.

　같은 방법으로 원이 지워지지 않도록 주의하면서 100이란 숫자를 지우고 원 바깥 오른쪽에 "더 깊이"라는 말을 쓴다. 그 다음 원 속에 99라는 숫자를 쓴다. 같은 방법으로 원이 지워지지 않도록 주의하면서 99란 숫자를 지우고 원 바깥 오른쪽에 "더 깊이"라는 말을 반복 사용한다. "더 깊이"라는 말을 사용할 때마다 정상적이고 자연적인 깊은 잠으로 깊이 빠져 들어가게 된다.

　이와 같은 방법으로 98, 97, 96, 95, …의 순으로 잠들 때까지 계속하는 동안 스스로 잠 속으로 빠져들게 된다. 이 방법으로 잠들게 되더라도 누가 부르거나 위험, 긴박한 상태가 닥치면 즉시 눈을 뜨게 되며, 기분 좋고, 상쾌하며, 건강한 상태에서 깨어나게 된다.

1. 잠깨기 수련

　이 수련은 자명종 시계를 사용하지 않고도 원하는 시간에 깨어나는 방법이다.

　이 수련은 마인드 컨트롤을 진보시켜 준다.

　이 수련은 3에서 1의 방법으로 1의 상태에서 시계를 정신적으로 떠올리고, 시계 바늘을 움직여 원하는 시간에 맞추어 놓고, 이 시간이 내가 일어나고 싶은 시각이며, 이 시각에 나는 틀림없이 깨어나게 된다고 프로그래밍하고 1의 상태에서 잔다. 그러면 자신이 원했던 시각에 건강한 상태에서 자연스럽게 깨어나게 된다.

이 수련은 졸음이 올 때 졸지 않고 상쾌한 기분으로 하는 일에 몰두하는 방법이다.

자신이 졸리지만 잠을 자지 않아야 할 경우(특히 운전을 하고 있을 때 졸린 경우에 길 가에 차를 세우고) 3에서 1의 방법으로 1의 상태에 몰입하여 '나는 지금 졸음이 온다. 그러나 졸면 안 된다. 졸리지 않으면 좋겠다. 나는 맑고 상쾌한 건강 상태에 있고 싶다.'라고 프로그래밍한다.

그리고 나서 '나는 이제 하나에서 다섯까지 세겠으며 다섯을 셀 때 눈을 뜰 것이고 그 때 활짝 깨어나게 되어 상쾌하고 기분이 좋고 완전한 건강 상태에 있게 될 것이다.'라고 마음 먹고 천천히 하나, 둘, 셋을 센 후 다시 상기시킨다.

'다섯을 셀 때 나는 눈을 뜨고 활짝 깨어날 것이며, 맑고 상쾌한 건강 상태에 있게 될 것이다.' 그리고 나서 천천히 넷, 다섯을 세면서 눈을 뜨고 또 다시 '나는 활짝 깨어 있으며, 기분이 좋고, 완전한 건강 상태에 있어 전보다 훨씬 좋아진 것을 느낀다.'라고 프로그래밍하면 실로 졸음이 사라진다.

2. 몰입 수련

● 몰입

1. ① 이 수련을 3에서 1의 방법으로 시작하겠습니다.
   ② 긴장을 푸십시오. (잠깐 쉬고) 크게 숨을 쉬고, 숨을 쉬는 동안 정신적으로 숫자 3을 그리고, 그것을 세 번 반복하여 응시하십시오.
   ③ 다시 한 번 크게 숨을 쉬고, 숨을 쉬는 동안 정신적으로 숫자 2를 그리고, 그것을 세 번 반복하여 응시하십시오.
   ④ 다시 한 번 크게 숨을 쉬고, 숨을 쉬는 동안 정신적으로 숫자 1을 그리고, 그것을 여러 번 반복하여 응시하십시오.
   ⑤ 당신은 이미 1의 상태에 있습니다. 당신의 유익을 위해서 배우고 있는 정신의 기본적 단계에 들어가 있습니다.

● 몰입 수련

1. 당신이 더 깊이 들어가고, 정신이 더욱 완전하며, 건강한 상태가 되기 위하여, 내가 10에서부터 1까지 세어 내려가겠습니다.
   숫자가 하나씩 내려갈 적마다 당신은 더 깊이 내려가는 것을 느낄 것입니다.
2. 정신은 더 깊이 들어갈 것이고, 더 완전하고 건강한 상태로 될 것입니다.
3. 10-9 더 깊이 들어가는 것을 느끼십시오.

  8-7

  6- 더 깊이 더 깊이

  5-4

  3- 더 깊이 더 깊이

  2-1

4. 당신의 정신은 전보다 더 깊고 완전하고 건강한 상태에 있습니다.
5. 당신은 눈꺼풀의 힘을 빼어 긴장을 풀어서, 더 깊고 완전하고 건강한 상태에 이를 수가 있습니다. 눈꺼풀의 힘을 빼십시오. (잠깐 쉬고) 편안하게 느끼십시오. (잠깐 쉬고) 이 긴장이 풀린 상태를 몸 전체에 흐르게 해서 깊이 들어가게 하고 발끝까지 내려 보내십시오. (잠깐 쉬고)
6. 아주 편안하게 되는 놀라운 기분, 즉 아주 건강한 상태입니다.
7. 당신이 지금보다 더 깊이 들어갈 수 있도록 정신이 더 깊고 완전하고 건강해지기 위해 내가 1에서 3까지 세고, 3을 셀 때 내 손가락으로 소리를 내겠습니다.

 그 순간 당신은 마음으로 당신이 편히 쉴 수 있는 이상적인 어떤 곳을 생각하십시오. 그러면 그 때 나는 잠시 이야기를 그치겠습니다. 당신이 내 소리를 다시 들을 때는 지금 이 상태에서 한 시간이 지난 다음일 것입니다. 그 때에 당신은 숨을 크게 쉬고 나서 더 깊고 완전하고 건강한 상태에 들어갈 것입니다.
8. 하나(잠깐)-둘(잠깐)-셋

 내 소리를 들을 때까지 편안한 이상적인 어떤 장소를 정신적으로 생각하십시오.

 긴장을 푸십시오. (손가락으로 딱 소리, 약 1분 동안만 그대로 조용히 둠)
9. 완전히 긴장을 푸십시오. 그리고 잠깐 숨을 크게 쉬고 깊고 완전한 건강 상태에 들어가십시오.

●관계

1. 당신은 내 말에 계속 귀를 기울이십시오. 당신의 수련으로 지금까지 이른 이 상태에서나 혹은 지금 도달해 있는 외적 의식 상태를 포함한 정신 상태에서 내 지시를 따라 하십시오. 이것은 당신에게 유익을 줍니다. 당신이 이것을 원하고 있고 또 그렇게 될 것입니다.
2. 내가 "긴장을 푸십시오."라고 말할 때마다 당신의 몸이나 정신에 필요 없는 모든 움직임과 활동을 즉시 멈추십시오. 그러면 즉시 당신은 완전히 시키는 대로 하게 될 것이고 몸과 정신이 모두 편안하게 됩니다.
3. 내가 1에서 5까지 세는 동안 나는 당신을 이런 상태에서나 또는 그보다 더 깊은 상태에서 나오게 하겠습니다. 다섯을 셀 때 당신의 눈을 뜨게 하겠습니다. 아주 번쩍 뜨게 될 것이

고, 기분이 좋고, 잘 쉬었고, 완전하고 건강한 상태에 있을 것입니다.
4. 내가 당신 왼쪽 어깨를 세 번 건드려 당신을 이런 상태에서나 또는 그보다 더 깊은 상태에서 나오게 하겠습니다. 내 손이 당신 왼쪽 어깨에 세 번째 닿는 것을 느낄 때 당신은 눈을 뜰 것입니다. 아주 번쩍 뜨게 될 것이고, 기분이 좋고, 잘 쉬었고, 완전히 상쾌할 것입니다.

●천재에 대한 말
1. 천재의 정신과 보통 사람의 정신이 틀린 점은 바로 이것입니다.
 "천재는 그의 정신을 더 많이 사용하고, 그것을 특별한 방법으로 사용한다."는 점입니다.
2. 당신은 지금 당신의 정신을 더 많이 사용하고, 그것을 특별한 방법으로 사용하는 법을 배우고 있습니다.

●유익한 말
1. 당신의 정신이 이런 상태에 있는 동안 기회가 있는 대로 좋은 말을 자주 반복하는 것은 당신에게 유익이 되는 말입니다. 정신적으로 나를 따라 반복하십시오.
2. 나의 정신적 능력을 보다 나은 방법으로 남을 도와주는 데 사용해야 할 것입니다.
3. 날이 가면 갈수록 나는 더욱 더 좋아지고 더 나아질 것입니다. 모든 면이나 어떤 점에 있어서도 더 완전하고 건강한 상태가 될 것입니다.
4. 좋은 생각은 나에게 내가 원하는 이익과 유익함을 줍니다.
5. 이 상태에서 또는 내가 어떤 상태에 있든지 그 상태에서 외적 의식까지 포함해서 나는 나의 모든 감각과 능력을 완전히 조절하고 지배할 수 있을 것이고 실로 그렇게 될 것입니다.

●보호의 말
1. 당신을 보호하기 위한 보호의 말입니다.
2. 이 정신 조절(마인드 컨트롤)은 이것입니다.
 당신은 언제든지 당신의 정신을 조절할 것입니다. 당신이 어떠한 정신 상태에 있더라도 내 말을 언제든지 받아들일 수 있고 거절할 수 있습니다.

●당신의 건강을 위한 예방적인 말
1. 당신의 보다 나은 건강을 위한 예방적인 말입니다.
2. 나는 정신적으로나 육체적으로 정신적 무질서나 정신작용법, 신경적·기능적 질환을 결코 일으키지 않겠습니다.
3. 육체적으로나 정신적으로나 심장병 같은 병적 질환을 결코 일으키지 않겠습니다.

4. 육체적으로나 정신적으로 백혈병과 당뇨병 같은 병이나 혈액 순환의 병도 나는 결코 일으키지 않겠습니다.
5. 육체적으로나 정신적으로나 결코 나는 관절염 같은 병을 일으키지 않겠습니다.
6. 녹내장과 같은 병을 육체적으로나 정신적으로도 나는 결코 일으키지 않겠습니다.
7. 암과 같은 병을 육체적으로나 정신적으로도 결코 일으키지 않겠습니다.
8. 나는 언제나 몸과 정신의 완전한 건강을 유지하겠습니다.
9. 부정적인(negative) 생각들은 내 정신의 어떤 상태에서도 영향을 주지 않겠습니다.

● 효과적인 감각의 프로젝션

1. 나는 나의 감각과 기능을 발전시키는 것을 배우고 있습니다.
   나는 나의 정신으로 이 지구상의 어떤 장소나 지점에 가는 방법을 배우고, 그 곳에서 일어나는 모든 사건들이 인류에게 필요하고 유익한 것인지 깨닫게 될 것입니다.
2. 나는 나의 감각과 기능을 발전시키는 것을 배우고 있습니다.
   어떠한 유성들, 태양계, 은하계, 우주의 모든 다른 별자리에 갈 수 있고, 거기서 일어난 모든 사건들이 인류에게 필요하고 유익한 것인지 깨달을 수 있는 방법을 배우고 있습니다.
3. 나는 나의 감각과 기능을 발전시키는 방법을 배우고 있습니다.
   그리고 우리의 기능으로 광물 세계의 모든 깊이와 정도(程度)를 들여다 볼 수 있고, 재생 작용의 기능을 갖고 있는 식물계와 동물계의 깊이와 정도, 그 세부적인 조직도 볼 수 있는 방법을 배우고 있습니다.
   그리고 존재한다는 것을 인식하는 기능과 재생 작용의 기능과 육체를 가진 인간의 모든 부분 안에서 그의 머릿속까지 들어갈 수 있는 방법을 배우고 있습니다.
4. 나는 비정상 상태를 발견하는 것을 배우고 있습니다.
   만일 그것이 인류에게 유익하고 필요한 것이라면 광물계, 식물계, 동물계에 존재하는 어떠한 비정상 상태라도 그 정도와 그 깊이를 알아낼 수 있습니다.
5. 나는 비정상 상태를 정상 상태로 고치는 수단 방법을 어떻게 사용하는지 배우고 있습니다.
   만약, 그것이 인류에게 필요하고 유익하다면 광물계, 식물계, 동물계에 존재하는 어떠한 비정상 상태라도 그것을 고칠 수 있습니다.
6. 부정적인(negative) 생각들은 나의 어떤 상태에서도 영향을 주지 않습니다.

● 새로운 내용을 인상에 박기

1. ① 당신의 유익을 위한 지식을 제공할 수 있는 기계적 형태의 형식을 마음에 새기고 프로그램을 짜겠습니다.

② "잠을 자기 위한 조절"은 정신의 기계적 방법입니다.

어떤 곳에서나 어느 때나 아무 문제없이 약을 사용하지 않고, 육체적이고 자연적이며 건강한 잠을 잘 수 있도록 이 방법을 사용할 수 있습니다.

③ "잠을 자기 위한 조절"의 방법을 사용하고 싶을 때 당신은 3에서 1의 방법으로 1의 상태에 들어가십시오. 일단 1의 상태에 있을 때 "잠을 자기 위한 조절" 방법을 사용하십시오.

④ 잠시 후에 나는 1에서 3까지 세겠습니다. 내가 셋을 셀 때 손가락으로 소리를 내겠습니다. 그 순간 당신은 칠판을 머릿속에 그리고 정신적으로 한 손에 분필을 들고 다른 손에는 지우개를 드십시오.

⑤ 그 후, 머릿속으로 칠판에 큰 원을 그리십시오. 그리고 원 안에 ×를 그리십시오. 그 다음 머릿속으로 가운데부터 시작해서 ×를 천천히 지우고 원이 지워지지 않도록 주의하십시오.

⑥ 일단 ×자를 지운 후 원 밖 오른쪽에 "더 깊이"라는 말을 쓰십시오.

"더 깊이"라는 말을 쓸 때마다 당신은 더 깊고 완전하고 건강한 상태에 들어갈 것이며 차츰차츰 자연적이고 편안한 잠 속에 빠져 들어갈 것입니다.

⑦ 그 다음, 원 안에 100이라고 크게 쓰고 원을 지우지 않도록 조심하면서 가운데부터 100이라는 숫자를 지우십시오. (잠깐 쉬고) "더 깊이"라는 말을 반복할 때마다 더 깊고 완전하고 건강한 정신 상태에 들어갈 것이고 차츰차츰 자연적이고 육체적이고 정상적인 잠 속에 들어갈 것입니다.

2. ① 이제 나는 1에서 3까지 세겠습니다. 하나(잠깐)⋯둘(잠깐)⋯셋(손가락으로 소리를 낸다.) 칠판을 그리십시오. (잠)

② 머릿속으로 칠판에 큰 원을 그리십시오. (잠) 원 안에 ×를 쓰십시오. (잠)

머릿속의 원을 지우지 않도록 조심하면서 ×자를 가운데서부터 지우십시오.(잠깐 쉬고)

③ 일단 ×자를 지운 후 원 밖 오른쪽에 "더 깊이"라는 말을 크게 쓰십시오. "더 깊이"라는 말을 반복할 때마다 더 깊고 완전하고 건강한 정신 상태에 들어갈 것이며 자연적이며 건강한 잠 속에 들어갈 것입니다. (잠)

④ 원 안에 100이라는 숫자를 크게 쓰십시오. (잠) 그리고 머릿속으로 원을 지우지 않도록 주의하면서 100이라는 숫자를 가운데서부터 지우십시오. (잠)

⑤ 일단 100이라는 숫자를 지웠으면 원 밖 오른쪽에 있는 "더 깊이"라는 말을 되풀이 하십시오. (잠깐 쉬고) "더 깊이"라는 말을 반복할 때마다 당신은 더 깊고 완전하고 건강한 상태에 들어갈 것이고 차츰차츰 자연적이며 정상적이며 육체적인 잠 속에 들어갈 것입니다.

⑥ 이제 원 속에 99라는 숫자를 쓰십시오. (잠깐 쉬고) 그리고 그것을 위와 같은 방법으로

지우십시오. (잠깐 쉬고) "더 깊이"라는 말을 되풀이하십시오. (잠) 더 깊이라는 말을 되풀이할 때마다 당신은 보다 더 깊고 건강한 정신 상태에서 정상적이고 자연적이며 육체적인 잠 속에 빠져 들어갈 것입니다.

⑦ 계속해서 98, 97, 96, 95, 94, 93, …을 세어 내려가면서 잠들 때까지 계속해서 세며 쓰십시오. 이제 나는 말을 그치겠습니다. 다시 나의 말소리를 들을 때는 이 정신 상태에서 한 시간이나 지난 후일 것입니다. 나의 목소리는 당신을 놀라게 하지 않을 것입니다.

⑧ 내 목소리를 들을 때까지 계속해서 숫자를 세어 내려가십시오. 그리고 긴장을 푸십시오. (강사는 30초를 기다린다) 자 긴장을 푸십시오. 이 잠을 자기 위한 조절 방법을 사용할 적마다 당신은 약 없이 어느 때나 어느 곳에서나 정상적이고 건전한 잠을 잘 수 있을 것입니다.

⑨ "잠을 자기 위한 조절" 방법으로 잠들었을 때 어떤 사람이 당신을 부르거나 위급한 상태에 있을 때 당신은 눈을 번쩍 뜨게 될 것이며, 기분이 좋고, 잘 쉬었고, 완전한 건강 상태에 있을 것입니다.

⑩ "잠을 자기 위한 조절" 방법으로 잠들었을 때마다 평상시에 일어나는 시간에 또 고정된 시간에 일어날 것이며, 위험이나 긴급한 일이 일어날 때 곧 눈을 번쩍 뜨고 깨어날 것이며, 기분이 좋고, 잘 쉬었고, 완전한 건강 상태에 있을 것입니다.

3. ① 당신의 유익을 위한 지식을 제공할 수 있는 기계적 형태의 형식을 마음에 새기고 프로그램을 짜겠습니다.

② "잠을 깨기 위한 조절"은 자명종 시계를 사용하지 않고 깰 수 있는 기계적 방법입니다. 이것은 당신의 "정신 조절"을 진보시켜 줍니다. 또한, 당신이 필요하다면 더 오랫동안 깨어 있을 수 있습니다.

③ "잠을 깨기 위한 조절" 방법을 사용하여 깨기 위해서는 자명종 시계를 이용하지 마십시오.

④ 잠자기 바로 전에 3에서 1의 방법으로 1의 상태에 들어가십시오.

⑤ 1의 상태에서 머릿속으로 시계를 그리고, 시계 바늘을 움직여 당신이 일어나고 싶은 시간에 맞추어 놓으십시오. 그리고 머릿속으로 이 시간이 내가 일어나고 싶은 시간이고 일어날 시간이라고 말하십시오.

⑥ 1의 상태에 있으면서 1의 상태에서 잠을 잡니다. 지정된 시간에 깰 것이고, 아주 맑은 정신으로 깨어날 것이며, 기분이 좋고 잘 쉬었고, 완전한 건강 상태에 있을 것입니다.

4. ① 더 오랫동안 깨어 있기를 원한다면, "잠을 깨기 위한 조절"을 사용하십시오.

② 당신이 졸리지만 자지 않아야 할 때, 특히 운전할 때 차를 길 옆에 세우고, 엔진을 끄고, 3에서 1의 방법으로 1의 상태에 들어가십시오.

③ 1의 상태에서, 이렇게 머릿속으로 말하십시오. '나는 아주 졸리다. 그러나 맑은 정신으로 깨어 있고, 상쾌하고, 완전히 건강한 상태에서, 졸지도 않고 졸음을 느끼지도 않겠다.'라고 말하십시오. 그러면 실로 그렇게 될 것입니다.

④ 머릿속으로 1에서 5까지 세십시오. 5를 셀 때 '나는 맑은 정신으로, 상쾌하고, 편히 쉬었고, 완전한 건강 상태에서 깨어날 것이다.'라고 말하십시오.

⑤ 머릿속으로 천천히 하나, 둘, 셋을 세십시오. 그리고 5를 세고 눈을 뜨십시오. 그러면 맑은 정신으로 깨고, 기분 좋게 편히 쉬었고, 완전한 건강 상태에 있어 졸지도 않고 졸음을 느끼지도 않을 것입니다.

⑥ 그리고 천천히 머릿속으로 넷…다섯을 세고 5를 셀 때 머릿속으로 말하십시오. '나는 정신이 맑게 깨었고, 기분이 좋고, 상쾌하고, 편히 쉬었고, 완전한 건강 상태에 있고, 지금 나는 전보다 훨씬 좋아졌다.'라고 되뇌이십시오.

● 효과 – 다음 수련에 대한 요약

1. ① 다음 수련에서는 두 가지 기계적 형태의 형식을 마음에 새기고 프로그램을 짜겠습니다. 즉 꿈의 조절과 두통, 편두통 조절입니다.

   ② 꿈의 조절은 세 단계를 거치는 기계적 형태의 방법입니다. 이 조절은 당신의 꿈을 기억하는 연습을 하는 데 이용할 수 있습니다.
   이 수련은 정신 조절을 진보시켜 줍니다.

   ③ 꿈 조절의 첫 단계는 꿈 하나를 기억하기 위한 것이고, 둘째 단계는 여러 개의 꿈을 기억하는 것입니다. 그리고 셋째 단계는 어떤 문제에 대하여 꾸고 싶은 꿈을 꾸고 그것을 기억하고 이해하고 그 문제를 해결하는 데 사용하려는 것입니다.

2. ① "두통, 편두통 조절"은 하나의 기계적 형태의 방법입니다.
   긴장으로 인한 통증에는 이 방법을 한 번만 사용할 것입니다. 편두통에는 이 방법을 세 번씩 5분 간격으로 사용할 것입니다.

   ② 육체적 건강 문제를 다룰 때에는 이 방법을 사용하기 전에 의사의 진단을 받아야 합니다.

● 효과

1. 이러한 특수한 정신 상태에 몰입할 때마다 당신은 정신적으로나 육체적으로 유익을 얻을 것입니다.

2. 이 특수한 정신 상태를 육체적으로나 정신적으로 당신 자신을 도와 줄 수 있도록 사용할 수 있습니다.

3. 이 특수한 정신 상태를 이용하여 당신의 친척들을 정신적으로나 육체적인 면에서 도와줄 수 있습니다.
4. 이 정신 상태에서 어떤 사람이라도 정신적으로나 육체적으로 도와 줄 수 있습니다.
5. 이 정신 상태에서 항상 창조적이고 건설적인 면에서 활동적이고 정직하고 적극적이며 순수하고 착하게 이용해야 합니다.
6. 이렇게 얻은 특수한 정신 상태를 결코 다른 사람을 해치기 위해서 사용해서는 안 됩니다. 만일 남을 해치는 데 사용하려 하면 결코 그 경지에 이를 수 없습니다.
7. 건설적이고 창조적인 일을 계속하십시오. 그러면 후배들은 보다 좋은 세상을 보게 될 것입니다.

당신은 모든 인류를 그들의 연령에 따라 아버지, 어머니, 형제, 자매, 자녀로 생각할 것입니다. 당신은 우월한 사람입니다. 왜냐하면 보다 더 이해심을 갖고 있을 것이며, 동정심과 인내로써 당신과 같은 인간을 형제답게 대하게 될 것이기 때문입니다.

● 되돌아오다

1. 곧 나는 1에서 5까지 세고, 손가락으로 딱 소리를 내겠습니다.
   이 순간 당신은 눈을 뜨게 될 것이고, 기분이 좋고, 상쾌하게 잘 쉬었고, 완전한 건강 상태에 있을 것입니다.
   귀에 윙윙거리는 소리도 들리지 않을 것이며, 눈이 아프거나 피곤하지 않을 것이고, 이런 상태에서 시력은 좋아질 것입니다.
2. 하나, 둘 조금씩 자기 자신에서 나오십시오.
3. 셋-다섯을 헤아릴 때는 눈을 뜨십시오. 그러면 기분 좋고, 편히 쉬었고, 완전한 건강 상태에 있고, 모든 면에 있어서 전보다 훨씬 좋아진 것 같이 느낄 것입니다.

꿈 조절법

이것은 3단계로 당신의 꿈을 기억하는 것을 목적으로 하는 정신 수련 방법이다. 이 수련은 마인드 컨트롤을 향상시킨다.

가. 꿈 조절 제1단계

하나의 꿈을 기억하기 위한 수련으로 먼저 3에서 1의 방법으로 숫자 1의 수준에 몰입하여 마음속으로 '나는 꿈 하나를 기억하고 싶으며, 꿈 하나를 기억하게 될 것이다.'라고 뇌인 후 그대로 잠들면 된다. 그러면 밤중이나 아침에 잠에서 깨어나는 순간 꿈 하나를 생생하게 기억하게 된다. 꿈의 내용을 적을 수 있도록 연필과 종이를 머리맡에 꼭 준비한다. 당신이 꿈 관리 제1단계에 만족할 만한 상태를 경험하게 되면 다시 제2단계로 넘어간다.

나. 꿈 조절 제2단계

여러 가지 꿈을 기억하기 위한 수련으로 먼저 3에서 1의 방법으로 숫자 1의 수준에 몰입하여 마음속으로 '나는 여러 개의 꿈들을 기억하고 싶으며, 여러 개의 꿈들을 기억하게 될 것이다.'라고 뇌인다. 그리고 그 상태에서 그대로 잠들면 된다. 그러면 당신은 잠자는 동안 꿈을 꿀 때마다 깨어나서 생생한 기억으로 꿈을 적게 된다. 꿈 조절 제2단계의 결과가 만족스러우면 제3단계로 넘어간다.

다. 꿈 조절 제3단계

어떤 문제점 해결에 도움을 줄 수 있는 꿈을 꾸기 위한 수련으로 당신은 먼저 3에서 1의 방법으로 숫자 1의 수준에 몰입하여 마음속으로 '나는 내가 마음속에 간직하고 있는 문제를 해결할 수 있는 정보를 지닌 꿈을 꾸고 싶다.'라고 한 다음 문제를 제시하고 덧붙여 '나는 이러한 꿈을 꾸고 그것을 기억하고 이해할 것이다.'라고 말하고 1의 수준에서 그대로 잠들면 된다. 그러면 당신은 밤중이나 아침에 갈망할 문제에 대한 꿈을 꾸고 깨어날 것이며 또 그것을 생생히 기억하고 이해할 것이다. 이것은 꿈 조절 1, 2단계를 순서대로 함으로써 얻을 수 있는 놀라운 방법이다.

라. 두통 조절법 수련(Tension Type Headaches)

이 수련은 두통이나 편두통을 예방하거나 또는 제어하는 방법이다. 당신에게 긴장으로 인한 두통이 있을 경우 먼저 3에서 1의 방법을 숫자 1의 수준에 몰입하여 마음속으로 '나는 지금 머리가 아프다. 그러나 나는 머리가 아프지 않았으면 좋겠다. 머리가 아픈 느낌이 사라졌으면 좋겠다.'라고 뇌인다. '나는 이제 하나에서 다섯까지 세겠으며, 다섯을 셀 때 눈을 뜰 것이다. 그리고 두통은 사라질 것이고 아무런 통증도 느끼지 않을 것이다.' 그리고 하나에서 셋까지 세고 셋을 센 후 다시 머릿속으로 '다섯을 셀 때 나는 눈을 뜨고 활짝 깨어날 것이며, 기분이 좋고, 완전한 건강 상태에 있게 될 것이다. 그렇게 되면 머리에 아무런 불쾌감도 느껴지지 않고 아주 상쾌하고 건강한 상태가 될 것이다.'라고 되뇌인다. 이렇게 셋을 세고 다짐할 때는 통증이라는 말 대신 불쾌감이라는 말을 쓰도록 한다. 그리고 다시 천천히 넷, 다섯을 세고 눈을 뜨면서 '나는 활짝 깨어나며, 기분이 좋으며, 완전한 건강 상태에 있고, 아무런 불쾌감이 없다. 나는 머리에 전혀 불쾌감을 느끼지 않는다.'라고 마음속으로 되뇌인다. 그러면 틀림없이 그렇게 된다.

마. 편두통 조절법 수련(Megrim Type Headaches)

편두통을 없애기 위해서도 앞의 방법을 이용한다. 이런 형의 통증이 당신을 괴롭히면 당신은 긴장형 두통 조절법과 같은 방법으로 하되 5분간 간격을 두고 세 번 하면 된다. 첫 번째 수련에 편두통이 상당히 감소되었음을 느끼게 된다. 5분간 쉬었다가 두 번째로 이 수련을 되풀이하면 편두통이 거의 사라질 것이고, 세 번째는 편두통이 완전히 사라진다.

그 후, 다시 증세가 나타나면 한 번만 더 함으로써 충분하다. 이 방법을 여러 번 계속하면 편두통 증세가 잘 나타나지 않을 것이고, 신체 구조 자체가 편두통을 앓지 않게 될 것이다. 약을 먹지 않고도 이런 형의 편두통은 사라진다. 통증을 제어하는 수련을 하기 전에 정확한 원인을 분석하기 위하여 반드시 의사의 진단을 받아야 한다.

바. 꿈 조절 몰입 수련

1. ① 이 수련을 3에서 1의 방법으로 시작하겠습니다.
   ② 긴장을 푸십시오. (잠깐 쉬고) 크게 숨을 쉬고, 숨을 쉬는 동안 정신적으로 숫자 3을 그리고, 그것을 세 번 반복하여 응시하십시오. (잠깐 쉬고)
   ③ 다시 한 번 크게 숨을 쉬고, 숨을 쉬는 동안 정신적으로 숫자 2를 그리고, 그것을 세 번 반복하여 응시하십시오.
   ④ 다시 한 번 크게 숨을 쉬고, 숨을 쉬는 동안 정신적으로 숫자 1을 그리고, 그것을 여러 번 반복하여 응시하십시오.
   ⑤ 당신은 이미 1의 상태에 있습니다. 당신의 유익을 위해서 배우고 있는 정신의 기본적 단계에 들어가 있습니다.

● 몰입

1. 당신이 더 깊이 들어가고, 정신이 더욱 완전하며, 건강한 상태가 되기 위하여 내가 10에서부터 1까지 세어 내려가겠습니다.
   숫자가 하나씩 내려갈 적마다 당신은 더 깊이 내려가는 것을 느낄 것입니다.
2. 정신은 더 깊이 들어갈 것이고, 더 완전하고 건강한 상태로 될 것입니다.
3. 10-9 더 깊이 들어가는 것을 느끼십시오.
   8-7
   6-   더 깊이 더 깊이
   5-4
   3-   더 깊이 더 깊이
   2-1
4. 당신의 정신은 전보다 더 깊고 완전하고 건강한 상태에 있습니다.
5. 당신은 눈꺼풀의 힘을 빼어 긴장을 풀어서, 더 깊고 완전하고 건강한 상태에 이를 수가 있습니다. 눈꺼풀의 힘을 빼십시오. (잠깐 쉬고) 편안하게 느끼십시오. (잠깐 쉬고) 이 긴장이 풀린 상태를 몸 전체에 흐르게 해서 깊이 들어가게 하고 발끝까지 내려 보내십시오.
6. 아주 편안해지는 놀라운 기분, 즉 아주 건강한 상태입니다.
7. 당신이 지금보다 더 깊이 들어가고 정신이 더 깊고 완전하며 건강해지기 위해 내가 1에서 3까지 세고, 내 손가락으로 소리를 내겠습니다.
   그 순간 당신은 마음으로 당신이 편히 쉴 수 있는 이상적인 어떤 곳을 생각하십시오.
   그러면 그 때 나는 잠시 이야기를 그치겠습니다. 당신이 내 소리를 다시 들을 때는 지금 이 상태에서 한 시간이 지난 다음일 것입니다. 그 때에 당신은 숨을 크게 쉬고 나서 더 깊고 완전하고 건강한 상태에 들어갈 것입니다.

8. 하나(잠깐)-둘(잠깐)-셋
   내 소리를 들을 때까지 편안한 이상적인 어떤 곳(장소)을 정신적으로 생각하십시오.
   긴장을 푸십시오. (손가락으로 딱 소리, 약 1분 동안만 그대로 조용히 둠)
9. 완전히 긴장을 푸십시오.
   그리고 잠깐 숨을 크게 쉬고 깊고 완전한 건강 상태에 들어가십시오. (잠)

● 관계

1. 당신은 내 말에 계속 귀를 기울이십시오. 당신의 수련으로 지금까지 이른 이 상태에서나 혹은 지금 도달해 있는 외적 의식 상태를 포함한 정신 상태에서 내 지시를 따라 하십시오.
   이것은 당신에게 유익을 줍니다. 당신이 이것을 원하고 있고 또 그렇게 될 것입니다.
2. 내가 "긴장을 푸십시오."라고 말할 때마다 당신의 몸이나 정신에 필요 없는 모든 움직임과 활동을 즉시 멈추십시오. 그러면 즉시 당신은 완전히 시키는 대로(수동적으로) 하게 될 것이고 몸과 정신이 모두 편안하게 될 것입니다.
3. 내가 1에서 5까지 세는 동안 나는 당신을 이런 상태에서나 또는 그보다 더 깊은 상태에서 나오게 하겠습니다. 다섯을 셀 때 당신의 눈을 뜨게 하겠습니다. 아주 번쩍 뜨게 될 것이고, 기분이 좋고, 잘 쉬었고, 완전하고 건강한 상태에 있을 것입니다.
4. 내가 당신 왼쪽 어깨를 세 번 건드려 당신을 이런 상태에서나 또는 그보다 더 깊은 상태에서 나오게 하겠습니다. 내 손이 당신 왼쪽 어깨에 세 번째 닿는 것을 느낄 때 당신은 눈을 뜰 것입니다. 아주 번쩍 뜨게 될 것이고, 기분이 좋고, 잘 쉬었고, 완전히 상쾌할 것입니다.

● 천재에 대한 말

1. 천재는 그의 정신을 더 많이 사용하고, 그것을 특별한 방법으로 사용하는 사람입니다. 천재의 정신과 보통 사람의 정신이 틀린 점은 바로 이것입니다.
2. 당신은 지금 당신의 정신을 더 많이 사용하고, 그것을 특별한 방법으로 사용하는 법을 배우고 있습니다.

● 유익한 말

1. 당신의 정신이 이런 상태에 있는 동안 기회가 있는 대로 좋은 말을 자주 반복하는 것은 당신에게 유익이 되는 말입니다. 정신적으로 나를 따라 반복하십시오.
2. 나의 정신적 능력을 보다 나은 방법으로 남을 도와주는 데 사용해야 할 것입니다.

3. 날이 가면 갈수록 나는 더욱 더 좋아지고 더 나아질 것입니다.
4. 좋은 생각은 나에게 내가 원하는 이익과 유익함을 갖다 줍니다.
5. 이 상태에서 또는 내가 어떤 상태에 있든지 그 상태에서 외적 의식까지 포함해서 나는 나의 모든 감각과 능력을 완전히 조절하고 지배할 수 있을 것이고 정말로 그렇게 될 것입니다.

●당신의 건강을 위한 예방적인 말

1. 당신의 보다 나은 건강을 위한 예방적인 말입니다.
2. 나는 정신적으로나 육체적으로나 정신적인 무질서나 정신작용법, 신경적·기능적 질환을 결코 일으키지 않겠습니다.
3. 육체적으로나 정신적으로나 심장병 같은 병적 질환을 결코 일으키지 않겠습니다.
4. 육체적으로나 정신적으로나 백혈병과 당뇨병 같은 병이나 혈액 순환의 병도 나는 결코 일으키지 않겠습니다.
5. 육체적으로나 정신적으로나 결코 나는 관절염 같은 병을 일으키지 않겠습니다.
6. 녹내장과 같은 병을 육체적으로나 정신적으로나 나는 결코 일으키지 않겠습니다.
7. 암과 같은 병을 육체적으로나 정신적으로나 결코 일으키지 않겠습니다.
8. 나는 언제나 건강한 몸을 유지하겠습니다.
9. 부정적인(negative) 생각들은 내 정신의 어떤 상태에서도 영향을 주지 않겠습니다.

●효과적인 감각의 프로젝션

1. 나는 나의 감각과 기능을 발전시키는 것을 배우고 있습니다.
   나는 나의 정신으로 이 지구상의 어떤 장소나 지점에 가는 방법을 배우고, 그 곳에서 일어나는 모든 사건들이 인류에게 필요하고 유익한 것인지 깨닫게 될 것입니다.
2. 나는 나의 감각과 기능을 발전시키는 것을 배우고 있습니다.
   어떠한 유성들, 태양계, 은하계, 우주의 모든 다른 별자리에 갈 수 있고, 거기서 일어난 모든 사건들이 인류에게 필요하고 유익한 것인지 깨달을 수 있는 방법을 배우고 있습니다.
3. 나는 나의 감각과 기능을 발전시키는 것을 배우고 있습니다.
   그리고 우리의 기능으로 광물 세계의 모든 깊이와 정도(程度)를 들여다 볼 수 있고, 재생 작용의 기능을 갖고 있는 식물계와 동물계의 깊이와 정도, 그 세부적인 조직도 볼 수 있는 방법을 배우고 있습니다.
   그리고 존재한다는 것을 인식하는 기능과 재생 작용의 기능과 육체를 가진 인간의 모든 부분 안에서 그의 머릿속까지 들어갈 수 있는 방법을 배우고 있습니다.
4. 나는 비정상 상태를 발견하는 것을 배우고 있습니다.

만일 그것이 인류에게 유익하고 필요한 것이라면 광물계, 식물계, 동물계에 존재하는 어떠한 비정상 상태라도 그 정도와 그 깊이를 알아낼 수 있습니다.

5. 나는 비정상 상태를 정상 상태로 고치는 수단 방법을 어떻게 사용하는지 배우고 있습니다. 만약, 그것이 인류에게 필요하고 유익하다면 광물계, 식물계, 동물계에 존재하는 어떠한 비정상 상태라도 그것을 고칠 수 있습니다.

6. 부정적인(negative) 생각들은 나의 어떤 상태에서도 영향을 주지 않습니다.

●새로운 내용

1. ① 당신의 유익을 위한 지식을 제공할 수 있는 기계적 형태의 형식을 마음에 새기고 프로그램을 짜겠습니다.

   ② 꿈의 조절은 여러 가지 꿈을 기억하게 수련하려는 목적으로 사용하는 기계적 방법입니다. 이것은 정신 조절(마인드 컨트롤)을 진보시키는 데 도움이 될 것입니다.

   ③ 꿈의 조절 제1단계 : 꿈 하나를 기억하기 위해서 3에서 1의 방법으로 1의 상태로 들어가십시오.
   일단 1의 상태에 들어가면 머릿속으로 꿈을 기억하기를 원하고, 또 그것을 기억하겠다고 되뇌이십시오. 그리고 1의 상태에서 편히 주무십시오.

   ④ 밤이든 아침이든 당신이 깨어날 때 꿈을 하나 생생하게 기억할 것입니다.
   연필과 종이를 가까운 곳에 준비해 놓고 꿈을 기록하십시오. 만일 첫 단계에서 만족하고 성공했다면 제2단계를 시작하십시오.

   ⑤ 제2단계의 꿈의 조절 : 여러 꿈을 기억하기 위해서 3에서 1의 방법으로 1의 상태에 들어가면 머릿속으로 '나의 꿈들을 기억하기를 원한다.'라고 되뇌이십시오. 그러면 틀림없이 꿈을 기억할 것입니다. 그리고 1의 상태에서 편히 주무십시오.

   ⑥ 밤중에 여러 번 깰 것입니다. 아침에도 당신의 꿈을 생생하게 기억할 것입니다. 연필과 종이를 가까운 곳에 준비해 놓고 꿈을 쓰십시오. 이 둘째 단계에서 성공했다면 셋째 단계로 가십시오.

   ⑦ 제3단계의 꿈의 조절 : 어떤 문제에 대하여 꾸고 싶은 꿈을 꾸고, 그 꿈을 기억하고 이해하고 그 문제를 해결하기 위하여 3에서 1의 방법으로 1의 상태에 들어가십시오. 일단 1의 상태에 들어가면 나는 내가 지금 생각하고 있는 문제를 해결하기 위하여 '어떤 해답을 줄 수 있는 꿈을 꾸고 싶다.'라고 생각하고 머릿속으로 문제를 제시하고, 머릿속으로 이 꿈을 꾸겠다고 말하십시오. 그러면 그것을 기억하고 이해할 것입니다. 이런 상태에서 편히 주무십시오.

   ⑧ 밤중이나 아침에 깨어날 때 당신이 원했던 꿈을 생생하게 기억할 것입니다.

그 꿈을 꾸고 기억하고 이해할 것입니다. 이것은 실천하면서 수련할 때 성공할 것입니다.

2. ① 당신의 유익을 위한 지식을 제공할 수 있는 기계적 형태의 형식을 마음에 새기고 프로그램을 짜겠습니다.

② "두통·편두통 조절"은 하나의 기계적 방법으로 두통을 피하고 없애기 위하여 사용하는 것입니다.

③ 너무 긴장했기 때문에 머리가 아플 때에는 3에서 1의 방법으로 1의 상태에 들어가십시오. 일단 1의 상태에 들어가면 머릿속으로 '나는 머리가 아프다.' 또, 머리가 아픈 것을 느끼십시오. 그러나 '나는 머리가 아픈 것이 싫다. 또, 머리가 아프다고 느끼기도 싫다.'라고 말하십시오.

④ 그리고 1에서 5까지 세십시오. 5를 셀 때 눈을 뜨십시오. 그러면 정신이 맑고, 기분이 상쾌하며, 편히 쉬었고, 완전한 건강 상태에 있을 것이며, 머리가 아프지 않을 것이고, 또 머리가 아프지도 않다고 느낄 것입니다.

⑤ 그리고 천천히 하나-둘-셋을 세십시오. 셋을 센 후 5를 셀 때에 눈을 뜨십시오. 그리고 정신이 맑고, 기분이 상쾌하고, 편히 쉬었고, 완전한 건강 상태에 있을 것이라는 것을 기억하십시오. 그러면 머리에 불쾌감이 없어질 것이고, 또 머리에 불쾌감을 느끼지도 않을 것입니다.

⑥ 당신은 3의 상태에서 두통을 불쾌감으로 변화시켰다는 것을 깨달으십시오.
이제 두통이 없어졌습니다. 그러면 머릿속으로 넷-다섯을 셀 때 눈을 뜨고 머릿속으로 '나는 정신이 맑고, 기분이 좋으며, 편히 쉬었고, 완전히 건강한 상태에 있다.'고 말하십시오. 그러면 머리에 아무런 불쾌감이 없고, 불쾌감을 느끼지도 않을 것이며 꼭 그렇게 될 것입니다.

3. ① 편두통 조절은 기계적 형태의 방법으로 편두통을 없애는데 사용할 수 있습니다. 편두통이 있을 때 1의 상태에 들어가 긴장으로 인한 두통을 없애기 위하여 사용한 위의 방법을 사용하십시오. 그러나 그 방법을 5분 간격으로 3번 천천히 이용하십시오.

② 이 방법을 사용했을 때 머리에 불쾌감이 어느 정도 감소되었다는 것을 깨달을 것입니다. 5분간 기다리십시오. 두 번째로 이 방법을 이용하십시오. 두 번째 사용했을 때 대부분의 불쾌감이 감소되었다는 것을 느낄 것입니다. 5분간 기다렸다가 세 번째로 이 방법을 이용하십시오. 세 번째 이 방법을 사용했을 때 모든 불쾌감이 사라질 것입니다.

③ 더 나아가서 어떤 두통의 징조가 나타날 때 한 번만 이 방법을 사용하면 두통이 일어나는 것을 피할 수 있을 것입니다. 계속해서 이런 방법으로 해결해 나가는 방법을 이용하십시오. 이 증상은 육체가 그것을 어떻게 발생시키는가를 잊어버릴 때 더 드물게 나타날

것이고, 이렇게 해서 약 없이도 편두통은 사라질 것이고 꼭 그렇게 될 것입니다.
④ 육체적 건강 문제를 고치기 위하여는 이 방법을 사용하기 전에 의사의 진단을 받으십시오.

● 효과 – 다음 학습에 대한 요약
1. ① 다음 제4장에서는 통찰력을 발전시켜 주는 천재적 기능, 즉 심상(心象 : 마음에 떠오르는 영상)과 상상력을 진보시키기 위하여 머릿속에 스크린의 장소를 정하는 프로그램을 짜겠습니다.
② 이 코스의 일부에서는 암기력을 진보시키기 위해서 프로그램을 짜겠습니다. 이것은 정신의 스크린 사용을 증진시키는 데 이용될 것입니다.
③ 문장 기억, 논문 기억 기술과 이용 방법의 프로그램을 짜겠습니다.
④ a. 읽은 것을 더 쉽게 기억하기 위하여
   b. 들은 것을 더 쉽게 기억하기 위하여
   c. 시험에서 우수한 효과를 얻기 위하여 효과적 감각의 프로젝션을 포함한 세 가지 과정의 방법을 사용할 것입니다.

● 효과
1. 이러한 특수한 정신 상태에 몰입할 때마다 당신은 정신적으로나 육체적으로 유익을 얻을 것입니다.
2. 이 특수한 정신적 상태를 육체적으로나 정신적으로 당신 자신을 도와 줄 수 있도록 사용할 수 있습니다.
3. 이 특수한 정신적 상태를 이용하여 당신의 친척들을 정신적으로나 육체적인 면에서 도와줄 수 있습니다.
4. 이 정신 상태에서 어떤 사람이라도 정신적으로나 육체적으로 도와 줄 수 있습니다.
5. 이 정신 상태에서 항상 창조적이고 건설적인 면에서 활동적이고 정직하고 적극적이며 순수하고 착하게 이용해야 합니다.
6. 이렇게 얻은 특수한 정신 상태를 결코 다른 사람을 해치기 위해서 사용해서는 안 됩니다. 만일 남을 해치는 데 사용하려 하면 결코 그 경지에 이를 수 없습니다.

● **되돌아오다**

1. 곧 나는 1에서 5까지 세고, 손가락으로 딱 소리를 내겠습니다. 이 순간 당신은 눈을 뜨게 될 것이고, 기분이 좋고, 상쾌하게 잘 쉬었고, 완전한 건강 상태에 있을 것입니다.
   귀에 윙윙거리는 소리도 들리지 않을 것이며, 눈이 아프거나 피곤하지 않을 것이고, 이런 상태에서 시력은 좋아질 것입니다.
2. 하나, 둘 조금씩 자기 자신에서 나오십시오.
3. 셋-다섯을 헤아릴 때는 눈을 뜨십시오.

The Superspeed
Remember Method

2

 **제4장 공간 지각 능력**

- 형의 표상력
- 공간에 의한 기억
- 공간력 만드는 법

형의 표상력

● 조화(調和) 훈련

● 조화의 조건

① 공간적 거리 축소 : 두 개의 떨어져 있는 것을 같이 있게 하는 것
② 형(形)적 어울림 : 두 개의 개체가 함께 있을 때
③ 서로의 연관성 : 개체와 개체에 동작 내지 연계성

학습을 해나가는 데 있어 두 개씩 대상을 짝지어 기억하는 예가 많다.

역사상 어떤 인명과 그의 저서, 어떤 단어와 그 뜻, 그리고 어떤 사람과 그 이름, 이렇게 두 개씩 기억하는 예는 "객관식 문제의 전체다."라고 할 수 있다.

이와 같이 두 개씩 관계되는 것이 무한히 많이 있을 때 순간적인 일부분은 될지언정 그러한 문제가 하루 종일 연속해서 주어질 경우 도저히 해결될 도리가 없다.

이때 절대 두려워하지 말라.

양이 많다든가 하루 종일 전개되더라도 머리에 완전한 동작 곧, 사고(思考)를 주고 넘어가면 얼마의 시간이 흐른 다음이라도 다시 생각하면 재인식될 수 있다.

거울과 축구공 – 두 개의 개체를 지면에서 읽었을 뿐 기억에 수반된 머리 안에서 동작은 일지 않았다. 일반인의 평범한 생각은 '축구공' 하면 고정 상식은 운동장을 생각하기 쉽고 거울은 자기 방에서 늘 보는 거울을 생각하게 된다. 이런 사고(思考)로 머리에서 아무리 기억을 잘 하겠다고 해도 기억의 제1조건이 무시된다. 그것은 그 물체가 상식에서 존재된 두 개의 장소가 먼 관계에 있기 때문이다. 공간적으로 떨어져 있으므로 이를 상상에 의하여 좁히는 일이 조화의 표상 훈련이다.

조화에 의한 사고 : ① 공간적 거리 축소 – 거울 위에 공이 있다.
　　　　　　　　② 형(形)적 어울림 – 네모난 거울 위에 둥근 모습
　　　　　　　　③ 서로 연관성 – 던진 공이 거울에 맞아 깨졌다.
※ 위의 세 가지 동작이 머리 안에서 가장 순간적으로 스치는 생각이 조화 훈련이다.

제4장 공간 지각 능력

논리적 기억과 기계적 기억

A : 논리적 관계	B : 기계적 관계
① 젓가락 – 숟가락	① 개나리 – 잉크
② 바늘 – 실	② 오징어 – 책상
③ 가방 – 책	③ 구두 – 연필
④ 칠판 – 지우개	④ 피아노 – 망치

위의 예는 두 개씩 기억의 한 예이다.

다시 말해서 대상과 대상, 개체와 개체의 기억이다.

그런데, A는 서로의 관계가 우리의 상식에 의하여 알 수 있는 기억이고, B의 관계는 대상과 대상이 서로 관계가 없는 기계적 관계이다.

이럴 때 우리의 상식은 어느 쪽이 기억이 잘 되느냐고 물으면 100중 100 A가 쉽다는 답이 나온다.

이러한 상식을 버리고 B가 더욱더 잘 된다는 상식을 펴는 것이다.

"왜냐고요, 다음을 생각합시다."

재떨이와 연필 : 재떨이와 담배꽁초를 생각하면 논리적이나, 재떨이와 연필은 기계적이다.

이럴 때 기억은 종이 위의 부호를 보는 것이 아니고 사실을 느끼는 것이다.

그렇다면 사실 속에서 직접 볼 때 논리적인 꽁초는 빨리 보이고 기계적인 재떨이 위의 연필은 늦게 보이고 늦게 지각될까?

보는 순간은 기계적이든 논리적이든 상관없이, 때에 따라선 오히려 기계적인 것이 인상 깊은 반응으로 더 기억이 잘 된다.

① 개나리~잉크 : 잉크병에 꽂힌 개나리를 본다.

② 오징어~책상 : 책상 위에 물오징어 한 마리가 놓여 있다.

③ 구두~연필 : 구두 속에 든 연필을 그린다.

④ 피아노~망치 : 피아노 건반을 망치로 친다.

■연습 문제

사이다~밥 :

간장~꿀   :

지각(知覺)과 표상(表象)

● 동작-반응-뇌파

① 지각 : 오감을 통하여 직접 보고 느끼는 직접적 에너지
② 표상 : 상상에 의하여 느끼는 간접적 에너지

머리 안에 기억이 된다는 것은 머리 안에 반응이 일어나 뇌파의 동작이 일어나는 것을 의미한다.

무궁화꽃을 본다는 것은 외부의 무궁화꽃과 똑같은 파장이 머리 안에 뇌파로 나타나기 때문이다.

뇌파가 일어남에는 두 가지가 있는데 하나는 직접 볼 때, 또 하나는 상상으로 무궁화 꽃을 그리면서 보았을 때이다. 선명한 무궁화꽃을 직접 보는 경우는 양성 반응이고, 상상으로 그릴 때는 희미한 그림자의 음성 반응이다.

우리의 머리 안에 오래 남는 것은 양성 반응이다.

바로 사람마다 기억의 차이가 있는 것은 상상에 의하여 그려진 무궁화꽃의 양상의 정도의 차이가 기억의 차이를 만드는 것이다.

꽃 모습의 특색과 색깔 등을 어느 정도 그렸느냐의 차이는 시간이 흐른 다음 생각할 때 앞서 그린 꽃이 무궁화 모습인지 코스모스 모습인지의 구별 차이이다.

직접 볼 때는 그런 오차가 없으나 상상일 경우 차이가 올 수 있다.

상상에 의한 음성 반응을 양성에 가깝도록 생각하는 훈련이 표상 훈련이다.

가만히 앉아서 어렸을 때 친구의 얼굴 모습을 그린다든지, 앉아서 바다와 산을 그리고 호수를 직접 보듯 그리는 훈련이다.

우리가 꿈을 꾼다든지 완전한 최면 상태에 빠질 때는 그리는 그대로 나타난다.

꿈속에서 연인을 만나고, 꿈에 얼룩덜룩한 호랑이를 보고, 노란 꽃을 보는 것은 상상의 세계가 완전히 양성 반응을 나타내는 것이라 하겠다.

제4장 공간 지각 능력

● 표상 문제

① 피복류　　② 면직물　　③ 베니어 판　　④ TV　　⑤ 스웨터
⑥ 장식물　　⑦ 다랑어　　⑧ 생사　　⑨ 김　　⑩ 기타

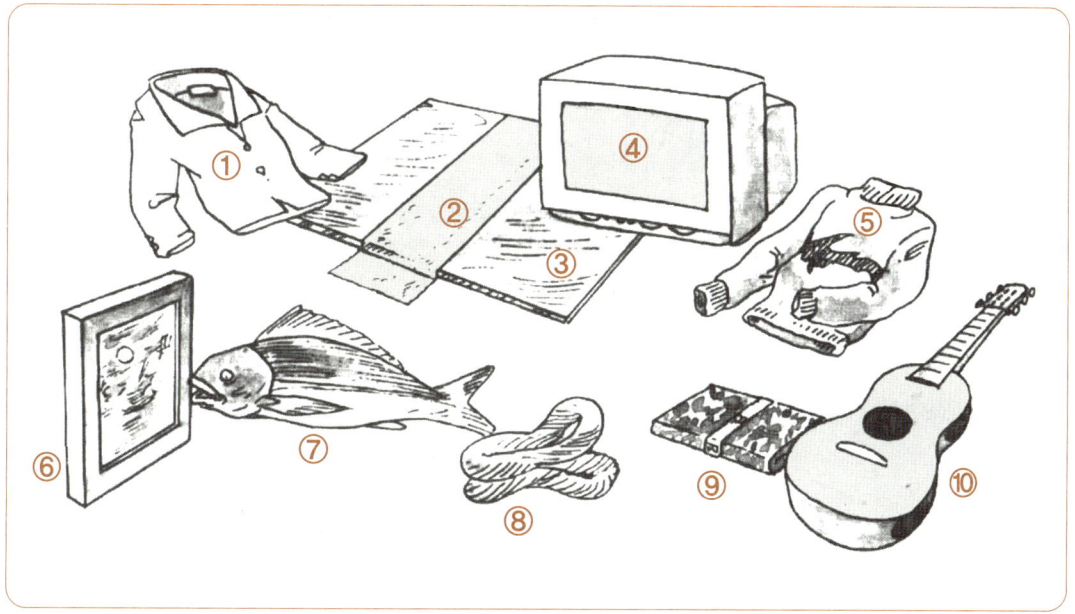

표상의 조화 : 마음에 떠오른 상호 결과를 표상이라 하고 표상화해 가는 과정적 어울림을 조화라고 표현하자. 표상화해 가는 조건상에서 조화와 구조화를 그림으로 비교하자.

① 피복류 ~	② 면직물	: 피복류 옷을 면직물로 만들었다.
② 면직물 ~	③ 베니어 판	: 판자에다 면직물을 감았다.
③ 베니어 판 ~	④ TV	: TV 케이스를 베니어 판으로 만든다.
④ TV ~	⑤ 스웨터	: TV 위의 먼지를 스웨터로 닦다.
⑤ 스웨터 ~	⑥ 장식물	: 스웨터 앞에 장식물을 달다.
⑥ 장식물 ~	⑦ 다랑어	: 장식물을 다랑어가 물다.
⑦ 다랑어 ~	⑧ 생사	: 다랑어를 생사 그물로 잡자.
⑧ 생사 ~	⑨ 김	: 생사 실로 김을 묶다.
⑨ 김 ~	⑩ 기타	: 기타 울림 통 속에 김을 넣다.

표상의 구조화 : 두 개씩 조화에 의한 연쇄적 기억은 평면적이고 입체적이 못되며 끊어지면 그 뒤가 나오지 않는다. 그래서 입체적 모양과 순서가 나오게 하기 위하여 학습은 구조화에 의한 표상을 택한다.

① 피복류   ② 면직물   ③ 베니어 판
 : 피복류는 면직물로 만들어 옷을 입은 마네킹이 베니어 판 위에 서 있다.

④ 전자제품   ⑤ 스웨터   ⑥ 장식물
 : TV 화면의 스웨터 광고 선전물에 장식물이 붙다.

⑦ 다랑어   ⑧ 생사   ⑨ 김
 : 다랑어를 생사 실로 묶어서 김 위에 놓다.

⑩ 기타
 : 김이 기타 울림 통 속에 있다.

아리스토텔레스의 회생의 4대 법칙

아리스토텔레스는 알렉산더 대왕을 어릴 적 가르쳐 본 결과, 왕족의 아들이라 선천적으로 공부를 잘하는 것이 아니고, 후천적 조건과 방법에 의해 학습의 효과가 결정된다는 의미에서 4대 법칙을 만들었다.

● 회생의 4대 법칙

① 같이 있는 법칙　　⇒ 시계와 시계 줄　　: 공간적 거리 축소 : 축소 관계
② 따라서 일어나는 법칙 ⇒ 봄·여름·가을·겨울 : 사건의 연속성
③ 비슷한 법칙　　　⇒ 설탕과 눈　　　　: 희다는 조건으로 기억이 잘 됨.
④ 반대의 법칙　　　⇒ 행복과 불행　　　: 반대로 되었을 때 비교됨.

① 같이 있는 법칙

시계와 시계 줄은 두 개가 논리적인 관계로 기억이 잘 되는 것이 아니고 기억의 조화 원리와 마찬가지로 공간적으로 접해 있기 때문에 기억이 잘 되는 것이다.

두 개의 개체가 사실 속에서 함께 있으면 공간적 거리가 축소된 관계로 논리적이든 기계적이든 상관없이 두 개를 느낄 수 있기 때문이다.

재떨이와 연필이 함께 있을 때의 예와 같다.

② 따라서 일어나는 법칙

어떤 사건이나 소설의 스토리 연속 같은 것은 이미 뜻이 있어 연이어 나오는 법칙이다. 이는 꼭 연속성 있을 때 낱말이 연이어 나온다.

③ 비슷한 법칙

뇌파는 어떤 반응이 어떤 부위에서 일어나고 또 그와 같은 것이 다시 일어날 경우, 뇌와 같은 부위에서 과거와 현재 뇌파를 비교 판단할 수 있는 능력이 있다.

비슷한 단어, 문자, 비슷한 사건이 잘 혼동이 오는 반면 또 잘 기억되는 이유도 그렇기 때문이다. 혼동은 같은 회로의 중복을 의미한다.

④ 반대의 법칙

반대의 법칙은 전쟁과 평화, 성공과 실패 등 항상 반대가 되므로 반대어 또는 반의어를 뜻하게 되는데 하나를 기억하면 자연히 기억나게 되는 것이다. 반대는 생각이 달라 앞 뒤 회로에서 구별되어 주로 기억이 잘 된다. 이것이 반대의 법칙이다.

마음으로 그리는 상상 훈련

> 심불재언(心不在焉) : 마음에 없으면
> 청이불문(聽而不聞)하고 : 들어도 들리지 않고
> 시이불견(視而不見)이라 : 보아도 보이지 않는다.

이는 공자의 말로 마음에 관해 잘 표현한 말이다.

우리는 눈을 뜨고도 보지 못하고, 귀를 열어 놓고도 듣지 못하는 때가 많다. 하루 종일 거리에서 무수히 많은 사람을 보았으나 그 많은 사람이 다시 재인식되지 않는다.

마음이 있어 대화도 나누고 관심 있어 몇 번 쳐다본다면 그 사람은 어디에 가든 다시 생각이 난다.

수업 시간 중에 귀는 열어 놓고 있으나 가만히 앉아서 강의에는 관심이 없고 집에 두고 온 찰떡만 생각한다면 공부가 안 될 것이다.

관심을 갖고서 보고 듣고 하여야 한다.

관심이 있어야 집중이 되고, 집중이 되어야 반응이 잘 된다.

한 줄의 글을 읽을 때, 문자 하나를 보고 듣고 쓸 그 글귀 하나 문자 하나를 정성들여 정말 사랑하는 마음으로 대할 때 외부에 있는 것이 내 안으로 옮겨지는 힘이 나온다.

눈으로 보지 말고 마음으로 보며, 귀로 듣는 것이 아니고 마음으로 듣는다.

마음이 있어야 학습이 생동화되고, 마음이 있어야 사랑하게 되고, 사랑하게 되어야 마음이 끌리고 학습에 매력을 느낄 수 있다.

마음이 없는 학습은 딱딱하고 의무적인 것이어서 능동적이 못 된다.

이 마음은 우리 머리 안에서 정신력에 영향을 주어 140억의 뇌신경의 움직이는 속도와 뇌파의 진폭에 영향을 준다.

마음이 있을 땐 강한 양성 반응의 뇌파가 나타나고, 마음이 없을 땐 희미한 음성 반응의 뇌파가 나타난다.

사물에 대한 조화

연습 문제 1

① 소나무　② 탱크　③ 라디오　④ 가방　⑤ 태극기
⑥ 연필　⑦ 구두　⑧ 의자　⑨ 고구마　⑩ 모자

조화 훈련 1 :　① 소나무를 탱크가 쓰러뜨린다.
　　　　　　　② 탱크 안에서 라디오를 듣고 있다.　③ 라디오를 가방 속에 넣었다.
　　　　　　　④ 가방 속에서 태극기를 꺼낸다.　　⑤ 태극기를 연필로 그린다.
　　　　　　　⑥ 연필을 구두 속에 넣었다.　　　　⑦ 구두를 의자 위에 얹었다.
　　　　　　　⑧ 의자 위에 고구마가 있다.　　　　⑨ 고구마를 모자 속에 담았다.

연습 문제 2

① 책　② 나비　③ 포도　④ 봉투　⑤ 잉크
⑥ 미나리　⑦ 택시　⑧ 운동화　⑨ 백두산　⑩ 양말

조화 훈련 2 :　① 책 속에 나비가 들어 있다.
　　　　　　　② 나비가 포도 송이에 앉다.　　　　③ 포도를 봉투에 담다.
　　　　　　　④ 봉투에 잉크를 붓다.　　　　　　⑤ 잉크를 미나리 밭에 뿌린다.
　　　　　　　⑥ 미나리를 택시에 싣다.　　　　　⑦ 택시 바퀴에 운동화
　　　　　　　⑧ 운동화를 신고 백두산에 오르다.　⑨ 백두산표 양말

연습 문제 3

① 칼	② 상어	③ 비행기	④ 인형	⑤ 순두부
⑥ 계란	⑦ 파도	⑧ 사다리	⑨ 쌀	⑩ 기차

조화 훈련 3 : ① 칼로 상어를 잡다.
② 상어를 비행기가 쫓다.   ③ 비행기 안에 인형
④ 인형에 순두부를 붓다.   ⑤ 순두부 안에 계란
⑥ 계란을 파도에 던지다.   ⑦ 파도 위에 사다리
⑧ 사다리 위에 쌀 가마   ⑨ 쌀을 기차에 싣다.

연습 문제 4

① 오징어	② 강물	③ 컵	④ 땅콩	⑤ 밥
⑥ 간장	⑦ 우유	⑧ 사탕	⑨ 파리	⑩ 비행기

조화 훈련 4 : ① 오징어를 강물로 씻다.
② 강물에 컵을 버리다.   ③ 컵 속에 땅콩을 넣었다.
④ 땅콩 밥을 먹다.   ⑤ 밥을 간장에 비빈다.
⑥ 간장 속에 우유를 섞는다. ⑦ 우유에 사탕을 빠뜨린다.
⑧ 사탕을 파리가 먹다.   ⑨ 파리가 비행기를 타다.

공간에 의한 기억

●원리

학습이란 주어진 개체와 환경과의 상호 연관 관계로서 머리에서 학습을 한다는 것은 현재 의식의 감각 반응과 예외적 감각(ESP)에 의한 이해와 파악, 인지 사고(認知思考)를 뜻한다. 학습할 대상은 종류에 따라 많겠으나, 머리의 반응 결과의 대상은 형(形), 내용(內容), 음(音)이다. 이러한 대상의 개체들이 공간의 장(場) 스크린(screen) 안에서 위치가 주어지고 이 위치가 학습의 순서와 양을 정립해 준다.

●정신

정신 지각 반응은 형(形)의 통찰(洞察)을 뜻하며, 통찰은 시각에 의한 눈의 감각이 아니고 예외적 감각인 ESP(Extra Sensory Perception)를 뜻한다. 정신 지각에 의한 사물이 형상, 색감, 질감, 위치 등이 우리 두뇌의 시상(視床) 부위의 광전(光電) 변환 에너지(energy)로 표상된다.

●스크린

영화를 볼 때 뒤의 자막을 스크린이라 한다. 우리말로는 연극무대 뒤의 배경을 스크린으로 보면 된다. TV 자막, 배경, 환경, 장소 등이 스크린에 포함된다. 라디오나 전축 등의 전자제품의 배치도면을 회로판이라 한다. 우리 머리 인의 백지 공간이 회로판의 역할인 스크린이다.

정신 공간 표출법(mental screen)

정신 지각 반응(mental)+공간의 장(場 : screen)=ESP 통찰력

칠판, 노트, 책의 내용을 한 번 읽으면 영화의 화면처럼 순서대로 머리에 떠오르는 ESP 초능력 학습 수련 기법을 우리말로 정신 공간 표출법이라 하고, 마인드 컨트롤에서 전문 용어로 정신 스크린(mental screen)이라 하는데, 우리가 앉은 위치에서 6m 앞 25° 상단 위의 하얀 판과 같은 공간을 스크린의 배경(회로판)으로 삼고 그 위에 학습 내용을 떠올리는 정신 작용이다.

제2편 기억법의 실제

공간력 만드는 법

0의 장 (스크린) 영어 선생님의 교실 [0~9]

3의 원리	I	II	III
상	1	4	7
중	2	5	8
하	3	6	9

교실

I. 칠판	II. 교사	III. 교탁
① 칠판 위	④ 머리	⑦ 교탁 위
② 중간	⑤ 가슴	⑧ 서랍
③ 밑	⑥ 발	⑨ 다리

교실 칠판의 공간

조화 훈련 문제

① 옥수수　② 사탕　③ 바나나　④ 까치　⑤ 라면
⑥ 껌　⑦ 망치　⑧ 신문지　⑨ 지팡이

칠판의 장 표상

① 칠판 위 옥수수　④ 머리에 까치　⑦ 교탁 위 망치
② 중간의 사탕　⑤ 가슴에 라면　⑧ 서랍 속에 신문지
③ 밑에 바나나　⑥ 발에 껌　⑨ 다리 밑에 지팡이

10의 장 (스크린) 방 안   [10~19]

방 안

I. 침대	II. TV	III. 책상
⑪ 침대 위	⑭ 안테나(TV 위)	⑰ 책꽂이
⑫ 중간	⑮ 화면	⑱ 책상
⑬ 밑	⑯ TV 다리(밑)	⑲ 의자

방 안의 공간

조화 훈련 문제

| ⑩ 두부 | ⑪ 오징어 | ⑫ 모자 | ⑬ 개구리 | ⑭ 가방 |
| ⑮ 장갑 | ⑯ 우산 | ⑰ 가위 | ⑱ 수박 | ⑲ 버섯 |

방 안의 장 표상

⑩ 방 중앙의 두부
⑪ 침대 위 오징어   ⑭ TV 위 가방   ⑰ 책꽂이에 가위
⑫ 중간 모자   ⑮ 화면에 장갑   ⑱ 책상 위 수박
⑬ 밑에 개구리   ⑯ 밑에 우산   ⑲ 의자에 버섯

20의 장 (스크린) 마당 [20~29]

마당		
Ⅰ. 대문	Ⅱ. 개집	Ⅲ. 포도 덕대
㉑ 대문 지붕	㉔ 개집 지붕	㉗ 덕대 위
㉒ 대문	㉕ 안	㉘ 기둥
㉓ 문지방	㉖ 바닥	㉙ 밑

마당의 공간

조화 훈련 문제

| ⑳ 풍선 | ㉑ 장미꽃 | ㉒ 나비 | ㉓ 금반지 | ㉔ 원숭이 |
| ㉕ 기차 | ㉖ 난로 | ㉗ 오이 | ㉘ 달걀 | ㉙ 야구공 |

마당의 장 표상

⑳ 마당에 풍선
㉑ 대문 지붕 위 장미꽃
㉒ 대문 나비
㉓ 문지방 금반지
㉔ 개집 지붕 위 원숭이
㉕ 안에 기차
㉖ 바닥에 난로
㉗ 덕대 위 오이
㉘ 기둥 달걀
㉙ 밑에 야구공

30의 장 (스크린) 부엌 [30~39]

부엌

Ⅰ. 냉장고	Ⅱ. 싱크대	Ⅲ. 찬장
㉛ 냉장고 위	㉞ 수도꼭지	㊲ 찬장 위
㉜ 안	㉟ 개수대	㊳ 중간
㉝ 밑	㊱ 파이프	㊴ 하단

부엌의 공간

조화 훈련 문제

㉚ 주전자	㉛ 바늘	㉜ 금붕어	㉝ 치마	㉞ 축구공
㉟ 저울	㊱ 무지개	㊲ 낙엽	㊳ 닭	㊴ 코끼리

부엌의 장 표상

㉚ 부엌의 주전자

㉛ 냉장고 위 바늘
㉜ 안에 금붕어
㉝ 밑에 치마

㉞ 수도꼭지 축구공
㉟ 개수대 저울
㊱ 파이프에 무지개

㊲ 찬장 위에 낙엽
㊳ 중간 닭
㊴ 하단에 코끼리

정신 공간 장에 대입

● 정신 공간 스크린 짜기

① 옥수수	② 사탕	③ 바나나	④ 까치	⑤ 라면	⑥ 껌	⑦ 망치	⑧ 신문지	⑨ 지팡이	⑩ 두부
⑪ 오징어	⑫ 모자	⑬ 개구리	⑭ 가방	⑮ 장갑	⑯ 우산	⑰ 가위	⑱ 수박	⑲ 버섯	⑳ 풍선
㉑ 장미꽃	㉒ 나비	㉓ 금반지	㉔ 원숭이	㉕ 기차	㉖ 난로	㉗ 오이	㉘ 달걀	㉙ 야구공	㉚ 주전자
㉛ 바늘	㉜ 금붕어	㉝ 치마	㉞ 축구공	㉟ 저울	㊱ 무지개	㊲ 낙엽	㊳ 닭	㊴ 코끼리	

0의 장 – 교실

- I. 칠판 ~   ① 옥수수 ② 사탕   ③ 바나나   : 칠판 위, 중간, 밑
- II. 교사 ~   ④ 까치   ⑤ 라면   ⑥ 껌   : 머리, 가슴, 발
- III. 교탁 ~   ⑦ 망치   ⑧ 신문지 ⑨ 지팡이 : 교탁 위, 서랍, 다리

10의 장 – 방 : 방안의 두부

- I. 침대 ~   ⑪ 오징어 ⑫ 모자   ⑬ 개구리 : 침대 위, 중간, 밑
- II. TV ~   ⑭ 가방   ⑮ 장갑   ⑯ 우산   : 안테나(TV 위), 화면, TV 다리(밑)
- III. 책상 ~   ⑰ 가위   ⑱ 수박   ⑲ 버섯   : 책꽂이, 책상, 의자

20의 장 – 마당 : 마당의 풍선

- I. 대문 ~   ㉑ 장미꽃 ㉒ 나비   ㉓ 금반지 : 대문 지붕, 대문, 문지방
- II. 개집 ~   ㉔ 원숭이 ㉕ 기차   ㉖ 난로   : 개집 지붕, 안, 바닥
- III. 포도 덕대 ~ ㉗ 오이   ㉘ 달걀   ㉙ 야구공 : 덕대 위, 기둥, 밑

30의 장 – 부엌 : 부엌의 주전자

- I. 냉장고 ~   ㉛ 바늘   ㉜ 금붕어 ㉝ 치마   : 냉장고 위, 안, 밑
- II. 싱크대 ~ ㉞ 축구공 ㉟ 저울   ㊱ 무지개 : 수도꼭지, 개수대, 파이프
- III. 찬장 ~   ㊲ 낙엽   ㊳ 닭   ㊴ 코끼리 : 찬장 위, 중간, 하단

The Superspeed
Remember Method

2

제5장 공간력 공식

- 장의 연상 결합 훈련
- 신체의 장 ①~⑳까지

제2편 기억법의 실제

장의 연상 결합 훈련

0의 장 공부방

그림 조화 훈련

0

1
4
7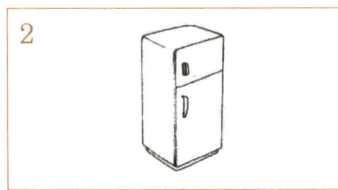

2
5
8

3
6
9

10의 장 십자수

그림 조화 훈련

10

11

14

17
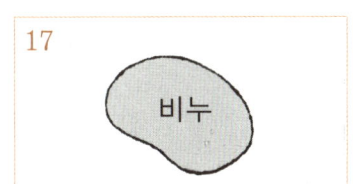

12

15

18

13

16

19

20의 장 이정표

그림 조화 훈련

20

21

24
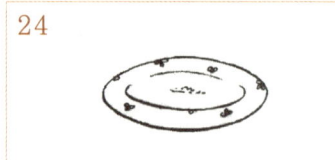

27

22

25

28

23

26

29

30의 장 삼일절

그림 조화 훈련

30

31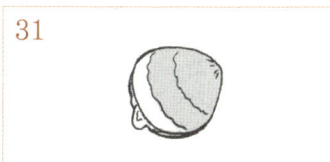
34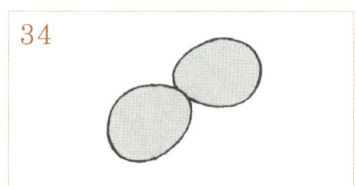
37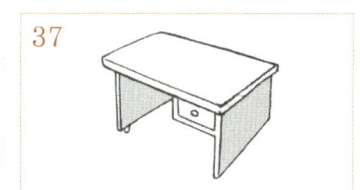

32
35
38

33
36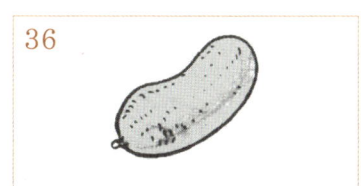
39

40의 장 사냥

그림 조화 훈련

40

41

44

47

42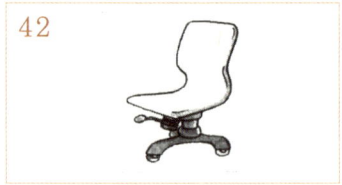

45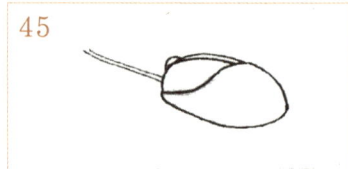

48

43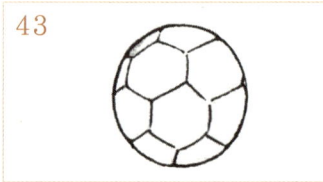

46

49

50의 장 오토바이

그림 조화 훈련

50

51

54

57

52

55

58
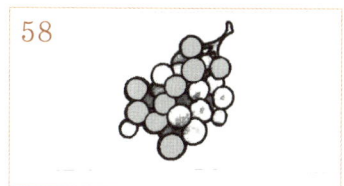

53

56

59

60의 장 육상경기

그림 조화 훈련

60

61

64

67

62

65

68

63

66

69

70의 장 북두칠성

그림 조화 훈련

70

71
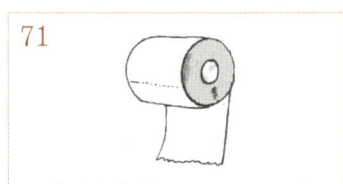

74

77

72

75

78

73

76

79

80의 장 팔씨름

그림 조화 훈련

80
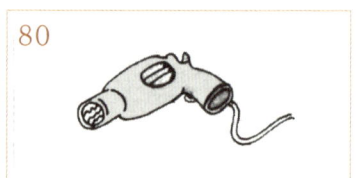

81

84
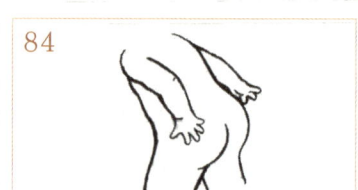

87

82

85

88

83

86

89

90의 장 구명 보트

그림 조화 훈련

90 진주

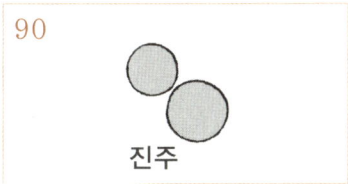

91

94

97

92

95

98

93

96

99

신체의 장 ①~⑳까지

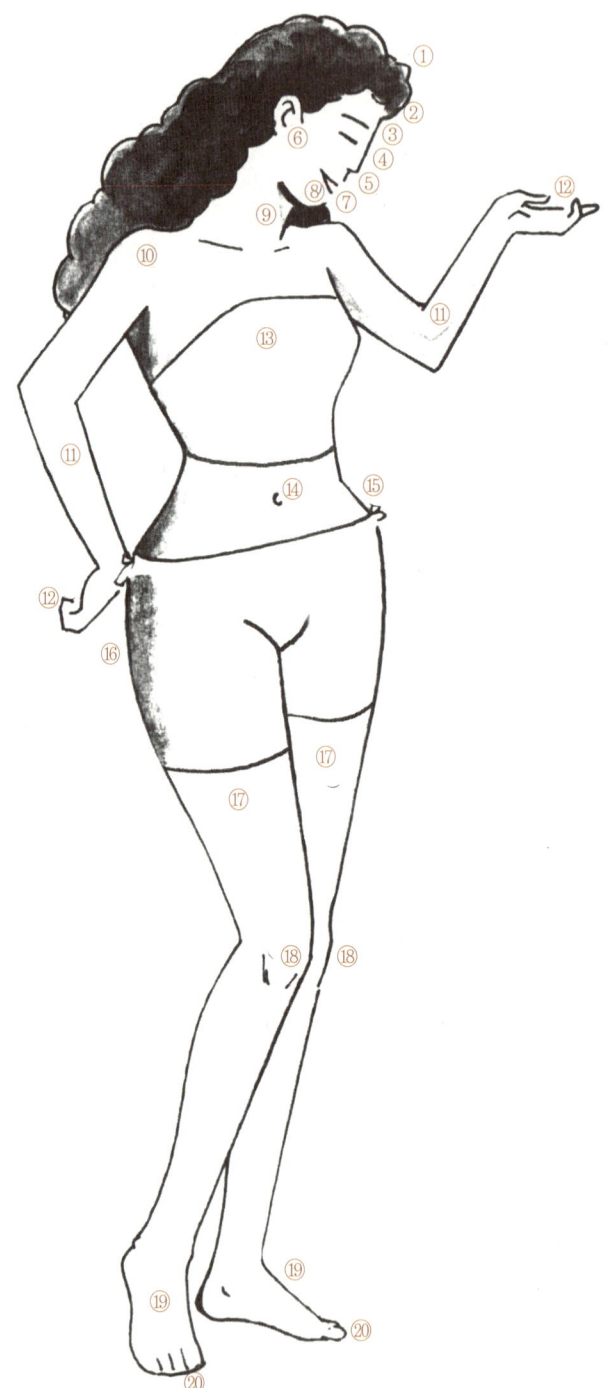

① 머리
② 이마
③ 눈썹
④ 눈
⑤ 코
⑥ 귀
⑦ 입
⑧ 턱
⑨ 목
⑩ 어깨
⑪ 팔
⑫ 손
⑬ 가슴
⑭ 배꼽
⑮ 허리
⑯ 엉덩이
⑰ 허벅지
⑱ 무릎
⑲ 발등
⑳ 발가락

신체의 장 활용

※ 자신의 신체를 활용하여 순서를 정하고 결합 훈련을 한다.

순서	이름 조화	결합 내용 쓰기
① 머리	- 장보고	:
② 이마	- 광개토대왕	:
③ 눈썹	- 김구	:
④ 눈	- 주시경	:
⑤ 코	- 김홍도	:
⑥ 귀	- 퀴리부인	:
⑦ 입	- 방정환	:
⑧ 턱	- 처칠	:
⑨ 목	- 링컨	:
⑩ 어깨	- 원효대사	:
⑪ 팔	- 김대건	:
⑫ 손	- 정약용	:
⑬ 가슴	- 노벨	:
⑭ 배꼽	- 왕건	:
⑮ 허리	- 에디슨	:
⑯ 엉덩이	- 유관순	:
⑰ 허벅지	- 허준	:
⑱ 무릎	- 신사임당	:
⑲ 발등	- 세종대왕	:
⑳ 발가락	- 파브르	:

The Superspeed Remember Method 2

제6장 공간력 조화 훈련

- 몰입 수련
- 공간력 조화 훈련
- 링크(link) 연상화 100개 기억 회생 실전 연습
- 링크(link) 연상화 130개 기억 회생 실전 연습
- 조선 27대 왕 기억 훈련
- 고구려 28대 왕 기억 훈련
- 고구려 28대 왕 기억술 공간력 활용
- 고구려 28대 왕 기억 조화 훈련

몰입 수련

● 몰입

1. ① 이 수련을 3에서 1의 방법으로 시작하겠습니다.
   ② 긴장을 푸십시오. (잠깐 쉬고) 크게 숨을 쉬고, 숨을 쉬는 동안 정신적으로 숫자 3을 그리고, 그것을 세 번 반복하여 응시하십시오.
   ③ 다시 한 번 크게 숨을 쉬고, 숨을 쉬는 동안 정신적으로 숫자 2를 그리고, 그것을 세 번 반복하여 응시하십시오.
   ④ 다시 한 번 크게 숨을 쉬고, 숨을 쉬는 동안 정신적으로 숫자 1을 그리고, 그것을 세 번 반복하여 응시하십시오.
   ⑤ 당신은 이미 1의 상태에 있습니다. 당신의 유익을 위해서 배우고 있는 정신의 기본적 단계에 들어가 있습니다.

● 몰입 수련

1. 당신이 더 깊이 들어가고, 정신이 더욱 완전하게 건강한 상태가 되기 위하여 내가 10에서부터 1까지 세어 내려가겠습니다.
   숫자가 하나씩 내려갈 때마다 당신은 더 깊이 내려가는 것을 느낄 것입니다.
2. 정신은 더 깊이 들어갈 것이고, 더 완전하고 건강한 상태로 될 것입니다.
3. 10-9 더 깊이 들어가는 것을 느끼십시오.
   8-7-6- 더 깊이, 더 깊이
   5-4-3- 더 깊이, 더 깊이
   2-1
4. 당신의 정신은 전보다 더 깊고, 완전하고, 건강한 상태에 있습니다.
5. 당신은 눈꺼풀의 힘을 빼어 긴장을 풀어서 더 깊고, 완전하고, 건강한 상태에 이를 수가 있습니다. 눈꺼풀의 힘을 빼십시오. (잠깐 쉬고) 편안하게 느끼십시오. (잠깐 쉬고) 이 긴장이 풀린 상태를 몸 전체에 흐르게 해서 깊이 들어가게 하고 발끝까지 내려 보내십시오. (잠깐 쉬고)
6. 아주 편안하게 되는 놀라운 기분, 즉 아주 건강한 상태입니다.
7. 당신이 지금보다 더 깊이 들어가고, 정신이 더 깊고, 완전하여, 건강해지기 위해 내가 1에

서 3까지 세고, 3을 셀 때 내 손가락으로 소리를 내겠습니다.

그 순간 당신은 마음으로 당신이 편히 쉴 수 있는 이상적인 어떤 곳을 생각하십시오. 그러면 그 때 나는 잠시 이야기를 그치겠습니다. 당신이 내 소리를 다시 들을 때는 지금 이 상태에서 한 시간이 지난 다음일 것입니다. 그 때에 당신은 숨을 크게 쉬고 나서 더 깊고 완전하고 건강한 상태에 들어갈 것입니다.

8. 하나(잠깐)-둘(잠깐)-셋

    내 소리를 들을 때까지 편안한 이상적인 어떤 장소를 정신적으로 생각하십시오.

    긴장을 푸십시오. (손가락으로 딱 소리, 약 1분 동안만 그대로 조용히 둠)

9. 완전히 긴장을 푸십시오. 그리고 잠깐 숨을 크게 쉬고 깊고 완전한 건강 상태에 들어가십시오.

●관계

1. 당신은 내 말에 계속 귀를 기울이십시오. 당신의 수련으로 지금까지 이른 이 상태에서나 혹은 지금 도달해 있는 외적 의식 상태를 포함한 정신 상태에서 내 지시를 따라 하십시오. 이것은 당신에게 유익을 줍니다. 당신이 이것을 원하고 있고 또 그렇게 될 것입니다.

2. 내가 "긴장을 푸십시오."라고 말할 때마다 당신의 몸이나 정신에 필요 없는 모든 움직임과 활동을 즉시 멈추십시오. 그러면 즉시 당신은 완전히 시키는 대로 하게 될 것이고 몸과 정신이 모두 편안하게 됩니다.

3. 내가 1에서 5까지 세는 동안 나는 당신을 이런 상태에서나 또는 그보다 더 깊은 상태에서 나오게 하겠습니다. 다섯을 셀 때 낭신의 눈을 뜨게 하겠습니다. 아주 번쩍 뜨게 될 것이고, 기분이 좋고, 잘 쉬었고, 완전하고 건강한 상태에 있을 것입니다.

4. 내가 당신 왼쪽 어깨를 세 번 건드려 당신을 이런 상태에서나 또는 그보다 더 깊은 상태에서 나오게 하겠습니다. 내 손이 당신 왼쪽 어깨에 세 번째 닿는 것을 느낄 때 당신은 눈을 뜰 것입니다. 아주 번쩍 뜨게 될 것이고, 기분이 좋고, 잘 쉬었고, 완전히 상쾌할 것입니다.

●천재에 대한 말

1. 천재의 정신과 보통 사람의 정신이 다른 점은 바로 이것입니다.

    "천재는 그의 정신을 더 많이 사용하고, 그것을 특별한 방법으로 사용한다."는 점입니다.

2. 당신은 지금 당신의 정신을 더 많이 사용하고, 그것을 특별한 방법으로 사용하는 법을 배우고 있습니다.

●유익한 말

1. 당신의 정신이 이런 상태에 있는 동안 기회가 있는 대로 좋은 말을 자주 반복하는 것은 당신에게 유익이 됩니다. 정신적으로 나를 따라 반복하십시오.
2. 나의 정신적 능력을 보다 나은 방법으로 남을 도와주는 데 사용해야 할 것입니다.
3. 날이 가면 갈수록 나는 더욱 더 좋아지고 더 나아질 것입니다.
   모든 면이나 어떤 점에 있어서도 더 완전하고 건강한 상태가 될 것입니다.
4. 좋은 생각을 하는 것은 나에게 내가 원하는 이익과 유익함이 됩니다.
5. 이 상태에서 또는 내가 어떤 상태에 있든지 그 상태에서 외적 의식까지 포함해서 나는 나의 모든 감각과 능력을 완전히 조절하고 지배할 수 있을 것이고 실로 그렇게 될 것입니다.

●보호의 말

1. 당신을 보호하기 위한 보호의 말입니다.
2. 이 정신 조절(마인드 컨트롤)은 이것입니다. 당신은 언제든지 당신의 정신을 스스로 조절할 것입니다. 당신이 어떠한 정신 상태에 있더라도 내 말을 언제든지 받아들일 수 있고 거절할 수 있습니다. 당신은 언제든지 정신을 조절할 수 있습니다.

●당신의 건강을 위한 예방적인 말

1. 당신의 보다 나은 건강을 위한 예방적인 말입니다.
2. 나는 정신적으로나 육체적으로나 정신적 무질서나 정신적 장애나, 신경적·기능적 질환을 결코 일으키지 않겠습니다.
3. 육체적으로나 정신적으로나 심장병 같은 병적 질환을 결코 일으키지 않겠습니다.
4. 육체적으로나 정신적으로나 백혈병과 당뇨병 같은 병이나 혈액 순환의 병도 나는 결코 일으키지 않겠습니다.
5. 육체적으로나 정신적으로나 결코 나는 관절염 같은 병을 일으키지 않겠습니다.
6. 녹내장과 같은 병을 육체적으로나 정신적으로도 나는 결코 일으키지 않겠습니다.
7. 암과 같은 병을 육체적으로나 정신적으로도 결코 일으키지 않겠습니다.
8. 나는 언제나 몸과 정신의 완전한 건강을 유지하겠습니다.
9. 부정적인(negative) 생각들은 내 정신의 어떤 상태에서도 영향을 주지 않겠습니다.

●효과적인 감각의 프로젝션

1. 나는 나의 감각과 기능을 발전시키는 것을 배우고 있습니다.
   나는 나의 정신으로 이 지구상의 어떤 장소나 지점에 가는 방법을 배우고, 그 곳에서 일어나는 모든 사건들이 인류에게 필요하고 유익한 것인지 깨닫게 될 것입니다.
2. 나는 나의 감각과 기능을 발전시키는 것을 배우고 있습니다.
어떠한 유성들, 태양계, 은하계, 우주의 모든 다른 별자리에 갈 수 있고, 거기서 일어난 모든 사건들이 인류에게 필요하고 유익한 것인지 깨달을 수 있는 방법을 배우고 있습니다.
3. 나는 나의 감각과 기능을 발전시키는 것을 배우고 있습니다.
그리고 우리의 지능으로 광물 세계의 모든 깊이와 정도(程度)를 들여다 볼 수 있고, 재생 작용의 기능을 갖고 있는 식물계와 동물계의 깊이와 정도, 그 세부적인 조직도 볼 수 있는 방법을 배우고 있습니다.
그리고 존재한다는 것을 인식하는 지능과 재생 작용의 기능과 육체를 가진 인간의 모든 부분 안에서 그의 머릿속까지 들어갈 수 있는 방법을 배우고 있습니다.
4. 나는 비정상 상태를 발견하는 것을 배우고 있습니다.
만일 그것이 인류에게 유익하고 필요한 것이라면 광물계, 식물계, 동물계에 존재하는 어떠한 비정상 상태라도 그 정도와 그 깊이를 알아낼 수 있습니다.
5. 나는 비정상 상태를 정상 상태로 고치는 수단 방법을 어떻게 사용하는지 배우고 있습니다.
만약, 그것이 인류에게 필요하고 유익하다면 광물계, 식물계, 동물계에 존재하는 어떠한 비정상 상태라도 그것을 고칠 수 있습니다.
6. 부정적인(negative) 생각들은 나의 어떤 상태에서도 영향을 주지 않습니다.

● 새로운 내용

1. ① 당신의 유익을 위하여 정신 작용의 프로그램을 짜겠습니다.
   ② 정신의 스크린을 놓기 위하여 눈을 감고 눈높이의 수평면에서 상단 20도로 눈을 들고 시작하십시오.
   ③ 내가 응시하고 있는 시야가 20도 이상 높이의 정신 스크린입니다.
   ④ 정신의 스크린 사용을 증진시키기 위하여 이 스크린에 가능한 대로 천연색의 영상을 비추십시오.
   ⑤ 눈꺼풀이 정신의 스크린이 되지 않도록 하고 그 스크린을 신체 외부에 만드십시오.
2. ① 당신의 유익을 위하여 정신 작용의 프로그램을 짜겠습니다.
   ② 기억력을 진보시키고 우수한 통찰을 얻기 위하여 정신 요소를 마음에 새기겠습니다.
      이 정신 요소를 정신의 스크린에 영사함으로써 당신의 심상과 영상의 기능을 증진시키는 데 도움이 될 것입니다.
      이렇게 함으로써 우수한 통찰력을 가지게 될 것입니다.

공간력 조화 훈련

● 0의 장 연상 결합 훈련 [0~9]

[공부방의 장]

연습 문제 1   ⓪ 공부방 : 도시락

①  : 책꽂이 위에 **다람쥐**가 다닌다.

② 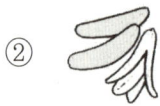 : 국어사전 옆에 **바나나**를 끼웠다.

③  : 서랍 속에 **고추장**을 넣었다.

④  : 안경 위에 **비둘기**가 앉았다.

⑤  : 연필을 **주전자** 속에 넣었다.

⑥  : 슬리퍼에 **개나리꽃**이 피었다.

⑦  : 화병 속에 **자전거**가 빠졌다.

⑧  : **오징어**를 컴퓨터 앞에서 말리고 있다.

⑨  : 휴지통에 **단풍잎**을 담았다.

연상 결합 훈련 [0~9]

연습 문제 2   ⓪ 공부방 : 도시락

① 무지개

④ 주전자

⑦ 악어

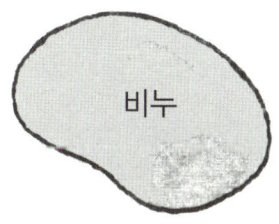
② 비누

⑤ 종이컵

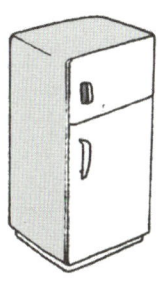
⑧ 냉장고

③ 선풍기

⑥ 시계

⑨ 의자

연상 결합 훈련 [0~9]

연습 문제 3　**⓪ 공부방 : 양복**

① 미꾸라지　　　④ 에어컨　　　⑦ 도너츠

② 호랑이　　　　⑤ 원숭이　　　⑧ 아이스크림

③ 지게　　　　　⑥ 거미줄　　　⑨ 매미

연습 문제 4　**⓪ 공부방 : 자장면**

① 태극기　　　　④ 오이　　　　⑦ 화장품

② 화분　　　　　⑤ 밀가루　　　⑧ 상장

③ 배추　　　　　⑥ 나팔꽃　　　⑨ 선생님

10의 장

연상 결합 훈련 [10~19]

[십자수의 장]

연습 문제 1 ⑩ 십자수 : **호랑이**

⑪  : 색실로 **기린**을 묶었다.

⑫  : 바구니에 **딸기**를 수북히 담았다.

⑬  : **낙타**를 가위로 찔렀다.

⑭  : 머리핀에 **안경**을 걸었다.

⑮  : 바늘을 **접시**에 올려 놓았다.

⑯  : 수틀 안에 **인형** 그림을 그렸다.

⑰  : 안테나에 **파리**가 앉았다.

⑱  : TV를 **강아지**가 보고 있다.

⑲  : 리모컨을 **냄비** 속에 넣었다.

제2편 기억법의 실제

연상 결합 훈련 [10~19]

연습 문제 2 ⑩ 십자수 : 옷걸이

⑪ 왕관

⑭ 기차

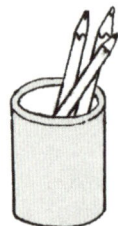
⑰ 필통

⑫ 모기

⑮ 조개

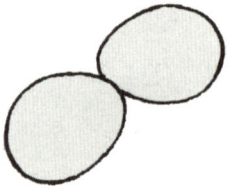
⑱ 달걀

⑬ 책상

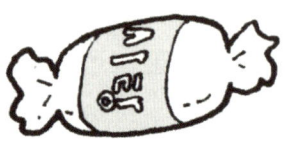
⑯ 사탕

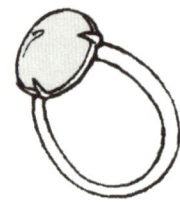
⑲ 반지

연상 결합 훈련 [10~19]

연습 문제 3 ⑩ 십자수 : 촛불

⑪ 꽁치

⑭ 접시

⑰ 콩나물

⑫ 달팽이

⑮ 고양이

⑱ 할머니

⑬ 지팡이

⑯ 코뿔소

⑲ 올챙이

연습 문제 4 ⑩ 십자수 : 햄버거

⑪ 눈사람

⑭ 노트북

⑰ 카메라

⑫ 비행기

⑮ 백화점

⑱ 축구화

⑬ 핸드북

⑯ 보름달

⑲ 두부

20의 장

연상 결합 훈련 [20~29]

[이정표의 장]

연습 문제 1   ⑳ 이정표 : 소라

㉑  : 밀짚모자 속에 **우표**를 모았다.

㉒  : 핸들을 **방송국** 방향으로 돌렸다.

㉓  : 페달에 **땅콩**이 끼어 있다.

㉔  : 소가 **항아리**를 깼다.

㉕  : 농부가 **골프채**를 휘두르고 있다.

㉖  : 마차에 **맥주**를 실었다.

㉗  : 갓 위에 **수건**을 덮었다.

㉘  : 봇짐에 **한자책**이 들어 있다.

㉙  : 짚신을 **의자** 위에 올려 놓았다.

제6장 공간력 조화 훈련

● 연상 결합 훈련 [20~29]

연습 문제 2   ⑳ 이정표 : 벽돌

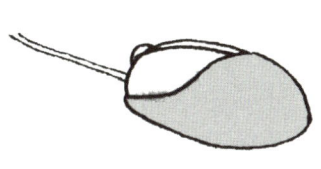
㉑ 마우스

㉔ 디스켓

㉗ 축구공

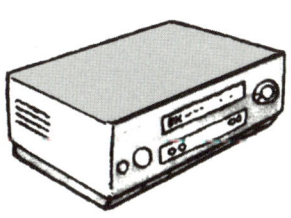
㉒ 비디오

㉕ 아이스크림

㉘ 초시계

㉓ 캠코더

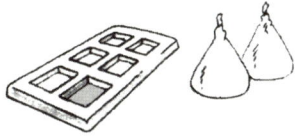
㉖ 초콜릿

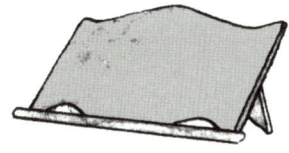
㉙ 독서대

연상 결합 훈련 [20~29]

연습 문제 3   ⑳ 이정표 : 뱀장어

㉑ 카네이션   ㉔ 유람선   ㉗ 청바지

㉒ 휴대폰   ㉕ 도시락   ㉘ 여행가방

㉓ 생수통   ㉖ 인형   ㉙ 노트북

연습 문제 4   ⑳ 이정표 : 보리

㉑ 만화책   ㉔ 침대   ㉗ 지팡이

㉒ 일기장   ㉕ 샌드위치   ㉘ 커피

㉓ 돌고래   ㉖ 수영장   ㉙ 사다리

30의 장

연상 결합 훈련 [30~39]

[삼일절의 장]

연습 문제 1 ㉚ 삼일절 : 사탕

㉛  : 무궁화꽃을 **버스**에 달았다.

㉜  : 무궁화잎을 **우산**으로 내리쳤다.

㉝  : 줄기를 **기차**로 실어 왔다.

㉞  : 국기봉에 **포도**가 달렸다.

㉟ 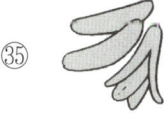 : 태극기로 **바나나**를 쌌다.

㊱ 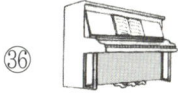 : 깃대로 **피아노**를 연주한다.

㊲  : 머리 위에 **나비**가 앉았다.

㊳  : 치마에 **왕관**이 그려져 있다.

㊴  : 고무신 속에 **목걸이**를 넣었다.

제2편 기억법의 실제

연상 결합 훈련 [30~39]

연습 문제 2   ㉚ 삼일절 : 배추

㉛ 아버지

㉞ 우체국

㊲ 은행

㉜ 필름

㉟ 어린아이

㊳ 햄버거

㉝ 튤립

㊱ 케이블 카

㊴ 등산

연상 결합 훈련 [30~39]

연습 문제 3 ㉚ 삼일절 : 새우

㉛ 한강	㉞ 연날리기	㊲ 오토바이
㉜ 군인	㉟ 간호사	㊳ 대통령
㉝ 수박	㊱ 팥빙수	㊴ 할아버지

연습 문제 4 ㉚ 삼일절 : 모기약

㉛ 미국	㉞ 미사일	㊲ 병아리
㉜ 선글라스	㉟ 샌들	㊳ 액자
㉝ 곰돌이	㊱ 신문	㊴ 새우깡

[사냥의 장]

연상 결합 훈련 [40~49]

연습 문제 1   ㊵ 사냥개 : 풍뎅이

㊶  : 새부리가 **콜라병**에 끼었다.

㊷  : 새날개를 **쓰레기통**에 버렸다.

㊸  : 새꼬리에 **화장지**가 매달렸다.

㊹  : 총알을 **비닐 봉투**에 담았다.

㊺  : 총을 **광화문**에서 주었다.

㊻  : 탄띠에 **돈가스**를 끼웠다.

㊼  : 개머리를 **달걀**로 때렸다.

㊽  : 개꼬리가 **이순신** 동상 아래에 깔렸다.

㊾  : 개다리에 **스티커**가 붙었다.

연상 결합 훈련 [40~49]

연습 문제 2 ㊵ 사냥개 : 까마귀

㊶ 화장품

㊹ 드라이어

㊼ 청소기

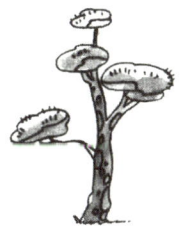

㊷ 소나무

㊺ 마라톤

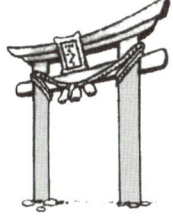

㊽ 일본

㊸ 함박눈

㊻ 엉덩이

㊾ 순찰차

연상 결합 훈련 [40~49]

연습 문제 3   ④⓪ 사냥개 : 삿갓

④① 앰뷸런스   ④④ 아파트   ④⑦ 그림책

④② 옥수수   ④⑤ 지우개   ④⑧ 알림장

④③ 색연필   ④⑥ 무전기   ④⑨ 고구마

연습 문제 4   ④⓪ 사냥개 : 하모니카

④① 김치   ④④ 영화표   ④⑦ 파라솔

④② 도시락   ④⑤ 김밥   ④⑧ 떡볶이

④③ 리본   ④⑥ 카세트   ④⑨ 책꽂이

50의 장 연상 결합 훈련 [50~59]

[오토바이의 장]

연습 문제 1 (50) 오토바이 : 꽹과리

(51) 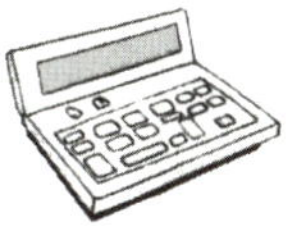 : 모자 속에 **계산기**를 넣었다.

(52) 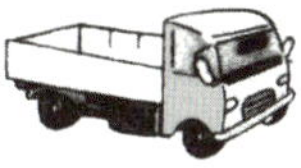 : 장갑으로 **트럭**을 닦았다.

(53) 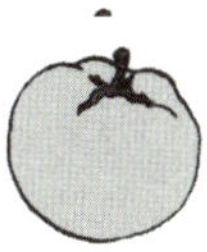 : 신발 밑에 **토마토**가 터져 있다.

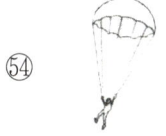

(54) 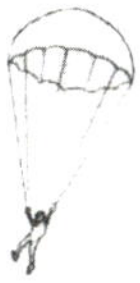 : 거울에 **낙하산**이 걸렸다.

(55) 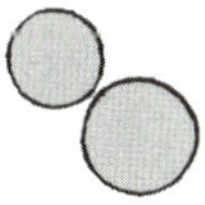 : 라이트 앞에 **진주**를 박았다.

(56) 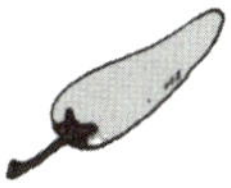 : 타이어 밑에 **고추**를 말리고 있다.

(57) 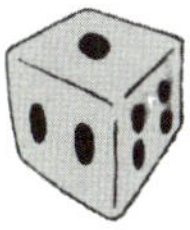 : 헬멧 속에다 **주사위**를 굴린다.

(58) 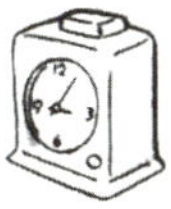 : 재킷 속에서 **자명종**이 울린다.

(59) 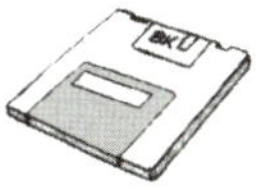 : 장화 속에 **디스켓**을 넣어 두었다.

연상 결합 훈련 [50~59]

연습 문제 2 (50) 오토바이 : 식용유

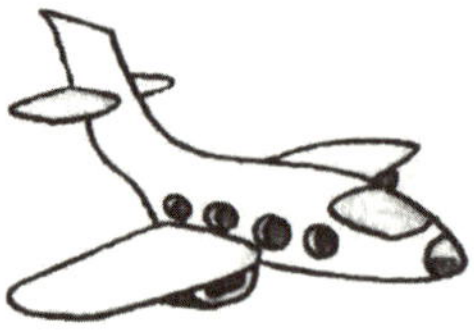

(51) 비행기

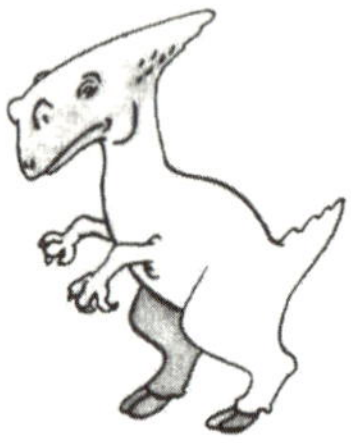

(54) 공룡

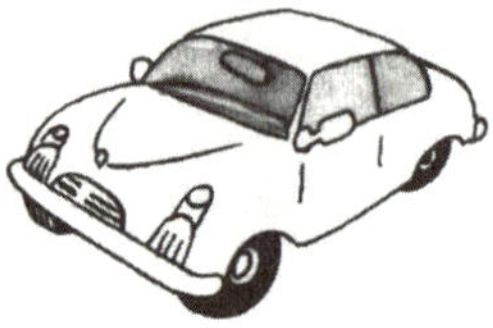

(57) 자동차

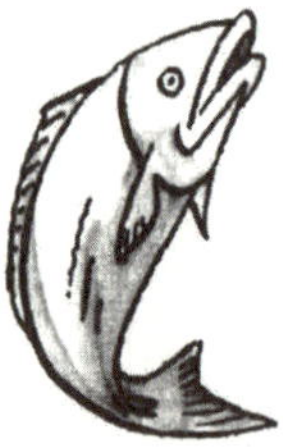

(52) 물고기

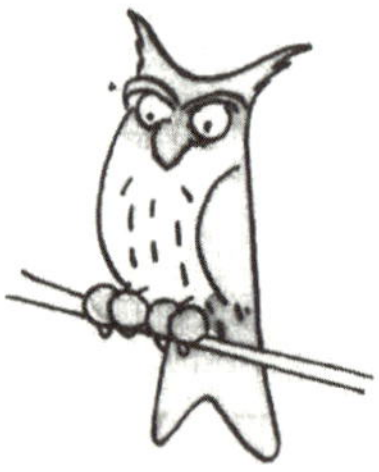

(55) 부엉이

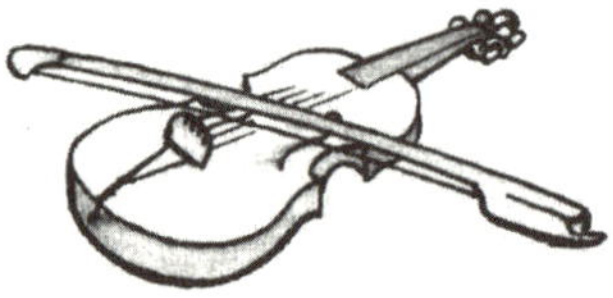

(58) 바이올린

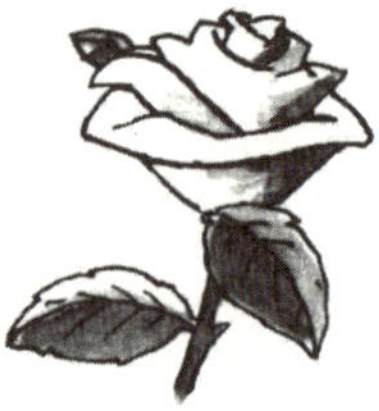

(53) 장미

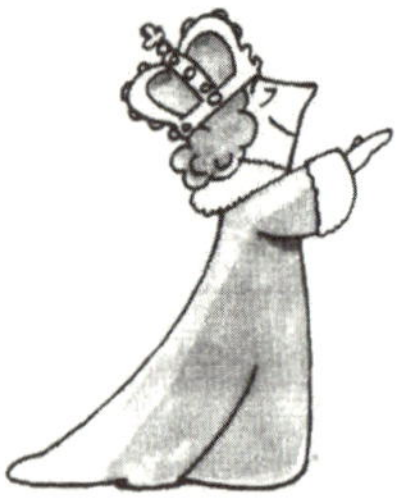

(56) 여왕

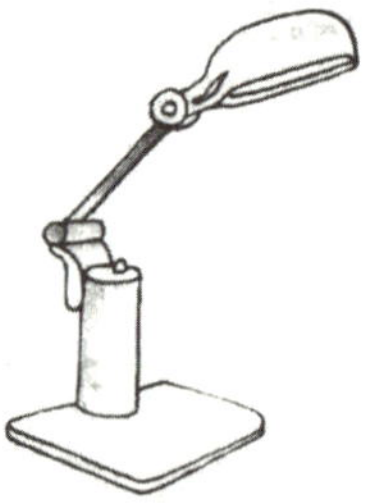

(59) 스탠드

연상 결합 훈련 [50~59]

연습 문제 3 (50) 오토바이 : 부채

(51) 요트	(54) 얼룩말	(57) 태양
(52) 열쇠	(55) 제트기	(58) 풍선
(53) 전화기	(56) 케이크	(59) 계단

연습 문제 4 (50) 오토바이 : 문어

(51) 두꺼비	(54) 롤러 스케이트	(57) 줄넘기
(52) 미끄럼대	(55) 시소	(58) 교탁
(53) 달력	(56) 삼각자	(59) 철봉

60의 장

연상 결합 훈련 [60~69]

[육상경기의 장]

연습 문제 1 ⑥⓪ 육상경기 : 김밥

⑥①  : 물병 속에 **스키**를 꽂아 놓았다.

⑥② 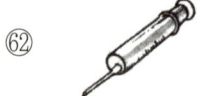 : 물컵 속에 물을 **주사기**로 뽑았다.

⑥③  : 테이블을 **나이프**로 찍었다.

⑥④  : 머리띠 위에 **헬리콥터**가 앉았다.

⑥⑤  : 배턴이 **앞치마**에 걸렸다.

⑥⑥  : 반바지 속에 **복숭아**를 넣었다.

⑥⑦  : 호루라기를 **교회**에서 불었다.

⑥⑧  : 깃발을 **마이크**에 꽂았다.

⑥⑨  : 운동화 속에 **양파**를 담았다.

연상 결합 훈련 [60~69]

연습 문제 2 ⑥⓪ 육상경기 : 빌딩

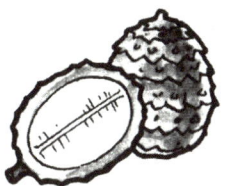

⑥① 파인애플

⑥④ 스커트

⑥⑦ 멜빵바지

⑥② 장화

⑥⑤ 넥타이

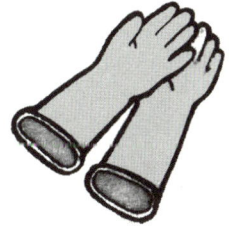

⑥⑧ 고무장갑

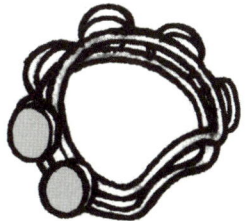

⑥③ 탬버린

⑥⑥ 원숭이

⑥⑨ 불고기

연상 결합 훈련 [60~69]

연습 문제 3   ⑥⓪ 육상경기 : 고무신

⑥① 새우   ⑥④ 텐트   ⑥⑦ 잠자리

⑥② 프라이팬   ⑥⑤ 야자수   ⑥⑧ 눈사람

⑥③ 거북이   ⑥⑥ 썰매   ⑥⑨ 얼음

연습 문제 4   ⑥⓪ 육상경기 : 청바지

⑥① 보온병   ⑥④ 도토리   ⑥⑦ 핫도그

⑥② 손목시계   ⑥⑤ 바이올린   ⑥⑧ 버섯

⑥③ 솜사탕   ⑥⑥ 코브라   ⑥⑨ 실로폰

[북두칠성의 장]

70의 장   연상 결합 훈련 [70~79]

연습 문제 1   ⑩ 북두칠성 : 말미잘

⑪  : 손에 **스타킹**을 감았다.

⑫  : 색연필로 **낙엽**을 그렸다.

⑬  : 화판 위에 **비치볼**을 올려 놓았다.

⑭  : 망원 렌즈 위에 **백조**가 앉았다.

⑮  : 손잡이에 **네 잎 클로버**가 있다.

⑯ 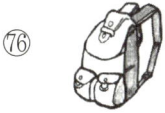 : 받침대 아래에 **배낭**을 놓았다.

⑰  : 별을 **스카프**로 가렸다.

⑱  : 달 속에 **꽃게**가 보인다.

⑲  : 산 위에서 **낚시**를 한다.

연상 결합 훈련 [70~79]

연습 문제 2 ⑦⓪ 북두칠성 : 송편

⑦① 라면

⑦④ 주전자

⑦⑦ 딸기코

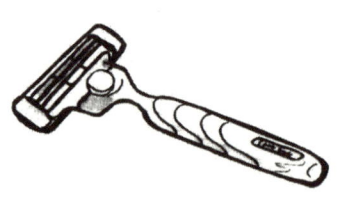
⑦② 면도기

⑦⑤ 도장

⑦⑧ 돼지저금통

⑦③ 안경

⑦⑥ 쓰레기통

⑦⑨ 운동화

연상 결합 훈련 [70~79]

연습 문제 3   ⑦⓪ 북두칠성 : 용

⑦① 탁구공

⑦④ 아저씨

⑦⑦ 숭늉

⑦② 딱정벌레

⑦⑤ 붕어빵

⑦⑧ 책가방

⑦③ 소방차

⑦⑥ 스프링

⑦⑨ 벼루

연습 문제 4   ⑦⓪ 북두칠성 : 인절미

⑦① 명함

⑦④ 고무줄

⑦⑦ 메모지

⑦② 플라스틱

⑦⑤ 비누

⑦⑧ 시계탑

⑦③ 샴푸

⑦⑥ 무선전화기

⑦⑨ 성냥

80의 장

연상 결합 훈련 [80~89]

[팔씨름의 장]

연습 문제 1　⑧⓪ 팔씨름 : 넥타이

⑧①  : 트로피를 **시계탑** 위에 올려 놓았다.

⑧②  : 상장으로 **바람개비**를 만들었다.

⑧③  : 상품을 **풍차**로 날려 보냈다.

⑧④  : 이마의 땀 부위에 **훌라후프**를 걸쳤다.

⑧⑤ 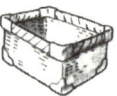 : 의자 위에 **바구니**를 깔고 앉았다.

⑧⑥  : 의자 다리 밑에 **동전**이 수북히 쌓여 있다.

⑧⑦  : 카드를 **교과서** 위에 올려 놓았다.

⑧⑧  : 명찰에 **모나리자 그림**이 그려 있다.

⑧⑨  : 수건에 **바늘**을 끼워 두었다.

제6장 공간력 조화 훈련

연상 결합 훈련 [80~89]

연습 문제 2   ⑧⓪ 팔씨름 : 드라큘라

⑧① 와이셔츠

⑧④ 망치

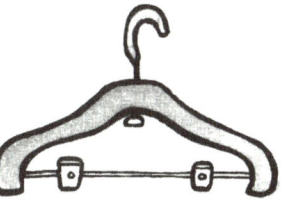
⑧⑦ 옷걸이

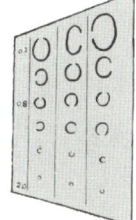
⑧② 시력표

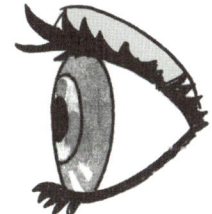
⑧⑤ 눈동자

⑧⑧ 해바라기

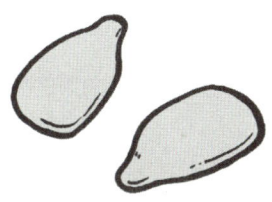
⑧③ 호박씨

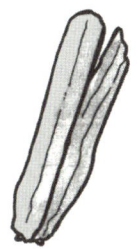
⑧⑥ 다시마

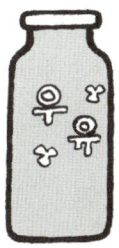
⑧⑨ 우유병

제2편 기억법의 실제

● 연상 결합 훈련 [80~89]

연습 문제 3　⑧⓪ 팔씨름 : 폭탄

⑧① 화장실　　　⑧④ 호수　　　⑧⑦ 사과나무

⑧② 칼국수　　　⑧⑤ 빈대떡　　⑧⑧ 상자

⑧③ 닭　　　　　⑧⑥ 바늘　　　⑧⑨ 땅콩

연습 문제 4　⑧⓪ 팔씨름 : 갑옷

⑧① 미나리　　　⑧④ 동그라미　⑧⑦ 당구장

⑧② 빨간 볼펜　 ⑧⑤ 지폐　　　⑧⑧ 고속도로

⑧③ 내 동생　　 ⑧⑥ 할머니　　⑧⑨ 대한민국

90의 장

연상 결합 훈련 [90~99]

[구명 보트의 장]

연습 문제 1   ⑨⓪ 구명 보트 : 레슬링

⑨①  : 구름 위에 문제지가 놓여 있다.

⑨②  : 수영 모자 속에 잡지책을 끼웠다.

⑨③ 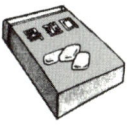 : 오리가 목캔디를 삼켰다.

⑨④  : 물안경에 갈매기가 앉았다.

⑨⑤  : 튜브를 병풍 위에 걸어 두었다.

⑨⑥  : 물고기가 담배꽁초를 물고 있다.

⑨⑦  : 선장 모자가 엘리베이터에 끼었다.

⑨⑧  : 확성기를 거북선에 달았다.

⑨⑨  : 밧줄을 금도끼로 잘랐다.

제2편 기억법의 실제

연상 결합 훈련 [90~99]

연습 문제 2   ⑨⓪ 구명 보트 : 동굴

⑨① 천사

⑨④ 날개

⑨⑦ 한복

⑨② 상장

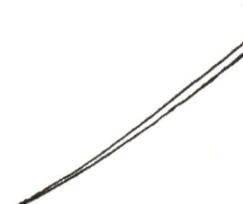
⑨⑤ 회초리

⑨⑧ 도너츠

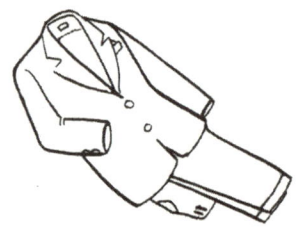
⑨③ 양복

⑨⑥ 부채

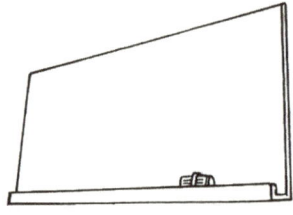
⑨⑨ 칠판

연상 결합 훈련 [90~99]

연습 문제 3　⑨⓪ 구명 보트 : 공주

⑨① 스마일　　　　⑨④ 미스코리아　　　⑨⑦ 레몬

⑨② 카세트 테이프　⑨⑤ 사진　　　　　　⑨⑧ 헤어 밴드

⑨③ 방석　　　　　⑨⑥ 부처님　　　　　⑨⑨ 목탁

연습 문제 4　⑨⓪ 구명 보트 : 호텔

⑨① 연꽃　　　　　⑨④ 금붕어　　　　　⑨⑦ 할미꽃

⑨② 얼굴　　　　　⑨⑤ 손거울　　　　　⑨⑧ 분필

⑨③ 자장면　　　　⑨⑥ 손수건　　　　　⑨⑨ 목련

 링크(link) 연상화 100개 기억 회생 실전 연습

● **1. 10개씩 링크(link) 연상 기억 훈련 (1)**

[예 1] 토끼 → 항아리 → 망치 → 보자기 → 구두 → 사과 → 전자 레인지 → 연필 → 돼지 → 텔레비전

1. 토끼가 항아리 속으로 들어간다.

2. 항아리를 망치로 깼다.

3. 망치를 보자기로 감았다.

4. 보자기로 구두를 닦았다.

5. 구두로 사과를 밟았다.

6. 사과가 전자 레인지 안으로 들어갔다.

7. 전자 레인지에 연필로 낙서를 한다.

8. 연필을 돼지가 물고 있다.

9. 돼지가 텔레비전 위에 서 있다.   10. 텔레비전

제6장 공간력 조화 훈련

2. 10개씩 링크(link) 연상 기억 훈련 (2)

[예 2] 크레파스 → 버스 → 수박 → 병아리 → 비행기 → 화병 → 악어 → 톱 → 고구마 → 아이스크림

1. **크레파스**를 **버스**에 실었다.

2. **버스**가 **수박**을 박살냈다.

3. **수박**을 **병아리**가 쪼아 먹었다.

4. **병아리**가 **비행기**를 조종한다.

5. **비행기**가 **화병**을 들이받다.

6. **화병**을 **악어**에게 던졌다.

7. **악어**가 **톱**질을 한다.

8. **톱**으로 **고구마**를 썬다.

9. **고구마**로 **아이스크림**을 찍어 먹었다.   10. **아이스크림**

제6장 공간력 조화 훈련

링크(link) 연상화 130개 기억 회생 실전 연습

실전 연습

① 우산 ⇒ 오뚝이 ⇒ 자전거 ⇒ 할머니 ⇒ 권투선수 ⇒ 도둑 ⇒ 목욕탕 ⇒ 모자 ⇒ 개미 ⇒ 유람선

② 기타 ⇒ 거울 ⇒ 가죽 장갑 ⇒ 코끼리 ⇒ 생쥐 ⇒ 땅콩 ⇒ 꿀 ⇒ 의자 ⇒ 강물 ⇒ 양말

③ 신문지 ⇒ 오징어 ⇒ 설탕 ⇒ 초가집 ⇒ 컴퓨터 ⇒ 동화책 ⇒ 트럭 ⇒ 은행나무 ⇒ 황소 ⇒ 도끼

④ 뱀 ⇒ 개구리 ⇒ 스키 ⇒ 메뚜기 ⇒ 방앗간 ⇒ 안경 ⇒ 선풍기 ⇒ 비행기 ⇒ 고무신 ⇒ 상어

⑤ 시계 ⇒ 냄비 ⇒ 야구공 ⇒ 포도 ⇒ 연탄 ⇒ 코스모스 ⇒ 가방 ⇒ 다람쥐 ⇒ 대나무 ⇒ 전화기

⑥ 소금 ⇒ 도시락 ⇒ 장갑 ⇒ 바나나 ⇒ 성냥 ⇒ 나비 ⇒ 색종이 ⇒ 책상 ⇒ 원숭이 ⇒ 매미

⑦ 분필 ⇒ 까마귀 ⇒ 카메라 ⇒ 목걸이 ⇒ 거울 ⇒ 바지 ⇒ 공책 ⇒ 기차 ⇒ 참새 ⇒ 옥수수

⑧ 돈 ⇒ 고양이 ⇒ 젖소 ⇒ 과장 ⇒ 인삼 ⇒ 침대 ⇒ 피아노 ⇒ 필통 ⇒ 껌 ⇒ 운동화

⑨ 난로 ⇒ 양복 ⇒ 초콜릿 ⇒ 경운기 ⇒ 담배 ⇒ 칫솔 ⇒ 촛불 ⇒ 탁구공 ⇒ 밀가루 ⇒ 연탄

⑩ 고릴라 ⇒ 하마 ⇒ 개나리 ⇒ 쌀 ⇒ 달팽이 ⇒ 풀잎 ⇒ 당나귀 ⇒ 상자 ⇒ 참외 ⇒ 고래

⑪ 통닭 ⇒ 대통령 ⇒ 경찰 ⇒ 달력 ⇒ 치마 ⇒ 그림 엽서 ⇒ 지하철 ⇒ 우유 ⇒ 작은북 ⇒ 핸드폰

⑫ 치약 ⇒ 일본 ⇒ 수영 ⇒ 고양이 ⇒ 지갑 ⇒ 손수건 ⇒ 햄버거 ⇒ 호랑이 ⇒ 핫도그 ⇒ 한복

⑬ 송편 ⇒ 감자 ⇒ 소방차 ⇒ 태극기 ⇒ 오이 ⇒ 금메달 ⇒ 장미 ⇒ 세탁기 ⇒ 자장면 ⇒ 동화책

조선 27대 왕 기억 훈련

조선(1392~1910)
(27대, 519년)

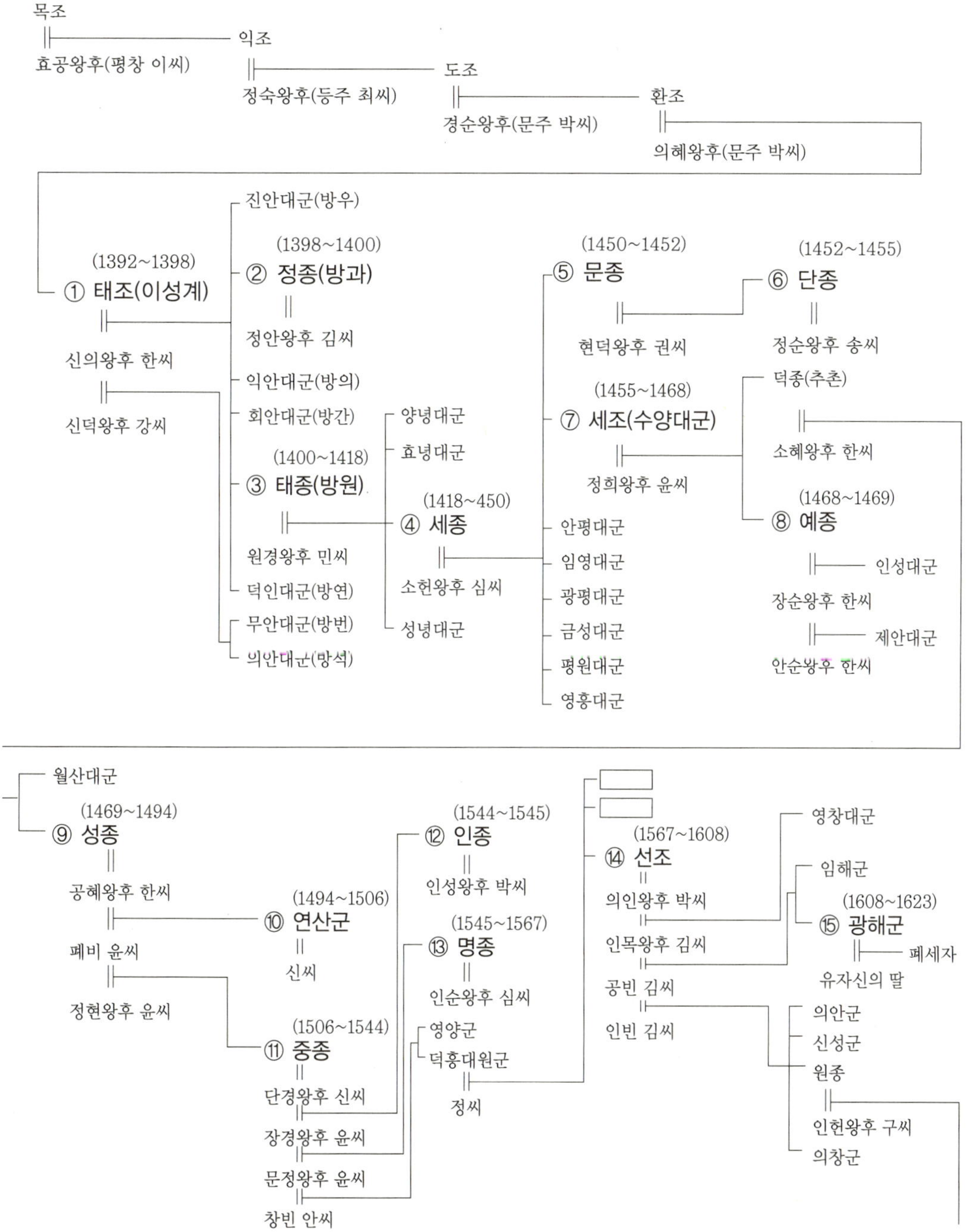

- 목조
  = 효공왕후(평창 이씨)
  - 익조
    = 정숙왕후(등주 최씨)
    - 도조
      = 경순왕후(문주 박씨)
      - 환조
        = 의혜왕후(문주 박씨)

① 태조(이성계) (1392~1398)
= 신의왕후 한씨
= 신덕왕후 강씨

- 진안대군(방우)
- ② 정종(방과) (1398~1400)
  = 정안왕후 김씨
- 익안대군(방의)
- 회안대군(방간)
- ③ 태종(방원) (1400~1418)
  = 원경왕후 민씨
- 덕인대군(방연)
- 무안대군(방번)
- 의안대군(방석)

- 양녕대군
- 효령대군
- ④ 세종 (1418~450)
  = 소헌왕후 심씨
- 안평대군
- 임영대군
- 광평대군
- 금성대군
- 평원대군
- 영흥대군
- 성녕대군

⑤ 문종 (1450~1452)
= 현덕왕후 권씨

⑥ 단종 (1452~1455)
= 정순왕후 송씨

⑦ 세조(수양대군) (1455~1468)
= 정희왕후 윤씨

- 덕종(추존)
  = 소혜왕후 한씨
- ⑧ 예종 (1468~1469)
  = 장순왕후 한씨
  = 안순왕후 한씨
  - 인성대군
  - 제안대군

- 월산대군
- ⑨ 성종 (1469~1494)
  = 공혜왕후 한씨
  = 폐비 윤씨
  = 정현왕후 윤씨
  - ⑩ 연산군 (1494~1506)
    = 신씨
  - ⑪ 중종 (1506~1544)
    = 단경왕후 신씨
    = 장경왕후 윤씨
    = 문정왕후 윤씨
    = 창빈 안씨
    - ⑫ 인종 (1544~1545)
      = 인성왕후 박씨
    - ⑬ 명종 (1545~1567)
      = 인순왕후 심씨
    - 영양군
    - 덕흥대원군
      = 정씨
      - ⑭ 선조 (1567~1608)
        = 의인왕후 박씨
        = 인목왕후 김씨
        = 공빈 김씨
        = 인빈 김씨
        - 영창대군
        - 임해군
        - ⑮ 광해군 (1608~1623)
          = 유자신의 딸
          - 폐세자
        - 의안군
        - 신성군
        - 원종
          = 인헌왕후 구씨
        - 의창군

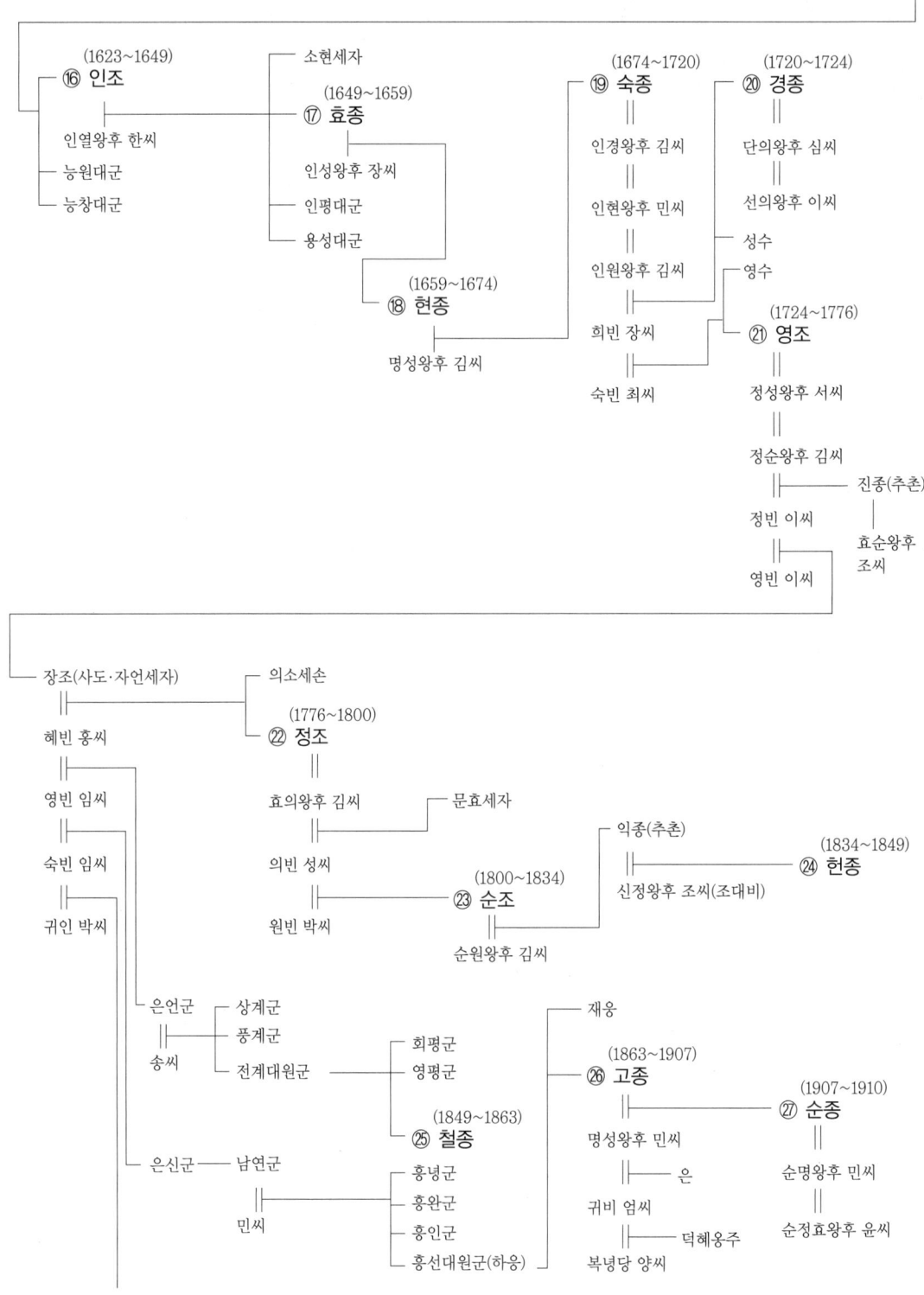

제6장 공간력 조화 훈련

조선 27대 왕 기억술 공간력 활용

1대(태조)   : 책꽂이 위에 **타조**가 올라갔다.
2대(정종)   : 국어사전을 **정종** 술로 닦았다.
3대(태종)   : 서랍에 **태**산같이 큰 **종**을 넣었다.
4대(세종)   : 안경 앞에 **세** 개의 **종**을 달았다.
5대(문종)   : 연필로 **문 종**이를 찢었다.
6대(단종)   : 슬리퍼는 **단**단하게 만들어야 한다.
7대(세조)   : 화병을 **새**가 **쪼**아서 깨졌다.
8대(예종)   : 컴퓨터 앞에서 **예**수님이 **종**을 친다.
9대(성종)   : 휴지통에 성냥을 던져 **성공**시켰다.
10대(연산군) : 십자수를 **연상**한다.
11대(중종) : 실 **중앙**에 **종**을 넣었다.
12대(인종) : 실바구니 속에 **인**삼을 **종**이에 싸서 넣었다.
13대(명종) : 가위는 사용자 **명령**에 따라 움직인다.
14대(선조) : 머리핀은 **선조** 때부터 계속 사용했던 것이다.
15대(광해군) : 바늘을 **광화**문에서 찾았다.
16대(인조) : 수틀에 **인조** 천을 끼웠다.
17대(효종) : 안테나를 달면 **효**과가 있다.
18대(현종) : TV는 **현**재 잘 나온다.
19대(숙종) : 리모컨을 **숙**녀가 가지고 있다.
20대(경종) : 이정표 경계선에서 **경종**을 울린다.
21대(영조) : 밀짚모자는 **영**원한 **조**상의 것이다.
22대(정조) : 핸들을 잡고 (춘향이)가 **정조**를 지킨다.
23대(순조) : 페달을 밟으면 **순조**롭게 돌아간다.
24대(헌종) : 소 목에 **헌 종**을 달았다.
25대(철종) : 농부가 **철**조망을 들고 있다.
26대(고종) : 마차 바퀴가 빠질까봐 든든하게 **고정**시켰다.
27대(순종) : 갓 쓴 사람 앞에 **순종**한다.

고구려 28대 왕 기억 훈련

고구려(B.C. 37~680)
(28대, 705년)

```
금와왕(동부여의 왕)             (B.C. 37~B.C. 19)      도절
    ‖                       ① 동명성왕(주몽)          해명(18~44)         (48~53)
유화 부인(하백의 딸)                                   ③ 대무신왕(무휼) ― ⑤ 모본왕(해우) ― 익
                            (B.C. 19~B.C. 18)        여진
                         ② 유리왕
                    예씨 부인                          (44~48)
                            송양의 딸                 ④ 민중왕(해색주)

                                                     (53~146)               막근
                                        재사       ⑥ 태조왕(궁)
                                         ‖                                  막덕
                                                     (146~165)
                                     부여 여인       ⑦ 차대왕(수성) ― 추안

                                                     (165~179)      (179~197)
                                                   ⑧ 신대왕(백고)   ⑨ 고국천왕(남무)
                                                                       ‖
                                                                    우씨의 딸
                                                                    발지
                                                                       (197~227)
                                                                    ⑩ 산상왕(연우)
                                                                    주촌 용녀
                                                                    계수

      (227~248)          (248~270)                    (292~300)
    ⑪ 동천왕(우위)    ⑫ 중천왕(연불)    (270~292)    ⑭ 봉상왕(상부)
                      연씨 부인     ⑬ 서천왕(약로)                        (331~371)
                        예물         우수의 딸        (300~331)        ⑯ 고국원왕(시유)
                        사구         달가         돌고 ― ⑮ 미천왕(을불)
                                     일우                                  무
                                     소발

  (371~384)
⑰ 소수림왕(구부)
  (384~391)      (391~413)           (413~491)              (491~519)
⑱ 고국양왕(이련) ― ⑲ 광개토대왕 ―┬ ⑳ 장수왕(거련) ― 조다 ― ㉑ 문자왕(나운)
                    (담덕)        └        ― 승우

  (519~531)
㉒ 안장왕(흥안)
                                                (590~618)
                                              ㉖ 영양왕(원)
  (531~545)    (545~559)      (559~590)        (618~642)
㉓ 안원왕(보연) ― ㉔ 양원왕(평성) ― ㉕ 평원왕(양성) ┬ ㉗ 영류왕(건무)   (642~668)
                                              └ 태양         ― ㉘ 보장왕(장)
```

제6장 공간력 조화 훈련

고구려 28대 왕 기억술 공간력 활용

● 0의 장 : 공군의 장

실전 연습

제2편 기억법의 실제

10의 장 : 십자가의 장

20의 장 : 이순신의 장

고구려 28대 왕 기억 조화 훈련

1대(동명성왕) : 헬기 앞을 **동**쪽[동명]으로 향하라고 **명령**한다.
2대(유리왕)   : 프로펠러 바로 아래는 **유리**창이 있다.
3대(대무신왕) : 꼬리날개 쪽에 **대 무신**이 앉아 있다.
4대(민중왕)   : 낙하산 위에 **민중**들이 타고 내려온다.
5대(모본왕)   : 낙하산 줄은 **모두 본래** 튼튼하게 만들었다.
6대(태조)   : 군인이 [태조]를 **태**우고 **조**심스럽게 내려온다.
7대(차대왕)   : 짚차 지붕 위는 **차대**요.
8대(신대왕)   : 운전수의 **신**발은 [大]**대**형 신이다.
9대(고국천왕) : 바퀴에 치여서 **고인**이 되어 **천국**으로 갔다.
10대(산상왕)   : 십자가를 **산**에서 **상**상하다.
11대(동천왕)   : 종각 위에 서서 **동천**을 바라보고 있다.
12대(중천왕)   : 종을 **중천**에 매달았다.
13대(서천왕)   : 종 줄은 **서천**으로 향해 있다.
14대(봉상왕)   : 교회 지붕에서 서로 **상봉**했다.[상봉을 거꾸로 봉상]
15대(미천왕)   : **미친** 왕이 창문을 깼다.
16대(고국원왕) : 교회 출입문에서 **고국**을 **원**망했다.
17대(소수림왕) : 목사님의 머리카락이 **소수**이다.
18대(고국양왕) : 성경책의 표지를 **고급 양**피로 만들었다.
19대(광개토대왕): 설교대는 넓어서 **광**, 설교의 **토대**로 삼았다.
20대(장수왕)   : 이순신 장군은 **장수**하였고 실제 장수였다.
21대(문자왕)   : 투구에다 **문자**를 써넣었다.
22대(안장왕)   : 갑옷을 벗어서 말**안장** 위에 올려놓았다.
23대(안원왕)   : 나는 냄새나는 신발은 **안 원**한다.
24대(양원왕)   : 칼자루를 **양**손으로 잡길 **원**한다.
25대(평원왕)   : 칼날을 뽑아 들고 **평원**을 가른다.
26대(영양왕)   : 칼집에 **영양**제를 넣었다.
27대(영류왕)   : 거북선 머리는 **영**구하여 만들어서 **유**명하다.
28대(보장왕)   : 거북선 등은 생명이 **보장**되는 철갑선이다.

The Superspeed
Remember Method

2

 **제7장 통찰력 구조화 활용**

- 한글 가나다 공식 활용
- 00~01~09까지 응용 조화 훈련
- 글자 공식 도표 심상 훈련
- 글자 활용 헌법 암기 초능력 공식
- 고시와 사시 패스의 지름길
- 한글 공식 100~999장까지
- 99단계 글자 공식으로 5분에 100단어

한글 가나다 공식 활용

1. 가나다 공식 풀이

우리는 한글을 오래 사용하여 왔으나 이를 문항의 순서로 사용할 경우 직감적으로 빨리 생각나지 않는다. 이를 빨리 생각하도록 하기 위하여 한글의 순서를 다음과 같이 정한다.

● 10단위 순서 정하기

가	나	다	/	하	마	바	/	사	아	자
10	20	30	/	40	50	60	/	70	80	90

한글의 순서를 셋씩 끊어 생각한다.

첫째, 가, 나, 다 ~ 1, 2, 3 : 1~3까지 순서를 정하고 10배한 숫자로 "가, 나, 다"를 10, 20, 30으로 읽는다.

둘째, 하, 마, 바 ~ 4, 5, 6 : 4~6까지 순서를 정하고 10배한 숫자로 "하, 마, 바"를 40, 50, 60으로 읽는다. 특히 "하"는 열네 번째 순서를 "라" 대신에 순서를 바꾸어 놓고 "라"를 뺐다.

셋째, 사, 아, 자 ~ 7, 8, 9 : 7~9까지 순서를 정하고 10배한 숫자로 "사, 아, 자"를 70, 80, 90으로 읽는다.

> 가, 나, 다 ~ 10, 20, 30 : 가=10, 나=20, 다=30
> 하, 마, 바 ~ 40, 50, 60 : 하=40, 마=50, 바=60
> 사, 아, 자 ~ 70, 80, 90 : 사=70, 아=80, 자=90

● 일 단위 정하기

> ㄱ, ㄴ, ㄷ ~ 1, 2, 3 : ㄱ=1,   ㄴ=2,   ㄷ=3
> ㄹ, ㅁ, ㅂ ~ 4, 5, 6 : ㄹ=4,   ㅁ=5,   ㅂ=6
> ㅅ, ㅇ, ㅈ ~ 7, 8, 9 : ㅅ=7,   ㅇ=8,   ㅈ=9
> ㅊ=0

※ "ㄹ"을 제 위치에 배열하고 "ㅊ"을 "영"으로 한다.

[합친 모습]

> 각, 난, 닫 ~ 11, 22, 33 : 각=11,   난=22,   닫=33
> 할, 맘, 밥 ~ 44, 55, 66 : 할=44,   맘=55,   밥=66
> 삿, 앙, 잦 ~ 77, 88, 99 : 삿=77,   앙=88,   잦=99

숫자를 글자로 빨리 생각하기 위해서는 첫째, 동물원에서 하마 한 마리와 사자를 생각하며, 하마는 하, 마, 바의 순서를, 사자는 사, 아, 자의 순서를 생각하되 순서는 4, 5, 6, 7, 8, 9로 분리해서 생각한다.

둘째, 7, 8, 9의 "사, 아, 자"를 다시 분류한다. 'ㅇ'을 영어로 생각지 말고 도안 글씨체에서 두 개를 붙여 「8」모양상 8로 그리고 '아'자로 못박는다. 그리고 앞뒤에 '사'와 '자'를 생각하면 쉽다.

셋째, 4, 5, 6의 하, 마, 바는 '마'자라고 알면 5를 중심으로 앞뒤에 '하'와 '바'를 그리면 4, 5, 6이란 것을 쉽게 감지하고, 위의 순서에 「ㅇ」이 더 가산된 모습을 생각하여 위의 모음은 10단위가 된다.

그리고 자음 일 단위 순서는 외지 않아도 "사, 아, 자"에 'ㅅ, ㅇ, ㅈ' 초성만 딴 것이 7, 8, 9이고 "가, 나, 다"는 'ㄱ, ㄴ, ㄷ'을 "하, 마, 바"는 'ㄹ'만 4 위치에 배열된 것을 생각하면 'ㅁ, ㅂ'은 자연히 5, 6이 된다는 것을 알 수 있다. 위의 글자로 90의 공식 낱말을 만들 때 낱말 첫 글자의 받침까지를 숫자로 읽는 받침 없는 자는 둘째 자의 초성까지 숫자로 생각한다.

1에서 9번까지의 낱말을 첫 자 ㅇ, ㅊ이 들어가고, 둘째 자가 ㄱ, ㄴ, ㄷ / ㄹ, ㅁ, ㅂ / ㅅ, ㅇ, ㅈ이 들어가는 말로 결정한다.

00~01~09까지 응용 조화 훈련

실용 단어 조화 훈련

00 : 층층대 = 수박 : 층층대에서 수박이 박살났다.

01 : 차고 = 고래 : 차고에 고래를 잡아 넣었다.

02 : 처녀 = 권투 : 처녀가 권투를 한다.

03 : 차돌 = 버스 : 차돌로 버스의 유리창을 깼다.

04 : 차로 = 사탕 : 차로에 사탕을 주어 먹었다.

05 : 치마 = 난로 : 치마가 난로불에 탔다.

06 : 차비 = 모자 : 차비를 모자 속에 넣었다.

07 : 차선 = 연필 : 차선을 연필로 그렸다.

08 : 치약 = 거울 : 치약으로 거울을 닦았다.

09 : 차장 = 사자 : 차장이 사자에게 물렸다.

※1~9까지 낱말 연상 장면 기억

    차고는 한 개의 관념으로 1을 생각하며 처녀의 머리를 두 갈래로 따서 2를 생각하고 차돌이 둥글둥글 3개가 있고 차로가 4차로인 곳에 치마에 5줌을 싸고 차비가 6원 뿐이어서 차선을 7하고 나서 치약도 8고 있는 차장에게 9걸을 한다.

제7장 통찰력 구조화 활용

> **실전 연습** 실용 단어 조화 훈련

낱말 중에 먼저 나오는 자음 두 개만을 정하여 사용한다.

※ 글자 만들어 보기

00 : 체취 : ㅊㅊ(최초, 처치)

01 : 처가 : ㅊㄱ(초가, 최고)

02 : 차남 : ㅊㄴ(찬장, 촌놈)

03 : 차도 : ㅊㄷ(초대, 최대)

04 : 초록 : ㅊㄹ(차량, 차례)

05 : 처마 : ㅊㅁ(참새, 참치)

06 : 초밥 : ㅊㅂ(초보, 처방)

07 : 칫솔 : ㅊㅅ(초소, 추석)

08 : 체육 : ㅊㅇ(총, 창)

09 : 체조 : ㅊㅈ(초장, 추장)

가행의 장(場) 10~19 그림 연상

나행의 장(場) 20~29 그림 연상

가행 10~19

10 갖	11 각	12 간	13 갇	14 갈	15 감	16 갑	17 갓	18 강	19 갖
가축	각도기	간장	가두	갈매기	감나무	갑옷	갓	강물	가죽

※ ① 첫소리에 받침이 있는 글자는 첫 자와 받침에서 숫자의 번호가 나온다.
　② 받침이 없는 글자는 둘째 자의 초성에서 첫 자와 합쳐 숫자를 생각
　　　10(가축), 13(가두), 19(가죽)

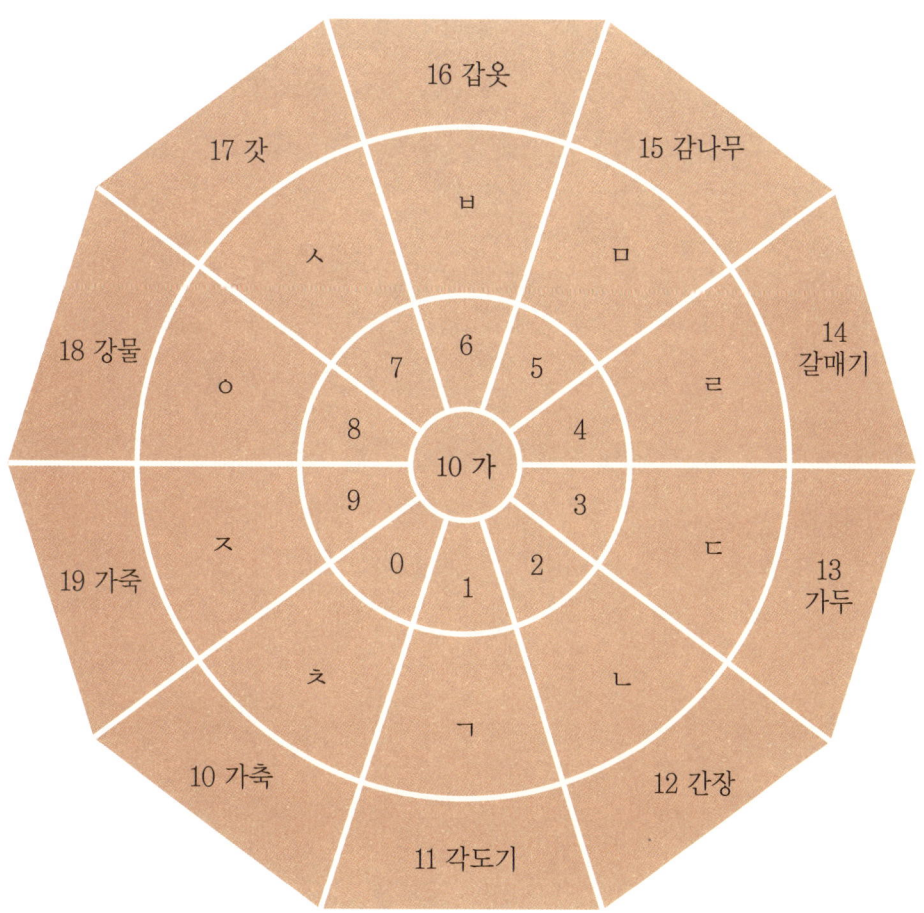

나행 20~29

20 나	21 낙	22 난	23 날	24 날	25 남	26 납	27 낫	28 낭	29 낯
낯	낚시	난초	날가리	날개	냄비	납	낫	낭군	낯

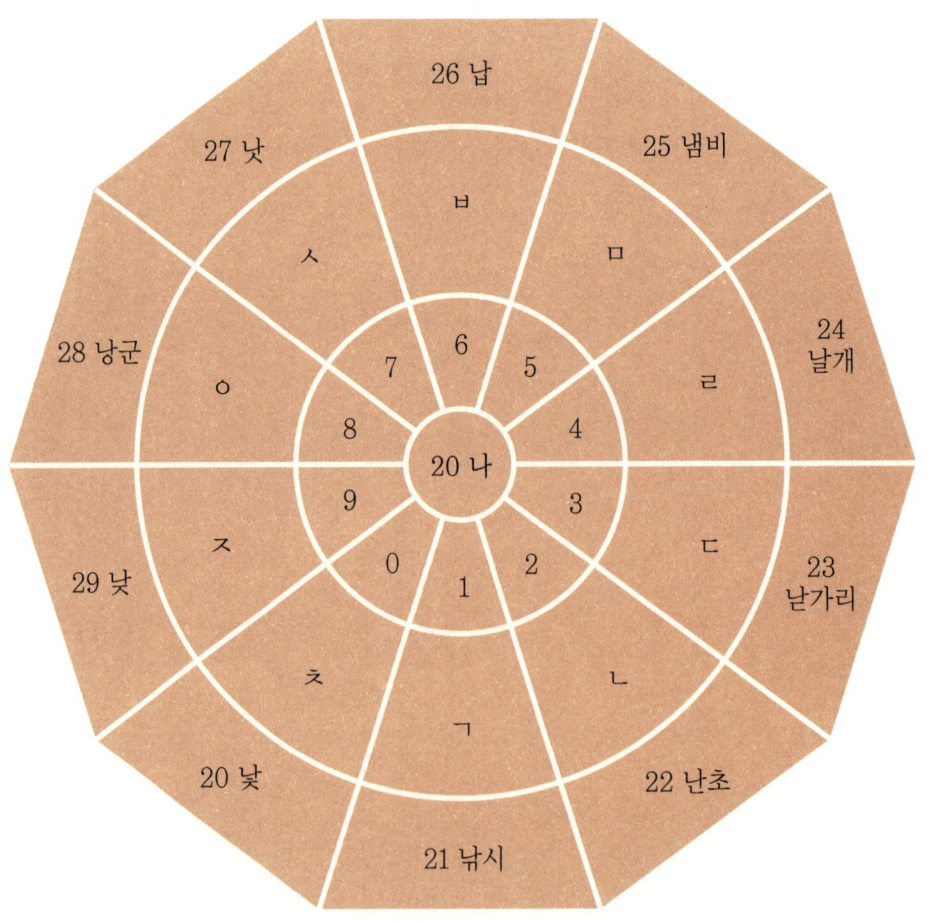

다행의 장(場) 30~39 그림 연상

하행의 장(場) 40~49 그림 연상

다행 30~39

30 닻	31 닥	32 단	33 닫	34 달	35 담	36 답	37 닷	38 당	39 닺
닻	닭	단추	도둑	달	담	답안지	다시마	당구장	도장

※ ① 닭은 ㄹ의 음가를 생각하지 말아야 31이 된다.
　② 두 글자로 순서를 이루는 것 : 37 다시마
　③ 도둑 33, 도장 39, 아가 오로 바뀐 특수형
　　예 : 49 호주, 59 모자, 60 보초, 86 솜, 83 오뚜기

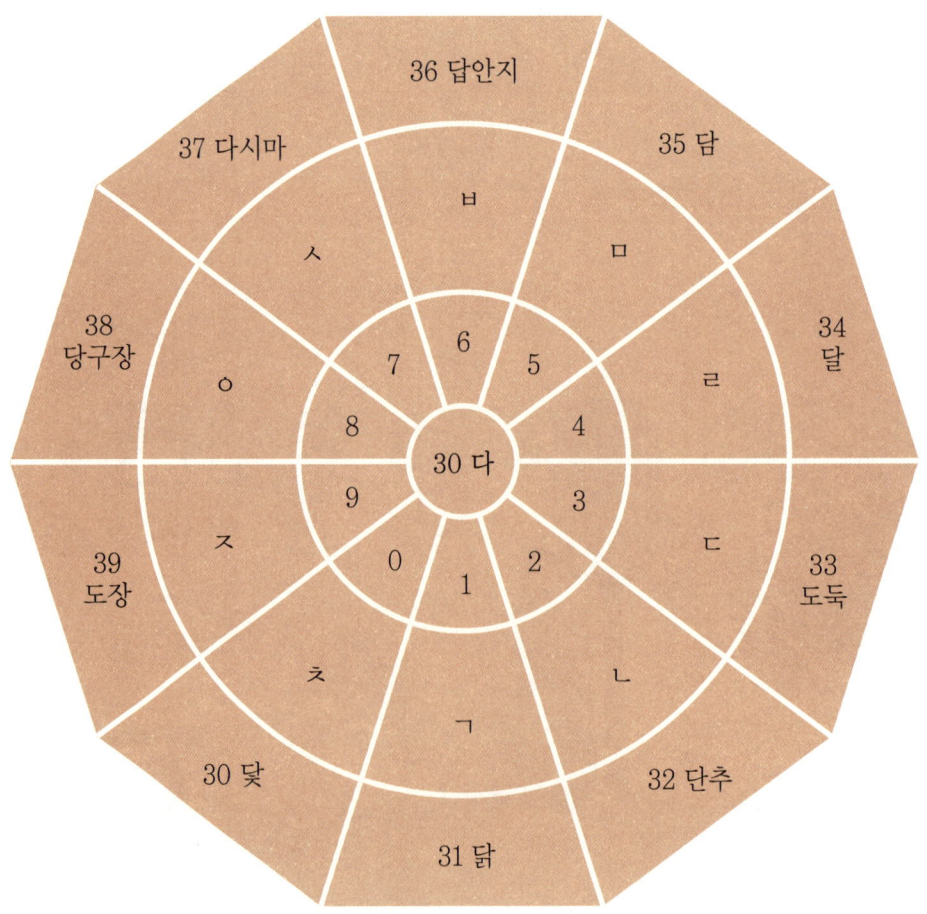

하행 40~49

40 핫	41 학	42 한	43 핟	44 할	45 함	46 합	47 핫	48 항	49 핯
화초	학교	한복	호도	활	함장	합창대	호수	항아리	호주

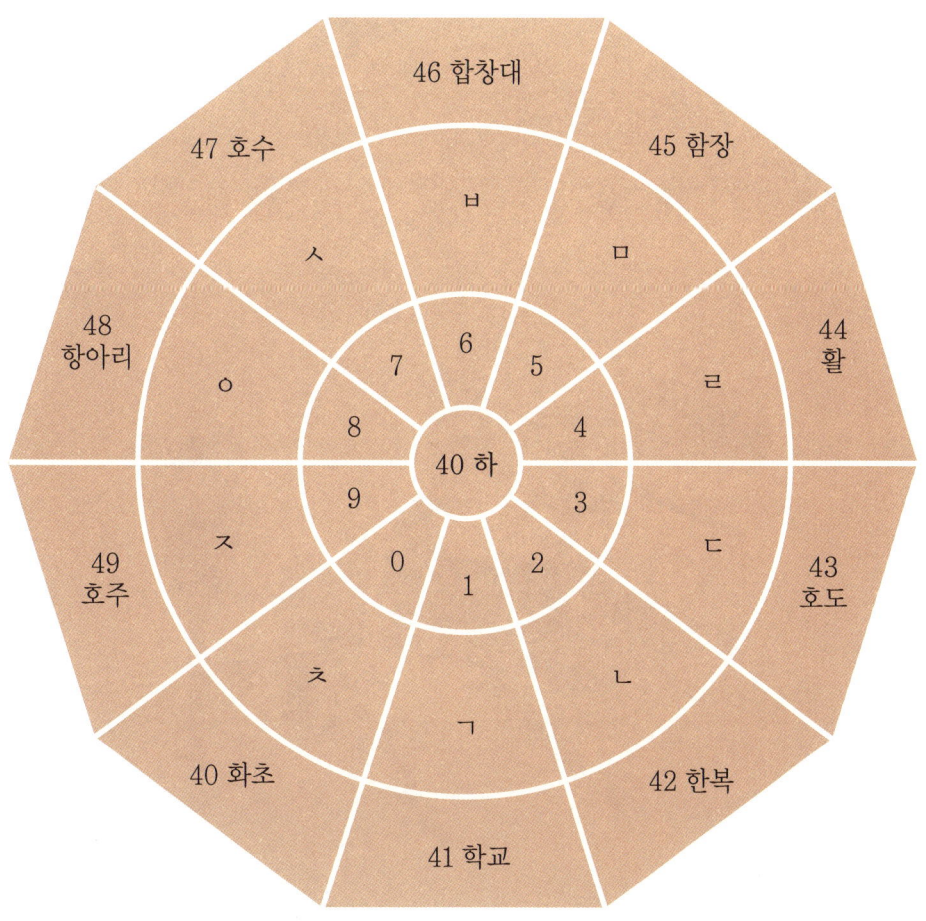

마행의 장(場) 50~59 그림 연상

바행의 장(場) 60~69 그림 연상

마행 50~59

50 맟	51 막	52 만	53 맏	54 말	55 맘	56 맙	57 맛	58 망	59 맞
마차	막걸리	만두	맏아들	말	맘모스	마부	맛나니	망치	모자

※ 50 마차, 56 마부, 59 모자

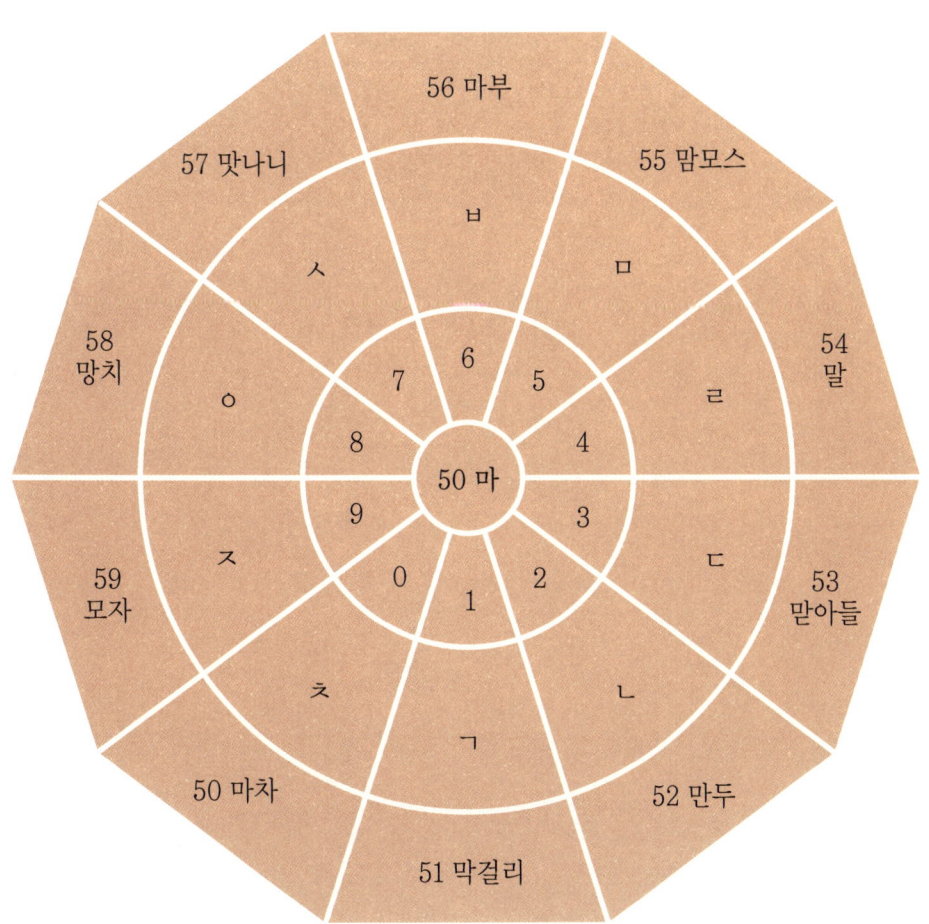

바행 60~69

60 밪	61 박	62 반	63 받	64 발	65 밤	66 밥	67 밧	68 방	69 밪
보초	박	반지	받침	발	밤	밥	밧줄	방앗간	바지

※ 60 보초, 69 바지

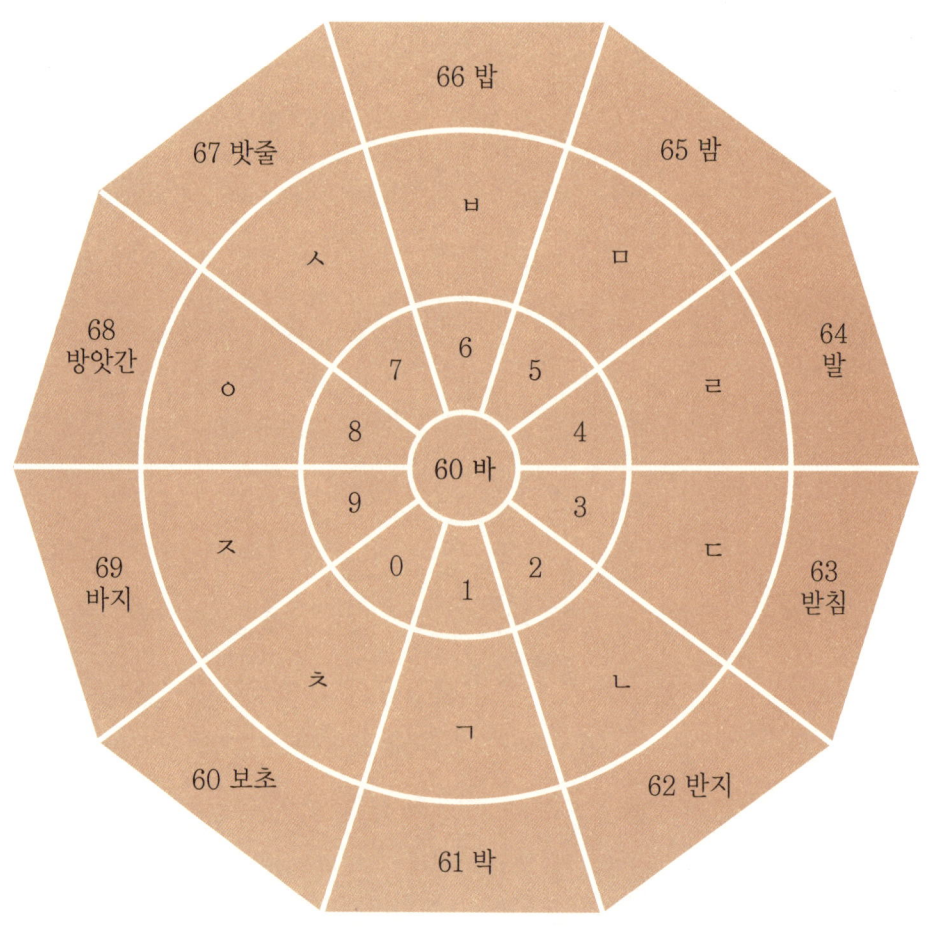

사행의 장(場) 70~79 그림 연상

아행의 장(場) 80~89 그림 연상

사행 70~79

70 샇	71 삭	72 산	73 샅	74 살	75 삼	76 삽	77 샃	78 상	79 샂
사치	싹	산	사다리	쌀	솜	삽	삿갓	상장	사자

※ 70 사치, 73 사다리, 79 사자

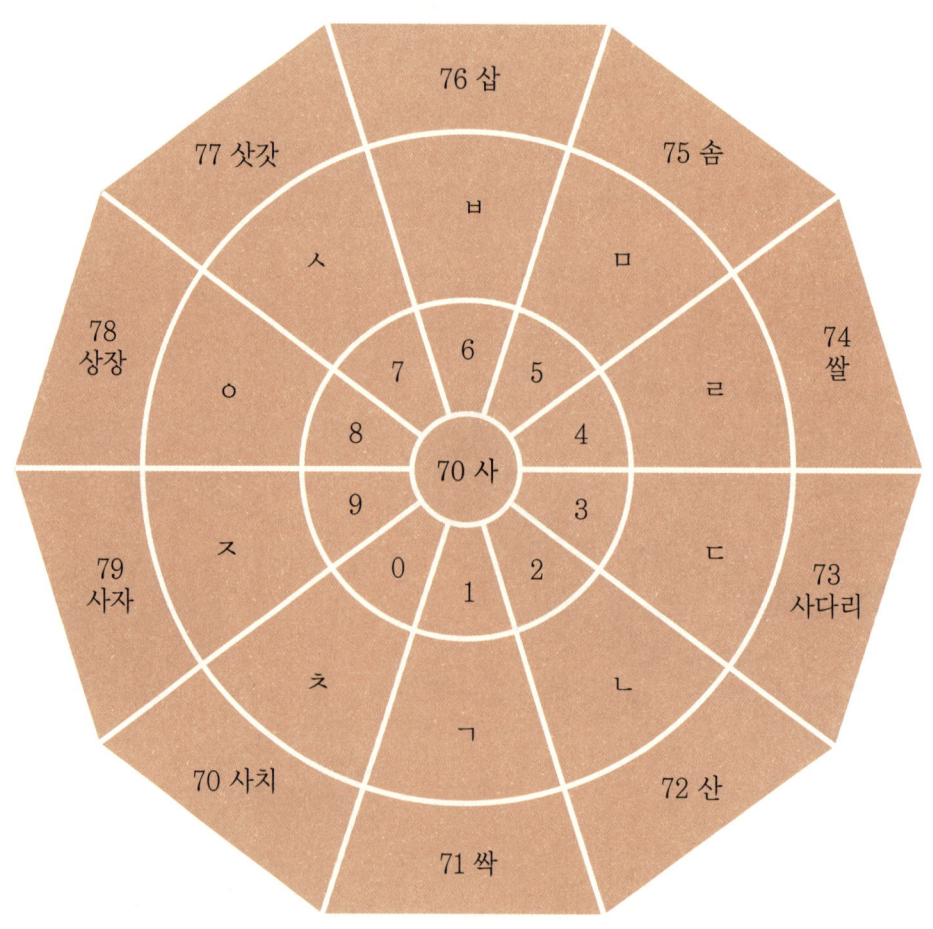

제7장 통찰력 구조화 활용

아행 80~89

80 앚	81 악	82 안	83 앋	84 알	85 암	86 압	87 앗	88 앙	89 앛
아침	악어	안경	오뚝이	알	암석	압정	아씨	앙고라	아지

※ 80 아침, 83 오뚝이, 87 아씨, 89 아지

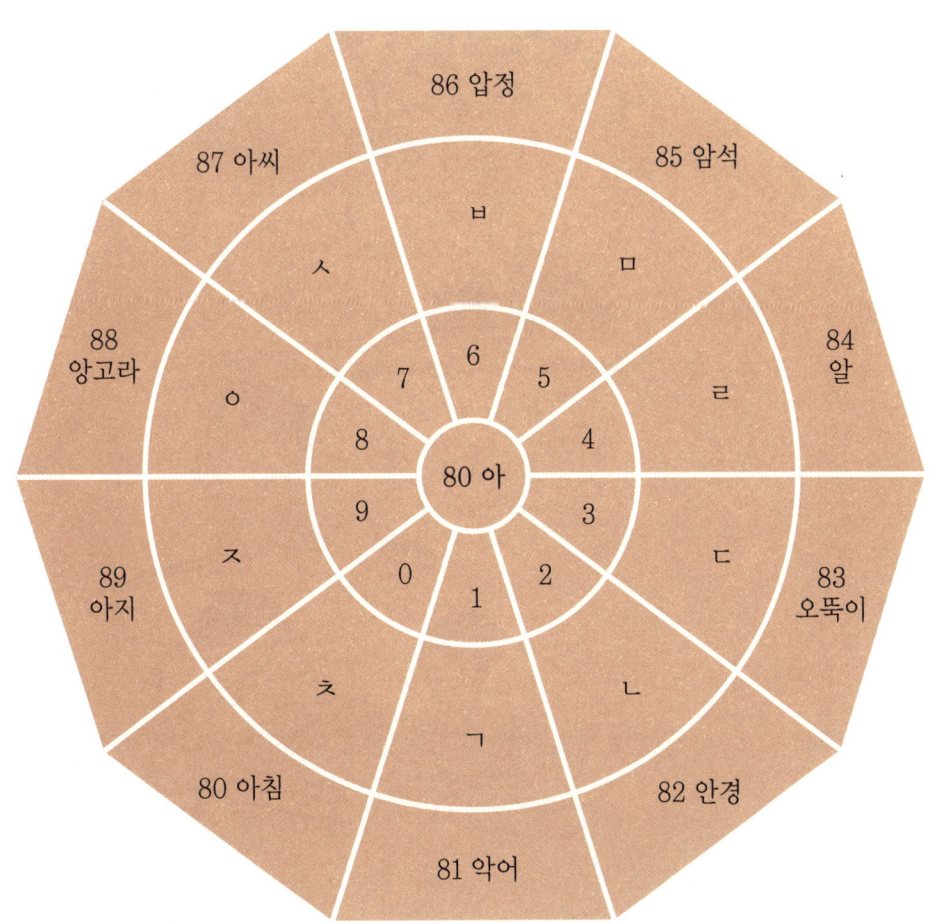

자행의 장(場) 90~99 그림 연상

자행 90~99

90 잦	91 작	92 잔	93 잗	94 잘	95 잠	96 잡	97 잣	98 장	99 잦
자치기	작두	잔	자두	자루	잠자리	잡지	잣	장기	자장면

※ 90 자치기, 93 자두, 94 자루, 99 자장면

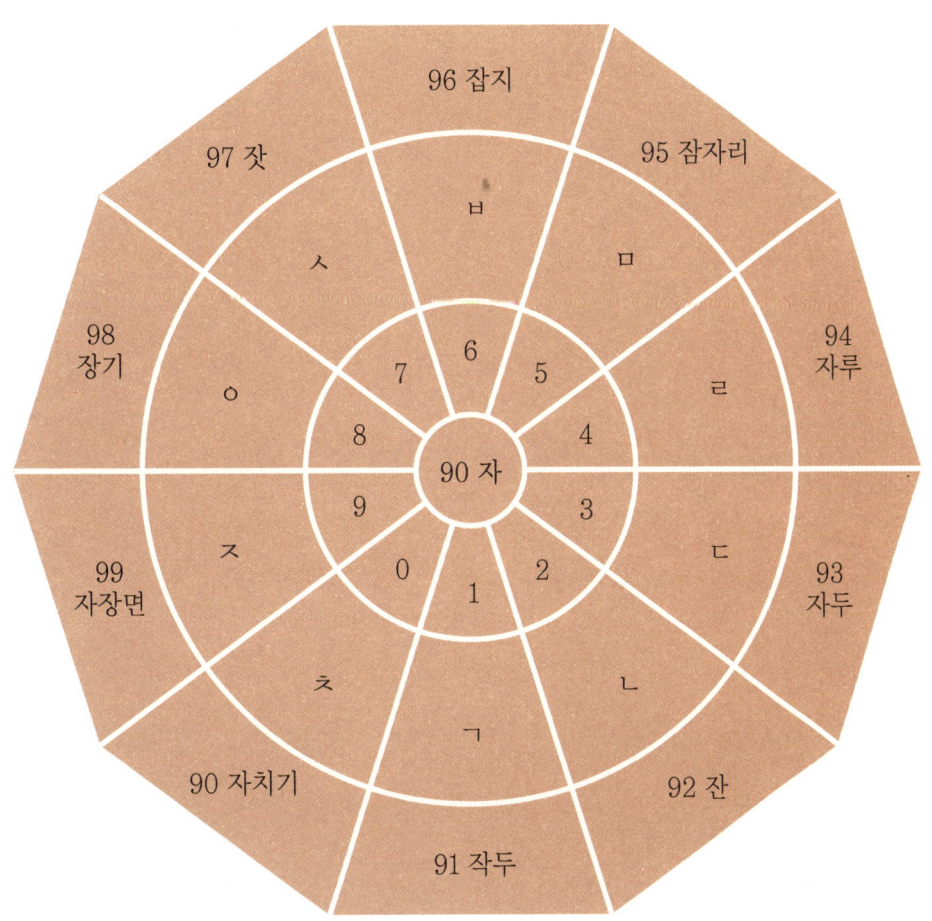

실전 연습 낱말 공식으로 숫자를 글자로 변화 기억 훈련 테스트 (1)

47 : **호수**	51 :	21 : **낚시**
15 :	90 :	69 :
54 :	62 :	59 :
16 :	78 : **상장**	13 :
43 :	12 :	76 :
36 : **답안지**	68 :	99 :
71 :	83 :	10 : **가축**
20 :	95 :	33 :
88 : **앙고라**	85 :	46 :
94 :	55 :	26 :
41 :	67 : **밧줄**	24 :
32 :	49 :	80 :
97 :	35 :	84 : **알**
65 : **밤**	18 :	50 :

실전 연습 낱말 공식으로 숫자를 글자로 변화 기억 훈련 테스트 (2)

22 :	17 :	45 :
90 :	26 :	24 :
94 :	74 : 쌀	46 :
19 :	38 :	75 :
64 :	91 :	81 :
95 : 잠자리	44 :	25 :
10 :	72 :	80 :
59 :	39 :	70 : 사치
36 :	51 :	57 :
99 :	11 :	15 :
63 :	29 : 낮	21 :
50 :	48 :	77 :
56 : 마부	60 :	32 :
98 :	37 :	40 :

글자 공식 도표 심상 수련

10단위 1단위	가 10	나 20	다 30	하 40	마 50	바 60	사 70	아 80	자 90
0 ㅊ	1 ㄱ	2 ㄴ	3 ㄷ	4 ㄹ	5 ㅁ	6 ㅂ	7 ㅅ	8 ㅇ	9 ㅈ
가축	각도기	간장	가두	갈매기	감나무	갑옷	갓	강물	가죽
낮	낚시	난초	낚가리	날개	냄비	납	낫	낭군	낮
닻	닭	단추	도둑	달	담	답안지	다시마	당구장	도장
화초	학교	한복	호도	활	함장	합창대	호수	항아리	호주
마차	막걸리	만두	맏아들	말	맘모스	마부	맛나니	망치	모자
보초	박	반지	받침	발	밤	밥	밧줄	방앗간	바지
사치	싹	산	사다리	쌀	솜	삽	삿갓	상장	사자
아침	악어	안경	오뚝이	알	암석	압정	아씨	앙고라	아지
자치기	잣두	잔	자두	자루	잠자리	잡지	잣	장기	자장면

글자 활용 헌법 암기 초능력 공식

숫자를 글자로

① 세계 제일
② 이 국민
③ 삼면이 바다
④ 사력
⑤ 오래 가도록
⑥ 유효
⑦ 친절
⑧ 파당
⑨ 구습
⑩ 가치
⑪ 국민
⑫ 간절히
⑬ 거듭
⑭ 갈테면
⑮ 감사
⑯ 고부간
⑰ 가수
⑱ 광통신
⑲ 가족
⑳ 노처녀
㉑ 낙후
㉒ 논리
㉓ 노다지
㉔ 나라
㉕ 남녀
㉖ 납득
㉗ 나서라
㉘ 낭비
㉙ 노조
㉚ 다친
㉛ 똑똑한
㉜ 돈
㉝ 되도록
㉞ 달
㉟ 담배
㊱ 돕다
㊲ 뜻
㊳ 당연히
㊴ 도전
㊵ 회칙
㊶ 학식
㊷ 한정
㊸ 해도
㊹ 활동중
㊺ 함부로
㊻ 협조
㊼ 횟수
㊽ 호의
㊾ 하자
㊿ 모체
51 막내린
52 만들어
53 모두
54 말기
55 맘대로
56 미비
57 못설치
58 망하기 전
59 맞추어
60 배치
61 북풍
62 반드시
63 받다
64 발동
65 범죄
66 법
67 보수
68 방법
69 보좌관
70 수칙
71 사고
72 손수
73 수다
74 사령관
75 서명
76 사변
77 사수
78 상위권
79 사죄
80 우체부
81 억울한 일
82 안경
83 애도
84 알아모심
85 엄정
86 업다
87 우수한
88 왕
89 아주 중한
90 자치적
91 죽도록
92 준비
93 주도
94 잘난 사람
95 자문
96 잡고
97 조사
98 정원
99 자정
100 백그라운드

고시와 사시 패스의 지름길

헌법과 법규 자동 암기 공식

이번에 소개할 내용은 헌법 전문과 각종 법규를 저절로 외울 수 있도록 암기 공식으로서 고시와 사시를 보기 위해 허다하게 많은 시간을 투자하고 있는 사람들에게 도움이 될 것이라고 본다. 일반적인 사람이라면 한 달 걸려서 기억할 내용이지만 필자의 자동 암기 공식으로 공부한다면 한 시간 만에 통째로 암기할 수가 있을 것으로 생각한다.

국가 자격 시험을 보려고 하는 사람이나, 행시나 공시 등 각종 법률 분야에 들어서려고 하는 사람이라면 법전, 법규의 기억이 필수적이다. 하지만 보통 사람들로서는 방대한 내용 전체를 체계적으로 기억할 만한 천재적인 기억력이 없으므로 엄두를 내지 못한다.

모든 법의 기본이고 모법인 헌법을 모델 공식으로 지정하여 그 비법을 터득하면 법과 관련된 분야의 관계자뿐만 아니라 일반 중·고등학생, 법률 상식을 얻으려고 하는 일반인들에게도 매우 유익할 것이다. 독립선언문 다음으로 긴 문장으로 구성되어 있어 문장과 문장이 논리적이고 합리적인 헌법 전문은 문장이 길면서도 부분은 간결하고 꾸밈이 길어서 느낌이 풍부하다.

국가 기강의 근본이고, 우리나라 모든 법률의 존엄함으로 상징되는 헌법은 제정에서 개정까지 50년 역사를 통하여 법 분야의 석학과 국어 문장의 대가에 의하여 다듬어졌다. 대한민국 국민이라면 초등학생에서 성인층까지 그 헌법에 담긴 뜻을 기리기 위하여 누구나 기억을 해야 할 것이다.

이와 같은 헌법을 필자가 연구한 한글 자동 암기 공식을 활용하여 1조부터 130조까지 통째로 암기할 수 있다.

중개사 자격 시험을 보려는 사람들은 시험에 나오지 않으니 굳이 헌법을 외우지 않아도 상관없으나, 부동산거래법 40조의 내용 자체가 사실상 이 헌법에 중심을 두고 있으므로 외워두면 방법론이나 기술상으로 많은 도움이 될 것이다.

헌법 자동 암기법의 핵심을 살펴보자. 1조에서 9조까지는 소리의 음을 중심으로 순서를 기억하고 10조에서 100조까지는 한글 글자 공식을 사용하여 기억하도록 하였다. 다음 101조에서 130조까지의 항목은 앞에서 설명한 100장(가축)에서 999장(자장면)까지의 장의 공식을 활용하였다. 따라서 장의 그림과 헌법 내용이 함께 어우러져서 쉽게 기억할 수 있도록 하였다.

다음으로 중요한 것은 각 조문뿐만 아니라 한 조문 안에 문항이 여러 개 있을 경우, 그 세분화된 가지는 그 조문의 중요 사항이기 때문에 꼭 기억을 해야 모든 주관식 내용을 구조화할 수 있다.

그 예로 헌법 89조 국무회의 심의건(17조항)의 경우, 1~9항까지는 공간의 구조화로, 10~17항까지는 글자 내용 구조화로 꾸몄다.

이러한 특징 때문에 필자의 기억법으로 공부한 사람이라면 누구나 헌법을 기억할 수 있을 것이라고 확신하며, 법률 공부에 매달리는 많은 사람들에게 기쁜 소식이 되기를 바란다.

국가 자격 시험이나 고시 법률, 법무사를 비롯하여 법조문을 정확히 알고 기억하여야 법의 집행, 처벌 벌칙 벌금을 가함에 어려움이 없고, 논문 작성 시에도 꼭 법의 조문에 근거하여야 한다. 법조문을 잘 기억하려면 정확한 수리 능력이 필요한데, 고시의 경우 수천을 기억하여야 민법과 형법을 마칠 수 있다.

이제 공식 개발로 기억이 10배 쉬워지게 되면 고시 자격 시험도 10배 쉬워진다. 곧 10년 공부는 1년이 되고, 1년 공부 양은 1개월이 된다.

그 실지 예로 헌법 조문 1~130조까지 외는 데 보통 사람은 한 달 걸리지만 본 공식을 사용할 때, 1시간이면 시간이 반이 남아 30분으로 더 복습할 수 있고, 몇 십년 법에 종사한 사람도 못 외우는 것을 정확히 알 수 있도록 공식뿐 아니라 그 활용을 제시하고 있다(헌법 통째 암기 참조).

헌법 전문 연상법

① 유구한 역사와 전통에 빛나는 우리 대한국민은
     a   a   1

② 3.1운동으로 건립된 대한민국 임시 정부의 법통과
    a   2

③ 불의에 항거한 4.19 민주 이념을 계승하고,
         2   3

④ 조국의 민주 개혁과 평화적 통일의 사명에 입각하여
     2   2   3

☞ 자동 암기 공식

a + a + 1 + a + 2 + 2 + 3
대한민국   대한민국 법통 민주 이념 계승

+ 2 + 2 + 3
민주 개혁 평화 통일 입각

[구조화 연상]

⑤ 정의·인도와 동포애로써 민족의 단결을 공고히 하고,°/
     ad   2   3

⑥ 모든 사회적 폐습과 불의를 타파하며,/。
    2   2   3

⑦ 자율과 조화를 바탕으로 자유 민주적 기본 질서를 더욱 확고히 하여
    ad   2   3

☞ **자동 암기 공식**

ad + 2 + 3 °/ + 2 + 2 + 3 /。 + ad + 2 + 3
인도·동포 단결 공고히 폐습 불의 타파 자율·조화 질서 확고

[구조화 연상]

제2편 기억법의 실제

⑧ 정치·경제·사회·문화의 모든 영역에 있어서
　　　　　　　　　　　　　　ad

⑨ 각인의 기회를 균등히 하고, °/ 능력을 최고도로 발휘하게 하며 /。
　　　2　　3　　　2　　ad　　3

⑩ 자유와 권리에 따르는 책임과 의무를 완수하게 하여,
　　a　　　　2　　　　3

☞ **자동 암기 공식**

　ad　+　2　+　3°/　+　2　+　ad　+　3/。a　+　2　+　3
　영역　기회　균등　능력　최고　발휘　따르는 책임·의무　완수

[구조화 연상]

⑪ 안으로는 국민 생활의 균등한 향상을 기하고
   ad   a   a   2   3

⑫ °/ 밖으로는 항구적인 세계 평화와 인류 공영에 이바지함으로써 /。
      ad   a   2   2   3

⑬ 우리들과 우리들의 자손의 안전과 자유와 행복을
    a   a   2

  영원히 확보할 것을 다짐하면서
   ad   2   3

☞ **자동 암기 공식**

ad + a + a + 2 + 3/° + ad + a + 2 + 2 + 3/°
    국민 생활   기하고   평화   공영   이바지

+ a + a + 2 + ad + 2 + 3
    자손의   영원 확보 다짐

[구조화 연상]

⑭ 1948년 7월 12일에 제정되고 8차에 걸쳐
       ad   ad

개정된 헌법을 /° 이제 국회의 의결을 거쳐 /。
  3a   2   2   3

국민 투표에 의하여 개정한다.
   ad   3

1987년 10월 29일

☞ 자동 암기 공식

　ad ＋ ad ＋ 3a ＋ 2 °/ 2 ＋ 3 /。＋ ad ＋ 3
　　　　　　개정된　헌법 의결　　　국민 투표 개정

[구조화 연상]

헌법(1~9까지 한글 글자 발음)

1조 – **제일의** 대한민국의 주권과 권력은 국민에게 있다
     민주공화국 : 제1주권 제일주의.
2조 – **이 국민을 위하여** : 국민의 요건 및 보호 의무.
3조 – **삼면이 바다인 영토** : 대한민국의 영토.
4조 – **사력을 다하여 통일을 해야 한다** : 평화 통일 정책.
5조 – **평화는 오래오래 가야 한다** : 국제 평화 유지.
6조 – **조약은 유효 유력해야 한다** : 조약·국제 법규의 효력.
7조 – **친절한 공무원** : 공무원의 지위 신분.
8조 – **파당하는 정당이 되어선 안 된다** : 정당의 설립.
9조 – **전통 민족 문화** : 구습을 전통적으로 지켜야 한다.

[가행 10~19 : ㅊ – ㄱㄴㄷ/ㄹㅁㅂ/ㅅㅇㅈ]

10조 – **가치** : 인간의 존엄과 가치.
11조 – **국민** : 국민의 평등.
12조 – **간절** : 신체의 자유를 간절히 원함.
13조 – **거듭** : 형법 불소급 – 거듭 처벌을 받지 아니한다.
14조 – **갈테면** : 거수 이선의 사유 – 갈테면 가라.
15조 – **감사** : 직업 선택 – 평양감사도 저 싫으면 그만.
16조 – **고부간** : 주거의 보장 – 주거 자유 침해로 고부간 갈등.
17조 – **가수** : 사생활의 자유와 비밀 보장 – 인기인의 유명세.
18조 – **광통신** : 통신의 비밀 – 첨단 광통신으로 비밀 보장.
19조 – **가족** : 양심의 자유 – 우리 집 가족은 양심의 자유에 따라 행동.

[나행 20~29 : ㅊ – ㄱㄴㄷ/ㄹㅁㅂ/ㅅㅇㅈ]

20조 – **노처녀** : 종교의 자유 – 노총각 노처녀의 결혼과 종교.
21조 – **낙후** : 언론 출판의 자유 – 표현의 자유가 낙후되지 않게.
22조 – **논리** : 학문과 예술의 자유 – 학문과 예술의 논리성.
23조 – **노다지** : 재산권의 보장 – 노다지로 번 돈 법률로 보장.

24조 - 나라 : 선거권 - 나이에 의하여 나라에 선거권을 가진다.

25조 - 남여 : 공무 담임권 - 남녀 차별 없이 공무 담임.

26조 - 납득 : 청원권 - 납득이 안 가 문서로 청원한다.

27조 - 나서라 : 재판을 받을 권리 - 형사 피고인이 나서서 재판을 받다.

28조 - 낭비 : 형사 보상 - 형사 보상으로 국고가 낭비되다.

29조 - 노조 : 배상 책임 - 공무원 불법 행위로 노조 방해.

[다행 30~39 : ㅊ - ㄱㄴㄷ/ㄹㅁㅂ/ㅅㅇㅈ]

30조 - 다치다 : 피해 구조 - 119대원이 다친 사람 구조.

31조 - 똑똑 : 교육을 받을 권리 - 똑똑한 사람 만들려고 교육.

32조 - 돈 : 근로의 권리 의무 - 돈 때문에 근로의 권리와 의무를 진다.

33조 - 되도록 : 근로 조건 - 되도록 좋은 조건을 위하여 근로자가 단결.

34조 - 달동네 : 사회 보장 - 달동네 사람도 인간다운 생활을 할 권리.

35조 - 담배 : 환경권 - 담배 연기로 쾌적한 환경 파괴.

36조 - 돕다 : 혼인과 가족 생활 - 부부가 혼인하여 서로 돕다.

37조 - 뜻 : 국민의 자유와 권리 존중이 헌법에 의하여 경시되지 않음.

38조 - 당연히 : 납세의 의무 - 납세는 당연히 국민이 낸다.

39조 - 도전 : 국방의 의무 - 도전해 오는 적을 군인이 방어.

[하행 40~49 : ㅊ - ㄱㄴㄷ/ㄹㅁㅂ/ㅅㅇㅈ]

40조 - 회칙 : 입법권 - 국회는 입법을 위해 회칙을 정한다.

41조 - 학식 : 국회의 구성 - 학식 있는 사람으로 국회 구성.

42조 - 한정 : 의원 임기 - 임기는 4년으로 한정한다.

43조 - 해도 : 의원의 겸직 제한 - 겸직하면 안 되는 직이 있다.

44조 - 활동중 : 의원의 불체포 특권 - 회기 활동중 불체포.

45조 - 함부로 : 발언 표결의 면책 - 직무상 함부로 발언.

46조 - 협조 : 의원의 의무 - 청렴 의무에 협조하다.

47조 - 횟수 : 정기회 임시회 횟수는 국회가 정한다.

48조 - 호의 : 의장, 부의장 - 의장, 부의장 선출에 야당도 호의적.

49조 - 하자 : 의결 정족수 - 정족수 부족은 절대 하자다.

[마행 50~59 : ㅊ - ㄱㄴㄷ/ㄹㅁㅂ/ㅅㅇㅈ]

    50조 - 모체 : 의사 공개 - 국회 회의는 모체이므로 공개한다.

    51조 - 막 내린 : 의안의 차기 계속 - 의안 회기 막 내린 후로도 계속된다.

    52조 - 만드는 : 법률안의 제출 - 국회와 정부는 안을 만들어 제출한다.

    53조 - 모두 : 법률의 공포 - 국민 모두 알 수 있도록 대통령이 공포한다.

    54조 - 말기 : 예산안의 심의 - 예산안의 심의는 확정을 말기 안에 한다.

    55조 - 맘대로 : 계속비 - 계속 예비비는 맘대로 못한다.

    56조 - 미비 : 추가경정 예산안 - 예산안의 미비로 편성된 예산.

    57조 - 못 설치 : 예산의 증액 새 비목 - 정부 예산안의 증액 및 새 비목을 설치 못한다.

    58조 - 망하기 전 : 국채 모집 - 나라가 망하니 국채를 모집한다.

    59조 - 맞추어 : 조세의 종목과 세율은 수입에 맞춰야 한다.

[바행 60~69 : ㅊ - ㄱㄴㄷ/ㄹㅁㅂ/ㅅㅇㅈ]

    60조 - 배치 : 조약, 선전 포고 - 군의 배치가 끝난 후 선전 포고.

    61조 - 북풍 : 국정 감사 - 북풍은 나라의 중요 사안이므로 국정 감사 및 조사권이 발동된다.

    62조 - 반드시 : 국회 출석 - 국무총리, 국무위원은 반드시 국회에 출석한다.

    63조 - 받다 : 해임 건의 - 국무총리도 돈 받으면 해임 건의.

    64조 - 발동 : 국회 자율권 - 내부 규율과 규칙의 발동을 위하여 자율적으로 정한다.

    65조 - 범죄 : 탄핵 소추 - 고급 공무원(대통령 이하) 헌법과 법률에 위배되는 범죄일 때 국회서 탄핵 소추.

    66조 - 법 : 대통령의 지위 - 법에 의한 대통령의 지위 책무.

    67조 - 보수 : 대통령 선거 - 좀 보수적인 사람을 선출.

    68조 - 방법 : 대통령 선거 시기 및 보궐 - 후임자 결정 방법.

    69조 - 보좌 : 취임 선서 - 대통령 취임 선서에서 보좌관이 임한다.

[사행 70~79 : ㅊ - ㄱㄴㄷ/ㄹㅁㅂ/ㅅㅇㅈ]

    70조 - 수칙 : 대통령 임기 - 5년 단임제로 수칙되다.

    71조 - 사고 : 대통령 권한대행 - 궐위 사고 시 법률이 정한 국무위원의 순서로 정한다.

    72조 - 손수 : 국민 투표 - 국민 투표는 국민이 손수한다.

73조 - **수다** : 외교·선전·강화 - 외교를 위하여 말이 수다한 사람이 필요.

74조 - **사령관** : 국군 통수권 - 군의 최고 사령관은 대통령.

75조 - **서명** : 대통령 - 대통령 담화문에 서명한다.

76조 - **사변** : 긴급 처분 명령 - 사변에 준하는 천재지변일 때.

77조 - **사수** : 계엄 선포 - 국가를 사수하기 위하여.

78조 - **상위권** : 공무원 임명 - 상위권에 해당하는 사람 임명.

79조 - **사죄** : 사면권 - 사죄하는 사람에게 사면 복권.

[아행 80~89 : ㅊ - ㄱㄴㄷ/ㄹㅁㅂ/ㅅㅇㅈ]

80조 - **우체부** : 영전 수여 - 모범 우체부에 훈장 수여.

81조 - **악(억울한 일)** : 국회에 의사 표시 - 억울한 일에 악을 쓰고 의사 표시.

82조 - **안경** : 국법상 행위 - 문서로 하되 안경을 쓰고 보다.

83조 - **애도** : 겸직 금지 - 애도 기간 겸직도 안 된다.

84조 - **알아 모심** : 행사상 특권 - 대통령 신분을 알아서 모시다.

85조 - **엄정** : 전직 대통령의 예우 - 엄정하게 예우를 갖춘다.

86조 - **업다** : 국무총리 - 국회를 업고 대통령이 임명.

87조 - **우수한** : 국무위원 - 총리가 우수한 인재를 제청한다.

88조 - **왕** : 권한 구성 - 중요 정책을 심의, 왕에게 고함.

89조 - **아주 중한** : 국무회의 심의 사항.

그림 구조화 연상

◎ **다음 사항은 국무회의 심의를 거쳐야 한다.**

①항 **국정의 기본 계획** – 차트에 브리핑.

②항 **선전 강화** – 총리의 입으로 하는 말.

③항 **대통령 령안** – 총리 주머니 속의 서류.

④항 **국유 재산 처분** – 책상 위의 돈.

⑤항 **계엄령 선포** – 책상 위에 라디오 중간 부분 스피커.

⑥항 **군사에 관한 중요 사항** – 단상 밑의 군화.

⑦항 **국회 임시회** – 소파에 앉은 국회의장.

⑧항 **영전 수여** – 국회의장의 목에 건 훈장.

⑨항 **사면 감형** – 국회 의장의 제출 서류.

[한글 공식에 의한 순서]
　⑩항 **행정 각 부 권한** : 10 – 구체적으로.
　⑪항 **정부안의 권한 위임** : 11 – 각 부처별로.
　⑫항 **국정 처리 상황 평가 분석** : 12 – 국정 처리 간여.
　⑬항 **행정 각 부의 중요 정책 수립** : 정책 기대.
　⑭항 **정당 해산의 제소** : 14 – 갈등이 오네.
　⑮항 **정부 정책 청원 심사** : 15 – 감사 자료.
　⑯항 **총장 및 공사 공무원 임명** : 16 – 받는 사람 기쁘게, 일류만.
　⑰항 **대통령·총리·국무위원의 제출 사항** : 17 – 기세 당당하게.

◎ 내용의 구조화(89조 10~17)
　⑩ 각 부처 간의 권한의 획정을 **구체**(10)적으로 정하고,
　⑪ 정부안의 권한의 위임을 **각**(11) 부서별로 배정하고.
　⑫ 국정 처리 상황의 평가 분석에 **간**여(12)한다.
　⑬ 행정 각 부의 중요한 정책의 수립과 조정을 **구두**(13)로 전하고.
　⑭ 정당 해산의 제소까지 하니 **갈등**(14)이 오더라.
　⑮ 정부 제출 또는 회부된 정부의 정책을 **검토**(15)하여 청원·심사하며,
　⑯ 검찰총장, 합동 참모의장, 각 군 참모총장, 국립대학 총장, 대사·국영 기업체 관리자,
　　 주로 **일류**(16)급 공무원 임명 심사.
　⑰ 대통령, 국무총리, 국무위원 **기세** (17)이 제출한 사항.

[자행 90~99 : ㅊ – ㄱㄴㄷ/ㄹㅁㅂ/ㅅㅇㅈ]
　90조 – **자치적** : 국가 원로 자문회의 – 원로들이 자치적으로 모임.
　91조 – **죽도록** : 국가 안전보장회의 – 죽도록 지킬 국가 안보.
　92조 – **준비** : 민주 평화 통일 자문회의 – 평화 통일 준비.
　93조 – **주도** : 국민 경제 자문회의 – 국민 경제를 주도한다.
　94조 – **잘난 사람** : 각 부 장관 – 잘난 사람 골라 장관 임명.
　95조 – **자문** : 총리령, 부령 – 비서의 자문을 받아 총리령을 발하다.
　96조 – **잡고** : 각 부의 조직 – 조직과 직무 범위는 총리가 꽉 잡고 한다.
　97조 – **조사** : 감사원의 직무 – 국가의 세입·세출 조사.
　98조 – **정원** : 장의 구성 – 원장 1명, 5인 이상 11인 이하의 정원으로 감사위원 구성.
　99조 – **자정** : 검사와 보고 – 대통령과 자정을 넘겨 차년도 국회에 보고.
　100조 – **백그라운드** : 조직 직무 범위 – 백(back)이 아닌 실력과 청렴으로 조직.

제7장 통찰력 구조화 활용

[101~109 백사장 씨름]

101조 - 백기 : 사법권은 법원에 백기에 모든 심판의 순종의 뜻. 법원의 조직, 자격.
102조 - 백날 : 대법원 부서는 백로의 날개처럼 청렴.
103조 - 백두장사 : 심판이 양심에 따라 독립.
104조 - 백화수복 : 대법원장 임명식에 백화수복 축하 파티.
105조 - 백마부대 : 백마부대 육군은 법관 임기 6년.
106조 - 백배 : 백배 좋은 것은 법권의 신분 보장.
107조 - 백사장 : 법률의 위헌 신청 - 심판의 판결에 법률적 위반이 있어 본부 제청.
108조 - 백의종군 : 규칙 제정 - 백의종군하여 내부 규율 사무 처리.
109조 - 백주 : 재판 공개 - 씨름의 심판을 백주에 공개.

구조화 연상

[110~119 ㄱㄱㅊ - ㄱㄴㄷ/ㄹㅁㅂ/ㅅㅇㅈ]

110조 - ㄱㄱㅊ - 객차 : 군사재판.
※ 객차가 군사법원 전용 기차.

111조 - ㄱㄱㄱ - 국기 : 헌법재판 관장.
※ 헌법재판소 위에 국기를 달다.

112조 - ㄱㄱㄴ - 국내 : 재판관 임기 6년.
※ 국내 재판관 임기는 대법원장과 동일.

113조 - ㄱㄱㄷ - 국도 : 결정 정족수 6인.
※ 국도에 6인이 서서 조직 운영.

114조 - ㄱㄱㄹ - 국회 : 선거관리위원회.
※ 국회의원의 공정한 선거 관리를 위하여 조직.

115조 - ㄱㄱㅁ - 국무 : 행정 기관 지시권.
※ 선관위의 행정 기관 지시는 국무행위다.

116조 - ㄱㄱㅂ - 국법 : 선거 운동 선거 비용.
※ 운동과 비용은 국법대로 하라.

117조 - ㄱㄱㅅ - 국사 : 자치권.
※ 주민의 복리를 위한 자치는 국사다.

118조 - ㄱㄱㅇ - 국익 : 자치 단체의 조직 운영.
※ 국익을 위하여 지방의회를 조직.

119조 - ㄱㄱㅈ - 국제 : 경제 질서 기본과 규제.
※ 대한민국 경제 질서를 국제 수준에 맞춘다.

110~119조 구조화 연상

[120~130 ㄱㄴㅊ - ㄱㄴㄷ/ㄹㅁㅂ/ㅅㅇㅈ]

120조 - ㄱㄴㅊ - 군청 : 천연자원의 채취 개발.
※ 군청에서 허가해 주다.

121조 - ㄱㄴㄱ - 군기(군청의 기) : 농지의 소작 금지.
※ 군기 꽂힌 밭은 소작 금지 시행지 표시.

122조 - ㄱㄴㄴ - 군내 : 국토 이용 개발과 보전.
※ 휴전선 대동마을의 이용을 군내서 지뢰 제거.

123조 - ㄱㄴㄷ - 군대 : 농어촌 종합개발.
※ 군대서 강에 고기를 잡게 하고 농사짓게 도우다.

124조 - ㄱㄴㅎ - 군화 : 소비자 보호.
※ 군납하는 소비자 단체서 추천한 군화.

125조 - ㄱㄴㅁ - 군모 : 무역의 육성.
※ 특수 제조한 군모로 대외 무역을 육성.

126조 - ㄱㄴㅂ - 군부 : 사기업의 국공유화 통제.
※ 국방상 긴절한 필요 외에 군부에서 수용 못한다.

127조 - ㄱㄴㅅ - 군사 : 국가 기술의 발전과 표준 제도.
※ 군사상 미사일 개발은 과학 기술 축적으로 표준을 높인다.

128조 - ㄱㄴㅇ - 군이 : 헌법 개정.
※ 군이 주도하여 헌법을 여러 번 개정.

129조 - ㄱㄴㅈ - 군주 : 개정안 공고 기간.
※ 군정 당시 군주는 대통령으로 개정안을 공고.

130조 - ㅋㅌㅈ - 키타 침 : 개정안의 확정 공포 후.
※ 키타 치고 성공 파티.

120~130조 구조화 연상

민법 기억 공간 지각 조화법

제100조   (가축)은 목장의 **주물**이고 키우는 데 필요한 그 부속물은 **종물**이다. 주물은 종물로 처분한다.

제101조   (소머리)소가 입으로 **천연 과실**을 따먹으니 그 과실 주인이 대가로 금전이나 물건으로 받으니 **법정 과실**로 한다.

제102조   (소젖)에서 천연 과실을 먹은 원물로부터 분리해서 나오는 우유는 **수취할 권리자**에게 있다.

제103조   (우유통)이 목장에 놓여 있는 것은 **반사회 질서의 법률 행위**가 아니고 선량한 풍속이므로 무효로 한다.

제104조   (소녀가 머리)만 믿고 **공정을 잃은 법률 행위**는 궁박, 경솔한 행위는 무경험으로 무효이다.

제105조   (풀)을 소에게 **임의 규정**으로 주는 것이니 선량한 풍속, 기타 사회질서와 관계없는 규정에 따른 의사의 표시이다.

제106조   (풀통)에서 소가 먹이를 먹는 것은 다른 관습이 있다 하여도 명확하지 아니하면 **사실인의 관습**에 의한 것이다.

제107조   (사일로 지붕) 위에서 **진의가 아닌 의사의 표시**는 효력이 있고, 상대방이 진의를 알고 있으면 무효로 한다.

제108조   (사일로 문) 앞에서 한 **통정한 허위의 의사 표시**는 무효이다.

제109조   (진돗개)가 짖으면 **착오로 인한 의사 표시**이니 취소할 수 있고, 물거나 중대한 과실로 인할 때에는 취소 못한다.

제7장 통찰력 구조화 활용

● 민법 기억 공간 지각 장의 활용

100 가축의 장

110 각도기의 장

제110조　(각도기)만 가지고 측량하는 일은 **사기 강박에 의한 표시**로 보고 취소할 수 있다.

제111조　(렌즈)로 상대방을 보고 통지가 도달된 것을 확인하니 그때부터 **의사 표시의 효력이 발생**된다. 사망, 능력 상실 효력 없음.

제112조　(측량판)을 가지고 놀고 있는 무능력자가 **의사 표시**를 받을 시 대항하지 못한다. 대리인이 알면 그러하지 아니하다.

제113조　(삼각대)에 **의사 표시** 민사 소송법 **공시 송달**을 붙인다(상대방의 소재지를 알지 못할 경우에).

제114조　(막대기)에 **대리인**이 본인을 위한 것임을 표시한 의사 표시는 본인에게 **효력**이 생긴다.

제115조　(측량기사)의 대리인이 **본인을 위한 것임을 표시하지 아니한 때**에는 자기를 위한 것으로 본다.

제116조　(줄자)에 대하여 의사의 흠결, 사기, 강박의 사정을 알리거나 알리지 못할 시 **대리인을 표준하여 결정**한다.

제117조　(은행기)를 들고 있는 **대리인은 행위 능력**자임을 요하지 아니한다.

제118조　(은행 간판)의 크기가 **대리권의 범위**이다.
　　　　　① 보존 행위 ② 권리의 성질을 변화하지 않는 범위에서 이용, 개량하는 행위

제119조　(은행 계단)에서 은행 대리가 대리인이 수인인 때 **각자** 본인을 **대리**한다.

민법 170~179조 통째 암기

* 장의 확장으로 법률 조문 1000까지 기억

[170~179 ㄱㅅㅊ - ㄱㄴㄷ/ㄹㅁㅂ/ㅅㅇㅈ]

170조 - ㄱㅅㅊ - 고소 청구 : 재판상의 청구와 시효 중단.
※ 고소 청구로 시효가 중단되다.

171조 - ㄱㅅㄱ - 구속 : 파산 절차 첨가.
※ 구속이 되어 파산 절차 참가를 못했다.

172조 - ㄱㅅㄴ - 가산 : 지급 명령과 시효 중단.
※ 지급 명령으로 재산이 가산되다.

173조 - ㄱㅅㄷ - 기사도 : 화해를 위한 소환과 임의 출석.
※ 기사도 정신으로 화해하다.

174조 - ㄱㅅㄹ - 구설수 : 최고와 시효 중단.
※ 파산에 의한 최고 구설수에 오르다.

175조 - ㄱㅅㅁ   가슴 : 압류, 가압류 가처분.
※ 압류 가처분으로 가슴 아파하다.

176조 - ㄱㅅㅂ - 기습 : 통지 후 가압류.
※ 통지하지 아니하고 기습적으로 가압류.

177조 - ㄱㅅㅅ - 고소 시간 : 상대방의 승인과 시효 중단 능력.
※ 고소 시간이 늦어 상대방의 승인 능력이 없어지다.

178조 - ㄱㅅㅇ - 고생 : 중단 후의 시효 진행.
※ 시효 중단 후 무척 고생하다.

179조 - ㄱㅅㅈ - 고소자 : 무능력자의 시효 정지.
※ 무능력자의 고소자.

170~179 갓의 장 확장

※ 갓은 글자 공식 17이지만 '갓'의 글자에 따른 공식 활용을 위하여 장의 공식을 확장함으로써 170~179까지 공간의 위치를 순서화한다.

170 갓의 장

※ 민법 170~179까지 공식을 본장에 대입하면 순서를 잊지 않게 된다.

170 – 겉갓 – 고소 청구 : 갓이 망가져 **고소 청구**.

171 – 속갓 – 구속 : 속갓의 상투를 잘라 **구속**되다.

172 – 담뱃대 – 기사도 : **기사도** 정신으로 담뱃대를 물다.

173 – 부채 – 가산 : 부채 값이 **가산**되다.

174 – 술병 – 구설수 : 술병에 빠져 **구설수**에 오르다.

175 – 통닭 – 가슴 : 통닭이 **가슴**을 드러내고 있다.

176 – 소반 – 기습 : 소반을 **기습**적으로 들어 던지다.

177 – 여자 머리 – 고소 시간 : 여자 머리로 **고소 시간** 맞추지 못한다.

178 – 술잔 – 고생 : 술잔 따르기에 **고생**스럽다.

179 – 치마 – 고소자 : **고소자**가 치마 속에 숨다.

제7장 통찰력 구조화 활용

민법 211~229조 통째 암기

* 100~999장 활용

[211~219 ㄴㄱㅊ - ㄱㄴㄷ/ㄹㅁㅂ/ㅅㅇㅈ]

211조 - ㄴㄱㄱ - 내각

> 제211조 [所有權의 內容] - **내각**에서 소유권 내용을 정하다.
> 소유자는 법률의 범위 내에서 그 소유물을 사용, 수익 처분할 권리가 있다.

212조 - ㄴㄱㄴ - 내관

> 제212조 [土地所有權의 範圍] - 토지 소유를 위해 **내관**
> 토지의 소유권은 정당한 이익 있는 범위 내에서 토지 상하에 미친다.

213조 - ㄴㄱㄷ - 늑대

> 제213조 [所有物 返還請求權] - **늑대**의 마음으로 반환 청구.
> 소유자는 그 소유에 속한 물건을 점유한 자에 대하여 반환을 청구할 수 있다.

214조 - ㄴㄱㄹ - 나갈

> 제214조 [所有物 妨害除去, 妨害預防 請求權] - 소유자는 방해 제거 예방을 위해 **나갈** 것이다. 소유자는 소유권을 방해하는 자에게 대하여 방해의 제거를 청구할 수 있다.

215조 - ㄴㄱㅁ - 생략

216조 - ㄴㄱㅂ - 노고비

제216조 [隣地使用請求權] - 인지사용 노고비를 주다.
토지 소유주는 경계나 그 근방에서 담 또는 건물을 축조하거나 수선하기 위하여 이웃 토지의 사용을 청구할 수 있다.

217조 - ㄴㄱㅅ - 낙수

제217조 [生活妨害禁止] - 낙수로 인한 생활 방해.
토지 소유주는 매연, 열기, 체액, 체음, 향진동 기타 이와 유사한 것으로 이웃 토지의 사용을 방해하거나 이웃 주거 생활에 고통을 주지 아니하도록 적당한 조처를 할 의무가 있다.

218조 - ㄴㄱㅇ - 낙오

제218조 [水道 등 施設權] - 수도 시설이 낙오되어 있다.
타인의 토지를 통과하지 아니하면 필요한 수도, 누수관, 가스관, 전선 등을 시설할 수 없거나 과다한 비용을 요하는 경우는 타인의 토지를 통과하여 시설할 수 있다.

219조 - ㄴㄱㅈ - 낙제

제219조 [周圍土地通行權] - 토지 통행에 낙제하다.
토지와 공로 사이에 토지 용도에 필요한 통로가 없는 경우에 그 토지 소유자는 주위의 토지를 통행 또는 통로로 하지 아니하면 공로에 출입할 수 없거나 과다한 비용을 요하는 경우에는 통로를 개설할 수 있다.

제7장 통찰력 구조화 활용

[220~229 ㄴㄴㅊ – ㄱㄴㄷ/ㄹㅁㅂ/ㅅㅇㅈ]

220조 – ㄴㄴㅊ – 눈치 : 분할 일부 양도와 주위 통행권.
　　　　※ 주위 통행권을 타가 눈치 차리다.

221조 – ㄴㄴㄱ – 난기 : 장녀 유수와 승수의무의 권리.
　　　　※ 자연유수가 따뜻하여 난기류를 일으키다.

222조 – ㄴㄴㄴ – 내년 : 소통 공사비.
　　　　※ 내년부터 소통 공사비를 받을 예정이다.

223조 – ㄴㄴㄷ – 년도 : 저수·배수·인수를 위한 공작물에 대한 공사 청구권.
　　　　※ 저수·배수 공작물에 대한 청구를 년도를 정하여 청구하다.

224조 – ㄴㄴㄹ – 내나라 : 관습에 의한 비용부담.
　　　　※ 내 나라 관습이 있으면 그 관습에 의한다.

225조 – ㄴㄴㅁ – 너나마 : 처마 물에 대한 시설.
　　　　※ 처마 물이 이웃에 직접 낙하하지 아니하도록 너나마 시설을 갖춰야지.

226조 – ㄴㄴㅂ – 눈비 : 여수 소통권.
　　　　※ 눈비내려 여수가 생기다.

227조 – ㄴㄴㅅ – 년수 : 유수용 공작물의 사용권.
　　　　※ 년수를 정하여 유수용 공작물을 사용한다.

228조 – ㄴㄴㅇ – 눈오는 날 : 여수 급여 청구권.
　　　　※ 눈오는 날 여수를 급여하다.

229조 – ㄴㄴㅈ – 난제 : 수로의 변경.
　　　　※ 수로의 변경이 난제로다.

골치 아픈 형법도 쉽게 암기한다.

* 100~999장 활용

250조(살인, 존속 살해) - ㄴㅁㅊ - 넘쳐
연상기억 : 화가 넘쳐 존속 살해.

251조(영아 살해) - ㄴㅁㄱ - 내막
연상기억 : 영아를 살해한 내막을 조사.

252조(촉탁, 승낙에 의한 살인 등) - ㄴㅁㄴ - 나만이
연상기억 : 촉탁, 승낙에 의한 나만이 아는 살해.

253조(위계 등에 의한 촉탁 살인 등) - ㄴㅁㄷ - 남도
연상기억 : 남도 아는 위계 촉탁 살인이다.

254조(미수범) - ㄴㅁㄹ - 나 몰래
연상기억 : 미수범이 나 몰래 다가오다.

255조(예비, 음모) - ㄴㅁㅁ - 남 모르게
연상기억 : 남 모르게 예비, 음모.

256조(자격 정지의 병과) - ㄴㅁㅂ - 남비서
연상기억 : 남비서의 자격 정지 병과.

257조(상해 존속 상행) - ㄴㅁㅅ - 남세
연상기억 : 존속 상해로 남세를 떨다.

258조(중상해, 존속 중상해) - ㄴㅁㅇ - 남아
연상기억 : 남아로서 중상해를 받다.

259조(상해 치사) - ㄴㅁㅈ - 남자
연상기억 : 남자가 상해 치사하다.

260조(폭행, 존속 폭행) - ㄴㅂㅊ - 납치
연상기억 : 납치하여 존속 폭행하다.

261조(특수 폭행) - ㄴㅂㄱ - 납기
연상기억 : 납기 넘겼다고 단체로 몰려와 특수 폭행.

262조(폭행치사상) - ㄴㅂㄴ - 노변
연상기억 : 노변에서 폭행치사하다.

263조(동시범) - ㄴㅂㄷ - 내받다
연상기억 : 동시범을 내받다.

264조(상습범) - ㄴㅂㄹ - 내버려
연상기억 : 상습범을 내버려 두면 안 된다.

265조(자격 정지의 병과) - ㄴㅂㅁ - 내 부모
연상기억 : 내 부모 때문에 자격 정지.

266조(과실 상해) - ㄴㅂㅂ - 납부
연상기억 : 과실 상해 벌금을 납부한다.

267조(과실 치사) - ㄴㅂㅅ - 내 벗
연상기억 : 내 벗을 때려 과실치사하다.

268조(업무상 과실, 중과실) - ㄴㅂㅇ - 내 방
연상기억 : 내 방에서 업무 과실이 일어나다.

269조(낙태) - ㄴㅂㅈ - 내 비자
연상기억 : 내 비자로 외국에 나가 낙태하다.

270조(의사 등의 낙태, 부동의 낙태) - ㄴㅅㅊ - 내사차
연상기억 : 의사의 부동의 낙태를 내사차 경찰이 오다.

271조(유기, 존속 유기) - ㄴㅅㄱ - 내 속
연상기억 : 존속 유기로 내 속을 썩이다.

272조(영아 유기) - ㄴㅅㄴ - 내 손
연상기억 : 내 손으로 영아를 유기하다.

273조(학대, 존속 학대) - ㄴㅅㄷ - 내 시대
연상기억 : 내 시대엔 존속 학대 없앤다.

274조(아동혹사) - ㄴㅅㄹ - 내 살
연상기억 : 영아를 혹사시킴은 내 살을 깎는 기분이다.

275조(유기 등 치사상) - ㄴㅅㅁ - 내 수모
연상기억 : 유기 치사로 내 수모를 겪다.

276조(체포, 감금, 존속 체포, 존속 감금) - ㄴㅅㅂ - 내 서방
연상기억 : 내 서방을 체포, 감금하다.

277조(중체포, 중감금, 존속 중체로, 존속 중감금) - ㄴㅅㅅ - 내 스스로
연상기억 : 내 스스로 중체포 중감금하다.

278조(특수 체포, 특수 감금) - ㄴㅅㅇ - 노상
연상기억 : 노상에서 특수 체포하다.

279조(상습범) - ㄴㅅㅇ - 내 사정
연상기억 : 내 사정으로 상습범이 되다.

280조(미수범) - ㄴㅇㅊ - 냉차
연상기억 : 냉차 장사가 미수범이다.

281조(체포, 감금 등의 치사상) - ㄴㅇㄱ - 농구
연상기억 : 농구 선수가 체포, 감금 치사하다.

282조(자격 정지의 병과) - ㄴㅇㄴ - 농노
연상기억 : 농노를 자격 정지로 병과시키다.

근로기준법 숫자 공식 응용

일정한 생활 보장과 국민 경제 발전을 도모함을 목적으로 한다.

이유로 근로 조건의 기준으로 근로 관계 당사자는 근로 조건을 저하시킬 수 없다.

제삼자가 필요 없이 근로 조건의 결정 근로자와 사용자가 자유의사로 결정.

사용자와 근로자 각자 근로 조건의 준수를 성실하게 이행할 의무가 있다.

오락 시간에는 균등 처우 남녀 차별, 국적, 신앙, 사회적 신분의 이유로 차별하지 못한다.

육체 노동 신체의 자유를 부당하게 구속 수단으로 강제 근로를 하지 못한다(폭행, 협박, 감금).

치거나 근로자에게 폭행 금지, 구타 행위를 하지 못한다.

파직 시에는 중간 착취의 배제 타인이 취업에 개입하거나 이익을 취득하지 못한다.

구속 중이 아니면 선거권, 공민권의 행사, 공의 직무에 지장 없는 한 거부하지 못한다.

가축과 동거의 친족은 이 법을 적용하지 아니한다. 5인 이상은 적용, 4인 이하 일부 적용.

국가 내(內)에 있는 특별시, 광역시, 도, 시·군~동, 기타에 대하여 적용한다.

근로 감독관의 요구가 있는 경우에 보고 또는 출석한다(노동부 장관, 노동위원회).

고딕체로 써서 법령 요지 게시 사업장에 게시, 기숙사에 기시 근로자에게 주지시켜야 한다.

골 빠지게 일면 근로자의 정의이다. 임금의 목적으로 근로를 제공하는 자를 말한다.

감시자가 즉 사용자의 정의이다. 사업주, 사업경영 담당자를 말한다.

가발이 근로의 정의이다. 정신노동과 육체노동을 말한다.

가사 노동하는 주부가 근로 계약의 정의이다. 주부가 근로를 제공, 남편이 임금을 지급함.

가을이 임금의 정의이다. 추수해서 임금, 봉급, 기타 지급하는 일체의 금품을 말한다.

가족이 평균 임금의 정의이다. 가족이 어떠한 사유가 발생한 날 이전에 3개월 간 지급된 임금 그 기간의 총 일 수로 나눈 금액을 말한다.

나침반은 소정 근로 시간의 정의이다. 나침반은 방향이 정해져 있으므로 근로자, 사용자 간에 정한 시간을 말한다.

나그네가 단시간 근로자의 정의이다. 나그네처럼 1주일 근로도 못한 짧은 근로자를 말한다.

난처한 이 법 위반의 근로 계약이 기준에 미치지 못하는 근로 조건은 무효이다.

너도 나도 계약 기간을 정함이 없고 1년을 초과하지 못한다(사업 완료 필요시 제외).

나라님이 정한 근로 조건의 명시에 따라 임금, 근로 시간, 기타의 근로 조건을 명시한다.

남과 다르게, 단시간 근로자의 근로 조건은 통장 근로자의 근로 시간 기준으로 하되 현저히 짧은 단시간 근로자는 이 법에 일부 규정을 적용하지 아니할 수 있다.

더 받을 수 있을 경우 근로 조건의 위반 나라님이 규정 위반 시 손해 배상 청구, 근로 계약을 해제할 수 있다.

노소(老少)에게 위약 예정의 금지 근로 계약 불이행에 대한 위약금, 손해 배상을 예정하는 계약을 체결하지 못한다.

농담이라도 전차금 상쇄의 금지 전차금, 근로 조건으로 전대 채권과 임금을 상쇄하지 못한다.

내 저축금을 강제 저금의 금지 강제 저축, 저축금의 관리를 규정하는 계약을 체결 못한다.

다친다 해도 해고 등의 제한 이유 없이 해고, 휴직, 정직, 전직, 감봉, 기타 징벌을 하지 못한다.

닥쳐서 해고는 안 된다. 경영상 이유에 의한 해고(양도, 인수, 합병은 경영상의 필요가 있는 것으로 본다.) (합리적으로 공정하게 남녀 차별은 아니 된다.) (60일 전에 통보, 성실히 협의)

닥쳐서 해고 시 우선 재고용 31조의 규정에 의하여(2년 이내 채용 우선적으로 고용토록 노력) (생계 안정, 재취업, 직업 훈련 등 우선적 조치)

단칼에 해고는 안 되고 경영상 해고가 있을 시 30일 전에 예고(단, 천재, 사변 등 사유는 아니함.)

도덕적으로 정당한 이유 없이 해고, 휴직, 정직, 감봉 등 징벌할 때 노동위원에 구제 신청함.

달수가 차 1년에 이르면 퇴직금 제도 계속 근로 년수 1년에 대하여 30일분 이상의 평균 임금을 퇴직금으로 지급한다(사업 내에 차등 제도 금지) (퇴직 전 미리 정산 지급 가능) (일시 지급은 1항 규정으로).

담담하다 예고 해고의 적용 예외 단칼에 규정하는 1에 해당하는 근로자는 적용하지 아니한다.

　1. (일용 근로자가 3개월을 계속 근무하지 아니한 자)

　2. (2월 이내 기간을 정하여 사용된 자)

　3. (월급 근로자 36개월 미만 자)

　4. (계절적 업무 6개월 이내 자)

　5. (수습사원 중의 근로자)

답례로 금품 청산 근로자가 사망, 퇴직 경우에 14일 이내 임금, 보상금, 기타 일체의 금품 지급 당사자 간의 합의 시 기일을 연장할 수 있다.

다소(多少)라도 임금 채권 우선 변제 담보된 채권을 제외하고 조세, 공과금, 다른 채권보다 우선 변제한다. 다만, 질권, 저당권에 우선하는 조세, 공과금은 그러하지 아니한다.

당부한 사항만 기입하여 사용 증명서 교부(퇴직 후라도 사용 기간, 업무 종류, 지위, 임금, 기타 청구할 때 사실대로 교부한다.) (제1항의 증명서에는 근로자가 청구한 사항만 기입함.)

다 잡아 들인다. 취업 방해의 금지 취업 방해 목적으로 비밀 기호, 명부 작성, 통신을 금지.

호출하여 근로자의 명부 작성 성명, 생년월일, 이력, 기타 대통령이 정한 사항을 기입한다.

학과 별로 계약 서류의 보존은 근로 계약에 관한 서류를 3년간 보존한다.

한 달에 한 번 임금 지불 기일을 정하여 전액 지급한다. 특별한 규정이 있을 시 일부 공제함.

하도급 도급 사업에 대한 임금 지급을 못할 시 임금은 직상(直上) 수급인과 연대 책임진다.

하루빨리 지불 비상시 지불 근로자가 출산, 질병, 재해, 기타 청구할 경우 기일 전 임금 지급.

하명이 있을 때 휴업 수당

① 사용자의 사유로 인하여 휴업 시 평균 임금의 100분의 70 이상 수당 지급(평균 임금의 100분의 70에 통상 임금 초과 시 통상 임금을 휴업 수당으로 지급)

② (제1항의 규정에 불구하고 사업 계속이 불가능하여 노동위원회의 승인을 얻은 경우 제 1항의 기준에 미달하는 휴업 수당을 지급할 수 있다.)

합법적으로 도급 근로자는 도급 기타에 준하는 제도로 근로 시간에 따라 일정액의 금액을 보장하여야 한다.

회사에 있는 임금 대장이 사업장별로 작성 임금과 가족 수당 계산의 기초가 되는 금액을 임금 지급 시마다 기입한다.

항의하지 않으면 임금의 시효는 3년이면 소멸한다.

 (이 규정에 의한 임금 채권은 3년 간 행사하지 아니할 때 소멸한다.)

하절기에 근로 시간이 좋다(1주에 44시간, 1일 8시간 초과 금지).

마찬가진 것은 탄력적 근무 시간제 48시간을 초과할 수 없다.

막을 수 없다. 선택적 근무 시간제 취업 규정에 준하는 것을 포함한다.

만족하다. 연장 근로의 제한 당사자 간 합의가 있을 시 연장할 수 있다.

모두 함께 휴게(4시간에 30분 이상, 8시간에 1시간 이상)

맑은 날에 휴일(주 1회 이상 유급 휴일)

맘마 주고 나서 연장, 야간 및 휴일 근로 통상 임금의 100분의 50 이상 가산하여 지급함.

매복(埋伏)자에게도 근로 시간 계산의 특례(근로 시간으로 계산해 준다.)

마사지하는 날 월차 유급 휴가 사용자는 1월에 1일의 유급 휴가를 준다.

한글 공식 100~999장 까지

● **100~109 : 백 - ㄱㄴㄷ/ㄹㅁㅂ/ㅅㅇㅈ**

101 - **백과 ㄱ** - 백기 : 백기를 든.

102 - **백과 ㄴ** - 백날 : 백로의 날개처럼.

103 - **백과 ㄷ** - 백두장사 : 백두장사 심판.

104 - **백과 ㄹ** - 백화수복 : 백화수복을.

105 - **백과 ㅁ** - 백마부대 : 백마부대 친구가 선물.

106 - **백과 ㅂ** - 백배 : 백배 감사해 하다.

107 - **백과 ㅅ** - 백사장 : 백사장 심판 이의 신청.

108 - **백과 ㅇ** - 백의종군 : 백의종군.

109 - **백과 ㅈ** - 백주 : 백주에 심판.

● **ㄱㄱ - 110~119 : ㄱㄱㅊ - ㄱㄴㄷ/ㄹㅁㅂ/ㅅㅇㅈ**

110 - ㄱㄱㅊ - 객차 : 객차에.

111 - ㄱㄱㄱ - 국기 : 국기 꽂고.

112 - ㄱㄱㄴ - 국내 : 국내의.

113 - ㄱㄱㄷ - 국도 : 국도를 달리다.

114 - ㄱㄱㅎ(ㄹ) - 국회 : 국회의원 선거를.

115 - ㄱㄱㅁ - 국무 : 국무에서 지시.

116 - ㄱㄱㅂ - 국법 : 국법으로 다스리다.

117 - ㄱㄱㅅ - 국사 : 국사의.

118 - ㄱㄱㅇ - 국익 : 국익을 위해.

119 - ㄱㄱㅈ - 국제 : 국제 수준의 경제 도달.

ㄱㄴ - 120~129 : ㄱㄴㅊ - ㄱㄴㄷ / ㄹㅁㅂ / ㅅㅇㅈ

120 - ㄱㄴㅊ - 군청 : 군청에 온 군인이.

121 - ㄱㄴㄱ - 군기 : 군기를 달고 고난도 훈련을.

122 - ㄱㄴㄴ - 군내 : 군내 내무반에서 받으며.

123 - ㄱㄴㄷ - 군대 : 군대 임무를 지키다.

※ 군청 안에 군의 기가 꽂히고, 군 내부 군대가 지뢰 제거.

124 - ㄱㄴㄹ - 군화 : 군화와.

125 - ㄱㄴㅁ - 군모 : 군모를.

126 - ㄱㄴㅂ - 군부 : 군부에서.

127 - ㄱㄴㅅ - 군사 : 군사 기밀을.

128 - ㄱㄴㅇ - 군인 : 아는 군인이.

129 - ㄱㄴㅈ - 군주 : 군주가 되다.

ㄱㄷ - 130~139 : ㄱㄷㅊ - ㄱㄴㄷ / ㄹㅁㅂ / ㅅㅇㅈ

130 - ㄱㄷㅊ - 구두창 : 구두창이 떨어져.

131 - ㄱㄷㄱ - 고독 : 고독한 사람이.

132 - ㄱㄷㄴ - 계단 : 계단에서.

133 - ㄱㄷㄷ - 기대다 : 기대다.

134 - ㄱㄷㄹ - 고달프다 : 고달퍼도.

135 - ㄱㄷㅁ - 고담 : 고담을 즐기며.

136 - ㄱㄷㅂ - 기도방 : 기도방에서 기도하다.

137 - ㄱㄷㅅ - 구두쇠 : 구두쇠 영감이.

138 - ㄱㄷㅇ - 고동 : 고동을 불면.

139 - ㄱㄷㅈ - 기도자 : 기도자들이 모인다.

ㄱㄹ - 140~149 : ㄱㄹㅊ - ㄱㄴㄷ / ㄹㅁㅂ / ㅅㅇㅈ

140 - ㄱㄹㅊ - 꿀차 : 꿀차를 먹고.

141 - ㄱㄹㄱ - 갈구리 : 갈구리로.

142 - ㄱㄹㄴ - 계란 : 계란을 끌어 올리고.

143 - ㄱㄹㄷ - 갈대 : 계란을 갈대바구니에 담다.

144 - ㄱㄹㄹ - 갈라지다 : 얼음이 갈라진 사이에.

145 - ㄱㄹㅁ - 갈매기 : 갈매기 갈고.

146 - ㄱㄹㅂ - 갈비(굴비) : 굴비 잡이 어선이 보인다.

147 - ㄱㄹㅅ - 가로수 : 가로수로.

148 - ㄱㄹㅇ - 가랑잎 : 가랑잎 날리고.

149 - ㄱㄹㅈ - 골짜기 : 골짜기는 가랑잎으로 꽉 차 있다.

ㄱㅁ - 150~159 : ㄱㅁㅊ - ㄱㄴㄷ / ㄹㅁㅂ / ㅅㅇㅈ

150 - ㄱㅁㅊ - 감초 : 감초를 때려.

151 - ㄱㅁㄱ - 감기 : 감기약을 만들고.

152 - ㄱㅁㄴ - 가문 : 가문에.

153 - ㄱㅁㄷ - 감투 : 감투를 쓴 사람이 많다.

154 - ㄱㅁㄹ - 가물치 : 가물치가.

155 - ㄱㅁㅁ - 가뭄 : 가뭄에 많이 잡혀.

156 - ㄱㅁㅂ - 김밥 : 김밥을 싸 가지고 잡으로 갔다.

157 - ㄱㅁㅅ - 감사 : 감사한다는.

158 - ㄱㅁㅇ - 고마운(금언) : 금언을 잊지 않고.

159 - ㄱㅁㅈ - 감자 : 감자를 굽다.

ㄱㅂ – 160~169 : ㄱㅂㅊ – ㄱㄴㄷ / ㄹㅁㅂ / ㅅㅇㅈ

160 – ㄱㅂㅊ – 곱추 : 곱추가.

161 – ㄱㅂㄱ – 굽기 : 굽기 장사로.

162 – ㄱㅂㄴ – 기반 : 기반을 잡아.

163 – ㄱㅂㄷ – 가보다 : 가보다.

164 – ㄱㅂㄹ – 가발 : 가발을 급하게.

165 – ㄱㅂㅁ – 급매 : 급매하는.

166 – ㄱㅂㅂ – 갑부 : 갑부가.

167 – ㄱㅂㅅ – 값싼 : 값싸게.

168 – ㄱㅂㅇ – 가방 : 가방 속에.

169 – ㄱㅂㅈ – 갑자 : 갑자생 사람.

ㄱㅅ – 170~179 : ㄱㅅㅊ – ㄱㄴㄷ / ㄹㅁㅂ / ㅅㅇㅈ

170 – ㄱㅅㅊ – 깃차게 : 깃차게.

171 – ㄱㅅㄱ – 긋기 : 금 긋기.

172 – ㄱㅅㄴ – 고산 : 고산의.

173 – ㄱㅅㄷ – 교수대 : 교수대 표현.

174 – ㄱㅅㄹ – 기술 : 기술이 좋아.

175 – ㄱㅅㅁ – 가슴 : 가슴이 벅차고.

176 – ㄱㅅㅂ – 가습기 : 가습기 만들어 수출하다.

177 – ㄱㅅㅅ – 갓씨 : 갓씨를.

178 – ㄱㅅㅇ – 기생 : 기생이 심다.

179 – ㄱㅅㅈ – 개소주 : 보신으로 개소주를 먹다.

ㄱㅇ – 180~189 : ㄱㅇㅊ – ㄱㄴㄷ / ㄹㅁㅂ / ㅅㅇㅈ

180 – ㄱㅇㅊ – 꽁초 : 꽁초 연기 찬.

181 – ㄱㅇㄱ – 공기 : 공기로.

182 – ㄱㅇㄴ – 갱내 : 탁한 갱내를.

183 – ㄱㅇㄷ – 공대 : 공대생이 개선하다.

184 – ㄱㅇㄹ – 공로 : 공로가 큰.

185 – ㄱㅇㅁ – 공무원 : 공무원은.

186 – ㄱㅇㅂ – 공부 : 공부 잘한 덕분.

187 – ㄱㅇㅅ – 강수위 : 강수 위에.

188 – ㄱㅇㅇ – 강아지 : 강아지가 빠져.

189 – ㄱㅇㅈ – 공주 : 공주가 건져 주다.

ㄱㅈ – 190~199 : ㄱㅈㅊ – ㄱㄴㄷ / ㄹㅁㅂ / ㅅㅇㅈ

190 – ㄱㅈㅊ – 갖추다 : 지식을 갖춘.

191 – ㄱㅈㄱ – 기자가 : 기자의.

192 – ㄱㅈㄴ – 기준 : 기준이 모자라.

193 – ㄱㅈㄷ – 고지대 : 고지대 오르듯 높인다.

194 – ㄱㅈㄹ – 고졸 : 고졸자가.

195 – ㄱㅈㅁ – 가자미 : 가자미.

196 – ㄱㅈㅂ – 고집 : 잡기를 고집하다.

197 – ㄱㅈㅅ – 고지서 : 고지서를 찢은.

198 – ㄱㅈㅇ – 가장 : 가장이.

199 – ㄱㅈㅈ – 구제자 : 구제자가 되다.

ㄴㅊ - 200~209 : ㄴㅊㅊ - ㄱㄴㄷ/ㄹㅁㅂ/ㅅㅇㅈ

200 - ㄴㅊㅊ - 나체춤 : 나체춤을 추다가.

201 - ㄴㅊㄱ - 나체가 : 나체가 된.

202 - ㄴㅊㄴ - 노처녀 : 노처녀를.

203 - ㄴㅊㄷ - 내치다 : 내치다.

204 - ㄴㅊㄹ - 노출 : 노출된.

205 - ㄴㅊㅁ - 내춤 : 내춤.

206 - ㄴㅊㅂ - 나체방 : 나체방에서 추다.

207 - ㄴㅊㅅ - 나치스 : 나치스 독재가 심해.

208 - ㄴㅊㅇ - 내창 : 내 창 안에 숨어.

209 - ㄴㅊㅈ - 내처지 : 내 처지 보살피다.

ㄴㄱ - 210~219 : ㄴㄱㅊ - ㄱㄴㄷ/ㄹㅁㅂ/ㅅㅇㅈ

210 - ㄴㄱㅊ - 녹차 : 녹차 먹고.

211 - ㄴㄱㄱ - 낚기 : 고기낚기 하다.

212 - ㄴㄱㄴ - 낙뇌 : 낙뇌를 맞아.

213 - ㄴㄱㄷ - 늑대 : 헤매는 늑대.

214 - ㄴㄱㄹ - 낙하산 : 낙하산 타고.

215 - ㄴㄱㅁ - 낙마 : 낙마하의.

216 - ㄴㄱㅂ - 낙방 : 낙방하다.

217 - ㄴㄱㅅ - 녹수 : 녹수가.

218 - ㄴㄱㅇ - 내공 : 내공으로.

219 - ㄴㄱㅈ - 낙지 : 낙지 잡다.

ㄴㄴ - 220~229 : ㄴㄴㅊ - ㄱㄴㄷ / ㄹㅁㅂ / ㅅㅇㅈ

220 - ㄴㄴㅊ - 난초 : 난초를 그리는.

221 - ㄴㄴㄱ - 논개 : 논개.

222 - ㄴㄴㄴ - 노년 : 노년의.

223 - ㄴㄴㄷ - 년대 : 년대.

224 - ㄴㄴㄹ - 논리 : 논리 좋아하는.

225 - ㄴㄴㅁ - 네 놈 : 네 놈이.

226 - ㄴㄴㅂ - 눈보라 : 눈보라 속에 있다.

227 - ㄴㄴㅅ - 난세 : 난세에.

228 - ㄴㄴㅇ - 눈이 : 눈이 높은.

229 - ㄴㄴㅈ - 난자 : 난자.

ㄴㄷ - 240~249 : ㄴㄷㅊ - ㄱㄴㄷ / ㄹㅁㅂ / ㅅㅇㅈ

230 - ㄴㄷㅊ - 내덫 : 내 덫에 걸려.

231 - ㄴㄷㄱ - 누더기 : 누더기.

232 - ㄴㄷㄴ - 내던지고 : 내던지고.

233 - ㄴㄷㄷ - 내딛다 : 내딛다.

234 - ㄴㄷㄹ - 내달 : 내달에.

235 - ㄴㄷㅁ - 내담 : 내담하여.

236 - ㄴㄷㅂ - 내답 : 내답을 내다.

237 - ㄴㄷㅅ - 내뜻 : 내 뜻대로.

238 - ㄴㄷㅇ - 내당 : 내당에서.

239 - ㄴㄷㅈ - 노다지 : 노다지 캐다.

ㄴㄹ - 240~249 : ㄴㄹㅊ - ㄱㄴㄷ / ㄹㅁㅂ / ㅅㅇㅈ

240 - ㄴㄹㅊ - 날치기 : 날치기.

241 - ㄴㄹㄱ - 날개 : 날개.

242 - ㄴㄹㄴ - 노란 : 노란 날개로.

243 - ㄴㄹㄷ - 날다 : 날다.

244 - ㄴㄹㄹ - 날로 : 날로.

245 - ㄴㄹㅁ - 노름 : 노름이 심하여.

246 - ㄴㄹㅂ - 놀부 : 놀부 신세되다.

247 - ㄴㄹㅅ - 날수 : 날 수 있다면.

248 - ㄴㄹㅇ - 날아서 : 날아서.

249 - ㄴㄹㅈ - 놀자 : 놀자.

ㄴㅁ - 250~259 : ㄴㅁㅊ - ㄱㄴㄷ / ㄹㅁㅂ / ㅅㅇㅈ

250 - ㄴㅁㅊ - 넘치다 : 넘치는.

251 - ㄴㅁㄱ - 내목 : 내목.

252 - ㄴㅁㄴ - 내면 : 내면.

253 - ㄴㅁㄷ - 남도 : 남도 내나.

254 - ㄴㅁㄹ - 나물 : 나물 먹고.

255 - ㄴㅁㅁ - 남매 : 남매 사랑.

256 - ㄴㅁㅂ - 냄비 : 냄비에 찌개 준비.

257 - ㄴㅁㅅ - 냄새 : 냄새나는.

258 - ㄴㅁㅇ - 남우 : 남우의(남자 배우).

259 - ㄴㅁㅈ - 남자 : 남자.

ㄴㅂ – 260~269 : ㄴㅂㅊ – ㄱㄴㄷ / ㄹㅁㅂ / ㅅㅇㅈ

260 – ㄴㅂㅊ – 넙치 : 넙치를 먹는 도중.

261 – ㄴㅂㄱ – 내복 : 내복 입은.

262 – ㄴㅂㄴ – 내빈 : 내빈이 들어와서.

263 – ㄴㅂㄷ – 나비다리 : 나비다리를 꺾다.

264 – ㄴㅂㄹ – 나팔 : 나팔값을.

265 – ㄴㅂㅁ – 내부모 : 내 부모께서.

266 – ㄴㅂㅂ – 납부 : 납부하다.

267 – ㄴㅂㅅ – 내벗 : 내 벗이.

268 – ㄴㅂㅇ – 내방 : 내방하고.

269 – ㄴㅂㅈ – 내 비자 : 내 비자로 해외 여행하다.

ㄴㅅ – 270~279 : ㄴㅅㅊ – ㄱㄴㄷ / ㄹㅁㅂ / ㅅㅇㅈ

270 – ㄴㅅㅊ – 내 수치 : 내 수치를.

271 – ㄴㅅㄱ – 내 속 : 내 속으로 생각해서.

272 – ㄴㅅㄴ – 내 손 : 내 손을 쥐면서.

273 – ㄴㅅㄷ – 내 시대 : 내 시대를 뒤돌아보다.

274 – ㄴㅅㄹ – 내 술 : 내 술이.

275 – ㄴㅅㅁ – 내소매 : 내 소매에 젖어.

276 – ㄴㅅㅂ – 내 소비 : 내 소비를 부축이다.

277 – ㄴㅅㅅ – 내 세수 : 내 세수 후.

278 – ㄴㅅㅇ – 노상 : 노상에서.

279 – ㄴㅅㅈ – 노사정 : 노사정 회의를 하다.

ㄴㅇ - 280~289 : ㄴㅇㅊ - ㄱㄴㄷ / ㄹㅁㅂ / ㅅㅇㅈ

280 - ㄴㅇㅊ - 농촌 : 농촌의.

281 - ㄴㅇㄱ - 농기계 : 농기계.

282 - ㄴㅇㄴ - 농노 : 농노에서.

283 - ㄴㅇㄷ - 냉대 : 냉대.

284 - ㄴㅇㄹ - 능라도 : 능라도.

285 - ㄴㅇㅁ - 냉면 : 냉면 값으로.

286 - ㄴㅇㅂ - 낭비 : 낭비.

287 - ㄴㅇㅅ - 능수 : 능수버들 밑에.

288 - ㄴㅇㅇ - 농아 : 농아가.

289 - ㄴㅇㅈ - 낭자 : 낭자를 만나다.

ㄴㅈ - 290~299 : ㄴㅈㅊ - ㄱㄴㄷ / ㄹㅁㅂ / ㅅㅇㅈ

290 - ㄴㅈㅊ - 늦추다 : 늦추어.

291 - ㄴㅈㄱ - 노작 : 노작하고.

292 - ㄴㅈㄴ - 내잔 : 내 잔.

293 - ㄴㅈㄷ - 늦도록 : 늦도록 기울이고.

294 - ㄴㅈㄹ - 뇌졸 : 뇌졸중으로.

295 - ㄴㅈㅁ - 나 조마조마 : 나 조마조마해서.

296 - ㄴㅈㅂ - 내 자비 : 내 자비 들여 고치다.

297 - ㄴㅈㅅ - 내 젓 : 내 젓.

298 - ㄴㅈㅇ - 내 장 : 내 장 내 것이니.

299 - ㄴㅈㅈ - 내 주장 : 내 주장 대로다.

ㄷㅊ – 300~309 : ㄷㅊㅊ – ㄱㄴㄷ / ㄹㅁㅂ / ㅅㅇㅈ

300 – ㄷㅊㅊ – 대추차 : 대추차 만드는.

301 – ㄷㅊㄱ – 대책 : 대책은.

302 – ㄷㅊㄴ – 대천 : 대천에서 맑은 물.

303 – ㄷㅊㄷ – 돛대 : 돛단배에서 실어오다.

304 – ㄷㅊㄹ – 대찰 : 대찰에서.

305 – ㄷㅊㅁ – 대침 : 대침으로.

306 – ㄷㅊㅂ – 대첩 : 대첩하다.

307 – ㄷㅊㅅ – 다쳐서 : 다쳐서 화가 나.

308 – ㄷㅊㅇ – 대창 : 대창을 들고.

309 – ㄷㅊㅈ – 대치자 : 대치자들과 싸우다.

ㄷㄱ – 310~319 : ㄷㄱㅊ – ㄱㄴㄷ / ㄹㅁㅂ / ㅅㅇㅈ

310 – ㄷㄱㅊ – 독침 : 독침을 만들어.

311 – ㄷㄱㄱ – 두각 : 두각 드러낸.

312 – ㄷㄱㄴ – 대군 : 대군이.

313 – ㄷㄱㄷ – 독도 : 독도를 가다.

314 – ㄷㄱㄹ – 대궐 : 대궐에 사는.

315 – ㄷㄱㅁ – 대감 : 대감이.

316 – ㄷㄱㅂ – 두꺼비 : 두꺼비 잡다.

317 – ㄷㄱㅅ – 독수리 : 독수리가.

318 – ㄷㄱㅇ – 도강 : 강을 도강하여.

319 – ㄷㄱㅈ – 독재 : 독재를 하다.

ㄷㄴ - 320~329 : ㄷㄴㅊ - ㄱㄴㄷ / ㄹㅁㅂ / ㅅㅇㅈ

320 - ㄷㄴㅊ - 단추 : 단추를.

321 - ㄷㄴㄱ - 단기 : 단기에 달고.

322 - ㄷㄴㄴ - 도난 : 도난당한.

323 - ㄷㄴㄷ - 단도 : 단도를 찾다.

324 - ㄷㄴㄹ - 대나라 : 대나라에.

325 - ㄷㄴㅁ - 단무 : 단무를 심고 나니.

326 - ㄷㄴㅂ - 단비 : 단비가 내리다.

327 - ㄷㄴㅅ - 댄서 : 댄서가.

328 - ㄷㄴㅇ - 단오 : 단오에.

329 - ㄷㄴㅈ - 된장 : 된장국을 먹다.

ㄷㄷ - 330~339 : ㄷㄷㅊ - ㄱㄴㄷ / ㄹㅁㅂ / ㅅㅇㅈ

330 - ㄷㄷㅊ - 도대체 : 두대체.

331 - ㄷㄷㄱ - 대독 : 대독한 사람이.

332 - ㄷㄷㄴ - 대단 : 대단한.

333 - ㄷㄷㄷ - 대도둑 : 대도둑이고.

334 - ㄷㄷㄹ - 대들보 : 대들보 들고.

335 - ㄷㄷㅁ - 대담 : 대담하게.

336 - ㄷㄷㅂ - 대답 : 대답하다.

337 - ㄷㄷㅅ - 대다수 : 대다수 사람이.

338 - ㄷㄷㅇ - 도당 : 도당들의.

339 - ㄷㄷㅈ - 대대장 : 대대장.

● ㄷㄹ - 340~349 : ㄷㄹㅊ - ㄱㄴㄷ / ㄹㅁㅂ / ㅅㅇㅈ

340 - ㄷㄹㅊ - 들추다 : 비밀을 들추면.

341 - ㄷㄹㄱ - 달구지 : 달구지 신세.

342 - ㄷㄹㄴ - 토란 : 토란을.

343 - ㄷㄹㄷ - 돌대 : 돌대 위에서 찧다.

344 - ㄷㄹㄹ - 달래 : 달래 먹는.

345 - ㄷㄹㅁ - 달마 : 달마대사.

346 - ㄷㄹㅂ - 돌비 : 돌비로 남다.

347 - ㄷㄹㅅ - 돌쇠 : 돌쇠가.

348 - ㄷㄹㅇ - 도랑 : 도랑치며.

349 - ㄷㄹㅈ - 들쥐 : 들쥐를 잡다.

● ㄷㅁ - 350~359 : ㄷㅁㅊ - ㄱㄴㄷ / ㄹㅁㅂ / ㅅㅇㅈ

350 - ㄷㅁㅊ - 대마초 : 대마초 피우는.

351 - ㄷㅁㄱ - 대목 : 대목에.

352 - ㄷㅁㄴ - 대만 : 대만에 가니.

353 - ㄷㅁㄷ - 대마도 : 대마도로 가라더라.

354 - ㄷㅁㄹ - 대마로 : 대마로.

355 - ㄷㅁㅁ - 두 몸이 : 두 몸이 탄 채.

356 - ㄷㅁㅂ - 덤비다 : 덤비다.

357 - ㄷㅁㅅ - 대못 : 대못을 박고.

358 - ㄷㅁㅇ - 대망 : 새해에 바라는 대망을.

359 - ㄷㅁㅈ - 탐지 : 탐지하다.

ㄷㅂ – 360~369 : ㄷㅂㅊ – ㄱㄴㄷ / ㄹㅁㅂ / ㅅㅇㅈ

360 – ㄷㅂㅊ – 두부초 : 두부초 먹고.

361 – ㄷㅂㄱ – 대북 : 대북을 치다.

362 – ㄷㅂㄴ – 대본 : 대본 읽고 또 읽고.

363 – ㄷㅂㄷ – 더 받다 : 원고 더 받다.

364 – ㄷㅂㄹ – 대발 : 대발의.

365 – ㄷㅂㅁ – 도범 : 도범으로.

366 – ㄷㅂㅂ – 대법 : 대법에 가다.

367 – ㄷㅂㅅ – 도배사 : 도배사가.

368 – ㄷㅂㅇ – 다방 : 다방에.

369 – ㄷㅂㅈ – 도배지 : 도배지 바르다.

ㄷㅅ – 370~379 : ㄷㅅㅊ – ㄱㄴㄷ / ㄹㅁㅂ / ㅅㅇㅈ

370 – ㄷㅅㅊ – 대사차 : 대사차를.

371 – ㄷㅅㄱ – 대사가 : 대사가.

372 – ㄷㅅㄴ – 대산 : 대산에서 운전하고.

373 – ㄷㅅㄷ – 다시다 : 다시다를 싣다.

374 – ㄷㅅㄹ – 대설 : 대설의 눈을.

375 – ㄷㅅㅁ – 대섬 : 대섬에서.

376 – ㄷㅅㅂ – 대삽 : 대삽으로 심다.

377 – ㄷㅅㅅ – 닷세 : 닷세간.

378 – ㄷㅅㅇ – 대상 : 대상을 받아.

379 – ㄷㅅㅈ – 돗자리 : 돗자리 펴다.

ㄷㅇ – 380~389 : ㄷㅇㅊ – ㄱㄴㄷ / ㄹㅁㅂ / ㅅㅇㅈ

380 – ㄷㅇㅊ – 당초 : 당초에.

381 – ㄷㅇㄱ – 당귀 : 당귀를 재배하고.

382 – ㄷㅇㄴ – 당나귀 : 당나귀로.

383 – ㄷㅇㄷ – 등대 : 등대를 돌다.

384 – ㄷㅇㄹ – 동래 : 동래.

385 – ㄷㅇㅁ – 동무 : 동무들과.

386 – ㄷㅇㅂ – 등배 : 등배놀이하다.

387 – ㄷㅇㅅ – 당수 : 당수.

388 – ㄷㅇㅇ – 동아리 : 동아리 팀에.

389 – ㄷㅇㅈ – 동자 : 동자가 끼다.

ㄷㅈ – 390~399 : ㄷㅈㅊ – ㄱㄴㄷ / ㄹㅁㅂ / ㅅㅇㅈ

390 – ㄷㅈㅊ – 돼지창 : 돼지창으로 사냥하고.

391 – ㄷㅈㄱ – 대작 : 대작을.

392 – ㄷㅈㄴ – 대잔 : 대잔에 하니.

393 – ㄷㅈㄷ – 돼지 떼 : 돼지 떼 만나다.

394 – ㄷㅈㄹ – 대절 : 대절한 차에.

395 – ㄷㅈㅁ – 돼지 목 : 돼지 목.

396 – ㄷㅈㅂ – 돼지 배 : 돼지 배 싣고.

397 – ㄷㅈㅅ – 돼지사 : 돼지 사.

398 – ㄷㅈㅇ – 대장 : 대장에게 주다.

399 – ㄷㅈㅈ – 도주자 : 대장이 도주자 잡다.

ㅎㅊ – 400~409 : ㅎㅊㅊ – ㄱㄴㄷ / ㄹㅁㅂ / ㅅㅇㅈ

400 – ㅎㅊㅊ – 해초차 : 해초차를 끓이고.

401 – ㅎㅊㄱ – 화초 가게 : 화초 가게.

402 – ㅎㅊㄴ – 하천 : 하천에 즐비하고.

403 – ㅎㅊㄷ – 화초대 : 화초대 위에 화분.

404 – ㅎㅊㄹ – 회초리 : 회초리로 때려.

405 – ㅎㅊㅁ – 해침 : 아이를 해침.

406 – ㅎㅊㅂ – 해초비빔밥 : 해초비비고.

407 – ㅎㅊㅅ – 화초씨 : 화초씨 양념.

408 – ㅎㅊㅇ – 해청 : 해청에 무치다 남은 것.

409 – ㅎㅊㅈ – 하치장 : 하치장에 버리다.

ㅎㄱ – 410~419 : ㅎㄱㅊ – ㄱㄴㄷ / ㄹㅁㅂ / ㅅㅇㅈ

410 – ㅎㄱㅊ – 학춤 : 학춤을.

411 – ㅎㄱㄱ – 학교 : 학교에서 배우고.

412 – ㅎㄱㄴ – 해군 : 해군이.

413 – ㅎㄱㄷ – 혁대 : 혁대를 졸라 매다.

414 – ㅎㄱㄹ – 호걸 : 영웅 호걸이.

415 – ㅎㄱㅁ – 호감 : 호감을 받아.

416 – ㅎㄱㅂ – 학비 : 학비를 대다.

417 – ㅎㄱㅅ – 학생 : 학생이.

418 – ㅎㄱㅇ – 호강 : 호강하면.

419 – ㅎㄱㅈ – 학자 : 학자되기 힘들다.

ㅎㄴ – 420~429 : ㅎㄴㅊ – ㄱㄴㄷ / ㄹㅁㅂ / ㅅㅇㅈ

420 – ㅎㄴㅊ – 한치 : 한치회를 먹고.

421 – ㅎㄴㄱ – 한개 : 계란 한 개 훔쳐 먹다가.

422 – ㅎㄴㄴ – 혼나 : 혼나게.

423 – ㅎㄴㄷ – 한대 : 한 대 맞다.

424 – ㅎㄴㄹ – 하나로 : 하나로.

425 – ㅎㄴㅁ – 한문 : 한문을 표기.

426 – ㅎㄴㅂ – 한빛 : 한빛은행 간판.

427 – ㅎㄴㅅ – 혼수 : 혼수.

428 – ㅎㄴㅇ – 한아름 : 한아름을.

429 – ㅎㄴㅈ – 한지 : 한지에 싸다.

ㅎㄷ – 430~439 : ㅎㄷㅊ – ㄱㄴㄷ / ㄹㅁㅂ / ㅅㅇㅈ

430 – ㅎㄷㅊ – 호두차 : 호두차를 먹고.

431 – ㅎㄷㄱ – 해독 : 해독한 신문의.

432 – ㅎㄷㄴ – 하단 : 하단이.

433 – ㅎㄷㄷ – 해돋다 : 해돋는 신년 기사더라.

434 – ㅎㄷㄹ – 호돌이 : 호돌이가.

435 – ㅎㄷㅁ – 해뜨면 : 해뜨면.

436 – ㅎㄷㅂ – 해답 : 해답을 알 것이다.

437 – ㅎㄷㅅ – 해대생 : 해대생이.

438 – ㅎㄷㅇ – 해당화 : 해당화 피는 바닷가에서.

439 – ㅎㄷㅈ – 효도제 : 효도제 제전을 펼치다.

ㅎㄹ - 440~449 : ㅎㄹㅊ - ㄱㄴㄷ / ㄹㅁㅂ / ㅅㅇㅈ

440 - ㅎㄹㅊ - 홀치기 : 먹이를 홀치기 하기에.

441 - ㅎㄹㄱ - 활기 : 활기를 띠는 가운데.

442 - ㅎㄹㄴ - 해란 : 해란이 일다.

443 - ㅎㄹㄷ - 활대 : 활대를 잡고 관망하다.

444 - ㅎㄹㄹ - 홀로 : 홀로된.

445 - ㅎㄹㅁ - 할머니 : 할머니가.

446 - ㅎㄹㅂ - 활보 : 활보를 치다.

447 - ㅎㄹㅅ - 홀수 : 홀수 나이인.

448 - ㅎㄹㅇ - 할아버지 : 할아버지는.

449 - ㅎㄹㅈ - 홀쭉이 : 홀쭉이더라.

ㅎㅁ - 450~459 : ㅎㅁㅊ - ㄱㄴㄷ / ㄹㅁㅂ / ㅅㅇㅈ

450 - ㅎㅁㅊ - 훔치다 : 훔치려던.

451 - ㅎㅁㄱ - 함기 : 함기에.

452 - ㅎㅁㄴ - 하모니카 : 하모니카를 싸서.

453 - ㅎㅁㄷ - 함대 : 함대에 넣다.

454 - ㅎㅁㄹ - 해물 : 해물은.

455 - ㅎㅁㅁ - 호미목 : 호미 목으로 쳐.

456 - ㅎㅁㅂ - 함부로 : 함부로 죽이다.

457 - ㅎㅁㅅ - 함수 : 함수를.

458 - ㅎㅁㅇ - 해몽 : 해몽하고.

459 - ㅎㅁㅈ - 함지 : 함수 책을 함지에 넣다.

ㅎㅂ - 460~469 : ㅎㅂㅊ - ㄱㄴㄷ/ㄹㅁㅂ/ㅅㅇㅈ

460 - ㅎㅂㅊ - 합치다 : 양다리를 합쳐.

461 - ㅎㅂㄱ - 허벅지 : 허벅지.

462 - ㅎㅂㄴ - 하반신 : 하반신을.

463 - ㅎㅂㄷ - 호비다 : 호비다.

464 - ㅎㅂㄹ - 해발 : 해발 높이 등반을.

465 - ㅎㅂㅁ - 해봄 : 해봄은.

466 - ㅎㅂㅂ - 해법 : 방법의 해법을 찾다.

467 - ㅎㅂㅅ - 합수 : 합수 부대가 민족의.

468 - ㅎㅂㅇ - 해방 : 해방을 위해.

469 - ㅎㅂㅈ - 협조 : 협조하다.

ㅎㅅ - 470~479 : ㅎㅅㅊ - ㄱㄴㄷ/ㄹㅁㅂ/ㅅㅇㅈ

470 - ㅎㅅㅊ - 햇차 : 햇차를.

471 - ㅎㅅㄱ - 하숙 : 하숙집에서 먹고.

472 - ㅎㅅㄴ - 해산 : 해산할 아내를 위해.

473 - ㅎㅅㄷ - 하수도 : 하수도 정비를 하다.

474 - ㅎㅅㄹ - 해수로 : 해수로.

475 - ㅎㅅㅁ - 해수문 : 해수문을 만들고.

476 - ㅎㅅㅂ - 해수보 : 해수보를 설치하다.

477 - ㅎㅅㅅ - 헛수고 : 헛수고로 돌아간.

478 - ㅎㅅㅇ - 해상 : 해상 사고로.

479 - ㅎㅅㅈ - 회사주 : 회사주가 떨어지다.

ㅎㅇ - 480~489 : ㅎㅇㅊ - ㄱㄴㄷ/ㄹㅁㅂ/ㅅㅇㅈ

480 - ㅎㅇㅊ - 행차 : 행차하는 시작을.

481 - ㅎㅇㄱ - 항구 : 항구에서.

482 - ㅎㅇㄴ - 향내 : 향내 나는.

483 - ㅎㅇㄷ - 홍두깨 : 홍두깨를 가지고 떠나다.

484 - ㅎㅇㄹ - 항로 : 항로.

485 - ㅎㅇㅁ - 항모 : 항모가 떠 있고.

486 - ㅎㅇㅂ - 행보 : 함상에 대원의 행보가 바쁘다.

487 - ㅎㅇㅅ - 향수 : 향수와.

488 - ㅎㅇㅇ - 향유 : 향유를.

489 - ㅎㅇㅈ - 행주 : 행주에 뿌리다.

ㅎㅈ - 490~499 : ㅎㅈㅊ - ㄱㄴㄷ/ㄹㅁㅂ/ㅅㅇㅈ

490 - ㅎㅈㅊ - 호주차 : 호주차적을 가지.

491 - ㅎㅈㄱ - 호적 : 호적이 있고.

492 - ㅎㅈㄴ - 호전 : 호전적인.

493 - ㅎㅈㄷ - 해 주다 : 장점으로 해 주다.

494 - ㅎㅈㄹ - 해주로 : 황해도 해주로.

495 - ㅎㅈㅁ - 해주마 : 해주마하면서.

496 - ㅎㅈㅂ - 해잡고 : 핸들을 해잡고.

497 - ㅎㅈㅅ - 호젓한 : 호젓한 시골길을 달리다.

498 - ㅎㅈㅇ - 해장 : 술을 먹는 날은 해장국을.

499 - ㅎㅈㅈ - 해 주자 : 해 주자.

ㅁㅊ – 500~509 : ㅁㅊㅊ – ㄱㄴㄷ / ㄹㅁㅂ / ㅅㅇㅈ

500 – ㅁㅊㅊ – 마차 축 : 마차 축이 뽑혀.

501 – ㅁㅊㄱ – 무척 : 무척 놀랐지만.

502 – ㅁㅊㄴ – 미친 척 : 미친 척.

503 – ㅁㅊㄷ – 마치다 : 그 일을 마치다.

504 – ㅁㅊㄹ – 마찰 : 마찰 없이.

505 – ㅁㅊㅁ – 무참히 : 무참히 공격.

506 – ㅁㅊㅂ – 무차별 : 무차별하게 사격하다.

507 – ㅁㅊㅅ – 무쳐서 : 나물을 무쳐서.

508 – ㅁㅊㅇ – 무청 : 무청과.

509 – ㅁㅊㅈ – 마차 주인 : 마차 주인에게 주다.

ㅁㄱ – 510~519 : ㅁㄱㅊ – ㄱㄴㄷ / ㄹㅁㅂ / ㅅㅇㅈ

510 – ㅁㄱㅊ – 막차 : 막차에.

511 – ㅁㄱㄱ – 목기(나무그릇) : 목기를 싣다.

512 – ㅁㄱㄴ – 막내 : 막내가 목기에 담아.

513 – ㅁㄱㄷ – 먹다 : 먹다.

514 – ㅁㄱㄹ – 목화 : 목화 수확을.

515 – ㅁㄱㅁ – 마감 : 마감하고 한짐 지니.

516 – ㅁㄱㅂ – 무겁다 : 무겁다.

517 – ㅁㄱㅅ – 목수 : 목수가.

518 – ㅁㄱㅇ – 무궁화 : 무궁화를 심어.

519 – ㅁㄱㅈ – 목재 : 목재를 얻다.

ㅁㄴ – 520~529 : ㅁㄴㅊ – ㄱㄴㄷ / ㄹㅁㅂ / ㅅㅇㅈ

520 – ㅁㄴㅊ – 만취 : 술이 만취되어.

521 – ㅁㄴㄱ – 만기 : 만기를 넘기다.

522 – ㅁㄴㄴ – 만나 : 만나서.

523 – ㅁㄴㄷ – 만두 : 만두를 빚어 맛있게 먹었다.

524 – ㅁㄴㄹ – 만화 : 만화 속의 주인공.

525 – ㅁㄴㅁ – 미남 : 미남과.

526 – ㅁㄴㅂ – 만보 : 만보를 걷다.

527 – ㅁㄴㅅ – 만세 : 만세 소리에.

528 – ㅁㄴㅇ – 문어 : 문어가 놀래.

529 – ㅁㄴㅈ – 문자 : 문자를 잊어 먹었다.

ㅁㄷ – 530~539 : ㅁㄷㅊ – ㄱㄴㄷ / ㄹㅁㅂ / ㅅㅇㅈ

530 – ㅁㄷㅊ – 무대춤 : 무대에서 춤을 추다.

531 – ㅁㄷㄱ – 메뚜기 : 메뚜기처럼 뛰면서.

532 – ㅁㄷㄴ – 마돈나 : 마돈나에게.

533 – ㅁㄷㄷ – 묻다 : 묻다.

534 – ㅁㄷㄹ – 매달 : 매달.

535 – ㅁㄷㅁ – 무덤 : 무덤을 찾다.

536 – ㅁㄷㅂ – 무답 : 말 없이 무답으로 묵념하다.

537 – ㅁㄷㅅ – 무대수 : 무대에서 일하는 무대수.

538 – ㅁㄷㅇ – 무당 : 무당을.

539 – ㅁㄷㅈ – 믿자 : 믿자니 의심스럽다.

ㅁㄹ - 540~549 : ㅁㄹㅊ - ㄱㄴㄷ / ㄹㅁㅂ / ㅅㅇㅈ

540 - ㅁㄹㅊ - 밀차 : 밀차에 실은.

541 - ㅁㄹㄱ - 밀가루 : 밀가루가.

542 - ㅁㄹㄴ - 물나라 : 물나라와 만나다.

543 - ㅁㄹㄷ - 마라톤 : 밀가루 음식으로 마라톤 대회 나가다.

544 - ㅁㄹㄹ - 말라 : 물이 말라 있고.

545 - ㅁㄹㅁ - 멀미 : 차에서 멀미하니.

546 - ㅁㄹㅂ - 물보 : 물보가 터지다.

547 - ㅁㄹㅅ - 밀수 : 밀수한.

548 - ㅁㄹㅇ - 말이 : 말이.

549 - ㅁㄹㅈ - 말죽 : 말죽을 먹다.

ㅁㅁ - 550~559 : ㅁㅁㅊ - ㄱㄴㄷ / ㄹㅁㅂ / ㅅㅇㅈ

550 - ㅁㅁㅊ - 매미채 : 매미채로.

551 - ㅁㅁㄱ - 몸기(己) : 몸기를 덮어.

552 - ㅁㅁㄴ - 매미 눈 : 매미 눈을 가지고.

553 - ㅁㅁㄷ - 매미 다리 : 매미 다리를 잡다.

554 - ㅁㅁㄹ - 메말라 : 메말라 있는.

555 - ㅁㅁㅁ - 몸매 : 몸매는.

556 - ㅁㅁㅂ - 마마보이 : 마마보이 같다.

557 - ㅁㅁㅅ - 몸소 : 몸소.

558 - ㅁㅁㅇ - 몸이 : 몸이 아프니.

559 - ㅁㅁㅈ - 몸종 : 몸종이 돌보다.

ㅁㅂ - 560~569 : ㅁㅂㅊ - ㄱㄴㄷ / ㄹㅁㅂ / ㅅㅇㅈ

560 - ㅁㅂㅊ - 매부 차 : 매부 차를.

561 - ㅁㅂㄱ - 마부가 : 마부가 운전하며.

562 - ㅁㅂㄴ - 마부 노래 : 마부 노래 부르다.

563 - ㅁㅂㄷ - 마비됨 : 입이 마비됨.

564 - ㅁㅂㄹ - 매 발 : 매 발 모양이 사나와.

565 - ㅁㅂㅁ - 모범 : 새 중 모범이고.

566 - ㅁㅂㅂ - 매 밥 : 매 밥은 고기로 주다.

567 - ㅁㅂㅅ - 무보수 : 무보수.

568 - ㅁㅂㅇ - 모방 : 모방하여.

569 - ㅁㅂㅈ - 무비자 : 무비자로 여행하다.

ㅁㅅ - 570~579 : ㅁㅅㅊ - ㄱㄴㄷ / ㄹㅁㅂ / ㅅㅇㅈ

570 - ㅁㅅㅊ - 맛차 : 맛차를.

571 - ㅁㅅㄱ - 마석 : 마석에서.

572 - ㅁㅅㄴ - 마산 : 마산에서.

573 - ㅁㅅㄷ - 마시다 : 마시다.

574 - ㅁㅅㄹ - 무술 : 무술하는.

575 - ㅁㅅㅁ - 머슴 : 머슴을 요사이.

576 - ㅁㅅㅂ - 못 봐 : 못 보다.

577 - ㅁㅅㅅ - 못 써 : 못 쓰게 될 물건은.

578 - ㅁㅅㅇ - 매상 : 매상이 안 되.

579 - ㅁㅅㅈ - 매수자 : 매수자가 없더라.

ㅁㅇ – 580~589 : ㅁㅇㅊ – ㄱㄴㄷ / ㄹㅁㅂ / ㅅㅇㅈ

580 – ㅁㅇㅊ – 망치 : 망치질을 잘못하여.

581 – ㅁㅇㄱ – 망가지다 : 망가지고.

582 – ㅁㅇㄴ – 멍나 : 손이 멍나.

583 – ㅁㅇㄷ – 망대 : 망대에서 울다.

584 – ㅁㅇㄹ – 멍하니 : 멍하니.

585 – ㅁㅇㅁ – 맹모 : 맹모께서.

586 – ㅁㅇㅂ – 망 보다 : 망 보다.

587 – ㅁㅇㅅ – 맹수 : 맹수에.

588 – ㅁㅇㅇ – 망아지 : 망아지가 물리니.

589 – ㅁㅇㅈ – 맹자 : 맹자께서 쫓더라.

ㅁㅈ – 590~599 : ㅁㅈㅊ – ㄱㄴㄷ / ㄹㅁㅂ / ㅅㅇㅈ

590 – ㅁㅈㅊ – 모자 챙 : 모자 챙에.

591 – ㅁㅈㄱ – 메주 가루 : 메주 가루가.

592 – ㅁㅈㄴ – 메주 내음 : 메주 내음 풍기고.

593 – ㅁㅈㄷ – 메주 떡 : 메주 떡은 처마에 매달다.

594 – ㅁㅈㄹ – 매절 : 매절한.

595 – ㅁㅈㅁ – 매점 : 매점의 상도덕.

596 – ㅁㅈㅂ – 무자비 : 무자비.

597 – ㅁㅈㅅ – 무자식 : 무자식으로.

598 – ㅁㅈㅇ – 무정 : 무정한 사람.

599 – ㅁㅈㅈ – 모자정 : 모자정 모른다.

ㅂㅊ – 600~609 : ㅂㅊㅊ – ㄱㄴㄷ / ㄹㅁㅂ / ㅅㅇㅈ

600 – ㅂㅊㅊ – 부채춤 : 부채춤을 추니.

601 – ㅂㅊㄱ – 부칙 : 부칙에 맞추어.

602 – ㅂㅊㄴ – 부친 : 부친이 부쳐서.

603 – ㅂㅊㄷ – 부채대 : 부채대에 걸쳐 주다.

604 – ㅂㅊㄹ – 배출 : 가스 배출로.

605 – ㅂㅊㅁ – 비참 : 비참하게.

606 – ㅂㅊㅂ – 배추밭 : 배추밭 배추가 썩어지다.

607 – ㅂㅊㅅ – 보초실 : 보초실.

608 – ㅂㅊㅇ – 보충 : 보충하니.

609 – ㅂㅊㅈ – 빛 좋은 : 빛 좋은 가죽이더라.

ㅂㄱ – 610~619 : ㅂㄱㅊ – ㄱㄴㄷ / ㄹㅁㅂ / ㅅㅇㅈ

610 – ㅂㄱㅊ – 박치기 : 박치기로.

611 – ㅂㄱㄱ – 백기 : 백기를 들게 하고.

612 – ㅂㄱㄴ – 백날 : 백날 백로는 하늘을 날다.

613 – ㅂㄱㄷ – 박대 : 백로를 박대하지마.

614 – ㅂㄱㄹ(ㅎ) – 백합 : 백합꽃을.

615 – ㅂㄱㅁ – 보검 : 보검으로 자르고.

616 – ㅂㄱㅂ – 벽보 : 벽보를 찢다.

617 – ㅂㄱㅅ – 북소리 : 북소리에 놀란.

618 – ㅂㄱㅇ – 복어 : 복어.

619 – ㅂㄱㅈ – 백제 : 복어 백제 사람이 먹다.

ㅂㄴ - 620~629 : ㅂㄴㅊ - ㄱㄴㄷ / ㄹㅁㅂ / ㅅㅇㅈ

620 - ㅂㄴㅊ - 본처 : 본처가.

621 - ㅂㄴㄱ - 번개 : 번개 소리에 놀라다.

622 - ㅂㄴㄴ - 바나나 : 번개같이 바나나 먹다.

623 - ㅂㄴㄷ - 반대 : 바나나 반대.

624 - ㅂㄴㄹ(ㅎ) - 번화 : 번화가에.

625 - ㅂㄴㅁ - 배나무 : 배나무를 심어.

626 - ㅂㄴㅂ - 본부 : 본부에 알리다.

627 - ㅂㄴㅅ - 변소 : 변소 앞에.

628 - ㅂㄴㅇ - 배낭 : 배낭을 놓고.

629 - ㅂㄴㅈ - 반지 : 반지를 빼어 배낭 속에 넣다.

ㅂㄷ - 630~639 : ㅂㄷㅊ - ㄱㄴㄷ / ㄹㅁㅂ / ㅅㅇㅈ

630 - ㅂㄷㅊ - 보도차(받침) : 책받침.

631 - ㅂㄷㄱ - 바닥 : 바닥에.

632 - ㅂㄷㄴ - 비단 : 비단을 깔고.

633 - ㅂㄷㄷ - 받다 : 받다.

634 - ㅂㄷㄹ - 배달 : 배달하여 주니.

635 - ㅂㄷㅁ - 부담 : 부담스러우나.

636 - ㅂㄷㅂ - 보답 : 보답으로 잘하다.

637 - ㅂㄷㅅ - 바닷가 : 바닷가에서.

638 - ㅂㄷㅇ - 부당 : 부당하게 모금을.

639 - ㅂㄷㅈ - 보태자 : 보태자니 돈이 모자란다.

ㅂㄹ – 640~649 : ㅂㄹㅊ – ㄱㄴㄷ / ㄹㅁㅂ / ㅅㅇㅈ

640 – ㅂㄹㅊ – 벌초 : 조상묘에 벌초 잘못하여.

641 – ㅂㄹㄱ – 볼기 : 볼기 맞고.

642 – ㅂㄹㄴ – 벌 눈 : 벌 눈.

643 – ㅂㄹㄷ – 벌 다리 : 벌 다리가 내 몸에 붙다.

644 – ㅂㄹㄹ(ㅎ) – 불화(火) : 불화로.

645 – ㅂㄹㅁ – 바람 : 바람에 날려.

646 – ㅂㄹㅂ – 별빛 : 별빛처럼 빛나다.

647 – ㅂㄹㅅ – 불씨 : 불씨.

648 – ㅂㄹㅇ – 벼랑 : 벼랑에 붙어.

649 – ㅂㄹㅈ – 벌집 : 벌집을 태우다.

ㅂㅁ – 650~659 : ㅂㅁㅊ – ㄱㄴㄷ / ㄹㅁㅂ / ㅅㅇㅈ

650 – ㅂㅁㅊ – 밤차 : 밤차로.

651 – ㅂㅁㄱ – 봄 기운 : 봄 기운에.

652 – ㅂㅁㄴ – 봄나물 : 봄나물이 나고.

653 – ㅂㅁㄷ – 범띠 : 범띠 아가씨가 나물을 캐다.

654 – ㅂㅁㄹ – 비밀 : 비밀리에.

655 – ㅂㅁㅁ – 밤마다 : 밤마다.

656 – ㅂㅁㅂ – 봄비 : 봄비에 젖고.

657 – ㅂㅁㅅ – 밤씨 : 밤씨를.

658 – ㅂㅁㅇ – 범이 : 범이 먹고 사람을 물어.

659 – ㅂㅁㅈ – 범죄 : 범죄가 되다.

ㅂㅂ - 660~669 : ㅂㅂㅊ - ㄱㄴㄷ / ㄹㅁㅂ / ㅅㅇㅈ

660 - ㅂㅂㅊ - 법치 국가 : 법치 국가를 세우기 위해.

661 - ㅂㅂㄱ - 법과 : 법과를 택하다.

662 - ㅂㅂㄴ - 배반 : 배반자를.

663 - ㅂㅂㄷ - 법대 : 법대에서 자퇴시키다.

664 - ㅂㅂㄹ - 비바리 : 비바리 처녀와.

665 - ㅂㅂㅁ - 비빔밥 : 비빔밥 먹는.

666 - ㅂㅂㅂ - 밥보 : 밥보.

667 - ㅂㅂㅅ - 법서 : 법서로.

668 - ㅂㅂㅇ - 법어 : 법어를 통달하여.

669 - ㅂㅂㅈ - 법제 : 법 제도 국가를 만들다.

ㅂㅅ - 670~679 : ㅂㅅㅊ - ㄱㄴㄷ / ㄹㅁㅂ / ㅅㅇㅈ

670 - ㅂㅅㅊ - 배수차 : 배수차가 오니 옷을.

671 - ㅂㅅㄱ - 벗기 : 벗고 목욕하다.

672 - ㅂㅅㄴ - 버선 : 버선을.

673 - ㅂㅅㄷ - 벗다 : 벗다.

674 - ㅂㅅㄹ - 배설 : 배설을.

675 - ㅂㅅㅁ - 베삼 : 베삼 옷에 하니.

676 - ㅂㅅㅂ - 보섭 : 보섭 쟁기로 밭가는 일 끝이다.

677 - ㅂㅅㅅ - 비 새서 : 비 새서 나라에서.

678 - ㅂㅅㅇ - 보상 : 보상 받고 배수차 운전수.

679 - ㅂㅅㅈ - 배수자 : 배수자 되다.

ㅂㅇ - 680~689 : ㅂㅇㅊ - ㄱㄴㄷ / ㄹㅁㅂ / ㅅㅇㅈ

680 - ㅂㅇㅊ - 빙초산 : 빙초산에.

681 - ㅂㅇㄱ - 방개 : 방개를 넣어서.

682 - ㅂㅇㄴ - 비운 : 비운에 가다.

683 - ㅂㅇㄷ - 붕대 : 붕대에 싸서 땅에 묻다.

684 - ㅂㅇㄹ - 방화 : 방화범이.

685 - ㅂㅇㅁ - 방문 : 미리 방문하여.

686 - ㅂㅇㅂ - 방법 : 방법을 궁리하다.

687 - ㅂㅇㅅ - 방수 : 방수한 어항에.

688 - ㅂㅇㅇ - 붕어 : 붕어가.

689 - ㅂㅇㅈ - 방자한 : 방자한 모습으로 놀다.

ㅂㅈ - 690~699 : ㅂㅈㅊ - ㄱㄴㄷ / ㄹㅁㅂ / ㅅㅇㅈ

690 - ㅂㅈㅊ - 바지춤 : 바지춤을.

691 - ㅂㅈㄱ - 보자기 : 보자기로 두르고.

692 - ㅂㅈㄴ - 비전 : 비전의 춤을 추다.

693 - ㅂㅈㄷ - 바지대 : 바지 대님 치고.

694 - ㅂㅈㄹ - 부자로 : 부자로 사는.

695 - ㅂㅈㅁ - 배점 : 배점은 하늘이 주고.

696 - ㅂㅈㅂ - 비좁은 : 비좁은 인간의 마음은 속세가 준다.

697 - ㅂㅈㅅ - 바지 속 : 바지 속을.

698 - ㅂㅈㅇ - 비장한 : 비장한 각오로 뒤져.

699 - ㅂㅈㅈ - 바지 주머니 : 바지 주머니 돈을 꺼내다.

ㅅㅊ - 700~709 : ㅅㅊㅊ- ㄱㄴㄷ / ㄹㅁㅂ / ㅅㅇㅈ

700 - ㅅㅊㅊ - 수차채 : 수차채(물레방아)가 커서.

701 - ㅅㅊㄱ - 수차가 : 수차가 크므로.

702 - ㅅㅊㄴ - 세찬 : 세찬 물을 보내어.

703 - ㅅㅊㄷ - 수차대 : 수차대를 높이다.

704 - ㅅㅊㄹ - 사찰 : 사찰을 그리고.

705 - ㅅㅊㅁ - 새 침 : 새 침을.

706 - ㅅㅊㅂ - 수첩 : 수첩 사이에서 꺼내다.

707 - ㅅㅊㅅ - 사차선 : 사차선 앞.

708 - ㅅㅊㅇ - 시청 : 시청에서.

709 - ㅅㅊㅈ - 시차제 : 시차제를 적용.

ㅅㄱ - 710~719 : ㅅㄱㅊ - ㄱㄴㄷ / ㄹㅁㅂ / ㅅㅇㅈ

710 - ㅅㄱㅊ - 석차 : 석차를 높이기 위해서.

711 - ㅅㄱㄱ - 쇠고기 : 쇠고기 사 먹이고.

712 - ㅅㄱㄴ - 사군자 : 사군자 그리니 모두.

713 - ㅅㄱㄷ - 사가다 : 사가다.

714 - ㅅㄱㄹ - 소굴 : 도둑의 소굴에서.

715 - ㅅㄱㅁ - 수감 : 수감을 위해서.

716 - ㅅㄱㅂ - 수갑 : 수갑을 채우다.

717 - ㅅㄱㅅ - 새 갓 : 새 갓을 쓰고.

718 - ㅅㄱㅇ - 수궁 : 수궁의 용궁에서.

719 - ㅅㄱㅈ - 속죄 : 속죄하다.

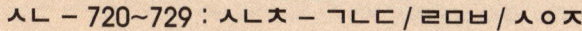

ㅅㄴ - 720~729 : ㅅㄴㅊ - ㄱㄴㄷ/ㄹㅁㅂ/ㅅㅇㅈ

720 - ㅅㄴㅊ - 산채 : 선채 산채를 먹고.

721 - ㅅㄴㄱ - 소나기 : 소나기 맞은.

722 - ㅅㄴㄴ - 소년 : 소년.

723 - ㅅㄴㄷ - 순대 : 순대를 먹다.

724 - ㅅㄴㄹ - 신라 : 신라 병원의.

725 - ㅅㄴㅁ - 산모 : 산모는.

726 - ㅅㄴㅂ - 선배 : 선배다.

727 - ㅅㄴㅅ - 산수 : 산수화를 그려.

728 - ㅅㄴㅇ - 산아 : 산아 기념으로.

729 - ㅅㄴㅈ - 선주 : 선주에게 주다.

ㅅㄷ - 730~739 : ㅅㄷㅊ - ㄱㄴㄷ/ㄹㅁㅂ/ㅅㅇㅈ

730 - ㅅㄷㅊ - 수도차 : 수도차 물긷러 오는.

731 - ㅅㄷㄱ - 새댁 : 새댁이.

732 - ㅅㄷㄴ - 새 돈 : 새 돈을 꺼내어.

733 - ㅅㄷㄷ - 쓰다듬다 : 쓰다듬다.

734 - ㅅㄷㄹ - 수달 : 수달이.

735 - ㅅㄷㅁ - 서대문 : 서대문에서 발견.

736 - ㅅㄷㅂ - 서도반 : 서도반 아이들이 보호.

737 - ㅅㄷㅅ - 수도세 : 수도세를.

738 - ㅅㄷㅇ - 수당 : 수당에서 제하는.

739 - ㅅㄷㅈ - 세대주 : 세대주.

ㅅㄹ – 740~749 : ㅅㄹㅊ – ㄱㄴㄷ / ㄹㅁㅂ / ㅅㅇㅈ

740 – ㅅㄹㅊ – 술 취해 : 술 취한 사람의.

741 – ㅅㄹㄱ – 쓸개 : 쓸개에서 나는.

742 – ㅅㄹㄴ – 술내 : 술내는.

743 – ㅅㄹㄷ – 사라다 : 사라다 향기다.

744 – ㅅㄹㄹ – 술래 : 술래잡기하는.

745 – ㅅㄹㅁ – 사람 : 사람을.

746 – ㅅㄹㅂ – 싸리비 : 싸리비로 때리다.

747 – ㅅㄹㅅ – 술시 : 술시(유시)에.

748 – ㅅㄹㅇ – 사랑 : 사랑방에.

749 – ㅅㄹㅈ – 술자리 : 술자리를 차리다.

ㅅㅁ – 750~759 : ㅅㅁㅊ – ㄱㄴㄷ / ㄹㅁㅂ / ㅅㅇㅈ

750 – ㅅㅁㅊ – 샘천(泉) : 맑은 샘천에.

751 – ㅅㅁㄱ – 사마귀 : 사마귀가.

752 – ㅅㅁㄴ – 섬나라 : 섬나라에서.

753 – ㅅㅁㄷ – 씨마다 : 씨마다 골라 먹는다.

754 – ㅅㅁㄹ – 삼라 : 삼라도 아씨가.

755 – ㅅㅁㅁ – 삼마(麻) : 삼마천으로 앞을 가리고.

756 – ㅅㅁㅂ – 쌈바춤 : 쌈바춤을 춘다.

757 – ㅅㅁㅅ – 세모시 : 세모시 옷 입어보기를.

758 – ㅅㅁㅇ – 소망 : 소망하고.

759 – ㅅㅁㅈ – 새 모자 : 새 모자 쓰기를 원한다.

ㅅㅂ – 760~769 : ㅅㅂㅊ – ㄱㄴㄷ / ㄹㅁㅂ / ㅅㅇㅈ

760 – ㅅㅂㅊ – 섭취 : 수분 섭취를 위하여.

761 – ㅅㅂㄱ – 수박 : 수박을 준비.

762 – ㅅㅂㄴ – 수분 : 수분이 많은.

763 – ㅅㅂㄷ – 씨 받다 : 씨 받다.

764 – ㅅㅂㄹ – 사발 : 사발돌리기.

765 – ㅅㅂㅁ – 시범 : 시범의.

766 – ㅅㅂㅂ – 수법 : 수법을 터득.

767 – ㅅㅂㅅ – 새 벗 : 새 벗이.

768 – ㅅㅂㅇ – 사방 : 사방 공사에서.

769 – ㅅㅂㅈ – 삽 자루 : 삽 자루 잡다.

ㅅㅅ – 770~779 : ㅅㅅㅊ – ㄱㄴㄷ / ㄹㅁㅂ / ㅅㅇㅈ

770 – ㅅㅅㅊ – 수수차 : 수수차 끓인.

771 – ㅅㅅㄱ – 새색시 : 새색시.

772 – ㅅㅅㄴ – 새신 : 새신 신고.

773 – ㅅㅅㄷ – 세수대야 : 세수 대야 물에.

774 – ㅅㅅㄹ – 세수를 : 세수를 하고.

775 – ㅅㅅㅁ – 수세미 : 수세미로 닦고.

776 – ㅅㅅㅂ – 수수비 : 수수비로 쓸다.

777 – ㅅㅅㅅ – 수세식 : 수세식 화장실 쓰는.

778 – ㅅㅅㅇ – 세상 : 세상에.

779 – ㅅㅅㅈ – 새 세제 : 새 세제로 자연풍 쓰다.

● ㅅㅇ – 780~789 : ㅅㅇㅊ – ㄱㄴㄷ / ㄹㅁㅂ / ㅅㅇㅈ

780 – ㅅㅇㅊ – 상체 : 상체에 기가.

781 – ㅅㅇㄱ – 상기 : 상기하여.

782 – ㅅㅇㄴ – 성내다 : 성내니.

783 – ㅅㅇㄷ – 상대하다 : 상대하다.

784 – ㅅㅇㄹ(ㅎ) – 상하 : 상하를 모르는.

785 – ㅅㅇㅁ – 성미 : 성미라.

786 – ㅅㅇㅂ – 시아비 : 시아비 시중 들다.

787 – ㅅㅇㅅ – 송사 : 송사하여.

788 – ㅅㅇㅇ – 상어 : 상어를 죽이고.

789 – ㅅㅇㅈ – 상주 : 상주가 되다.

● ㅅㅈ – 790~799 : ㅅㅈㅊ – ㄱㄴㄷ / ㄹㅁㅂ / ㅅㅇㅈ

790 – ㅅㅈㅊ – 사자춤 : 사자춤은.

791 – ㅅㅈㄱ – 사자 귀 : 사자 귀를 잡고.

792 – ㅅㅈㄴ – 사자 눈 : 사자 눈을 돌리며.

793 – ㅅㅈㄷ – 사자 다리 : 사자 다리를 꼬고 춘다.

794 – ㅅㅈㄹ – 사자 허리 : 사자 허리 길고.

795 – ㅅㅈㅁ – 사자 머리 : 사자 머리가.

796 – ㅅㅈㅂ – 사자 배 : 사자 배에 닿다.

797 – ㅅㅈㅅ – 사자수 : 사자 수염.

798 – ㅅㅈㅇ – 사자 이 : 사자 이빨 무섭고.

799 – ㅅㅈㅈ – 사자 자리 : 사자 자리 양보하다.

ㅇㅊ - 800~809 : ㅇㅊㅊ - ㄱㄴㄷ/ㄹㅁㅂ/ㅅㅇㅈ

800 - ㅇㅊㅊ - 옻차 : 옻차 만드는.

801 - ㅇㅊㄱ - 애처가 : 애처가가.

802 - ㅇㅊㄴ - 아치 나무 : 아치 나무를.

803 - ㅇㅊㄷ - 이차도 : 이차도에 설치하고.

804 - ㅇㅊㄹ - 이차로 : 이차로에서.

805 - ㅇㅊㅁ - 아침 : 아침에 출근하는.

806 - ㅇㅊㅂ - 우체부 : 우체부.

807 - ㅇㅊㅅ - 애처 사랑 : 애처 사랑.

808 - ㅇㅊㅇ - 애창 : 애창곡 부르고.

809 - ㅇㅊㅈ - 애처 자랑 : 애처 자랑만 늘어놓다.

ㅇㄱ - 810~819 : ㅇㄱㅊ - ㄱㄴㄷ/ㄹㅁㅂ/ㅅㅇㅈ

810 - ㅇㄱㅊ - 악처 : 악처가.

811 - ㅇㄱㄱ - 악기 : 악기를 부니.

812 - ㅇㄱㄴ - 애간 : 애간장 타고.

813 - ㅇㄱㄷ - 악대 : 악기가 다양한 악대 조직.

814 - ㅇㄱㄹ - 악한 : 악한.

815 - ㅇㄱㅁ - 악마 : 악마의.

816 - ㅇㄱㅂ - 악보 : 악보이다.

817 - ㅇㄱㅅ - 악사 : 악사가.

818 - ㅇㄱㅇ - 악어 : 악어 그림을.

819 - ㅇㄱㅈ - 액자 : 액자 속에 넣다.

ㅇㄴ - 820~829 : ㅇㄴㅊ - ㄱㄴㄷ / ㄹㅁㅂ / ㅅㅇㅈ

820 - ㅇㄴㅊ - 안채 : 집 안채가.

821 - ㅇㄴㄱ - 안개 : 안개에 싸여.

822 - ㅇㄴㄴ - 안내 : 잘 안내하여.

823 - ㅇㄴㄷ - 온대 : 온대에 이르게 하다.

824 - ㅇㄴㄹ(ㅎ) - 온화 : 온대는 기후가 온화하고.

825 - ㅇㄴㅁ - 안마 : 안마하는 비서가.

826 - ㅇㄴㅂ - 안부 : 안부 묻는다.

827 - ㅇㄴㅅ - 안수 : 목사가 안수하여.

828 - ㅇㄴㅇ - 언어 : 방언과 같은 언어를.

829 - ㅇㄴㅈ - 언제 : 언제 배웠는지 특이하더라.

ㅇㄷ - 830~839 : ㅇㄷㅊ - ㄱㄴㄷ / ㄹㅁㅂ / ㅅㅇㅈ

830 - ㅇㄷㅊ - 우대차 : 우대차 안에서.

831 - ㅇㄷㄱ - 오뚝이 : 오뚝이 선물을.

832 - ㅇㄷㄴ - 아드님 : 아드님.

833 - ㅇㄷㄷ - 애타다 : 애타다.

834 - ㅇㄷㄹ - 아들 : 아들이.

835 - ㅇㄷㅁ - 이 도마 : 이 도마를.

836 - ㅇㄷㅂ - 이태백 : 이태백에게 선물.

837 - ㅇㄷㅅ - 오대산 : 오대산에서.

838 - ㅇㄷㅇ - 오동도 : 오동도를 거쳐.

839 - ㅇㄷㅈ - 오대주 : 오대주로 나가다.

ㅇㄹ – 840~849 : ㅇㄹㅊ – ㄱㄴㄷ / ㄹㅁㅂ / ㅅㅇㅈ

840 – ㅇㄹㅊ – 알차게 : 알차게 사는데.

841 – ㅇㄹㄱ – 올가미 : 올가미를.

842 – ㅇㄹㄴ – 어른 : 어른이 들고.

843 – ㅇㄹㄷ – 올 때 : 올 때 죽었다.

844 – ㅇㄹㄹ – 아리랑 : 올 때 아리랑 노래를.

845 – ㅇㄹㅁ – 아람 : 아람의 이름으로.

846 – ㅇㄹㅂ – 아랍 : 아랍에서 부르다.

847 – ㅇㄹㅅ – 얼싸 안고 : 얼싸 안고.

848 – ㅇㄹㅇ – 울어 : 울어서 이유를.

849 – ㅇㄹㅈ – 알자 : 알자고 꼬치꼬치 캐다.

ㅇㅁ – 850~859 : ㅇㅁㅊ – ㄱㄴㄷ / ㄹㅁㅂ / ㅅㅇㅈ

850 – ㅇㅁㅊ – 암추 : 암추에 걸린 배.

851 – ㅇㅁㄱ – 암기 : 암기 잘 하면.

852 – ㅇㅁㄴ – 아무나 : 아무나.

853 – ㅇㅁㄷ – 음대 : 어려운 음대도 갈 수 있다.

854 – ㅇㅁㄹ – 어물 : 어물 시장의 부지런한.

855 – ㅇㅁㅁ – 엄마 : 엄마.

856 – ㅇㅁㅂ – 엠비시 : 엠비시에서 취재.

857 – ㅇㅁㅅ – 암소 : 암소 소리.

858 – ㅇㅁㅇ – 음악 : 음악.

859 – ㅇㅁㅈ – 이미자 : 이미자 씨 노래자랑.

ㅇㅂ - 860~869 : ㅇㅂㅊ - ㄱㄴㄷ / ㄹㅁㅂ / ㅅㅇㅈ

860 - ㅇㅂㅊ - 업체 : 큰 업체를.

861 - ㅇㅂㄱ - 업고 : 업고.

862 - ㅇㅂㄴ - 이쁜 : 이쁜이를 낳아.

863 - ㅇㅂㄷ - 업다 : 업다.

864 - ㅇㅂㄹ - 이별 : 이별의.

865 - ㅇㅂㅁ - 이 밤 : 이 밤에.

866 - ㅇㅂㅂ - 이 바보 : 이 바보 같은 놈.

867 - ㅇㅂㅅ - 압수 : 압수당한.

868 - ㅇㅂㅇ - 이방인 : 이방인.

869 - ㅇㅂㅈ - 아버지 : 아버지.

ㅇㅅ - 870~879 : ㅇㅅㅊ - ㄱㄴㄷ / ㄹㅁㅂ / ㅅㅇㅈ

870 - ㅇㅅㅊ - 옷차림 : 옷 차려 입고.

871 - ㅇㅅㄱ - 이사가 : 이사 가서.

872 - ㅇㅅㄴ - 이산 : 이산 가족된.

873 - ㅇㅅㄷ - 이 세대 : 이 세대.

874 - ㅇㅅㄹ - 이소라 : 이소라 씨.

875 - ㅇㅅㅁ - 옷매 : 옷매 좋아.

876 - ㅇㅅㅂ - 옷 부자 : 옷 부자이다.

877 - ㅇㅅㅅ - 옷 사 : 옷 사서.

878 - ㅇㅅㅇ - 의상 : 의상실 차리고.

879 - ㅇㅅㅈ - 이씨조 : 이씨 조선 시대 옷 진열하다.

ㅇㅇ - 880~889 : ㅇㅇㅊ - ㄱㄴㄷ / ㄹㅁㅂ / ㅅㅇㅈ

880 - ㅇㅇㅊ - 양초 : 양초를 든.

881 - ㅇㅇㄱ - 양귀 : 양귀비의.

882 - ㅇㅇㄴ - 양 눈 : 양 눈과.

883 - ㅇㅇㄷ - 양 다리 : 양 다리는 사슴을 닮았다.

884 - ㅇㅇㄹ - 양 허리 : 양 허리의.

885 - ㅇㅇㅁ - 양모 : 양모와.

886 - ㅇㅇㅂ - 양 배 : 양 배에 털이 부드럽다.

887 - ㅇㅇㅅ - 영수 : 영수.

888 - ㅇㅇㅇ - 영어 : 영어를 잘하는.

889 - ㅇㅇㅈ - 영재 : 영재 교육.

ㅇㅈ - 890~899 : ㅇㅈㅊ - ㄱㄴㄷ / ㄹㅁㅂ / ㅅㅇㅈ

890 - ㅇㅈㅊ - 유자차 : 유자차를 마시는 여인의 머리에.

891 - ㅇㅈㄱ - 아주까리 : 아주까리 기름 바르고.

892 - ㅇㅈㄴ - 여자 눈 : 초롱초롱 빛나는 여자 눈과.

893 - ㅇㅇㄴ - 여자 다리 : 매끈한 여자 다리.

894 - ㅇㅈㄹ - 여자 허리 : 여자 허리.

895 - ㅇㅈㅁ - 여자 머리 : 여자 머리.

896 - ㅇㅈㅂ - 우주복 : 배를 덮은 우주복.

897 - ㅇㅈㅅ - 우주 새 : 우주 새처럼 나는.

898 - ㅇㅈㅇ - 우주아 : 우주아는.

899 - ㅇㅈㅈ - 이주자 : 우주계의 첫 이주자.

ㅈㅈ - 900~909 : ㅈㅈㅊ - ㄱㄴㄷ/ㄹㅁㅂ/ㅅㅇㅈ

900 - ㅈㅊㅊ - 주차 차 : 주차한 차.

901 - ㅈㅊㄱ - 자치기 : 자치기하는.

902 - ㅈㅊㄴ - 저 처녀 : 저 처녀.

903 - ㅈㅊㄴ - 주차대 : 주차대 내다.

904 - ㅈㅊㄹ - 주차료 : 주차료 못 내는.

905 - ㅈㅊㅁ - 저 처마 : 저 처마 밑.

906 - ㅈㅊㅂ - 주차비 : 주차비 날리다.

907 - ㅈㅊㅅ - 주차 사업 : 주차 사업 성공한.

908 - ㅈㅊㅇ - 주치의 : 주치의는.

909 - ㅈㅊㅈ - 저 차주 : 저 차 주차만 하다.

ㅈㄱ - 910~919 : ㅈㄱㅊ - ㄱㄴㄷ/ㄹㅁㅂ/ㅅㅇㅈ

910 - ㅈㄱㅊ - 죽창 : 죽창 잡은.

911 - ㅈㄱㄱ - 작가 : 작가.

912 - ㅈㄱㄴ - 주간지 : 주간지 작품 싣다.

913 - ㅈㄱㄷ - 작두 : 주간지를 작두로 분쇄.

914 - ㅈㄱㄹ - 자갈 : 자갈 마당에서.

915 - ㅈㄱㅁ - 죽마 : 죽마고우와 놀다.

916 - ㅈㄱㅂ - 족보 : 같은 족보인 걸 알았다.

917 - ㅈㄱㅅ - 짝수 : 짝수 비행대.

918 - ㅈㄱㅇ - 저공 : 저공.

919 - ㅈㄱㅈ - 작전 : 작전으로 공격하다.

ㅈㄴ - 920~929 : ㅈㄴㅊ - ㄱㄴㄷ / ㄹㅁㅂ / ㅅㅇㅈ

920 - ㅈㄴㅊ - 전차 : 전차는.

921 - ㅈㄴㄱ - 전기 : 전기로 간다.

922 - ㅈㄴㄴ - 전년 : 전년도(지난 해).

923 - ㅈㄴㄷ - 잔디 : 잔디 같이 잔잔하다.

924 - ㅈㄴㄹ - 전화 : 전화로.

925 - ㅈㄴㅁ - 전모 : 전모를 알리기 전에 먼저.

926 - ㅈㄴㅂ - 전보 : 전보를 치다.

927 - ㅈㄴㅅ - 전사 : 전사자를 업은.

928 - ㅈㄴㅇ - 전우 : 전우가.

929 - ㅈㄴㅈ - 전지 : 전지에서 승리하다.

ㅈㄷ - 930~939 : ㅈㄷㅊ - ㄱㄴㄷ / ㄹㅁㅂ / ㅅㅇㅈ

930 - ㅈㄷㅊ - 지도책 : 지도책 위치의.

931 - ㅈㄷㄱ - 지대가 : 지대가, 해가.

932 - ㅈㄷㄴ - 지던 : 지던.

933 - ㅈㄷㄷ - 지대다 : 지대다.

934 - ㅈㄷㄹ - 조달 : 지도책의 조달로.

935 - ㅈㄷㅁ - 재담 : 재담이 늘어 지도에 대한.

936 - ㅈㄷㅂ - 자답 : 자답이 능숙하다.

937 - ㅈㄷㅅ - 지도사 : 지도사가.

938 - ㅈㄷㅇ - 주당 : 주당이어서.

939 - ㅈㄷㅈ - 지도자 : 지도자 자격을 상실했다.

ㅈㄹ - 940~949 : ㅈㄹㅊ - ㄱㄴㄷ / ㄹㅁㅂ / ㅅㅇㅈ

940 - ㅈㄹㅊ - 자라침 : 자라 침에 화난.

941 - ㅈㄹㄱ - 쥐라기 : 쥐라기 공원의 공룡이.

942 - ㅈㄹㄴ - 재란 : 재란을 일으킨 것은 수위가.

943 - ㅈㄹㄷ - 졸 때 : 졸 때 재란이 일어나다.

944 - ㅈㄹㄹ - 자랄 : 한참 자랄.

945 - ㅈㄹㅁ - 자라 목 : 자라 목이 아직.

946 - ㅈㄹㅂ - 자라 배 : 자라 배에 붙어 있다.

947 - ㅈㄹㅅ - 잘 사는 : 습한데 잘 사는.

948 - ㅈㄹㅇ - 지렁이 : 지렁이를.

949 - ㅈㄹㅈ - 줄자 : 줄자로 재어 보다.

ㅈㅁ - 950~959 : ㅈㅁㅊ - ㄱㄴㄷ / ㄹㅁㅂ / ㅅㅇㅈ

950 - ㅈㅁㅊ - 점치다 : 점쳐 보니.

951 - ㅈㅁㄱ - 주먹 : 주먹 자랑하는.

952 - ㅈㅁㄴ - 자만 : 자만이.

953 - ㅈㅁㄷ - 주무대 : 주무대에서 사라진다더라.

954 - ㅈㅁㄹ - 주말 : 주말에.

955 - ㅈㅁㅁ - 제몸 : 제몸이 편히 쉬고자.

956 - ㅈㅁㅂ - 점보 : 점보 여객기로 여행 갔다.

957 - ㅈㅁㅅ - 잠수 : 잠수부가.

958 - ㅈㅁㅇ - 자망 : 자망에 걸려.

959 - ㅈㅁㅈ - 잠자리 : 잠자리에 누운 신세가 되다.

ㅈㅂ - 960~969 : ㅈㅂㅊ - ㄱㄴㄷ/ㄹㅁㅂ/ㅅㅇㅈ

960 - ㅈㅂㅊ - 잡초 : 잡초로.

961 - ㅈㅂㄱ - 제비 귀 : 제비 귀 후비고.

962 - ㅈㅂㄴ - 제비 나라 : 제비나라.

963 - ㅈㅂㄷ - 제비 다리 : 제비다리 고쳐주다.

964 - ㅈㅂㄹ - 제비 발(제발) : 제비 발로 걷고.

965 - ㅈㅂㅁ - 제비 목 : 제비 목은 검고.

966 - ㅈㅂㅂ - 제비 배 : 제비 배는 하얗더라.

967 - ㅈㅂㅅ - 접시 : 접시에 담은 박씨 사연.

968 - ㅈㅂㅇ - 지방 : 지방.

969 - ㅈㅂㅈ - 잡지 : 잡지에 나다.

ㅈㅅ - 970~979 : ㅈㅅㅊ - ㄱㄴㄷ/ㄹㅁㅂ/ㅅㅇㅈ

970 - ㅈㅅㅊ - 조수 차 : 조수 차이로.

971 - ㅈㅅㄱ - 죄수가 : 죄수가 유배 시 가진.

972 - ㅈㅅㄴ - 재산 : 재산이.

973 - ㅈㅅㄷ - 조수 때 : 조수 때 떠내려 가다.

974 - ㅈㅅㅁ - 자살 : 자살을 각오한.

975 - ㅈㅅㅂ - 저 섬 : 저 섬에서.

976 - ㅈㅅㅅ - 자습 : 자습으로 글을 쓰다.

977 - ㅈㅅㅇ - 재수사 : 재수사 시.

978 - ㅈㅅㅅ - 조상 : 조상의 도움으로.

979 - ㅈㅅㅈ - 조사자 : 조사자의 도움을 받다.

● ㅈㅇ – 980~989 : ㅈㅇㅊ – ㄱㄴㄷ / ㄹㅁㅂ / ㅅㅇㅈ

980 – ㅈㅇㅊ – 정치 : 정치하는 사람이.

981 – ㅈㅇㄱ – 장기 : 장기를.

982 – ㅈㅇㄴ – 장난 : 장난으로 두니.

983 – ㅈㅇㄷ – 장대 : 장대로 때리더라.

984 – ㅈㅇㄹ – 장례 : 장례식에.

985 – ㅈㅇㅁ – 장마 : 장마비로 인한.

986 – ㅈㅇㅂ – 장비 : 장비를 갖추다.

987 – ㅈㅇㅅ – 장사 : 장사 지내는.

988 – ㅈㅇㅇ – 장어 : 장어는.

989 – ㅈㅇㅈ – 장조림 : 장조림한 장어더라.

● ㅈㅈ – 990~999 : ㅈㅈㅊ – ㄱㄴㄷ / ㄹㅁㅂ / ㅅㅇㅈ

990 – ㅈㅈㅊ – 제주차 : 제주차 배달을 위하여.

991 – ㅈㅈㄱ – 저자가 : 저자가.

992 – ㅈㅈㄴ – 자전거 : 자전거로.

993 – ㅈㅈㄷ – 제주도 : 제주도를 다녔다.

994 – ㅈㅈㄹ – 저절 : 저절로.

995 – ㅈㅈㅁ – 자지 마 : 자지 마.

996 – ㅈㅈㅂ – 제주 비바리 : 제주 비바리 충고.

997 – ㅈㅈㅅ – 제주 사랑 : 제주 사랑.

998 – ㅈㅈㅇ – 주장 : 주장하는.

999 – ㅈㅈㅈ – 지자제 : 지자제 도지사.

 99단계 글자 공식으로 5분에 100단어

앞의 한글 공식(심상 수련) 99단을 활용하여 100단어를 5분 만에 기억하는 훈련을 해 보자.

사물과 사물의 장면은 영화 장면처럼 머릿속에서 생생하게 떠올릴수록 단어는 암기하기 쉬워진다.

1에서 9까지 앞서 설명한 대로 차과 두 번째 글자 첫 자음을 이용한 단어들로써 글자를 만들어 사용했고, 그리고 10에서 99까지는 99단으로 짜여진 한글 공식표를 활용하여 단어와 99단의 낱말을 조화할 수 있도록 하였다.

처음엔 다소 더디겠지만 반복할수록 빨라질 것이다. 그러다 보면 5분에 100단어를 암기하게 된다. 이 100단어 조화 연상법이 어느 정도 훈련되면 100장에서 999장까지의 장면으로 한 단계 올려서 1,000단어 조화 연상 훈련법으로 건너뛸 수 있다.

● 사물 조화 연습

1. 화분(차고) – 차고 안에 놓인 화분.
2. 칫솔(처녀) – 처녀가 칫솔질하다.
3. 수전자(자놀) – 수선자 속에 차돌.
4. 선풍기(차로) – 차로 위에 선풍기.
5. 장갑(치마) – 치마 입은 사람이 낀 장갑.
6. 손수건(차비) – 차비를 손수건에 싸다.
7. 의자(차선) – 차선을 의자에 그렸다.
8. 거울(치약) – 치약으로 거울을 닦았다.
9. 라디오(차장) – 차장이 라디오를 듣다.
10. 책(가축) – 가축이 책을 밟다.
11. 전화기(각도기) – 전화기 위에 각도기.
12. 구두(간장) – 구두를 간장 속에 넣다.
13. 시계(가두) – 가두에 시계가 하나 떨어져 있다.
14. 고래(갈매기) – 고래 등에 갈매기가 있다.

15. 라이터(감나무) - 감나무를 라이터로 때리다.
16. 택시(갑옷) - 갑옷 입은 사람이 택시를 타다.
17. 비누(갓) - 갓 쓴 노인이 비누 세수.
18. 고무신(강물) - 강물에 떠내려가는 고무신.
19. 대야(가죽) - 대야 속에 가죽이 들어 있다.
20. 석유(낯) - 석유로 낯을 씻다.

● 추상적 낱말 조화 연습

21. 세월(낚시) - 낚시하며 세월을 보내다.
22. 진실(난초) - 난초를 그리는 진실한 마음.
23. 행복(낟가리) - 낟가리에 누웠으니 행복.
24. 감정(날개) - 날개를 펴고 감정 대립.
25. 기쁨(냄비) - 냄비를 보니 우선 기쁨부터 샘솟는다.
26. 창조(납) - 납은 인간이 창조한 쇠붙이.
27. 생각(낫) - 낫을 들고 생각에 잠기다.
28. 위선(낭군) - 낭군이 위선을 부리다.
29. 양심(낮) - 낮에 양심도 없이 그런 일을….
30. 고난(닻) - 닻을 달고 고난의 길을 떠나다.
31. 능력(닭) - 닭은 소리 내는 능력이 있다.
32. 지식(단추) - 지식인이 단추를 달다.
33. 지혜(도둑) - 지혜롭지 못한 도둑.
34. 인내(달) - 달의 정복을 위해 인내를 기울이다.
35. 사랑(담) - 담 밑에서 사랑을 속삭이다.
36. 우애(답안지) - 우애 깊게 형제가 답을 쓰다.
37. 비애(다시마) - 다시마를 따는 어부 얼굴이 비애에 젖다.
38. 구걸(당구장) - 당구장에서 구걸하다.
39. 연구(도장) - 연구하는 자세로 도장을 파다.
40. 생명(화초) - 화초의 생명을 구하다.

이름 조화 연습

41. 이사부(학교) – 학교에 이사 부대(이사부) 보내다.
42. 김사형(한복) – 한복 입은 사람이 사형(김사형)을 당하다.
43. 이종무(호도) – 이 종무식이 끝난 다음 호도를 먹다.
44. 김방경(활) – 방경을 향하여 활을 쏘다.
45. 이성주(함장) – 이성을 찾은 함장.
46. 정도전(합창) – 도전적 생각을 갖고 합창을 한다.
47. 정인지(호수) – 호수인지 아닌지.
48. 서거정(항아리) – 항아리 속에서 서거하다.
49. 박지원(호주) – 호주에서 지원해 주다.
50. 홍대용(마차) – 마차 대용 홍대용.
51. 최시형(막걸리) – 최시형이 막걸리를 마시다.
52. 안정복(만두) – 안전하게 정복하게 만두를 먹다.
53. 정약용(맏아들) – 정시 맏아들이 약용으로 녹용을 먹다.
54. 박제가(말) – 말을 잡아 박제 표본.
55. 김치원(매머드) – 매머드가 김치를 원한다.
56. 김부식(마부) – 마부의 시각에 부식이 좋다.
57. 이인로(맛나니) – 노인이 맛나게 먹다.
58. 상희냉(망지) – 맹사가 망지질을 하다.
59. 유성원(모자) – 모자를 흔들며 성원하다.
60. 강명길(보초) – 명이 긴 사람이 보초를 서다.
61. 농사직설(농사법서) – 농사가 잘 되어 박(61)이 주렁주렁.
62. 과농소초(농업 기술서) – 반지(62)를 끼고 농사 기술을 배우다.
63. 동의보감(최고의 의학백과) – 받침(63)을 동의보감 사이에 넣다.
64. 목민심서(지방 자치) – 지방 정치가 발(64)묶여 있다.
65. 백운소설(소설) – 흰 구름이 밤(65)에 떠 있다.
66. 세종실록(각 지방 지리역사소설) – 세종대왕이 밥(66)을 먹다.
67. 열하일기(청나라 여행기) – 열하일기를 밧줄(67)로 감다.
68. 택리지(조선팔도 인문지리) – 방(68)에 조선팔도 지리책을 걸어 놓다.
69. 제왕운기(단군과 충렬왕 역사) – 제왕이 바지(69)를 입다.
70. 서유견문(미국 여행기) – 서구는 역사 사치(70)스럽다.

71. 언론기관(싹) - 새싹을 키우는 언론기관.
72. 경제 침투(산) - 산에 자원을 개발한 경제 침투.
73. 독립신문(사다리) - 사다리에 독립신문을 얹어 놓다.
74. 정치 단체(쌀) - 정치 단체에서 쌀을 배급 주다.
75. 근대 문화(솜) - 솜은 근대 문화에 영향을 주다.
76. 교통 시설(삽) - 삽으로 교통 시설을 보완하다.
77. 체제 정비(삿갓) - 삿갓 쓰는 체제 정비.
78. 민족 통일(상장) - 민족 통일의 공로 상장.
79. 고대 사회(사자) - 고대 사회엔 사자가 판을 친다.
80. 민족 융합(아침) - 아침에 민족 융합.
81. 고려의 건국(악어) - 악어 등에 고려 건국.
82. 발해의 멸망(안경) - 안경이 깨어져 발해가 멸망.
83. 신라의 투항(오뚝이) - 오뚝이 모양의 군사가 신라에 투항하다.
84. 과거 제도 실시(알) - 알 먹고 과거 보러 간다.
85. 귀주대첩 - 바위(암석) 위에서 귀주대첩.
86. 속장경의 간행(압정) - 속장경 간행물에 압정을 철하다.
87. 정중부의 난(아씨) - 정중부가 아씨를 안다.
88. 금속 활자의 발명(앙고라) - 앙고라가 금속 활자를 물고 있다.
89. 문익점의 면화 전래(아지) - 문익점 선생이 아지 고기를 먹다.
90. 위화도 회군(자치기) - 위화도 회군 시 자치기를 하다.
91. 살러노 대학 설립 - 작두(91)로 써는 식의 살러노 대학.
92. 나폴레옹 즉위 - 잔(92)을 들어 축배.
93. 마그나 카르타 - 자두(93) 따는 것을 막으나 마나.
94. 영국 하원의 시작 - 영국 하원이 자루(94) 속에 들어가다.
95. 남송의 멸망 - 남송에 잠자리(95)가 날다.
96. 바투리 서역 원정 - 잡지(96)에 서양 원정의 기사를 싣다.
97. 옥스퍼드 대학 설립 - 옥스퍼드 대학에 잣(97)나무를 심다.
98. 마르코 폴로의 동방 견문록 - 마르코 폴로가 장기(98)를 두다.
99. 위트타일러난 - 자장(99)을 먹은 것은 위트 있는 타입니다.
100. 자케리의 난 - 백쥐(100)가 재킷 속에 들어 있다.

The Superspeed
Remember Method

2

 **제8장 음의 감각도**

- 음의 구성 원리
- 법률 논문 구조화 기억
- 법률 논문 구조화
- 손해 배상 구조화
- 60갑자 알면 암기 박사 된다
- 12지(支) 열 두 동물 기억
- 한글 문장을 초스피드로 기억한다
- 문장을 양적으로 처리하는 방법

제2편 기억법의 실제

 음의 구성 원리

1. 음의 구성 원리

● 베타파

우리 두뇌 안의 140억 신경계에 소리는 어떻게 반응이 되는가? 시각을 통하여 형적인 모양을 느끼듯이 소리도 일정한 모양이 있어 이 소리의 진동이 뇌파에 자극되어 기억이 된다.

소리에 대해 받아들이는 능력은 형적인 것보다 더 민감하여 외부로부터 소리가 들릴 때는 반응이 일고, 그 반응은 순간적으로 사라진다.

우리는 태어나서 오늘까지 무수히 많은 소리를 들었다.

배의 기적 소리, 피아노 소리, 뻐꾸기 소리, 고 이승만 박사의 음성, 또 친구의 음성, 여러 노래 소리, 그 순간 듣고 나서 잊어버려서 지금 머리 안의 상태는 공(空)의 상태같지만 소리는 다시 재인식 된다.

고 이승만 박사의 음성을 흉내내라면 그 소리를 기억하면서도 성우가 아니다 보니 그대로 음성이 발성되지는 않으나, 누가 흉내를 내면 "맞다, 맞지 않다"를 가린다. 이는 판단할 수 있는 능력이 우리 뇌에 잠재되어 있기 때문이다.

20년 전 이미자씨의 "동백꽃 아가씨"의 노래를 들어 본 사람은 지금도 그 때의 그 사람 음성을 기억한다. 많은 사람이 흘러간 옛 노래를 좋아한다. 그것은 그 때 그 사람의 음성을 지금도 재인식하기 때문이다.

전화에서 음성만 듣고도 친구의 이름을 아는 것은 그 친구의 음성이 이미 나의 잠재력에 재인식할 수 있는 능력으로 남아 있기 때문이다. 소리는 소리의 파동을 옮겨 타고 우리 뇌에 전달된다.

소리의 파동이 뇌파로 옮겨질 때 파동은 고유한 모양을 갖는다. 이것이 소리의 장단 고저(長短高低)와 음색이다.

● 음의 역할

■ 음과 음의 조화

> ① 가락의 율동성은 다음 음(音)을 연속시킨다.
> ② 음과 음의 연속에 부담을 주지 않는다.
> ③ 140억의 뇌신경계에 자극의 강도를 더한다.

옛날 어렴풋이 알고 있는 노래의 가사들이 많이 있다. 그냥 적을 때와, 노래할 때, 어느 쪽이 더 잘 나오겠는가?

노래를 부르면 가사는 율동감이 주어지고 유연성이 있어 가사가 마치 굴러 흘러나오는 듯 한다.

심하게 말을 더듬는 사람은 첫 자가 막혀 말을 못하고 입만 벌리고 있다. 그러나 그도 노래로 하라면 더듬지 않는다. 유창하게 잘 할 수 있다.

이것은 아리스토텔레스의 "따라서 일어나는 법칙"으로, 소리와 소리를 연이어 낱말이 되게 하고 낱말과 낱말이 연이어져 문장이 되기 때문이다. 이럴 때, 소리와 소리의 연속에 부담을 주지 않고, 가락의 율동감이 신경계에 습관화를 형성한다.

■ 음과 장의 조화

> 음은 형(形)에 따라, 내용과 위치에 따라 동시 작동된다.

소리는 음악과는 달리 소리 자체의 운율에 만족을 느끼는 것이 아니고, 언어로서 소리가 개념을 지니게 된다. 이 개념을 지니는 원리를 "음과 장의 조화"라고 한다.

우리가 알고 있는 외래어 중 피아노, 카메라, 넥타이, 택시, 라이터, 라디오 등은 외래어이지만 소리와 개념이 따로 있는 것이 아니다.

소리가 개념이고, 개념이 곧 소리인 것이다. 이 개념은 항상 사실의 장(場) 안에 있으므로 소리가 장과 어울린다는 뜻에서 음과 장의 조화라는 말이 주어졌다.

친구의 이름을 듣는 것은 소리고, 이름을 들으면 곧 얼굴이 동시에 생각나는데, 얼굴이 사실의 장이다.

이름과 얼굴이 동시에 나타나는 원리가 음과 장의 조화이고, 이것이 **아리스토텔레스의 같이 있는 법칙**이다. 새로운 개념이 머리 안에 기억이 될 때는 떨어지는 것이 아니고 같이 있는 법칙이 적용되기 때문이다.

귀로 음을 들으며 눈으로 사실을 보고 동시에 우리 머리에 지각될 때 자기도 모르는 두 개는 통합 작용을 한다.

우리 생활 속에서 외래어든, 이름이든 우리말을 배우는 데 부담을 느끼지 않는다. 그것은 생활이 기억의 장이고 음(音)과 장이 항상 같은 조건이 주어지기 때문이다.

프랑스 어린이가 프랑스에서 프랑스 말을 배우는 데는 부담스럽지 않다. 그것은 음과 장의 조화라는 자연 법칙이 주어졌기 때문이다. 장(場) 안에선 소리와 함께 형태, 관념, 내용, 위치 등을 동시에 지각할 수 있다.

이들 서로는 기억하는데 부담을 주지 않고 마치 시멘트와 물, 자갈과 철근이 합쳐 강한 콘크리트가 되는 원리와 같다.

● 음의 감각도

미국에서 16세 된 수학 소녀 교수를 키운 그의 아버지의 비결은, "어렸을 때 아기에게 클래식 음악을 많이 들려 주었다."고 했다고 한다.

음악이란 음율이요, 이것이 하나의 진동으로 뇌에 전달되어 뇌파를 일으키게 하고 신경계를 작용함에 틀림없다.

지능이 빨리 발달하는 어린이는 언어 능력이 빨리 발달한다.

언어는 소리의 진동과 뇌파의 작용인 것이다. 어린이들의 놀이와 생활 속에서 기적적인 것을 더러 발견하는 때가 있다.

라디오, TV에서 나오는 유행가의 긴 가사로 된 노래를 어른들도 배우기 어려운 것을 먼저 자기 나름대로 듣고 노래를 부르는 것을 볼 수 있다. 그런데 그 어린이는, 그 유행가의 가사를 이해하여 부르는 것이 아니고 오직 가락따라 음따라 부르는 것이다.

초등학교 1학년 학생에게 이해하기 어려운 국민 교육 헌장을 매일 아침 되뇌게 하면, 이해하기 이전에 소리로 외는 것을 볼 수 있다. 초등학교 3~4학년 시절, 선생이 주는 구구법을 소리의 반사로만 되풀이하고도 부담없이 술술 나오는 것은 가락에 의한 소리의 연속 관념 때문인 것이다. 소리는 완전히 습관화되어 나오는 것이 부드럽다.

예를 들면, 웅변을 하는 사람이 처음 원고를 받아 그 전체의 내용을 다 외웠다 해서 술술 나오는 것이 아니고 한 1주일 동안 소리를 질러가며 열심히 연습할 때 의도했던 소리가 부드럽게 나온다. 가락의 연속이 습관화 된 것이라 하겠다.

언어학을 공부하는 사람은 바로 이 원리를 따라 해야 한다. 순간적으로 몇 번 쓰고 외워 단어와 문장이 외워졌다 해도, 소리를 내어 여러 번 되풀이해 줌으로써 소리의 운율이 몸에 배도록 하여야 한다.

옛날 사람들이 서당에서 "논어", "맹자"를 배울 때, 아침에 서당에 가 선생님 앞에 꿇어 앉아 몇 장의 글을 이해식으로 설명을 듣고 나서 선생님 앞에서 그 내용을 특유한 노래식으로 하루 종일 읽었다. 그 되뇌인 횟수는 몇 백 번이라 하겠다.

처음 듣는 내용과 한문으로 된 그 좋은 글귀를 몸에 배도록 한다.

몸에 배는 것이 바로 운율이 습관화되어 나중엔 술술 나오게 되고, 이러한 운율은 시간이 많이 흐른 다음에 다시 외워도 술술 나오는 것이다.

몇 년 전 우리 원에 세 살 난 꼬마가 아버지와 함께 찾아왔다. 아버지는 이 세 살 난 꼬마가 천자문을 줄줄 외고 구구를 외니 천재 중의 천재가 아니냐고 테스트를 하고 싶다는 것이었다. 그래서 정밀 검사를 통해서 IQ를 테스트해 본 결과 141이었다.

어린이는 상당히 높은 지능 지수를 갖고 있었다. 문제는 어떻게, 천자문을 해석도, 쓸 줄도 모르면서 그렇게 외는가 하는 것이다.

아버지가 매일 아침 한 페이지씩 읽어 주고, 앵무새처럼 뜻도 모르면서 따라 읽은 것이 몇 개월 되풀이 되는 가운데 부담 없이 줄줄 나오게 되었던 것이다.

이 어린이에게 이해를, 쓰는 것을 시켰으면 무리가 왔겠지만, 전혀 그런 것이 없이 음으로만 익히게 했기 때문에 무리가 오지 않은 것이다. 음에 대한 감각도를 기르는 것은 어릴 때부터 하여야 한다.

외국에선 천재 교육의 첫 단계로 어릴 때 음악 공부를 시킨다. 천재적 음악가를 기르려면 세 살, 네 살 때에 피아노나 바이올린을 가르쳐 운율이 몸에 배도록 하여야 한다는 것이다.

● 음 가락의 감각도

[세계에서 제일 긴 이름]

말레이시아 왕 이름 "퉁쿠이스마일나시루린샤이니알마홈설탄자이넬아비딘"은 생존해 있는 사람의 이름으로 가장 길다고 한다. 죽은 사람의 이름으로 미국의 어느 세탁소 집의 딸 이름이 51자나 되어 "기네스 북"에 기록되어 있다. 외국 사람의 이름, 지명 단어들이 대개 우리나라의 단위 낱말보다 조금씩 더 길다. 위의 이름은 자그마치 24음절의 긴 음이다.

24음절의 음을 강제적인 방법을 써서 규합하려면 이름 하나, 단어 하나 외는 데 굉장한 힘이 소요될 것이다. 그러나 자연의 원리는 모든 것이 쉽게 되도록 되어 있는 것인데 이 자연의 원리를 저버릴 때 어려워지는 것이다.

[이조 연대]

태정 태세 문단세, 예성 연중 인명선, 광인 효현 숙경영, 정순 헌철 고순

똑같은 음의 연속이라고 할 때 말레이시아 왕 이름보다 이조 왕대가 27의 음으로 합쳐져 있어 더 길다.

이조 왕대 순서를 기억하는 방법으로 위와 같이 잘라 외는 것은 좋지 않다.

순서의 기억은 "가나다" 공식표를 이용하든지 아니면 공간력 위치를 이용함이 좋겠다.

"태정태세 문단세"라고 할 때는 4, 3조의 가락이 들어가므로 음과 음의 연속이 저절로 이어지게 된다. 물론 4, 3조 가락만이 기억에 도움을 주는 것은 아니다.

그 낱말이 가지는 가락대로 소리를 내어 줄 때, 소리의 감각도가 자기도 모르는 사이에 머리에 담기게 된다.

다음과 같은 예가 있다. "아드벤 아퍼레이션" → "아드벤 아퍼 레이션". 음을 띄우지 않고 똑같은 모습으로 읽으면 연결이 잘 안 이루어지나, 위의 것을 3, 2, 3 음절로 갈라서 소리를 내되 빨리 읽어주면 강한 연결이 이루어진다.

법률 논문 구조화 기억

문제 1 공법상 특별 권력 관계를 설명하라.

[답안 구성]

1. 개념
    (1) 의의…특정한 행정 목적을 위하여 필요한 한도 내에서 행정 주체가 상대방에게 포괄적 지배권을 가지는 관계
    (2) 이론적 근거…먼저 관리 관계에서 발전

2. 성질
    (1) 일반 권력 관계와의 구별…상대적 구별성이 통설
    (2) 사법상 특별 권력 관계와의 구별…성립 원인·목적·내용 등이 다름.

3. 성립과 소멸
    (1) 성립 … ① 법률의 규정, ② 동의(2 경우)
    (2) 소멸(3 경우)

4. 종류
    (1) 공법상의 근무 관계… ① 쌍방적 행위, ② 일방적 의사
    (2) 공법상의 영조물 이용 관계…논리적·공공적 성격을 가진 것만
    (3) 공법상의 특별 감독 관계…예-국가와 공공단체
    (4) 공사단 관계…공공조합의 그 조합원과의 관계

5. 특별 권력의 내용
    (1) 명령권…목적 수행상 필요한 한도 내에서 명령·강제
    (2) 징계권…내부 질서를 유지, 징계 벌 과함.

6. 특별 권력의 한계
(1) 타당 범위…설정한 목적의 한도 내
(2) 특별 권력과 기본권…설정한 목적 내에서는 제한 가능
(3) 특별 권력과 재판적 통제…특정한 3 경우는 대상이 됨.

1. 개념

(1) 의의
특별 권력 관계란, 일반 권력 관계에 대한 개념으로서, 공법상 특별한 원인에 기하여 특정한 행정 목적(공무 수행·교육·국방)상 필요한 한도 내에서 행정 주체(국가·공공단체)가 상대방(예-공무원·국공립학교 학생)에 대하여 포괄적 지배권을 가지고 상대방이 이에 복종하는 관계이다.

(2) 이론적 근거
특별 권력 관계는 특정 행정 목적 수행을 위하여 일반 권력 관계와는 다른 강력한 지배 관계를 합리화하는 것으로서 먼저 관리 관계를 중심으로 형성된 것이다. 현대 국가에 있어서는 국가 기능의 적극화에 따른 복리 행정 분야(특히 영조물 이용 관계)의 발전을 보게 되었고, 따라서 근무 관계와 영조물 복리 관계가 중심이 되고 있다.

2. 성질

(1) 일반 권력 관계와의 구별
양자의 차이는 상대적인 것으로서 특별 권력 관계는 특별한 행정 목적을 위하여 필요한 범위 내에서 일반 국민의 복종 의무를 강화한 것에 불과하다고 보는 상대적 구별설이 통설이다.
이에 대해 양자의 성질이 전혀 다르다는 절대적 구별설이 있고, 최근에는 구별 자체를 부인하는 설도 등장하고 있다.

(2) 사법상 특별 권력 관계와의 구별
사법 관계에서의 특별 권력 관계(예-부모와 자)와는 그 성립 원인·목적·내용 등에서 차이가 있다.

3. 성립과 소멸

(1) 성립
① 직접 법률의 규정에 의하여 성립하는 경우 : 특별 권력 관계의 발생 원인이 발생하면 당연히 이 관계가 성립하는 경우이다.(예-전염병 환자의 강제 입원, 죄인의 수감 등)
② 상대방의 동의에 의하여 성립하는 경우 : 이에는 다시 ㉮ 임의적 동의에 의하는 경우(예-공무원 임명), ㉯ 동의가 법률상 의무로 강제되는 경우(예-아동의 취학)가 있다.

(2) 소멸
① 목적의 달성, ② 임의적 동의에 의한 탈퇴, ③ 권력 주체에 의한 일방적 배제(예-파면)에 의하여 소멸한다.

4. 종류

(1) 공법상의 근무 관계
① 법률의 규정에 의거한 쌍방적 행위에 의하여(예-공무원 임명)
② 또는 국가의 일반적 의사에 의하여(예-현역병 징집) 성립한다.

(2) 공법상의 영조물 이용 관계
"행정 주체가 공공복리를 위하여 관리 경영하는 시설의 이용 관계 중에서 윤리적·공공적 성격을 가진 것"만을 말한다.(예-도서관과 이용자)

(3) 공법상의 특별 감독 관계
국가와 공공단체, 공공조합, 특허 기업자, 행정 사무 수임자 등에 대한 감독 관계 같은 것이다.

(4) 공사단 관계
공공조합과 그 조합원의 관계이다.

5. 특별 권력의 내용

특별 권력 관계에 있어서는 한 쪽 당사자에게 일정한 한도의 포괄적 지배권이 인정되는데, 그 내용은 명령권과 징계권이다.

(1) 명령권

공법 관계에 있어서는 한 쪽 당사자에게 포괄적 지배권이 있는 결과 상대방에게 그 목적 수행상 필요한 한도 내에서 명령, 강제를 할 수 있다.

(2) 징계권

특별 권력 관계의 내부 질서를 유지하기 위하여 질서 문란자에게 징계 벌을 과할 수 있다.

(3) 특별 권력의 타당 범위

특별 권력은 그 설정한 목적에 필요한 한도 내에 국한되어야 함은 물론이고, 구체적으로는 그 근거가 되고 있는 법률의 규정 또는 상대방의 동의 등으로 보아 사회 통념상 합리적이라고 판단되는 한도 내에 국한되어야 한다.

(4) 특별 권력과 기본권

기본적 인권을 보장하는 헌법 정신은 특별 권력에서도 이를 존중하여야 함은 물론이다. 다만, 당해 특별 관계 설정의 목적에 비추어 합리적이라고 인정되는 범위 내에서는 그 제한이 가능하다고 하겠다.(예-경찰의 거주 제한)

법률 논문 구조화

※ 공법상 특별 권력 관계를 논하라.

I. 개념(서론)	(1) 학장의 머리 – 의의
	(2) 징계 학생의 반성문 – 이론
II. 성질(비서)	(1) 일반적 권력 관계 (2) 사법 관계
III. 성립과 소멸	(1) 성립(과일) (2) 소멸(낙엽)
IV. 종류(독서실)	(1) 근무 관계 – 보초
	(2) 영조물 이용 – 공중 전화
	(3) 감독 관계 – 도서관장
	(4) 공사단 관계 – 도서 조합원
V. 특별 권력의 내용	(1) 교관(명령) (2) 학생(징계)
VI. 특별 권력의 한계	(1) 수위(타당) (2) 기숙사(기본권)

문제 2 행정상 손해 배상에 대한 요약

I. **서론** 1. 의의…공무원 직무상 불법 행위에 대한 손해
   2. 손해 보상과 구별…적법한 행정 행위에 대한 손해
   3. 헌법적 보장…(헌법 29조) 공무원의 불법 행위와 배상 책임 손해 배상 청구

II. **국가배상법의 지위** 1. 일반법
   2. 행정 주체의 공행정 작용
   3. 배상법의 성격

III. **행정 절차** 1. 필요안 신청
   2. 결정 절차

IV. **사법 절차에 의한 청구** 1. 일반 절차
   2. 특별 절차

V. **공무원의 직무상 불법 행위로 인한 손해 배상**
   1. 성립 요건 : (1) 직무상 행위 (2) 위법한 행위 (3) 손해 발생
   2. 배상액
   3. 배상의 특례 : (1) 양도 압류 금지 (2) 이중 배상 금지
   4. 책임 문제 : (1) 공무원 책임과 국가 책임 (2) 대내적 구상권
   5. 배상 책임자

VI. **영조물 설치 관리 하자로 인한 손해 배상**
   1. 성립 요건 : (1) 공공의 건물 (2) 설치 관리 하자 (3) 손해 발생 (4) 무과실 책임
   2. 배상액
   3. 배상 책임 : (1) 대위 책임 (2) 대내적 구상권 (3) 선택적 청구

VII. **사(私)경제 작용에 의한 손해 배상**

손해 배상 구조화

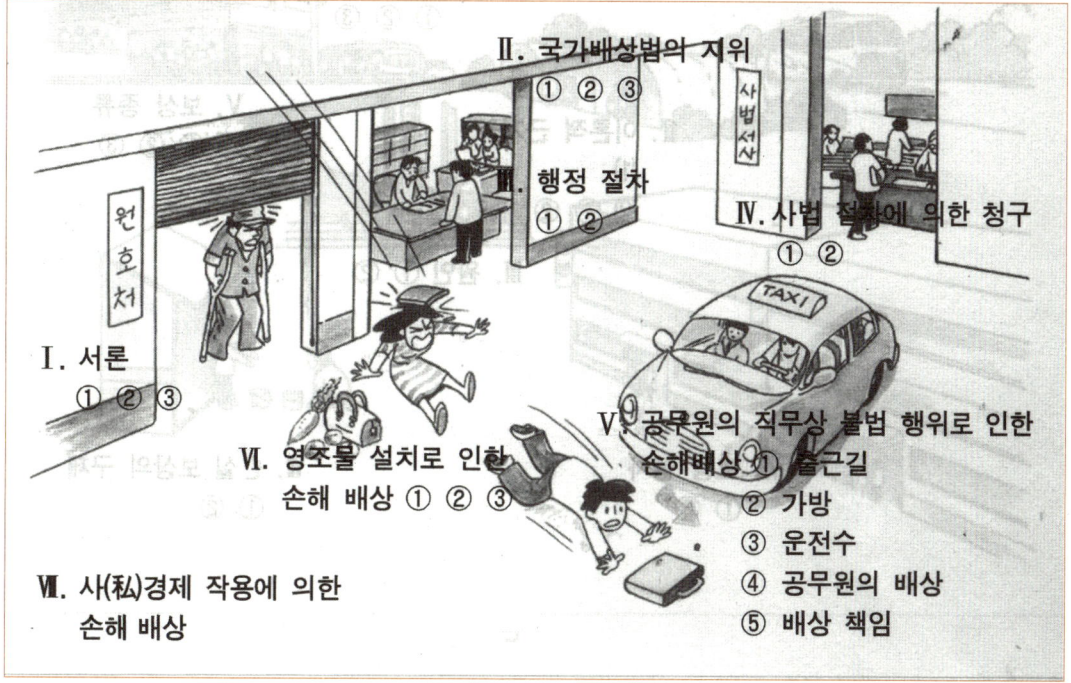

I. 상이 군인 (1) 셔터 문이 내림으로써 다침

(2) 출입문의 사직 띵

(3) 목발 위치(27조)

II. 경리 지위 (1) 보상받을 일반인 (2) 공타자 (3) 여자 경리의 성격

III. 원호청장 (1) 필요안 청구   (2) 결정

IV. 사법서사소 (1) 일반인이   (2) 특별한 절차로

V. 출근차의 좌회전 (1) 넘어진 사람

(2) 돈 가방

(3) 가난한 운전수(이중 특혜)(옆의 공무원)(뒷좌석의 높은 사람)

VI. 은행 건물 (1) 기와의 떨어짐   ① 건물 ② 하자 ③ 다침 ④ 장바구니

(2) 돈주머니

(3) 은행 내부 ① 대리 ② 금고 ③ 은행장

VII. 슈퍼마켓 – 사경제 작용

문제 3 행정상 손실보상(損失補償)을 논하라.

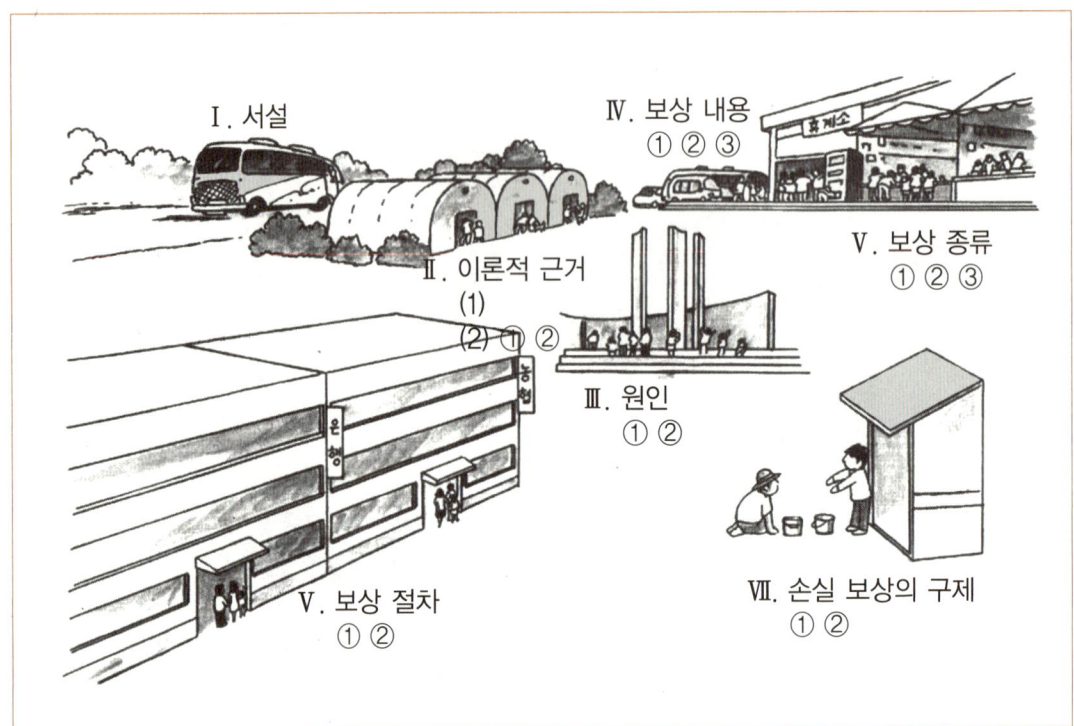

I. 서설	– 적법한 행정 작용에 의한 사유 재산의 특별한 희생에 대한 보상
II. 이론적 근거	(1) 이론적 근거
	(2) 실정법적 근거 ① 원법적 규정 ② 실정법적 규정
III. 원인	(1) 특별한 희생
	(2) 표준
IV. 보상 내용	(1) 완전 보상
	(2) 상당 보상
	(3) 결어
V. 보상 종류	(1) 현금 보상 (2) 현물 보상 (3) 환매 보상
VI. 보상 절차	(1) 액의 결정
	(2) 지급 방법
VII. 손실 보상의 구제	(1) 불복
	(2) 급부 이행

60갑자 알면 암기 박사 된다

　60갑자를 암기하는 것은, 우리 조상들의 지혜를 배우게 되기 때문에 유익하다. 60갑자는 숫자의 개념이 부족할 때, 오랜 시대에 걸쳐 나이를 가리키는 대명사로 쓰여 졌으며, 동양철학의 깊은 의미가 담겨 있다. 예전에는 60갑자를 오늘날 구구법 외듯 술술 외는 이가 많았다.

　그러나 이것을 기억하는 게 쉽지 않은데, 여기 60갑자 암기법을 소개하기로 한다. 만약 어떤 사람이 43세라면 숫자 대신 무술생이라 칭하고 무술(戊戌)이라는 60갑자의 말이 이해가 안 되는 사람일 경우, 하루 시간 단위를 나타내는 12 동물을 이용하여 나이와 시간을 기억하면 된다.

60갑자는 10간(天干), 12지(地支)를 조합해서 만든 것으로 간지(干支)는 다음과 같다.
- 10간(干) : 갑(甲), 을(乙), 병(丙), 정(丁), 무(戊), 기(己), 경(庚), 신(辛), 임(壬), 계(癸)
- 12지(支) : 자(子, 쥐), 축(丑, 소), 인(寅, 범), 묘(卯, 토끼), 진(辰, 용), 사(巳, 뱀), 오(午, 말), 미(未, 양/염소), 신(申, 원숭이), 유(酉, 닭), 술(戌, 개), 해(亥, 돼지)
- 사람의 난 해를 60갑자의 동물로 상징할 때 이를 "띠"라 한다.

[보기] 甲子생 : 쥐띠, 乙丑생 : 소띠

　기억의 실습을 위해서는 뜻이 없는 비슷한 유음, 비슷한 글자 모양으로 대치하는 대치법으로 익혀야 한다. 그 기본으로서 필요한 한글 글자 공식을 암기함에 있어서 첫째는 교제에 있는 10∼99까지의 기본적인 공식을 정하여 숫자의 개념으로 활용하되, 학과와 법률과 성경을 암기하기 위하여 그 내용에 맞는 글자로 대치하는 훈련을 해야 한다.

　이 훈련을 위해서 암기하기가 순조로운 문장을 만들었는데 이는 기존의 10~99장까지를 활용하여 별도 공식으로 만든 것이다.

1~9. 글자 발음

1세 – 경진 : 경진대회에서 일등하다.

2세 – 기묘 : 이모의 옷차림이 기묘하다.

3세 – 무인 : 삼라도는 옛날에 무인도.

4세 – 정축 : 사막에 경도의 빠른 축이 서다.

5세 – 병자 : 병자를 오진하다.

6세 – 을해 : 올해는 육군에 가는 해.

7세 – 갑술 : 색을 칠해서 값을 올리다.

8세 – 계유 : 팔에 닭기름(계유)를 바르다.

9세 – 임신 : 임신한 사람이 구토하다.

10~19. 가행 ㅊ – ㄱㄴㄷ / ㄹㅁㅂ / ㅅㅇㅈ

10세 – 신미 : 기차가 신비하게 보인다.

11세 – 경오 : 객석에 앉은 경우.

12세 – 기사 : 기사가 잡은 간첩.

13세 – 무진 : 무진장 큰 구두.

14세 – 정묘 : 정모 속에 귤을 따서 넣다.

15세 – 병인 : 감을 병든 사람(병인)이 먹다.

16세 – 을축 : 컵을 깨고 일축해 버리다.

17세 – 갑자 : 기사가 원수를 갚자고 하다.

18세 – 계해 : 강도에게 계해서 탄 돈을 털리다.

19세 – 임술 : 기자의 입술이 떨리다.

20~29. 나행 ㅊ - ㄱㄴㄷ/ㄹㅁㅂ/ㅅㅇㅈ

20세 - 신유 : 낯을 안 씻는 것이 신유행이다.

21세 - 경신 : 나그네가 기록을 갱신하다.

22세 - 기미 : 눈이 내릴 기미의 날씨다.

23세 - 무오 : 나들이 하면서 밭에서 무우를 뽑다.

24세 - 정사 : 정사각형 무대에서 노래하다.

25세 - 병진 : 남쪽나라로 병사가 진격하다.

26세 - 을묘 : 나비 못잡아 울며 가다.

27세 - 갑인 : 노세가 값 있는 품종이다.

28세 - 계축 : 낭자가 가축을 기르다.

29세 - 임자 : 배의 임자가 나주에 살다.

30~39. 다행 ㅊ - ㄱㄴㄷ/ㄹㅁㅂ/ㅅㅇㅈ

30세 - 신해 : 새해엔 대추나무를 심겠다.

31세 - 경술 : 경솔하게 독을 깨다.

32세 - 기유 : 기어서 대나무 사이를 빠져 나가다.

33세 - 무신 : 두더지 모신 두더지 새끼.

34세 - 정미 : 정미소 기둥의 주춧돌.

35세 - 병오 : 담을 넘어 병사가 오다.

36세 - 을사 : 두부장수를 얼사안다.

37세 - 갑진 : 도사가 값진 선물을 주다.

38세 - 계묘 : 계모가 당나귀에게 먹이를 주다.

39세 - 임인 : 이민 간 사람이 돼지 키우다.

40~49. 라행 ㅊ - ㄱㄴㄷ / ㄹㅁㅂ / ㅅㅇㅈ

40세 - 신축 : 신축 건물 앞에 화초를 심다.

41세 - 경자 : 경자가 학교에 입학하다.

42세 - 기해 : 한복이 귀해서 얻기 힘들다.

43세 - 무술 : 무술로 호두를 깨다.

44세 - 정유 : 정유소에서 일하는 할아버지.

45세 - 병신 : 병신이 함성을 지르다.

46세 - 을미 : 얽매인 데서 해방되다.

47세 - 갑오 : 갑옷 입은 장수가 해수욕하다.

48세 - 계사 : 항구 언덕에 계사를 짓다.

49세 - 임진 : 황해도 해주에서 임진각까지.

50~60. 마행 ㅊ - ㄱㄴㄷ / ㄹㅁㅂ / ㅅㅇㅈ

50세 - 신묘 : 마차에서 신출묘기를 하다.

51세 - 경인 : 경인지방에서 메기를 잡다.

52세 - 기축 : 마나님이 기척도 않는다.

53세 - 무자 : 미더덕을 무자비하게 먹다.

54세 - 정해 : 모래 밭에서 놀기로 정해 놓다.

55세 - 병술 : 병에 든 술로 매미 소독하다.

56세 - 을유 : 매부가 일류 신사다.

57세 - 갑신 : 갑으로 된 신에 못을 박다.

58세 - 계미 : 개미를 망치로 치다.

59세 - 임오 : 이모의 입 모양이 메주 같다.

60세 - 신사 : 부채질하는 신사.

12지(支)의 열 두 동물 기억

● 소리의 가락으로 암기할 때
   자축인묘 - 子丑寅卯
   진사오미 - 辰巳午未
   신유술해 - 申酉戌亥

● 구조화로 암기할 때

   자 - 쥐띠   : 쥐가 축사 위에서 자고 있다.

   축 - 소띠   : 소가 축사 안에 있다.

   인 - 호랑이띠 : 호랑이가 인가에 나타났다.

   묘 - 토끼띠   : 묘하게 생긴 토끼 귀.

   진 - 용띠   : 용이 진흙탕에 빠졌다.

   사 - 뱀띠   : 뱀이 사과를 먹고 있다.

   오 - 말띠   : 말이 오줌을 싼다.

   미 - 양띠   : 양의 털이 곱슬곱슬한 것은 미장원에서 파마를 한 것이다.

   신 - 원숭이띠 : 원숭이가 고무신을 신고 있다.

   유 - 닭띠   : 닭이 유리알처럼 생긴 알을 낳다.

   술 - 개띠   : 개가 술을 마시고 취해 있다.

   해 - 돼지띠   : 돼지의 얼굴은 동글동글하게 해같이 생겼다.

그림을 보고 연상한다

쥐(子) / 소(丑) / 호랑이(寅) / 토끼(卯) / 용(辰) / 뱀(巳) / 말(午) / 양(未) / 원숭이(申) / 닭(酉) / 개(戌) / 돼지(亥)

한글 문장을 초스피드로 기억한다

딱딱한 이름, 숫자, 단어 같은 것은 기계적 기억이어서 방법이 동원되어도 어렵다고 볼 수 있으나, 문장은 뜻이 있고 논리적이다.

문장이 기억이 잘 안 되는 이유 중에는 문장 자체가 본인의 입장에서 이해되기 어려운 문장이라던지, 해석이 안 될 때는 지적 수준의 부족으로 안 되는 것이니 그럴 때는 꾸준한 실력의 향상이 필요하고, 그 외의 문제라면 두 가지가 있다.

하나는 단위 문장이 길 때이고, 또 다른 하나는 문장의 양적 처리라고 할 수 있다.

긴 문장을 기억하는 법

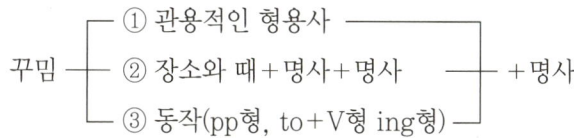

꾸밈이 들어가는 이유는 느낌을 공부하게 하기 위함이고, 느낌을 준대로 다 느낄 때 기억의 의무화는 해소되는 것이다.

"저기 국경 강 안을 경비하는 외투 쓴 검은 순경이 서 있다.", "순경"이란 낱말은 장소적인 꾸밈(경비하는)과, 직접 관용적인 형용사 "외투 쓴 검은 순경이 서 있다."로 되어 있음을 알 수 있다.

문장은 문장이기 이전에 언어이고, 언어이기 이전에 사실인 것이다.

느낀 그 자체 즉 사고는 바로 사실을 느끼는 것이다. 문장으로 옮겨지기 전의 모습을 상상하고 그 모습 속에서 순서를 지적하여야 한다.

지적의 순서는 장소와 때, 동작, 관용적 형용사의 순서로 "저기, 국경 강 안을 경비하는, 외투 쓴, 검은 순사가 서 있다."

이렇게, 순서로 사실을 늘 그리면서 기억하라.

"영산강 푸른 물결 맑은 물 위에 떠도는 흰 돛단배 어디로 갔나?"
이 문장을 낱말 한자로 줄이면 "배"다. 배가 먼저 꾸밈을 받은 것부터 차례로 표시하면

배
돛단배   ① 직접 꾸밈＋배
흰 돛단배   ② 색깔
떠도는 흰 돛단배   ③ 동작
물 위에 떠도는 흰 돛단배   ④ 장소
맑은 물 위에 떠도는 흰 돛단배
푸른 물결 맑은 물 위에 떠도는 흰 돛단배
영산강 푸른 물결 맑은 물 위에 떠도는 흰 돛단배
(문장 - 배 어디로 갔나? - 중심)
영산강 푸른 물결 맑은 물 위에 떠도는 흰 돛단배 어디로 갔나?
※ 단위 문장은 느낌을 준대로 다 느낄 것.

문장을 양적으로 처리하는 방법

예문 1 알 수 없어요   한용운

① 바람도 없는 공중에 수직의 파문을 내이며 고요히 떨어지는 오동잎은 누구의 발자취입니까
                                                    ① 오동잎

② 지리한 장마 끝에 서풍에 몰려가는 무서운 검은 구름의 터진 틈틈으로 언듯언듯 보이는 푸른 하늘은 누구의 얼굴입니까
                                                    ② 푸른 하늘

③ 꽃도 없는 깊은 나무에 푸른 이끼를 거쳐서 옛 탑 위에 고요한 하늘을 스치는 알 수 없는 향기는 누구의 입김입니까
                                                    ③ 향기

④ 근원은 알지도 못할 곳에서 나서 돌부리를 울리고 가늘게 흐르는 작은 시내는 굽이굽이 누구의 노래입니까
                                                    ④ 시내

⑤ 연꽃 같은 발꿈치로 가이없는 바다를 밟고 옥 같은 손으로 끝없는 하늘을 만지면서 떨어지는 해를 곱게 단장하는 저녁놀은 누구의 시입니까
                                                    ⑤ 저녁놀

⑥ 타고 남은 재가 다시 기름이 됩니다. 그칠 줄 모르고 타는 나의 가슴은 누구의 밤을 지키는 약한 등불입니까
                                                    ⑥ 나의 가슴

① 오동잎   ② 푸른 하늘   ③ 향기   ④ 시내   ⑤ 저녁놀   ⑥ 나의 가슴

알 수 없어요

☞ 그림의 구조도에서 위치의 지적 순서가 구조도인 것이다.

[핵심 단어 구조화 연상 훈련]

① 수직으로 고요히 떨어지는 **오동잎**

② 검은 구름 틈틈으로 언듯언듯 보이는 **푸른 하늘**

③ 옛탑 위에 하늘을 스치는 **향기와 입김**

④ 근원을 알지도 못하는 가늘게 흐르는 **작은 시내**

⑤ 발꿈치로 바다를 밟고 옥같은 손으로 하늘을 만지면서 곱게 단장한 **저녁놀**

⑥ 타고 남은 재 기름이 되고 **나의 가슴**은 누구의 밤을 지키는 약한 등불

예문 2   어부사시사   윤선도(1587~1671)

① 동풍이 건듣 부니 물결이 고이 닌다.

   동호를 바라보며 서호로 가자스라.

   지국총 지국총 어사와,

   압뫼이 디나가고 뒷뫼이 나아온다.

1. 그림 연상

② 수국의 가을 드니 고기마다 살져 있다.

   닫 드러라 닫 드러라.

   만경창파의 슬카지 용여하자.

   지국총 지국총 어사와,

   인간을 도라보니 머도록 더욱 됴타.

2. 그림 연상

③ 간밤의 눈갠 후에 경물이 달랏고야.

　압희는 만경유리 뒤희는 첩첩옥산.

　지국총 지국총 어사와,

　선계인가 불계인가 인간이 아니로다.

3. 그림 연상

④ 연잎에 밥싸 두고 반찬으란 장만마라.

  닫 드러라 닫 드러라.

  청약립은 써 있노라, 녹사의 가져오냐.

  지국총 지국총 어사와,

  무심한 백구는 내 좇는가, 제 좇는가.

4. 그림 연상

예문 3 진달래 꽃

김소월(1902~1934)

① 나 보기가 역겨워
   가실 때에는
   말 없이 고이 보내 드리오리다.
② 영변에 약산
   진달래 꽃
   아름 따다 가실 길에 뿌리오리다.
③ 가시는 걸음 걸음 놓인 그 꽃을
   사뿐히 즈려 밟고 가시옵소서.
④ 나 보기가 역겨워
   가실 때에는
   죽어도 아니 눈물 흘리오리다.

● **구조화 연상**

예문 4　　초혼

김소월(1902~1934)

① 산산이 부서진 이름이여!
② 허공 중에 헤어진 이름이여!
③ 불러도 주인 없는 이름이여!
④ 부르다가 내가 죽을 이름이여!
⑤ 심중에 남아 있는 말 한마디는
⑥ 끝끝내 마저 하지 못하였구나.
⑦ 사랑하던 그 사람이여!
⑧ 사랑하던 그 사람이여!
⑨ 붉은 해는 서산마루에 걸리었다.
⑩ 사슴의 무리도 슬피 운다.
⑪ 떨어져 나가 앉은 산 위에서
⑫ 나는 그대의 이름을 부르노라.
⑬ 설움에 겹도록 부르노라.
⑭ 설움에 겹도록 부르노라.
⑮ 부르는 소리는 비껴가지만
⑯ 하늘과 땅
　　사이는
　　너무 넓구나.
⑰ 선채로
　　이 자리에
　　돌이 되어도
⑱ 부르다가 내가 죽을
　　이름이여!
⑲ 사랑하던 그 사람이여!
⑳ 사랑하던 그 사람이여!

영화의 장면처럼 영상화한다

제8장 음의 감각도

예문 5   국경의 밤

김동환

① "아하, 무사히 건넜을까,
　이 한밤에 남편은
　두만강을 탈 없이 건넜을까?
② 저리 국경 강 안을 경비하는
　외투 쓴 검은 순사가
　왔다 – 갔다 –
　오르명 내리명 분주히 하는데
　발각도 안 되고 무사히 건넜을까?"
③ 소금실이 밀수출 마차를 띄워 놓고
　밤새 가며 속태이는 젊은 아낙네
④ 물레 젓던 손도 맥이 풀려져
　"파!" 하고 붙는 어유(魚油) 등잔만 바라본다.
　북국의 겨울밤은 차차 깊어가는데.

구조화 연상

The Superspeed Remember Method 2

 **제9장 초능력 숫자 암기법**

- 글자 공식으로 익히는 초능력 숫자 암기법
- 한글로 100단위와 1000단위 숫자 만드는 법
- 낱말 공식으로 숫자를 글자로 변환(變換)하는 기억 훈련 1
- 낱말 공식으로 숫자를 글자로 변환(變換)하는 기억 훈련 2
- 숫자를 글자와 함께 조화를 시켜 성씨(姓氏) 기억 훈련
- 역사 연대와 사건 연상 조합 기억술
- 한글·공식 연상 조합법으로 역사 공부 뚝딱
- 교과서 내용 기억 훈련

글자 공식으로 익히는 초능력 숫자 암기법

한글로 10단위 숫자 연속 기억

72	87	54	28	15	23	18	95	41
산	아씨	말	낭군	감나무	낟가리	강물	잠자리	학교

I. 산에 아씨가 말을 타고
II. 낭군이 있고 감나무 옆에 낟가리
III. 강물 위에 잠자리가 날고 뒤에 학교가 있다.

☞ 꼭 지킬 일

"산에 아씨가 말을 타고 서 있다."라고 기억해서는 쓸 수 없다. 함께 있게 하고 그 장면 안에서 위치의 지적 순위가 지켜지지 않을 땐 순서가 어긋나고, 어긋나면 수의 개념이 틀리기 때문이다. 구조화에서 회생의 법칙인 "공간 상에 지적된 위치가 회생의 순서"라는 것을 꼭 지켜야 한다.

제9장 초능력 숫자 암기법

한글로 100단위와 1000단위 숫자 만드는 법

숫자를 쉽게 기억하는 음운법

1	2	3	4	5	6	7	8	9	0
일 하 나 완	이 투 도 토	삼 색 세 샘	사 살 싸 삭	오 옥 옹 어	육 유 융 윤	칠 치 친 질	팔 파 팡 박	구 국 궁 꾸	공 영 빵 콩

○ 연습 1 : 앞의 두 자리 수를 낱말 공식의 첫 자인 한글로 하고 뒤의 일 단위를 음으로 딴다.

① 427(한치)   ② 689(방구)   ③ 154(감사)
④ 624(반사)   ⑤ 927(잔치)   ⑥ 789(상구)
⑦ 784(상사)   ⑧ 829(안고)   ⑨ 524(만사)
⑩ 786(상육)

○ 연습 2 : 앞의 두 자리 수가 낱말이므로 뒷자리를 숫자의 발음으로 연결한다.

① 495(호주 오리)   ② 837(오뚝이 칠하다)   ③ 949(자루 구하다)
④ 878(아씨 팔)   ⑤ 693(바시에 인삼)   ⑥ 794(사자 사냥)
⑦ 139(가두에 구두) ⑧ 735(사다리에 오리) ⑨ 932(자두 둘)
⑩ 897(아지를 치다)

○ 연습 3 : 숫자 공식 유음 연결   ※ '공' 뒤의 숫자를 음으로 연결하고 앞을 숫자로 표시

01	02	03	04	05	06	07	08	09
공일	공이	공세	공사	공오	공유	꽁치	콩팥	공구

① 8708(아씨 콩팥)   ② 2507(냄비 속에 꽁치)
③ 2809(낭군이 공구를 만지다) ④ 4509(함장이 공구를 만지다)
⑤ 8803(앙고라 공세)   ⑥ 6801(방앗간에 공일)
⑦ 2406(날개를 공유하다)   ⑧ 4403(활로 공세)
⑨ 1407(갈매기가 꽁치를 먹다) ⑩ 4304(호도를 공사장에서 먹다)

○ 연습 4 : 세 자리 한글로 숫자가 되는 것
① 874-ㅇㅅㄹ-이소라
② 859-ㅇㅁㅅ-이미자
③ 531-ㅁㄷㄱ-메뚜기
④ 195-ㄱㅈㅁ-가자미
⑤ 796-ㅅㅈㅂ-수제비
⑥ 139-ㄱㄷㅈ-기도자
⑦ 901-ㅈㅊㄱ-자치기
⑧ 751-ㅅㅁㄱ-사마귀
⑨ 993-ㅈㅈㄷ-제주도
⑩ 207-ㄴㅊㅅ-나치스

○ 연습 5 : 첫째 받침까지 이용, 끝수가 모음으로 되는 것
① 523-ㅁㄴㄷ-만두
② 818-ㅇㄱㅇ-악어
③ 189-ㄱㅇㅈ-공자
④ 529-ㅁㄴㅅ-만주
⑤ 985-ㅈㅇㅁ-장미
⑥ 583-ㅁㅇㄷ-망대
⑦ 681-ㅂㅇㄱ-봉고
⑧ 723-ㅅㄴㄷ-순대
⑨ 720-ㅅㄴㅊ-산채
⑩ 981-ㅈㅇㄱ-장기

○ 연습 6 : 뒷자리 받침 붙고 앞자리가 모음이 되는 것
① 572-ㅁㅅㄴ-마산
② 748-ㅅㄹㅇ-사랑
③ 761-ㅅㅂㄱ-수박
④ 738-ㅅㄷㅇ-수당
⑤ 636-ㅂㄷㅂ-보답
⑥ 628-ㅂㄴㅇ-배낭
⑦ 511-ㅁㄱㄱ-미국
⑧ 808-ㅇㅊㅇ-애창
⑨ 968-ㅈㅂㅇ-지방
⑩ 846-ㅇㄹㅂ-아랍

○ 연습 7 : 받침 있는 두 자로 1000단위 한글
① 한강-4218-ㅎㄴㄱㅇ
② 산장-7298-ㅅㄴㅈㅇ
③ 종각-9811-ㅈㅇㄱㄱ
④ 농장-2898-ㄴㅇㅈㅇ
⑤ 학생-4178-ㅎㄱㅅㅇ
⑥ 목장-5198-ㅁㄱㅈㅇ
⑦ 방법-6866-ㅂㅇㅂㅂ
⑧ 상장-7898-ㅅㅇㅈㅇ
⑨ 안정-8298-ㅇㄴㅈㅇ
⑩ 알몸-8455-ㅇㄹㅁㅁ

○ 연습 8 : 숫자의 한도 - 장독
① 1000단위일 때 : ㅈㅇㄷㄱ : **장독**-9831
② 100단위일 때 : ㅈㅇㄷ : **장독**-983
③ 10단위일 때 : ㅈㅇ : **장독**-98

④ 1단위일 때 : ㅈ   : 장독-9
   * 10단위 중 받침을 무시하고 첫 자음까지 읽을 때

① 동해물과 백두산이-3451-6378(ㄷㅎㅁㄱ-ㅂㄷㅅㅇ)
② 하느님이 보우하사-4228-6847(ㅎㄴㄴㅇ-ㅂㅇㅎㅅ)
③ 대한으로 보전하세-3484-6947(ㄷㅎㅇㄹ-ㅂㅈㅎㅅ)
④ 국회의원-1488(ㄱㅎㅇㅇ)
⑤ 해바라기-4641(ㅎㅂㄹㄱ)

○ 연습 9 : 숫자 기억 실습

① 874 859(이소라+이미자)   ※두 분은 연예계 출신.

② 523 818(만두+악어)   ※만두를 악어가 먹었다.

③ 723 681(순대+봉고)   ※순대를 봉고에서 먹었다.

④ 572 761(마산+수박)   ※마산에서 수박을 사다.

⑤ 2898 748(농장+사랑)   ※농장에서 사랑하다.

⑥ 511 5198(미국+목장)   ※미국에서 목장을 경영하다.

⑦ 985 8455(장미+알몸)   ※장미빛 알몸.

⑧ 7298 628(산장+배낭)   ※산장에서 배낭을 풀다.

⑨ 4178 981 6866(학생+장기+방법) ※학생이 장기 두는 방법을 안다.

⑩ 189 796 968(공자+수제비+지방) ※공자께서 수제비를 지방에서 먹다.

낱말 공식으로 숫자를 글자로 변환(變換)하는 기억 훈련 1

한글로 1000단위 숫자 만드는 법

[예문 1] 6495 : 발에 잠자리가 앉았다.

75+29 :

54+86 :

46+27 :

75+63 :

25+44 :

84+13 :

57+36 :

43+63 :

45+12 :

63+24 :

43+75 :

47+12 :

38+74 :

36+54 :

78+46 :

[예문 2] 6613 : **밥**을 **가두**에서 먹었다.

17+38 :

94+37 :

74+46 :

73+72 :

37+22 :

94+57 :

54+91 :

24+76 :

36+47 :

74+29 :

64+35 :

74+35 :

32+64 :

37+43 :

54+93 :

15+78 :

40+83 :

27+33 :

95+18 :

[예문 3] 4359 : **호두를 모자** 속에 담았다.

87+54 :

32+18 :

43+53 :

64+66 :

33+41 :

54+78 :

43+57 :

54+16 :

54+30 :

64+32 :

63+54 :

32+51 :

64+36 :

55+89 :

48+56 :

69+97 :

14+81 :

20+99 :

55+77 :

낱말 공식으로 숫자를 글자로 변환(變換)하는 기억 훈련 2

● 한글로 100,000단위 숫자 만드는 법

[예문 1] 518543 : **막걸리**를 **암석** 위에서 **호두**와 함께 먹는다.

24+35+54 : _____

76+54+08 : _____

54+51+65 : _____

85+47+25 : _____

46+76+54 : _____

10+76+50 : _____

56+78+54 : _____

37+88+69 : _____

16+43+94 : _____

35+54+76 : _____

54+28+09 : _____

44+76+95 : _____

48+54+61 : _____

[예문 2] 648718 : 발을 아씨가 강물에서 씻는다.

75+47+65 :

28+95+14 :

89+54+76 :

93+41+89 :

60+90+68 :

80+96+70 :

67+86+06 :

58+67+65 :

49+65+47 :

75+43+75 :

94+38+19 :

55+88+65 :

27+71+18 :

유음 : 10단위 기억(숫자의 발음을 이용) 00~19

더 만들어 활용하기

00 : 공공, 콩콩, 꽁꽁, 영영, 빵빵, 방방

01 : 공일, 공원, 영원, 방한

02 : 공이, 빵이, 영희, 콩이

03 : 공상, 공생, 공세, 영삼, 콩셋

04 : 공사, 빵사, 콩사, 방사, 공산

05 : 공오, 영어, 방어

06 : 공유, 방류, 영류

07 : 공치, 꽁치, 꽁지, 공처

08 : 콩팥, 공방, 공박

09 : 공구, 공군, 빵구, 공고, 콩고, 방콕

10 : 인빵, 일방, 한방

11 : 일일, 일원, 원한, 한일, 십일조

12 : 십리, 시비, 완투, 십이지장, 하도, 한도, 한둘

13 : 일상, 일생, 일색, 일세기

14 : 일사, 식사, 한 살, 한산모시

15 : 십오야, 십오리, 일어, 한다, 하라

16 : 일류, 한류, 원유

17 : 일치, 한치, 일침, 한척, 일척

18 : 심판, 한파, 한팔, 십팔금, 십팔계

19 : 일꾼, 식구, 항구

유음 : 10단위 기억(숫자의 발음을 이용) 20~39

더 만들어 활용하기

20 : 이공계, 이공

21 : 이일, 두한

22 : 이익, 이이, 이들, 이틀, 두이, 투투, 이리

23 : 인삼, 이세, 이색, 이상

24 : 이사, 이삭, 이산, 인사, 투사, 두 살, 도산, 도사

25 : 이모, 인어, 이어

26 : 이륙, 이유, 이윤

27 : 이치, 이천, 두치

28 : 이팔, 이판, 이발, 이빨, 두발, 두팔, 투박

29 : 이국, 이구아나, 이고

30 : 세공, 셋방, 새방, 상공, 성공

31 : 삼일, 새일, 세일, 삼한

32 : 삼리, 새이, 새입, 새잎, 쌈이

33 : 삼삼한, 삼색, 산삼, 새색, 상상, 쌍쌍

34 : 삼사, 상사, 삼살, 세살

35 : 상모, 세모, 새옷, 상어

36 : 상륙, 상류, 삼류, 세률

37 : 삼치, 상치, 삼촌

38 : 상판, 상팔자, 삼팔선

39 : 상궁, 삼국, 삼국지

유음 : 10단위 기억(숫자의 발음을 이용) 40~59

더 만들어 활용하기

40 : 사공, 쌀콩, 사방

41 : 사일로, 사원

42 : 사이, 사리, 사투

43 : 사색, 사상, 사생

44 : 사살, 사사, 살살, 쌀살

45 : 사오정, 사오, 서오, 싸오, 사요

46 : 사유, 사육, 싸유, 사료

47 : 사치, 사촌, 사철

48 : 사팔, 네팔, 사발, 사파, 삭발

49 : 사구, 사고, 싸고, 사군자, 상궁

50 : 오공, 다방, 오빵, 오방떡

51 : 오일, 오한

52 : 오이, 오리, 어리, 우리

53 : 오산, 오색, 우산, 우상

54 : 어사, 어싸, 얼싸

55 : 오오, 오옥, 오우, 달다

56 : 오류, 오륜기, 오륙도

57 : 옻칠, 오차, 오침

58 : 오빠, 오판, 오팔

59 : 오구, 어구, 옥구슬

유음 : 10단위 기억(숫자의 발음을 이용) 60~79

더 만들어 활용하기

60 : 유공, 육영, 유방, 유공자

61 : 유일, 유원, 유한

62 : 유리, 유기, 육이오, 유이, 유도

63 : 육삼빌딩, 육상, 유세, 육색

64 : 육사, 유사, 육포

65 : 유모, 유머, 유료

66 : 육류, 유유, 유류

67 : 유치, 유친, 육촌

68 : 육박, 윷판, 유발

69 : 육군, 유구한, 율곡

70 : 침공, 처방, 칠공주, 철공

71 : 친한, 저일, 친일, 친일파

72 : 처리, 철리, 침투, 질투, 철인, 출도

73 : 침샘, 철새, 질색, 침상, 칠색

74 : 치사, 처사, 철사, 천사

75 : 치료, 치어, 치다

76 : 치유, 침류, 천륜

77 : 철철, 척척, 칙칙, 칠칠, 친척, 친절, 절절, 질질

78 : 칠판, 철판, 절박

79 : 친구, 치구, 전구, 절구, 천국, 칠구

유음 : 10단위 기억(숫자의 발음을 이용) 80~100

더 만들어 활용하기

80 : 판공, 팔공, 팥콩, 팔방

81 : 파일, 파일럿, 팔원

82 : 파리, 빨리, 파이, 팽이, 파도, 편리

83 : 판세, 파상, 팔색, 발생

84 : 판사, 파삭, 팔삭, 팍삭, 박살, 박사, 파산

85 : 팔로, 팔다, 팔어

86 : 파유, 판유리

87 : 팔찌, 팥쥐, 파지, 팔촌

88 : 팔팍, 팍팍, 폭폭, 파파, 팡팡

89 : 팔구, 파구, 박꾸, 빡꾸, 받고

90 : 구공탄, 꿀빵, 구형, 군영

91 : 구원, 구한말

92 : 구이, 구리, 구두, 굴뚝, 구들장

93 : 구상, 궁상, 구색, 구세군

94 : 군사, 군살, 국사, 구사일생, 군산

95 : 구오, 구어, 국어

96 : 구류, 규율

97 : 구치, 굵직, 규칙, 군침, 굴절, 구천

98 : 굿판, 꾸뻑, 구박, 국밥

99 : 구구, 국군, 꿀꿀, 꾹꾹

100 : 백, 빽, 빡

숫자의 유음으로 1000단위 만들기 (00~19) — 더 만들어 활용하기

0044 : 빵빵사살
0104 : 공원공사
0235 : 영희새옷
0326 : 공상이륙
0477 : 공사철저
0515 : 영어일어
0646 : 방류사유
0792 : 꽁치구이   0745 : 꽁치사오   0787 : 콩쥐팥쥐
0831 : 콩팥세일
0904 : 공구사구

1072 : 일방처리
1108 : 일일공박
1279 : 원투치고   1224 : 십리이사   1255 : 이리오오
1307 : 일생공처
1482 : 한살박이   1472 : 일사천리
1577 : 일어척척   1595 : 일어국어
1691 : 일류구원
1727 : 한치두치   1778 : 일침처방
1817 : 심판일치
1914 : 일꾼식사

숫자의 유음으로 1000단위 만들기 (20~39) 　　더 만들어 활용하기

2079 : 이공치고
2172 : 이일저일
2245 : 이이사오　　　2279 : 둘이친구　　　2277 : 둘이척척
2385 : 인삼팔다
2430 : 이사새방　　　2424 : 이사이사
2592 : 이모구두　　　2513 : 인어일생　　　2572 : 이모질투
2609 : 이륙공군
2757 : 두치오차
2875 : 이빨치료　　　2800 : 두팔꽁꽁　　　2848 : 이판사판
2972 : 이국천리　　　2955 : 이구오오

3042 : 셋방사리　　　3015 : 성공하다
3188 : 세일팍팍
3233 : 쌈이삼삼
3355 : 삼삼오오　　　3367 : 쌍쌍유치　　　3312 : 상상심리
3489 : 상사팔구　　　3498 : 상사구박
3542 : 사모사이　　　3592 : 상어구이
3672 : 상륙침투
3792 : 삼치구이　　　3732 : 상추쌈이　　　3733 : 색칠삼삼
3878 : 상판철판
3964 : 삼국유사

숫자의 유음으로 1000단위 만들기 (40~59) 　　더 만들어 활용하기

4004 : 사방공사　　4080 : 사방팔방　　4082 : 사공파도
4196 : 사원구율
4242 : 사이사이
4383 : 사색팔색
4472 : 살살침투　　4458 : 사사오판
4590 : 싸다꿀빵
4652 : 사육오리
4714 : 사치식사　　4704 : 사치공사
4898 : 사발국방　　4825 : 사파이어
4989 : 사구팔구　　4972 : 사고처리

5014 : 오빵식사　　5082 : 오공팔이　　5085 : 다방팔어
5145 : 오일사오
5246 : 오리사육　　5212 : 오리십리　　5233 : 오이삼삼　　5242 : 우리사이
5219 : 우리식구　　5297 : 어리굴젓
5345 : 우산사오　　5312 : 우상십리
5400 : 어사빵빵　　5489 : 얼사구판
5582 : 오오빨리　　5598 : 달다꿀빵
5683 : 오류발생
5733 : 오칩세상
5884 : 오빠판사　　5892 : 오빠구두　　5872 : 오빠질투
5923 : 어구인삼

숫자의 유음으로 1000단위 만들기 (60~79)　　더 만들어 활용하기

6049 : 유공싸고

6179 : 유일친구　　6167 : 유일유치　　6292 : 유리구두　　6249 : 유리사고

6372 : 육상질투　　6318 : 육삼십팔

6469 : 육사육군　　6487 : 유사팔찌

6544 : 유머쌀살　　6577 : 유모철철

6692 : 육류구이　　6649 : 육육사구

6713 : 유친일생　　6743 : 유친사상

6871 : 육박칠일

6936 : 육군상륙

7072 : 처방철리

7179 : 친한친구　　7147 : 친한사촌

7282 : 처리빨리　　7284 : 침투박상

7352 : 철새오리　　7383 : 칠색팔색

7492 : 철사구리　　7444 : 치사사살

7507 : 치어꽁치　　7537 : 치어삼치

7688 : 치유팔팔　　7672 : 침유침투

7788 : 칙칙폭폭　　7784 : 척척박사

7892 : 철판구이

7942 : 친구사이　　7958 : 친구오빠　　7989 : 치고받고

숫자의 유음으로 1000단위 만들기 (80~99) 　 더 만들어 활용하기

8077 : 팔방친절　　8037 : 팔방삼촌
8109 : 파일럿공군
8204 : 빨리공사　　8282 : 빨리빨리　　8275 : 빨리치료　　8245 : 빨리사오
8270 : 빨리처방　　8252 : 파도타기
8375 : 파상치료　　8393 : 판세구상
8467 : 판사유치　　8489 : 박살빡구　　8484 : 박사판사　　8458 : 판사오판
8537 : 팔다삼치
8646 : 파유사유
8745 : 팔찌사오
8886 : 팍팍파유
8944 : 팔구사사　　8953 : 팔구오세

9096 : 구형구류　　9095 : 구공탄구어
9124 : 구원투사
9218 : 구두심판　　9274 : 구리철사　　9231 : 구두세일
9333 : 구색삼삼　　9333 : 구상상상　　9317 : 구색일치
9413 : 구사일생　　9496 : 군사규율　　9405 : 국사영어
9585 : 구어파오　　9577 : 국어척척
9631 : 구류삼일　　9677 : 규율철저
9797 : 구질구질　　9796 : 규칙규율
9837 : 구박삼촌　　9994 : 국군구사
9977 : 구구절절　　9999 : 구구구구

각 산의 높이 기억술(숫자 공식 응용)

1. 백두산(2744)=백두산에 갈 때는 **낫**과 **활**을 가지고 간다.

2. 소백산(2174)=함북, 함남 : 소박하게 **낚시** 갈 때는 **쌀**만 가지고 간다.

3. 낭림산(2014)=낭떠러지에 굴러서 얼굴 **낯**이 **갈**렸다.

4. 한라산(1950)=한라산에 **한번 구경 오십**시오.

5. 지리산(1915)=지진 때문에 **가죽**으로 **감**았다.

6. 묘향산(1909)=묘하게도 **가죽**을 **공구**로 두드린다.

7. 설악산(1708)=설날 설악산에서 **갓** 쓰고 **공**을 **판**다.

8. 금강산(1638)=금장을 한 **갑옷**을 입고 **당구**를 친다.

9. 태백산(1567)=태어나서 처음으로 **감나무**에 **밧줄** 타고 올라갔다.

10. 오대산(1563)-오 대째 **갇나무**를 **받**들어 모신다.

11. 소백산(1440)=충북, 경북 : 소박한 충격은 **갈매기**가 **화초**밭에 날아왔다.

12. 치악산(1288)=치약을 **간장** 병에 넣어 **앙고라**에게 주었다.

13. 무등산(1187)=무 등을 타고 **각도기**를 보며 등산하는 **아씨**가 기뻐한다.

14. 속리산(1058)=속리산 속으로 들어가면 **가축**들을 **망치**로 잡을 수 있다.

15. 계룡산(845)=계룡산 계곡에 용의 **알**이 **5**개가 있다.

16. 북한산(837)=북한산에서 **오뚝이**를 **칠**했다.

17. 관악산(632)=관악산에 올라가 관찰을 하니 **받침**으로 쓸만한 **돌**이 많다.

숫자 공식 응용편

(결혼기념일 주기 한자어(漢字語) 기억술)

紙婚式(지혼식)	: 1주년 [일지]에 기록한 것을 머리에
藁婚式(고혼식)	: 2주년 [이고] 와서
糖菓婚式(당과혼식)	: 3주년 [3당과 혼식]하며
革婚式(혁혼식)	: 4주년 [4대 혁]명을 이룬다.
木婚式(목혼식)	: 5주년 [오목]을 두면서
花婚式(화혼식)	: 7주년 [화가가 칠]을 한다.
電氣器具婚式(전기기구혼식)	: 8주년 [전기기구를 모두 팔]았다.
陶器婚式(도기혼식)	: 9주년 [도끼로 구두]를 찍었다.
錫婚式(석혼식)	: 10주년 [석(石)돌로 가축]을 잡았다.
鋼鐵婚式(강철혼식)	: 11주년 [강철로 만든 각도기]
麻(絹)婚式(마(견)혼식)	: 12주년 [마를 삶아 간장]에 찍어 먹었다.
象牙婚式(상아혼식)	: 14주년 [상아로 갈매기]를 만들었다.
銅婚式(동혼식)	: 15주년 [동 줄로 감나무]를 감았다.
磁器婚式(자기혼식)	: 20주년 [자기하고 (얼굴)낯]을 마주본다.
銀婚式(은혼식)	: 25주년 [은으로 만든 냄비]
眞珠婚式(진주혼식)	: 30주년 [진주조개를 닻]으로 건져 올렸다.
珊瑚婚式(산호혼식)	: 35주년 [산호를 담] 위에 올려 놓았다.
碧玉婚式(벽옥혼식)	: 40주년 [벽 아래 옥같이 아름다운 화초밭]
紅玉婚式(홍옥혼식)	: 45주년 [홍옥 사과를 함장]이 먹었다.
金婚式(금혼식)	: 50주년 [금으로 만든 마차]
回婚式(회혼식)	: 60주년 [돌회(回) 돌아가며 보초] 근무를 서다.
金剛石婚式(금강석혼식)	: 75주년 [금강석을 솜] 속에 넣었다.

원소 주기율표

주기 \ 족	[십자수] I a	I b	[이정표] II a	II b	[삼일절] III a	III b
1	H 수소					
2	Li 리듐		Be 베릴륨			B 붕소
3	Na 나트륨		Mg 마그네슘			Al 알루미늄
4	K 칼륨	Cu 구리	Ca 칼슘	Zn 아연	Sc 스칸듐	Ga 갈륨
5	Rb 루비듐	Ag 은	Sr 스트론튬	Cd 카드뮴	Y 이트륨	In 인듐
6	Cs 세슘	Au 금	Ba 바륨	Hg 수은		Tl 탈륨
7	Fr 프랑슘		Ra 라듐			

원소 주기율표

족 주기	[사냥] IV a	b	[오토바이] V a	b	[육상 경기] VI a	b
1						
2		C 탄소		N 질소		O 산소
3		Si 규소		P 인		S 황
4	Ti 티탄	Ge 게르마늄	V 바나듐	As 비소	Cr 크롬	Se 셀렌
5	Zr 지르코늄	Sn 주석	Nb 니오브	Sb 안티몬	Mo 몰리브덴	Te 텔루르
6	Hf 하프늄	Pb 납	Ta 탄탈	Bi 비스무트	W 텅스텐	Po 폴로늄
7						

제9장 초능력 숫자 암기법

족	VII [북두칠성]		VIII [팔씨름]			0 [공부방]
주기	a	b				
1						He 헬륨
2		F 플루오르 (불소)				Ne 네온
3		Cl 염소				Ar 아르곤
4	Mn 망간	Br 브롬	Fe 철	Co 코발트	Ni 니켈	Kr 크립톤
5	Tc 테크네튬	I 요오드	Ru 루테늄	Rh 로듐	Pd 팔라듐	Xe 크세논
6	Re 레늄	At 아스타틴	Os 오스뮴	Ir 이리듐	Pt 백금	Rn 라돈
7						

원소의 원자량을 기억하는 법

[비금속 원소]

원소	기호	원자량	글자 공식 조화
탄소	C	12	탄소+간장
질소	N	14	질식+갈매기
산소	O	16	산소+갑옷
불소	F	19	불속+가죽
규소	Si	28	귀소+낭군
인	P	31	(P)인+닭
황	S	32	황색+단추
염소	Cl	35.5	염소+담, 오고 있다.

[금속 원소]

원소	기호	원자량	글자 공식 조화
나트륨	Na	23	너트+낟가리
마그네슘	Mg	24	나그네+날개
알루미늄	Al	27	알루미늄+낫
칼륨	K	39	가려움+도장
칼슘	Ca	40	칼슘+화초
철	Fe	56	철길+마부
구리	Cu	63.5	동판+받침, 오목을 둔다.
은	Ag	108	은빛+가축, 팔았다.

※ 금속 원소와 비금속 원소로 분류하고, 글자 공식을 활용하여 원소와 원자량을 조화시킨다.

숫자를 글자와 함께 조화를 시켜 성씨(姓氏) 기억 훈련

훈련 방법

1. 국 : 일 국
2. 왕 : 이 왕
3. 천 : 삼천 궁녀
4. 사 : 사는 사망
5. 윤 : 오륜기
6. 안 : 육 안
7. 차 : 칡 차
8. 김 : 팔 김
9. 남 : 구 남내
10. 고 : 십자가 고(高) = (고)
11. 최 : 각도기, 최고로 큰
12. 장 : 간장
13. 맹 : 가두, 맹꽁이
14. 정 : 갈매기가 정들다.
15. 신 : 감나무에 고무신
16. 이 : 갑옷 입고 이민
17. 민 : 갓쓴 민(民)
18. 한 : 강물 한강에
19. 홍 : 가죽을 홍 붉은색
20. 마 : 얼굴을 마주 본다.
21. 하 : 낙하산
22. 권 : 난 권투가 좋아
23. 조 : 낟가리에 鳥(조)
24. 원 : 날개가 원형으로
25. 백 : 냄비가 백색
26. 박 : 납으로 만든 박
27. 나 : 낫은 나의 것
28. 노 : 낭군이 노를
29. 강 : 낮에 강 건너간다.
30. 진 : 닻이 진흙 속에
31. 허 : 닭은 허약한 사람에게
32. 여 : 단추를 여자가
33. 임 : 도둑이 임을 보쌈하다.
34. 소 : 달밤에 소피를
35. 현 : 담 쌓는 현장
36. 성 : 답안지를 보니 성질
37. 우 : 다시마를 우동에
38. 송 : 당구장에 송아지 상품
39. 유 : 도장이 유리 같이 투명
40. 양 : 화초밭에 양이
41. 심 : 학교에서는 심심하지 않다.
42. 손 : 한 손으로 한복을
43. 설 : 호두가 설 익었다.
44. 문 : 활을 문에다 쏜다.
45. 공 : 함장이 공주와 결혼
46. 주 : 합주하는 합창대
47. 변 : 호수에다 변을
48. 서 : 항아리 앞에 서 있다.
49. 연 : 호주에서 연을 날린다.
50. 방 : 마차에 방이 있다.
51. 옥 : 막걸리를 옥 잔에
52. 황 : 만두를 황소가
53. 추 : 맏아들이 추하다.
54. 용 : 말과 용이 싸우다.
55. 피 : 매머드가 피를 흘린다.
56. 전 : 마부가 전쟁터에
57. 함 : 맛나니를 함 속에
58. 길 : 망치 자루가 길다.
59. 곽 : 모자를 꽉 섰다.
60. 육 : 보초는 육군

역사 연대와 사건 연상 조합 기억술

역사 연대를 기억하기 위해서는 먼저 숫자 공식을 완전 습득하여 터득한 후에 그 사건과 주요 인물 등을 연계하여 숫자를 글자로 하여 조화를 시켜서 기억하게 된다.

한번 연계된 것은 다시 한번 되뇌어서 완전히 뇌에 입력이 되도록 해서 잊어버리지 않도록 장기 저장을 하게 된다.

본인이 공부하는 데 있어서 시험에 자주 나오는 것을 선택하여 기억하게 되면 학교 성적이 향상될 뿐만 아니라 역사의 흐름과 내용을 빨리 이해하게 되므로 자연스럽게 국사 공부에 많은 도움이 된다.

연대와 내용을 조화시켜 훈련하기

사건	연대	주요 인물과 내용을 조화
1. 낙랑의 멸망	313	낙랑 왕이 **닭 세** 마리를 삶아 먹다가 망했다.
2. 불교의 전래	372	불교를 전하기 위해 순도가 **다시마** 두 장을 먹으며 소수전했다. (소수림왕 때)
3. 백제 멸망	660	**밥차**가 없어서 멸망했다.
4. 신라 삼국통일	676	신나게 **부삽**들고 통일했다.
5. 고려의 건국 [즉위]	918	왕건이 **작두**를 **팔**아서 고려를 건국했다.
6. 신라의 멸망	935	경계를 순하게 하며 **좌담**하다가 **신나게** 왕건에게 망했다.
7. 후 삼국 통일 [지도부]	936	**자두**로 **유**인하여 **후백제**를 멸망시키고 **후삼국을 통일**시켰다.
8. 과거제도 실시	958	과거 시험때문에 **잠이** 오지 않는다.
9. 고려 멸망, 조선 건국	1392	고려는 **가두**에서 쓴**잔**을, 조선은 **가두**에서 축배의 **잔**을 든다.
10. 훈민정음 발표	1446	세종대왕이 훈민정음을 발표하니 기뻐서 **갈매기**가 **합창**했다.
11. 당쟁의 시작	1576	당쟁의 시작은 **감나무** 밑을 **삽**으로 파서부터 시작됐다.
12. 임진왜란	1592	선조 대왕이 **감나무**에 **잔**을 던졌는데 풍신수길이 맞았다. (우리 조선에게 크나큰 아픔을 남겨 준 일본인 도요토미 히데요시)

사건	연대	주요 인물과 내용을 조화
13. 홍경래의 난	1811	홍경래가 강물에 각도기를 버리고 난을 일으켰다.
14. 대원군 집권	1864	대원군의 쇄국정책에 반대하면 강물에서 발을 잘라 버렸다.
15. 강화수호조약	1876	일본 간섭 시작으로 강화도에서 강물을 삽으로 퍼부었다.
16. 임오군란	1882	대원군의 이모가 강가에서 안경을 쓰고 민비를 배격했다.
17. 갑신정변	1884	갑자기 개화당의 정치변혁이 강하게 알을 던지며 일어났다.
18. 방곡령 선포	1889	곡식이 대량 유출하니 일본 상인이 강한 어조로 방곡령을 선포하였다.
19. 갑오경장	1894	갑옷 입은 동학 농민들이 근대화 개혁을 위해 강물을 자루에 담아서 개혁안을 처리하는 군국기무처로 가지고 갔다.
20. 을미사변	1895	일본이 명성황후 시해 사건. 을지로 입구 성당에서 미사를 드리면 강가에서 잠자리도 미사를 드린다.
21. 아관파천	1896	고종과 태자가 1년간 러시아 공관으로 옮겨 거처한 사건. 러시아 내정 간섭으로 강제로 잡혀가 경제적 이권을 박탈했다.
22. 을사조약	1905	일본이 가죽을 처마 밑에 설치하고 대한제국의 외교권을 박탈하기 위하여 강압적으로 체결한 조약
23. 삼일운동	1919	삼일운동 때 애국동포들이 한구 한구 생명을 바쳤다.
24. 청산리대첩	1920	김좌진 : 청산가리 때문에 가죽으로 낯을 가렸다.
봉오동대첩	1920	홍범도 : 산 봉우리에서 범 가죽으로 낯을 가렸다.
25. 8·15 광복	1945	8·15 광복 때 가죽 옷 입은 함장이 기뻐한다.
26. 6·25 전쟁	1950	6·25 전쟁 때 가족을 마차에 태워 피난을 갔다.

제2편 기억법의 실제

한글·공식 연상 조화법으로 역사 공부 뚝딱

한글 공식으로 푸는 900년대 역사 궁금증

1. 901년 – 궁예의 후고구려 건국 – ㅈㅊㄱ – 자치기
   ▶ 궁예가 어린 시절 자치기하다.

2. 918년 – 왕건이 고려 건국 – ㅈㄱㅇ – 저공
   ▶ 왕건이 고려를 저공으로 공격.

3. 926년 – 발해의 멸망 – ㅈㄴㅂ – 전비
   ▶ 발해의 멸망으로 막대한 전비를 쓰다.

4. 935년 – 신라의 멸망 – ㅈㄷㅁ – 좌담
   ▶ 좌담하다가 신라가 멸망하다.

5. 936년 – 후삼국 통일 – ㅈㄷㅂ – 자답
   ▶ 후삼국 통일에 대하여 자문자답.

6. 956년 – 노비안검법 실시 – ㅈㅁㅂ – 잠바
   ▶ 노비가 잠바차림으로 일하다.

7. 958년 – 과거 제도 실시 – ㅈㅁㅇ – 잠이
   ▶ 과거 제도 실시로 근심되어 잠이 안 온다.

8. 976년 – 전시과 실시 – ㅈㅅㅂ – 재수비
   ▶ 전시에 대비하여 재수비를 튼튼히 하다.

9. 983년 – 전국과 12목 설치 – ㅈㅇㄷ – 장대
   ▶ 전국 12목에 장대를 세우다.

10. 992년 – 국자감 실시 – ㅈㅈㄴ – 제전
    ▶ 국자감 실시를 고하는 제전을 베풀다.

336

한글 공식으로 푸는 600년대 역사 궁금증

1. 612년 – 을지문덕 장군의 살수대첩 – ㅂㄱㄴ – 북노
   ▶ 을지문덕 장군이 살수에서 북노족을 치다.

2. 624년 – 당으로부터 도교의 전래 – ㅂㄴㄹ – 반려
   ▶ 고구려가 당에서 반려를 무릅쓰고 도교를 전래.

3. 645년 – 고구려 안시성 싸움 – ㅂㄹㅁ – 발모
   ▶ 안시성 싸움에 군사들이 발모제를 바르다.

4. 647년 – 신라 첨성대 건립 – ㅂㄹㅅ – 발사
   ▶ 첨성대에서 별을 향한 발사대.

5. 660년 – 백제의 멸망 – ㅂㅂㅊ – 밥차려
   ▶ 백제의 임금에게 밥 차려 드리다.

6. 668년 – 고구려의 멸망 – ㅂㅂㅇ – 비방
   ▶ 고구려 멸망을 국민이 비방하다.

7. 676년 – 신라의 삼국통일 – ㅂㅅㅂ – 부삽
   ▶ 무기 대신 부삽을 들고 삼국통일하다.

8. 682년 – 국학 설립 – ㅂㅇㄴ – 보완
   ▶ 국학의 설립으로 학문의 보완에 힘쓰다.

9. 685년 – 전국을 9주 5소경으로 분할 – ㅂㅇㅁ – 방매
   ▶ 전국 9주 5소경에 농산물을 방매하다.

10. 698년 – 발해의 건국 – ㅂㅈㅇ – 비장
    ▶ 대조영이 비장한 각오로 발해를 건국하다.

한글 공식으로 푸는 1800년대 역사 궁금증

1. 1860년 - 최제우의 동학 실시 - ㄱㅇㅂㅊ - 공보처
    ▶ **공보처**에서 최제우에 대한 역사 교육을 하다.

2. 1862년 - 진주민란 - ㄱㅇㅂㄴ - 강변
    ▶ **강변**에서 진주민란이 일어나다.

3. 1864년 - 고종 즉위 대원군 개혁정치 - ㄱㅇㅂㄹ - 강보라
    ▶ **강보라** 속에 고종이 즉위하고 대원군이 개혁하다.

4. 1866년 - 병인양요 - ㄱㅇㅂㅂ - 공밥
    ▶ 병인이 **공밥**을 먹다.

5. 1871년 - 신미양요 - ㄱㅇㅅㄱ - 강속
    ▶ 신미양요 때 군사들이 **강 속**으로 뛰어들다.

6. 1876년 - 강화조약 - ㄱㅇㅅㅂ - 공삽
    ▶ 강화조약은 일본군이 한국에 **공삽**질하다.

7. 1882년 - 임오군란 - ㄱㅇㅇㄴ - 공안
    ▶ 이모가 공안요원이 되어 **공안**을 지키다.

8. 1884년 - 갑신정변 - ㄱㅇㅇㄹ - 꿩알
    ▶ 갑신정변에 거리서 **꿩알**을 주었다.

9. 1894년 - 농민전쟁 - ㄱㅇㅈㄹ - 강제로
    ▶ 농민전쟁을 **강제로** 해산시켰다.

10. 1897년 - 대한제국 - ㄱㅇㅈㅅ - 강지사
    ▶ **강**한 **지사**들이 대한제국을 세웠다.

조화·연상으로 푸는 구석기시대의 유물과 유적

1. **웅기의 굴포리** – 2만년 전 무스테리안족 유적, 중국 정촌(丁村)의 유물.
   ▶ 옹기를 굴 속에서(옹기, 굴포리) 굽고, 굴 속의 무스탕 안에 중국 정촌 사람이 타고 있는 모습.

2. **덕천의 승리산** – 덕천인의 어금니, 어깨뼈, 승리산인 인골.
   ▶ 어금니, 어깨뼈, 인골이 승리산에 널려 있다.

3. **상원의 검은모루 동굴** – 주먹도끼, 긁게 60~70만년 전.
   ▶ 머루덩쿨을 주먹도끼로 찧고 긁게로 긁어 모으는 60~70세 노인.

4. **공주의 석장리** – 찍개 문화층, 집자리 12층.
   ▶ 공주가 12층에서 문화적 생활을 하다.

5. **청원의 두루봉** – 홍수골에 아이(5세기) 슬기슬기인.
   ▶ 청원 경찰이 홍수골에서 슬그머니 도망치다(슬기로운 아이).

6. **연천의 전곡리** – 이슬리아인, 주먹도끼.
   ▶ 전곡리에서 아슬아슬하게 도끼를 휘두름.

7. **단양의 수양개** – 단양의 수양버들.
   ▶ 단양에 수양이 잘 된 개(수양개).

8. **제천의 점말** – 동물의 화석.
   ▶ 점말이 죽어서 화석이 되다.

9. **제주의 빌레못** – 수양개와 점말이 제주도 빌레못에 빠져 죽다.

제2편 기억법의 실제

조화·연상으로 푸는 청동기시대의 유물과 유적지

* 지명을 쉽게 기억하는게 중요하다.

1. **나진** – 초도 : 낮아진 초도 초다.
   초가 타 낮아진(나진) 것도 초라는 뜻.

2. **회령** – 오동리 : 회를 오동나무 그릇에 담다.
   회(회령)를 오동나무(오동리)에 담다.

3. **의주** – 미송리 : 의주에 소나무 밀림.
   평북 신의주 부근의 미송나무(미송리) 숲.

4. **강계** – 공귀리 : 강계의 공주.
   남남북녀, 북쪽 추운 강계의 귀걸이한 공주(공귀리).

5. **송군** – 금탄리 : 송군이 금으로 꼬이다.
   송금(송금+금탄리)을 공주에게 하다.

6. **파주** – 덕은리 : 파주로 월남하여 덕을 보다.
   이북에 자유가 없어 자유를 찾아 월남.

7. **여주** – 흔암리 : 여의주 흔히 볼 수 없는 것.
   용이 등천할 때에 입에 무는 여의주.

8. **제원** – 양평 : 원양(제원, 양평).
   뜻을 살리기 위하여 앞의 뒷자와 뒤의 첫자 연결

9. **부여** – 송국리 : 부여의 송신국.
   부여의 전화 전신 송신국(송국리)

※ 나진, 회령, 의주 지도의 위치 따라 1, 2, 3
  강계, 송군, 파주 4, 5, 6, 여수, 제원, 부여 7, 8, 9

조화·연상으로 푸는 고구려 왕조사

1. **6대 태조** — 계루부족의 왕위 세습, 옥저 복속, 현도와 요동 차지.
   연상기억 : 옥에서 체류(계류) 현 요동에 감옥(옥)이 있다.

2. **9대 고국천왕** — 부자 세습, 5부 행정, 진대법 실시.
   연상기억 : 5부자 진대천(진대법과 천은 천왕).

3. **11대 동천왕** — 중국 오와 교류, 위의 관구검 침입, 서안평 공격.
   연상기억 : 오관(오 나라와 관구검)이 발달해야 공격의 힘이 생기지.

4. **15대 미천왕** — 낙랑 축출, 서안평 점령.
   연상기억 : 미친(미천)왕이 낙랑 축출 후 서안평을 점령.

5. **16대 고국원왕** — 전연의 침입, 백제 근초고왕의 침입으로 전사.
   연상기억 : 전연 원망(원왕)함이 없이 근초고왕의 침입 시 전선에서 전사.

6. **17대 소수림왕** — 전진으로부터 불교 수입, 율령 발표, 태학의 설립.
   연상기억 : 불교 대학(태학)을 설립하고 학칙을 강화하였다(율령).

7. **19대 광개토대왕** — 한강 유역, 요동까지 영토 확장, 신라와 함께 왜의 격퇴.
   연상기억 : 만주(요동)의 광개토대왕비를 왜구들이 흠집내다. 고구려 때 패전 복수로.

8. **20대 장수왕** — 평양 도읍(427년) 백제 한성 공격, 남한강 유역 차지.
   연상기억 : 남한 정책으로 남한강까지 차지, 또 중국의 남북조와 교류
   (남북 다 좋아했군).

백제 31대 왕 기억 훈련

백제(B.C. 18~660) (31대, 678년)

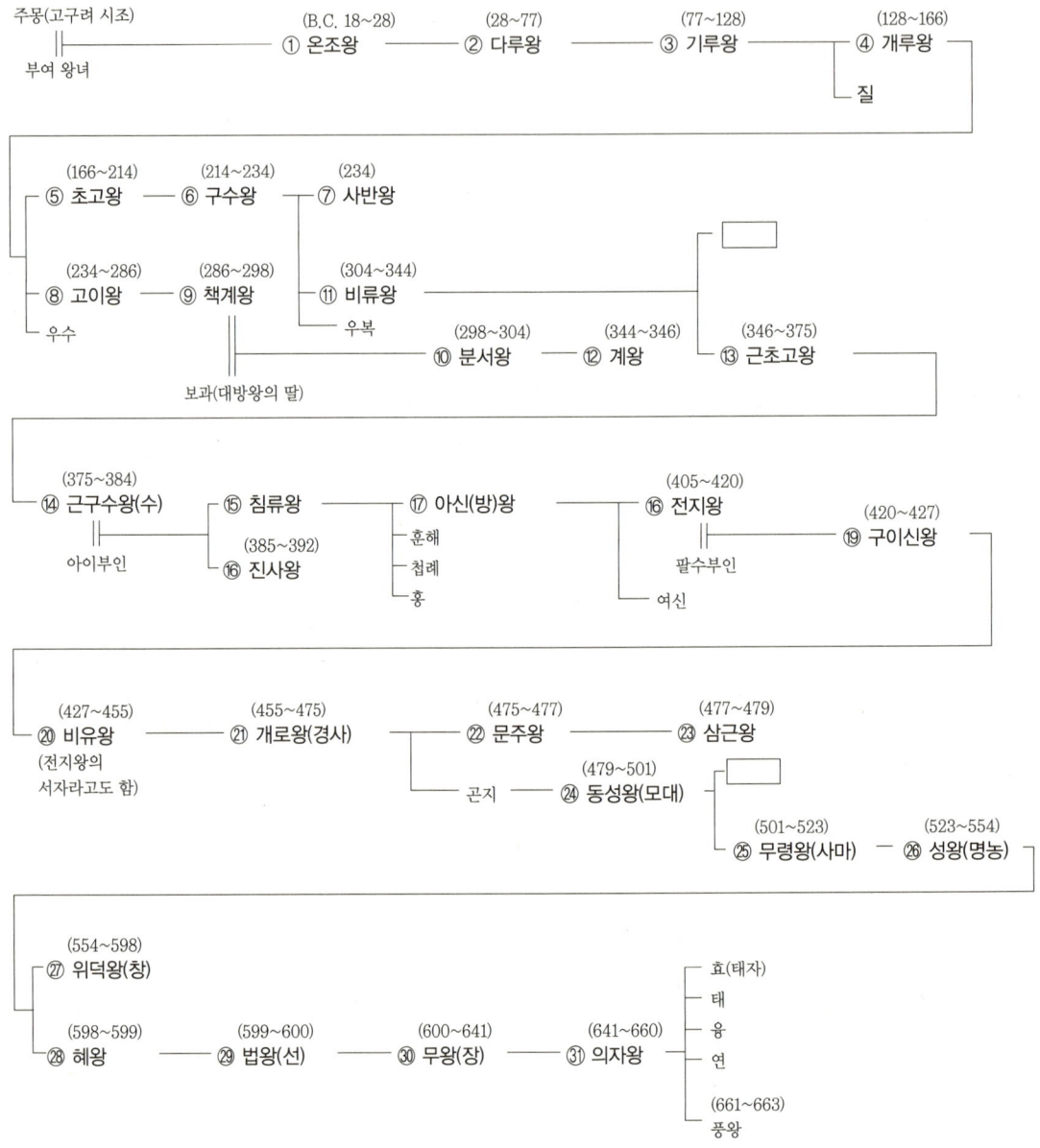

조화·연상으로 푸는 백제 31대 왕대

* 키포인트(key point)는 첫 글자 연결식에 있다.

㉮ 1. 온조왕　　　　2. 다루　　　　3. 기루
　　연상기억 : 온조왕이 사람 다루기(기루기)를 잘한다.

㉯ 4. 개루　　　　5. 초고　　　　6. 구수
　　연상기억 : 개(개루기) 고기를 초고추장(초고)에 묻혀 먹으니 구수하다.

㉰ 7. 사반　　　　8. 고이왕　　　　9. 책계
　　연상기억 : 사기 쟁반(사반) 고이 담았으니 책망(책계).
　　10. 분서왕 : 기록이 10분대이다.

㉱ 11. 비류왕　　　　12. 계왕　　　　13. 근초고왕
　　연상기억 : 근초고왕이 삐루술을 계란과 함께 들다.

㉲ 14. 근구수왕　　　　15. 침류왕　　　　16. 진사왕
　　연상기억 : 근거를 두고 진사 집에 침입(침류).

㉳ 17. 아신　　　　18. 전지　　　　19. 구이신왕
　　연상기억 : 전기(전지)구이를 아십니까? (아신)
　　20. 비유 : 이순신 장군과 비유.

㉴ 21. 개로　　　　22. 문주　　　　23. 삼근
　　연상기억 : 한 개로(개로) 문주란을 심고 출입 삼가(삼근).

㉵ 24. 동성　　　　25. 무령　　　　26. 성왕
　　연상기억 : 동부(동성, 무령) 성으로 납(26)시오.

㉶ 27. 위덕　　　　28. 혜왕　　　　29. 법왕
　　연상기억 : 회(혜)를 먹고 위독하니 해소하는 법을 찾다.
　　30. 무왕 : 삼밭에 무(무왕)를 심다.

㉷ 31. 의자왕 : 3.1빌딩에 의자.

내용 구조화로 푸는 백제 왕조사

1. **8대 고이왕** – 한강 유역 차지, 6좌평 16관등제 율령 발표.
   * 한강 고수부지에 6평 묘를 쓰고 묘비에 율령을 적다.

2. **13대 근초고왕** – 요소 산둥, 삼한, 탐라 정복, 고구려 침공으로 고국원왕 전사케 함. 중국 제와 교류, 고흥의 국사 편찬.
   * 요서 산둥서 삼한 거쳐 제주도까지 침공, 북으로 고구려 침공. 같은 민족은 치고 제와는 교류, 업적치고 묘한 업적이군.

3. **15대 침류왕** – 동진으로부터 불교 수입.
   * 불교 침투.

4. **20대 비유왕** – 신라 19대 눌지왕과 나제동맹.
   * 동맹의 문항을 비유해 보다.

5. **22대 문주왕** – 웅진 도읍.
   * 웅진에 문주란을 심다.

6. **24대 동성왕** – 신라시대 소지왕과 결혼 동맹, 탐라 재정복.
   * 결혼 신혼여행 제주도로.

7. **25대 무녕왕** – 중국 양과의 교류.
   * 무녕왕릉에서 양이 풀을 뜯다.

8. **26대 성왕** – 사비성 천도 22관등, 5부 5방 행정, 불교 장려(겸익), 불교 일본 전파, 한강 유역 차지, 관산성 싸움서 전사.
   * 사비성의 성(성왕) 그 안에 22등급 5부 5방, 겸익의 성문에 서 있고 신라 24 진흥왕과 합쳐 한강 차지, 신라의 배신으로 한강을 찾기 위해 싸우다 전사.

고려 34대 왕 기억 훈련

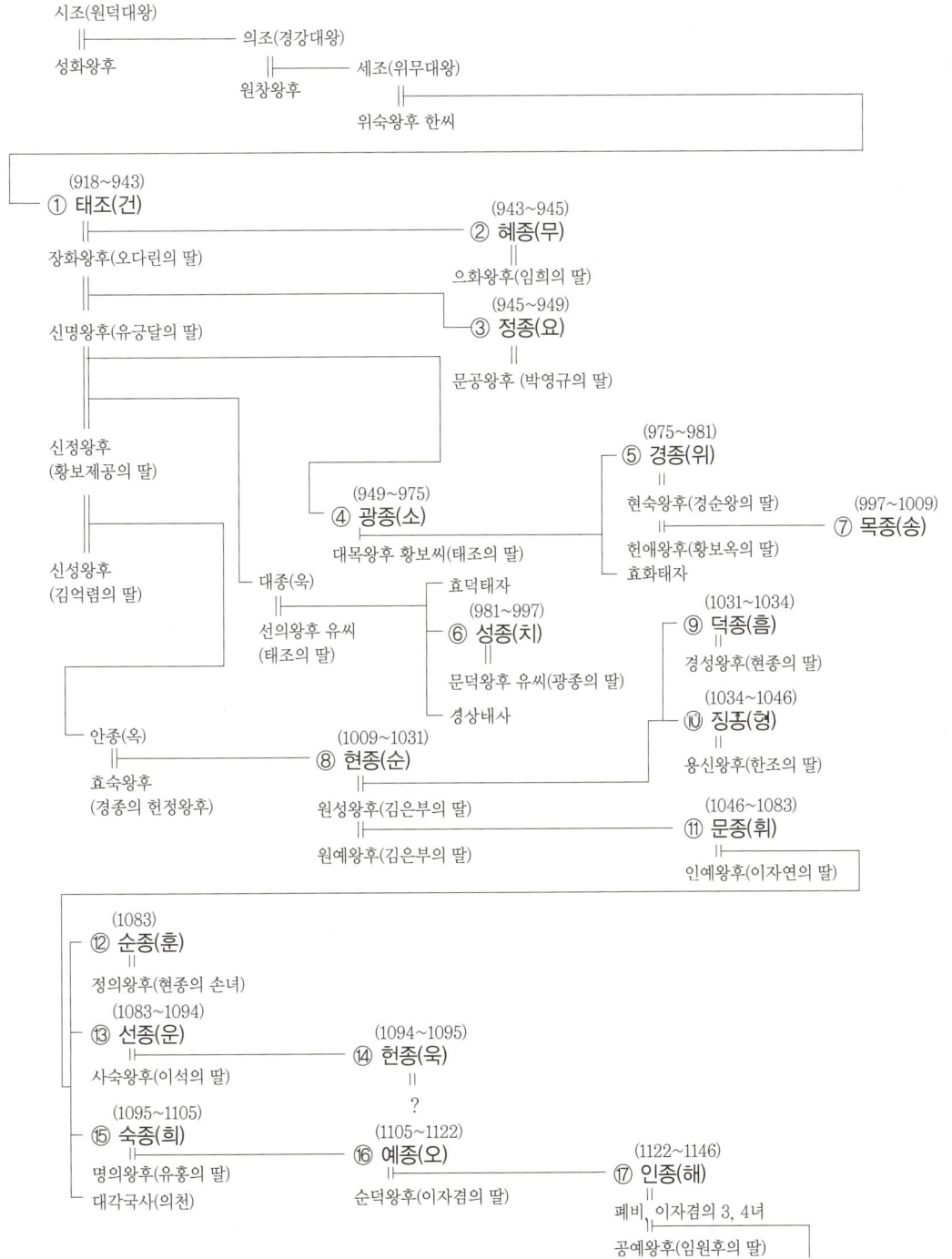

제2편 기억법의 실제

```
        (1146~1170)
 ⑱ 의종(철)
      ‖
   장경왕후(김온의 딸)
   대녕후

        (1170~1197)              (1211~1213)                    (1213~1259)
 ⑲ 명종(호) ──────────── ㉒ 강종(오) ──────────── ㉓ 고종(진)
      ‖                        ‖                              ‖
   광정왕후(김온의 딸)       원덕태후(신안후성의 딸)         안혜왕후 유씨(희종의 딸)
   원경국사

        (1197~1204)              (1204~1211)
 ⑳ 신종(민) ──────────── ㉑ 희종(덕)
      ‖                        ‖
   의정왕후(김온의 딸)       성평왕후 임씨
                            양양공(서) ─────────────────── 시안공(인)
```

```
        (1259~1274)                                    세자감
 ㉔ 원종(전)           (1274~1308)                            (1313~1330)
      ‖        ──── ㉕ 충렬왕(기)      (1308~1313)         (1332~1339)
   순경왕후(김약선의 딸)      ‖       ──── ㉖ 충선왕(장) ──── ㉗ 충숙왕(도)
   안경공              제국대장공주              ‖
                     (원 세조의 딸)       의비야속진(몽고 여자)
                                                              명덕왕후(홍규의 딸)
                                                              덕흥군
```

```
   용산원자
        (1330~1332)
        (1339~1344)
 ㉘ 충혜왕(정)       (1344~1348)
      ‖      ──── ㉙ 충목왕(흔)
   덕녕공주          (1348~1351)
      ‖      ──── ㉚ 충정왕
   희비(윤계종의 딸)

        (1351~1374)
 ㉛ 공민왕(기)
      ‖
   노국대장공주              (1374~1388)                (1388~1389)
   궁인 한씨     ──────── ㉜ 우왕 ──────────── ㉝ 창왕
                            근비(이림의 딸)

   서원후(영) - 익양후(분) - 순화후(유) - 정원부원군(균)
                                                    (1389~1392)
                                   ──────────── ㉞ 공양왕(요)
                            국대비왕씨(충렬왕의 증손녀)      ‖
                                                      순비(노신의 딸)
```

내용 구조화로 푸는 고려 34대 왕대

* 키 포인트(key point)는 첫 글자끼리 연결하여 외우는 데 있다.

㉮ 1. 태조 2. 혜종 3. 정종
연상기억 : 태조가 회를(혜종) 정종술과 함께 먹다.

㉯ 4. 광종 5. 경종 6. 성종
연상기억 : (광경)을 (성)에서 보고 있다.

㉰ 7. 목종 8. 현종 9. 덕종
10. 정종
연상기억 : 목이 붙어 있는 이유는 현존한 덕이 있기 때문 십자가 (10)에 정중히(정종).

㉱ 11. 문종 2. 순종 13. 선종
연상기억 : 문순선

㉲ 14. 헌종 15. 숙종 16. 예종
연상기억 : 현숙의 예(현숙 – 가수 이름).

㉳ 17. 인종 18. 의종 19. 명종 : 인종의 (의종)
연상기억 : 명예(명종)
20. 신종 : 이순신(20의 신종)

㉴ 21. 희종 22. 강종 23. 고종 : 희강고
24. 원종 25. 충렬왕 26. 충선왕 : 원충렬왕 선

㉵ 27. 충숙왕 28. 충혜왕 29. 충목왕 : 숙혜목(쑥, 회, 묵)
30. 충정왕(30대 충성)

㉶ 31. 공민왕 32. 우왕 33. 창왕
34. 공양왕
연상기억 : 공민왕이 우왕 좌왕(창왕), 공민왕을 공양하다.

신라 56대 왕 기억 훈련

신라(B.C. 57~935)
(박씨 10왕, 석씨 8왕, 김씨 38왕 ; 56대, 992년)

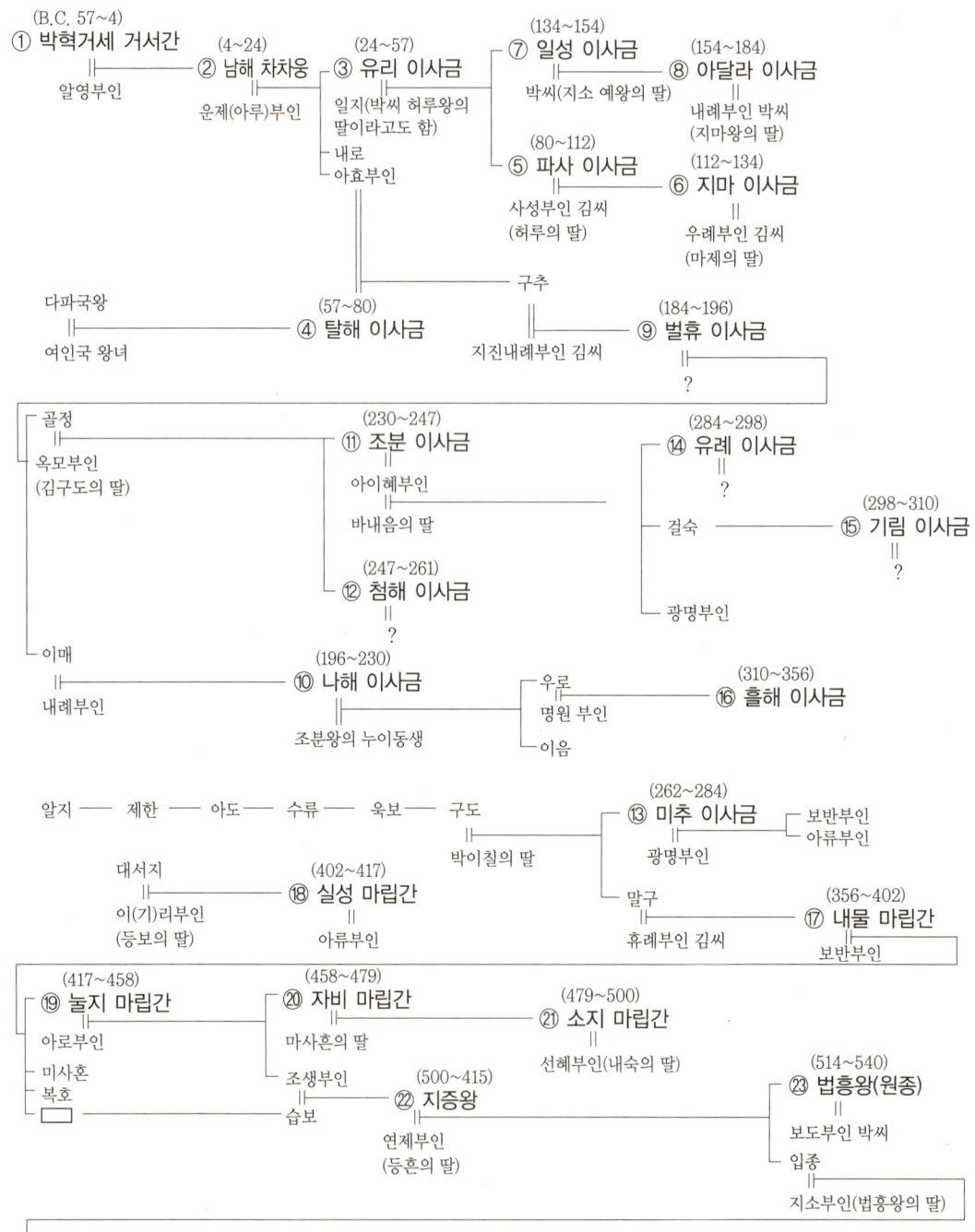

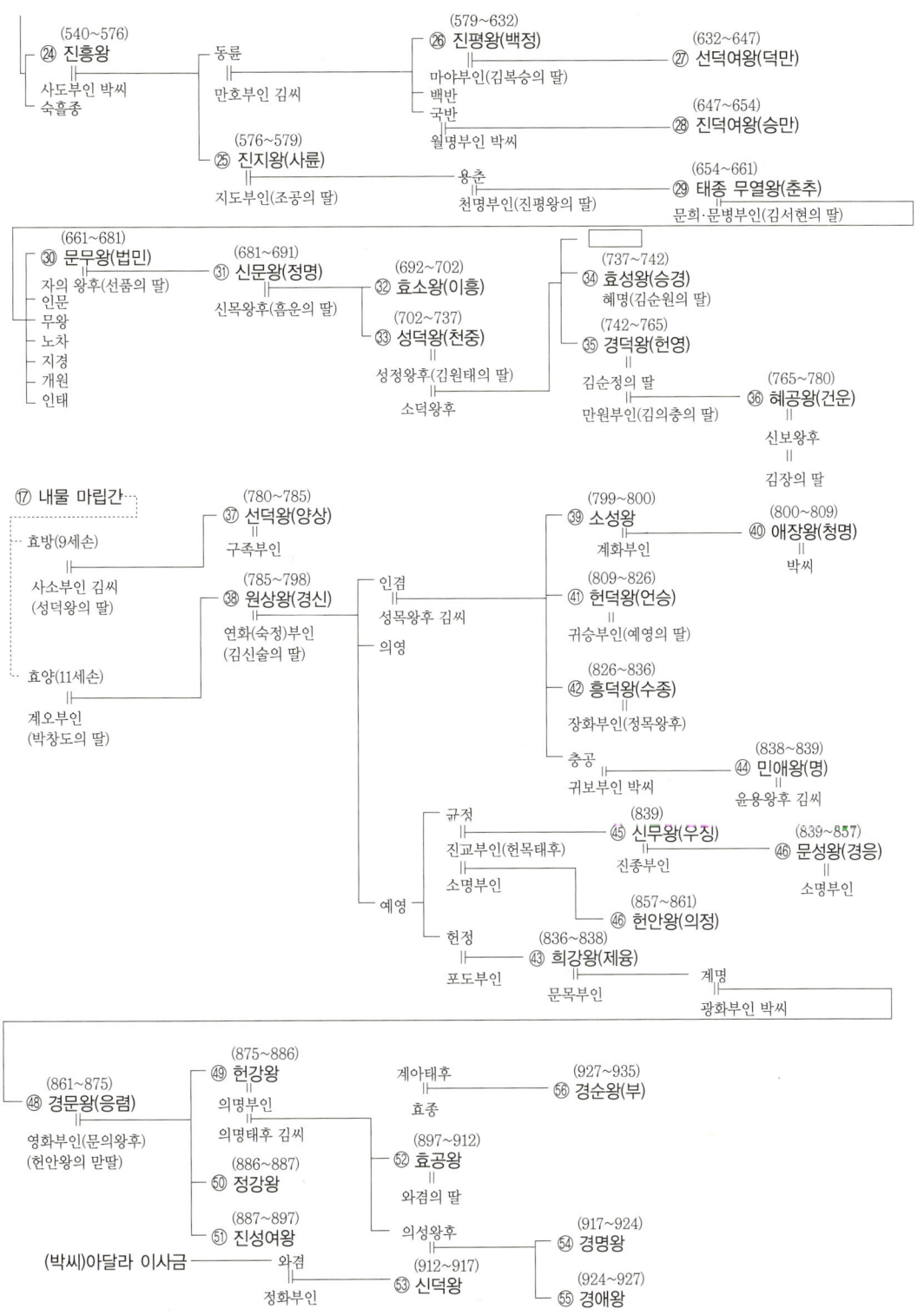

한글 공식으로 푸는 신라 56대 왕대

[신라 1대~19대]

1대. (일) – 박혁거세 : 일박(박혁거세)하다.

2대. (이) – 남해 : 이 남해의 푸른 빛이.

3대. (섬) – 유리 : 남해(2) 바다의 섬이 유리(3)같다.

4대. (사) – 탈해 : 사탈(사건에서 탈출).

5대. (오) – 파사 : 오파상(상 자의 "ㅇ"를 빼고 사로 본다.)

6대. (육) – 지마 : 육지(육지에 마차).

7대. (칠) – 일성 : 칠갑산(7)에 성터가 있다.

8대. (팔) – 아달라 : 아이 달라고(아달라) 팔(8)을 벌리다.

9대. (구두) – 벌휴 : 구두(9)를 신고 벌판(벌휴)을 달리다.

10대. (십자가) – 나해 : 십자가(10)는 나의 것(나해).

11대. (각도기) – 조분 : 각 조마다(각도 좁은).

12대. (간장) – 첨해 : 간장을 첨가해 넣다.

13대. (가두) – 미추 : 가두(13)에서 미쳐(미추)서 날뛰는 왕.

14대. (갈매기) – 유례 : 유례없이 갈매기(14)가 많다.

15대. (감나무) – 기림 : 감나무(15)를 기르다(기림).

16대. (갑옷) – 흘해 : 갑옷(16)에 흙을 묻히다.

17대. (갓) – 내물 : 갓을 대물림(내물)하다.

18대. (강물) – 실성 : 실성한 사람이 강물에…….

19대. (가죽) – 눌지 : 놀지(눌지) 않고 가죽을 다루다.

[신라 20대~39대]

20대. (낯) - 자비 : 낯(얼굴)이 자비롭게 보인다.

21대. (낚시) - 소지 : 낚시질도 소질(소지)이 있어야 잘 낚는다.

22대. (난) - 지증왕 : 개가 짖으니(지증) 난처하더라.

23대. (낟가리) - 법흥왕 : 낟가리 가리는 법(법흥).

24대. (날개) - 진흥왕 : 날개 돋친 듯 진흥(발달).

25대. (냄비) - 진지왕 : 냄비찌개와 진지 드시다.

26대. (납) - 진평왕 : 납으로 진평(진짜 평정)하다.

27대. (낫) - 선덕여왕 : 낫의 날카로운 선.

28대. (낭군) - 진덕여왕 : 낭군이 진덕하다.

29대. (낮) - 무열왕 : 낮에 열이 없다(무열).

30대. (닻) - 문무왕 : 닻으로 문무를 가리다.

31대. (닭) - 신문왕 : 신문지 위에 닭고기.

32대. (단) - 효소왕 : 단 효소.

33대. (도둑) - 성덕왕 : 도둑의 성(성덕).

34대. (달) - 효성왕 : 달을 보고 비는 효성.

35대. (담) - 경덕왕 : 담으로 경계(경덕) 표시.

36대. (답안지) - 혜공왕 : 답례로 은혜(혜공)을 갚다.

37대. (다시마) - 선덕왕 : 다시마로 선덕을 베풀다.

38대. (당구장) - 원성왕 : 당구장에서 돈을 잃어 원성을 듣다.

39대. (도장) - 소성왕 : 도장을 잘못 찍어 소송(소송)이 걸리다.

[신라 40대~56대]

40대. (화초) - 애장왕   : 화초가 망가져 애간장이 탄다(애장).

41대. (학교) - 헌덕왕   : 학교가 헐어서 헌 학교.

42대. (한복) - 흥덕왕   : 한복 입은 모습이 흥겹게.

43대. (호도) - 희강왕   : 호도가 희고 강하다.

44대. (활) - 민애왕   : 활을 쓴 민간(민애).

45대. (함장) - 신무왕   : 함대에 신무기 장착.

46대. (합창대) - 문성왕 : 합창대가 문에서 성토.

47대. (호수) - 헌안왕   : 호수에 현 안건을 다스리다.

48대. (항아리) - 경문왕 : 항아리 속에 경문(주문)이 들어 있다.

49대. (호주) - 헌강   : 호주에 오염된 헌강이 있다.

50대. (마차) - 정강왕   : 마차에 치어 정강이가 부서지다.

51대. (막걸리) - 진성여왕 : 막걸리가 진성이더라.

52대. (만두) - 효공왕   : 만두를 효도하기 위해 공들여 만들다.

53대. (맏아들) - 신덕왕 : 맏아들이 심덕(신덕)이 깊더라.

54대. (말) - 경명왕   : 말을 경멸하다.

55대. (매머드) - 경애왕 : 매머드 크기에 경악.

56대. (마부) - 경순왕   : 마부가 경수(경순)로 교체.

● **내용 구조화로 푸는 조선조 4대 사화**

	4대 사화	원인	가해자	피해자
(가)	무오사화 〈연산군 4년, 1498〉	훈수파와 사림파 대립 조의제문 사초 문제	이극돈 윤필상 유자광 노사신	김굉필 김일손 정여창 김종직
(나)	갑자사화 〈연산군 10년, 1504〉	궁중파와 부중과 대립 윤비(연산군의 모친)의 폐비 사건	연산군 임사홍 신수근	윤필상 김굉필 정여창 한명회
(다)	기묘사화 〈중종 14년, 1519〉	조광조의 과격 정치 위훈 삭제 사건	남곤 심정 홍경주	조광조 김식 김안국 한충
(라)	을사사화 〈명종 원년, 1545〉	왕위 계승을 위한 외척 (대윤, 소윤)의 대립	윤원형 정순면 김명윤	윤임 유관 이언적 유희춘

☞ **기억법**

(가) 무오사화~1498년 - ㄱㄹㅈㅇ - 글장 : 무오사화 기록을 글장에 보관.

(나) 갑자사화~1504년 - ㄱㅁㅊㅎ - 김치해 : 갑자기 김치해가 오다.

(다) 기묘사화~1519년 - ㄱㅁㄱㅈ - 굶기자 : 기묘사화 주인공을 굶기자.

(라) 을사사화~1545년 - ㄱㅁㅎㅁ - 금함 : 얼싸안는 신풍을 금함.

(가)

① 무오사화 가해자

이윤 때문에 왕에 유노, 이윤(이극돈, 윤필상) 유노(유자광, 노사신)

※ 이름의 첫 자만 따서 말이 되게 연결하는 방법이다.

② 무오사화 피해자

김굉필이 일손(김일손)을 놓고 창(정여창)을 들고 종일(김종직)을 지키다.

(나)

① 갑자사화 가해자

윤비의 임신(임사홍, 신수근)한 사실을 연산군에 알리다.

② 갑자사화 피해자

윤필상, 김굉필, 정여창은 위에 나온 이름이고 한 명(한명회) 더 첨부하여 네 명을 생각할 것.

(다)

① 기묘사화 가해자

경주(홍경주)하는 남자(남곤)의 심정.

② 기묘사화 피해자

조광(조광조)권을 가진 김씨(김식)가 한층(한충) 더 나라의 안보(김안국)를 생각하다.

(라)

① 을사사화 가해자

원형(윤원형)이 정선명(순명)하지 못하면 김에게 명하여 (김명윤) 선명하게 만들어라.

② 을사사화 피해자

유관순(유관) 기념회에서 유희(유희춘)를 언적이 하기로 유임(윤임) 맡았다.

☞ **재확인 : 이름을 구조화한 다음 각 사화의 제목과 연결되어야 한다.**

- 가 : 「조의제문」 사초 문제를 왕에 유노하여 일손(김일손)을 놓게 하니 무모(무오)한 짓이다.
- 나 : 임신(임사홍, 신수근)한 한 명(한명회) 원수를 갑자(갑자사화)고 윤비 폐출사건을 들춘 연산군.
- 다 : 조광조의 과격한 정치 위훈 삭제한 심정(한충) 더 충성하다.
- 라 : 왕위 계승 위한 외척 대립 얼싸안고 싸워 을사사화.

내용 구조화로 푸는 삼국 문물의 일본 전파

고구려	영양왕 6년〈595〉	① 혜자(惠慈)	쇼오토쿠 태자의 스승이 됨.
	영양왕 13년〈602〉	② 승륭(僧隆)	역학, 천문 지리학 전파.
	영양왕 21년〈610〉	③ 담징(曇徵)	호류사 금당 벽화를 그림. 먹, 붓, 맷돌 등을 전함.
	영류왕 7년〈624〉	④ 혜관	삼론종의 개종.
	보장왕 때	⑤ 도현(道顯)	다이안사 주지, 일본세기 저술.
백제	근초고왕 때	⑥ 아직기	도도태자(道道太子)의 스승이 됨.
	근초고왕 때	⑦ 왕인(王仁)	「논어」, 「천자문」을 전함.
	무녕왕 때	⑧ 단양이	오경 박사로서 유학을 전함.
	무녕왕 때	⑨ 고안무	오경 박사로서 유학을 전함.
	성왕 때	⑩ 유귀(柳貴)	오경 박사로서 유학을 전함.
	성왕 30년〈552〉	⑪ 노라사치게	불경과 경론을 전함.
	위덕왕 때	⑫ 혜총(惠聰)	계율종을 전함.
	무왕 3년〈601〉	⑬ 관륵	천문, 지리, 둔갑술을 전함.
신라	성덕왕 23년(724)	⑭ 심상	화엄종을 개창.

 기억법

① 혜자~영양왕 6년(595)   : 영양분을 많이 섭취한 모자가 오다(595).
② 승륭~영양왕 13년(602)   : 숭늉을 가두(13)에 서서 마시는 보초 2명(602).
③ 담징~영양왕 21년(610)   : 담징이 박(610)을 띄우고 낚시질(21).
④ 혜관~영류왕 7년(624)   : 회관에 칠이(7) 반사(624)되다.
⑤ 노리사치게~성왕 30년(552) : 매머드 둘이(552) 사치하게 꾸미고 놀다(노리사치게).
⑥ 심상~성덕왕 23년(724)   : 산사태(724)가 심상치 않다.

가. 혜자가 숭늉(승륭)을 담징에 주니 영양(영양)가 있더라.

　① 혜자가 : 쇼오토쿠 태자의 스승이 되다.
　② 승륭 : 밥이 타야 숭늉이 구수하고, 밥이 타는 식량의 소비만도 역사상(역학) 천문학(천문학 지리) 숫자다.
　③ 담징 : 호류사 절의 담(담징)이 높은 이유는 호류사 금당벽화의 그림이 있고 그 때 전한 붓, 먹, 맷돌이 있기 때문이다.

나. 회관(혜관)에 따이한(다이안사)의 도현이 아직(아직기) 나타나지 않았다.

④ 혜관 : 회관(혜관)에 삼론종 개조 기념을 거행.

⑤ 도현 : 일본 다이안사의 주지가 되자, 다이안사에서 「일본서기」를 발간하다.

⑥ 아직기 : 도도 태자의 스승이 되다(아직 도도한 태자의 모습).

다. 왕이(왕인) 단(단양이) 고만무를 치다.

⑦ 왕인 : 왕(왕인)이 이제 「논어」, 「천자문」을 공부하다.

⑧ 단양이 : 단양(단양이)에서 오경 박사를 따고 일본에 유학.

⑨ 고안무 : 고안한 무용(고안무)으로 박사(오경 박사)가 되어 유학.

⑩ 유귀 : 희귀(유귀)한 일로 박사가 되어 유학.

라. 노리개(노리사치게) 총(혜총)을 쏘아 관통(관륵)하다.

⑪ 노리사치게 : 노리개 같은 불상과 경론을 정함.

⑫ 혜총 : 총 계율(계율종을 정함).

⑬ 관륵 : 관습(관륵)적으로 둔갑술과 천문지리를 공부하다.

☞ **대치법** : 유사한 소리로 대치시켜, 뜻이 없고 처음 듣는 말에 이미지(뜻)를 부여시키면 형상화하기 쉽다.

예 ① 회관(혜관)　② 쇼-(쇼-토크)　③ 아직도(아직기)
④ 담(담징)　⑤ 숭늉(승륭)　⑥ 도사(도련)
⑦ 왕(왕인)　⑧ 귀(유귀)　⑨ 고안(고안무)
⑩ 총(혜총)　⑪ 관습(관륵)　⑫ 총계(혜총+계율종)

교과서 내용 기억 훈련

 애국 계몽 운동

외세 침략에 대항하여 민족의 위기를 국민들의 힘으로 극복해야 한다는 의식이 높아지자, 교육과 산업을 발전시켜 부국강병을 이루어야 한다는 주장을 내걸고 개화된 지식인들이 앞장서서 국민들을 계몽하였다.

1. 정치, 사회 단체의 활동
   : 갑신정변, 독립협회 등 개화 자강 운동을 계승한 구국 민족 운동.

   ① 보안회 : 일제의 황무지 개간 요구 반대 투쟁(1904), 성공 → 일본측 압력으로 해산.
   ② 헌정연구회 : 입헌 의회제도 중심으로 하는 근대적 의회 정치 제도 마련 주장.
   ③ 대한자강회 : 헤이그 특사 파견 구실로 고종 황제의 양위 강요에 반대 투쟁 전개로 강제 해체.
   ④ 신민회(1907) : 민족 운동가들의 비밀 결사(안창호, 이승훈, 양기탁) 등.
       a. 목표 : 민족의 자주 독립을 확립할 수 있는 국민의 역량 기름.
       b. 활동 – 민족 교육의 추진 : 오산학교, 대성학교
             – 민족 산업의 육성 : 자기 회사, 태극서관
             – 민족 문화의 개발
             – 독립운동 기지 건설 : 만주
       c. 해산 : 일제가 날조한 105인 사건으로 조직 와해(1912).

2. 민족 문화의 간행
   ①「한성순보」: 우리 나라 최초의 근대적 신문. 관보적 성격, 열흘마다 한 번씩 발행.
   ②「독립신문」: 민간에서 간행한 최초의 신문. 서재필, 한글과 영어로 간행. 국민계몽, 자주 정신을 일깨워 줌.
   ③「황성신문」: 한글과 한문을 섞어 간행. 장지연의「시일야방성대곡」.
   ④「제국신문」: 여성을 대상, 주로 한글을 사용.
   ⑤「대한매일신보」: 양기탁과 베델, 국채 보상 운동 지원.

3. 근대 학교와 민족 교육 운동

① 동문학 : 영어 강습 기관.

② 원산학사 : 함경도 덕원 주민들이 설립, 우리 나라 근대 교육의 출발점.

③ 육영공원 : 주로 양반 자제, 외국어와 새로운 지식.

④ 외국인 선교사가 만든 학교 : 배재학당, 이화학당.

⑤ 민족 지도자가 만든 학교 : 1905년 양정, 보성학교를 비롯해 1910년대는 5,000여 개로 증가.

4. 국어 · 국사의 연구

① 국어
- 갑오개혁 때 공문서에 한글 사용하기 시작.
- 「독립신문」: 한글 간행.
- 국문연구소 : 한글 연구.
- 주시경 : 국어 문법.

② 국사
- 민족주의 사학자 : 신채호, 박은식.
- 「이순신전」, 을지문덕, 강감찬, 최영 등 외적을 물리친 민족 영웅의 전기.
- 세계사에 관한 책들 : 「미국 독립사」, 「월남 망국사」, 「이태리 건국 삼결전」 등.

5. 신문학의 등장

*문학에서 순 한글 사용, 언문 일치의 문장.

① 유길준 : 「서유견문」.

② 이인직 : 「혈의 누」, 「귀의 성」, 「치악산」 등.

③ 이혜조, 최찬식.

④ 최남선 : 정형시 양식 탈피한 신체시의 선구자.

6. 종교 활동

① 동학 : 천도교로 바꿈(손병희).

② 나철 : 대종교 단군 신앙, 간도와 연해주 등지에서 한인 사회에서의 정신적 지주 역할.

③ 개신교 : 교세 확장.

7. 국채 보상 운동

① 일본에 진 빚을 국민의 힘으로 갚자는 운동(1907).

② 대구에 국채보상기성회 조직.

③ 담배와 술을 끊고 반지와 비녀 등을 내어 성금을 모으고, 여러 단체와 언론 기관이 모금운동을 벌임. – 경제적인 자주성, 민족 운동의 성격.

④ 통감부의 방해로 실패.

8. 근대 문물의 수용

① 통신 시설 : 우정국(갑신정변 때 일시 중단되었다가 그 후 다시 실시).

② 전신 시설 : 서울과 인천, 서울과 의주, 서울과 부산 사이에 가설, 전보총국(전보 취급).

③ 전화 : 궁중에서 처음 사용.

④ 교통·운수 시설 : 전차가 서울에서 운행, 경인선(최초의 철도)·경부선과 경의선(러·일전쟁 중).

⑤ 근대적 의료 시설

　– 알렌 : 최초로 서양 의술을 선보임, 광혜원(최초의 서양식 병원)

　– 세브란스 병원, 자혜의원(정부에서 각 도에 설치)

　– 지석영 '종두법'

⑥ 근대적 문화 시설

　– 원각사 : 신극 공연

　– 독립문과 덕수궁의 석조전

신문 창간 연대

1. **한성순보(漢城旬報)(1883)** : 최초의 신문, 순 한문으로 발간한 관보격 신문(10일에 한 번 발행).

2. **한성주보(漢城週報)(1886)** : 일주일에 1회 발행.

3. **독립신문(獨立新聞)(1896)** : 최초의 민간 일간지(서재필, 윤치호 등 창간), 국문, 영문 격일제 신문, 국내외 소식 전달, 정부시책 비판, 개혁의 방도 제시, 애국심 고취.

4. **황성신문(皇城新聞)(1898)** : 이조 말 개화기에 발간, 남궁억, 나수연 등 발행, 장지연의 「(시일야방성대곡)」.

5. **제국신문(帝國新聞)(1898)** : 부녀자 대상으로 순 한글신문, 국민 계몽과 민족정신 고취(통감부 시절 반일 논설 주도).

6. **대한매일신보(大韓每日申報)(1905)** : 양기탁이 발행, 영국인 베텔이 운영에 참여, 한·영문으로 의병활동 홍보, 국채보상운동 적극 지원.

7. **만세보(萬歲報)(1906)** : 오세창, 이인직 등이 발행, 후에 정부 기관지인 대한신보로 변하였음.

8. **대한민보(大韓民報)(1909)** : 대한협회 기관지로 창간.

※ 황성신문, 제국신문, 대한매일신보 : 반일 논설을 주도했다.

신문 창간 연대 조화 훈련

1. **한성순보(1883)** : 최초로 한문 공부를 10일에 마친 한성이와 순이는 강물에서 오뚝이를 가지고 놀았다.

2. **한성주보(1886)** : 한성이 엄마인 주부는 강가에서 압정에 찔려서 1주일을 고생했다.

3. **독립신문(1896)** : 독립해서 신문을 파는데 최초로 민간인에게 강제로 잡지까지 끼워서 팔았는데 모두 창간기념으로 서재에 유치시켰다.

4. **황성신문(1898)** : 황성에서 신문을 깔고 남궁억과 나수연이 강냉이를 먹으며 장기를 두는데 옆에서 장지연은 시일야방성대곡을 쓴다.

5. **제국신문(1898)** : 제국인 황성으로 보내기 위해 한글을 모르는 부녀자들을 계몽시켜 민족정신을 고쳐시켜 다시 황성으로 보냈다(황성신문과 동일).

6. **대한매일신보(1905)** : 대한신보에 매일 기탁하니 베텔이 운영에 참여하여 의병활동을 홍보하고 가죽으로 채무를 대신 갚았다.

7. **만세보(1906)** : 만세를 부를 때 쇠창을 이인이 늘면서 가죽으로 만든 지부책을 흔들었다.

8. **대한민보(1909)** : 대한의 백성(民)민 들은 보통 가죽 공 굴리기를 잘 한다.

갑오개혁

근대적 개혁 추진(1894, 갑오개혁)
　① 배경 : 동학 농민의 요구, 일본의 강요
　② 추진 과정 : 군국기무처를 설치하여 개혁 추진.
　③ 추진 내용 : 의정부와 궁내부 분리, 과거제도 폐지, 사법권 독립, 신분제도 철폐, 도량형 통일,
　　　　　　　 재정의 일원화.
　④ 의의 : 근대화의 계기 마련.
　⑤ 한계 : 성급한 추진, 일본의 간섭.

갑오개혁의 추진 내용(160 갑옷의 장(場))에 연상 결합
　161 (기사 머리) : 기사의 머리로 의정부와 궁내부를 분리했다.
　162 (방패) : 일본의 강요로 방패로 밀면서 과거제도를 폐지시켰다.
　163 (칼) : 칼을 뽑아 들고 사법권을 독립시켰다.
　164 (누각) : 누각 위에 동학 농민들이 올라가서 신분제도 철폐 운동을 했다.
　165 (성벽) : 성벽을 털어서 길을 넓히는 데 도량형으로 통일시켰다.
　166 (성문) : 성문 앞에서 재정을 일원화시켰다.

갑옷의 장

을미개혁 내용(공부방의 장) 활용

1. 양력 사용 : 조화 – 책꽂이 위에 양력 달력을 달았다.

2. 종두법 실시 : 조화 – 국어사전 옆에 종 2개를 넣었다.

3. 소학교 설립 : 조화 – 서랍은 소학교에서 사용한 것과 같다.

4. 우편제도 실시 : 조화 – 안경을 쓰고 우편물을 읽는다.

5. 연호 사용 : 조화 – 연필로 연호를 쓴다(건양(建陽)).

6. 군제 개편 : 조화 – 슬리퍼는 군제 개편된 군인만 사용한다.

7. 단발령 공포 실시 : 조화 – 화병 속에 머리카락을 잘라 넣었다.

공부방의 장

제2편 기억법의 실제

신민회의 활동(십자수의 장) 활용

1. 해외 독립운동 기지 설정 : 색실로 표시하여 해외 독립운동 기지를 설정했다.

2. 교육 활동 : 실바구니를 가지고 교육 활동을 한다.

3. 태극서관(서점) : 가위로 잘 오려서 태극기를 서관에 붙였다.

4. 기업 활동 : 머리 핀은 기업에서 만들어 기업 활동을 한다.

※ 대성학교, 오산학교를 설립하고 도자기회사와 태극서관을 운영하는 등 정치, 경제, 교육, 문화에 걸쳐 다양한 활동을 전개.

십자수의 장

세계의 유명한 작곡가(약어법 연상 기억술)

1. 겨울 나그네, 미완성 교향곡 : (슈베르트)
   기억술 : 겨울 나그네가 미완성 교향곡 때문에 수배중이다.

2. 전원 교향곡 : (베토벤)
   기억술 : 전원에게 교양 없이 배먹다 토했다.

3. 한여름 밤의 꿈, 무언가의 집 : (멘델스존) = 맨손
   기억술 : 한여름 밤 꿈 속에서 무언가로 집을 맨손으로 만들었다.

4. 핑갈의 동굴 : (멘델스존)
   기억술 : 핑계대고 갈 데 없어서 동굴에 맨손으로 식장에 들어갔다.

5. 결혼 행진곡 : (멘델스존)
   기억술 : 결혼은 행진곡에 맞추어 맨손으로 식장에 들어간다.

6. 피가로의 결혼 : (모차르트)
   기억술 : 피가로의 결혼식날 음식이 모자랐다.

7. 최후의 교향곡 : (모차르트)
   기억술 : 최후의 교향곡을 주니 피하더라, 좀 모자라는 사람이다.

8. 마적 : (모차르트)
   기억술 : 마적의 목을 짜르다.

9. 불협화음 : (모차르트)
   기억술 : 뜨거운 불 옆에서 화음을 맞추니 모자란 사람이다.

10. 즉흥 환상곡 : (쇼팽)
    기억술 : 즉흥적으로 환상적인 쇼가 이루어졌다.

11. 장송 행진곡 : (쇼팽)
    기억술 : 장성(장군)들이 행진곡에 맞추어 쇼를 한다.

음악 용어 기억

느리게, 빠르게 〈연상 기억술〉

1. 아다지오(adagio) : [아주 느리게]
    ▶ 아주 느리면 아! 다 알지요.

2. 안단테(andante) : [느리게]
    ▶ 느리게 달리면 누구나 다 안단다.

3. 안단티노(andantino) : [조금 느리게]
    ▶ 조금만 느리게 안 달려도 티가 난다.

4. 모데라토(moderato) : [보통 빠르기]
    ▶ 모레라도 좋으니 보통 빠른 우편으로 보내라.

5. 알레그레토(allegretto) : [조금 빠르게]
    ▶ 알리! 그래도 조금 빠르게 날리라고 한다.

6. 알레그로(allegro) : [빠르게]
    ▶ 알리 선수가 글러브 낀 주먹을 빠르게 날리는데도.

7. 비바체(vivace) : [아주 빠르게]
    ▶ 비바람을 체 피하기도 전에 아주 빠르게 쏟아진다.

8. 프레스토(presto) : [가장 빠르게]
    ▶ 이 중에서 프레스토 자동차가 가장 빠르게 달린다.

The Superspeed
Remember Method

2

 **제10장 문예동인지 연상 훈련 및 수의 신비**

- 조화·연상 훈련으로 끝내는 1920년대 문단사
- 머릿속의 비밀 숫자를 훔친다
- 성경 자동 암기 기억법

조화·연상 훈련으로 끝내는 1920년대 문단사

1920년대의 문예 동인지

☞ 1920년대, 우리나라 문단을 이끌던 문예 동인지를 기억하는 문제는 국어 시험에서 빠지지 않는다. 이번에는 초능력 암기법으로 외워서 평생 잊어버리지 않도록 하자.
계파에 따른 작가 이름을 기억하는 것이 키 포인트(key point)이다.

1. **창조파 – 김동인, 주요한, 전영택**(최초의 문예동인지 〈창조〉 1919년 2월 창간)
   : 문예동인(김동인)이 중요한(주요한) 회의를 위해서 전영택(집)에 모였다.

2. **폐허파 – 오상순, 염상섭, 황석우, 김억**(폐허 1920년 7월 창간, 퇴폐적, 사실적 이상주의적인 잡지)
   : 오염(오상순, 염상섭) 환경에 황소(황석우)가 억(김억) 소리를 내고 죽다.

3. **개벽파 – 박영희, 김기진**
   : 천지개벽에 영희가 기진맥진하다.

4. **장미촌 – 노자영, 변영로, 박종화, 황석우**
   : 노변(노자영, 변영로)에 황소(황석우)가 걸어가고 옆에 박꽃이(박종화) 피었다.

5. **백조파 – 이상화, 박종화, 현진건, 나도향, 노자영, 홍사용**
   : 이상한(이상화) 박꽃이(박종화) 호수(백조파)에 빠진 것(현진건)을 백조가 건지다.
   나도(나도향) 노자(노자영)로 사용(홍사용).

6. **금성파 – 이장희, 양주동**
   : 이장(이장희)이 양주를 가지고 금성사에 들다.

7. **조선문단 – 이광수, 방인근**
   : 이광수 씨가 우리 집 인근(방인근)으로 이사오다.

8. **해외문단 – 김진섭, 김광섭, 정인섭, 이하윤**
   : 섭섭이 셋이 이상 이하(이하윤)도 없이 서로 친하다.

9. **문예공론 – 양주동**
   : 양주동 씨 혼자 문예지 발간.

1920년대에 활동한 시인과 작품

1. **주요한 – 빗소리, 불놀이**
   연상하기 : 중요한 불꽃이(불놀이) 빗물에(빗소리) 꺼지다.

2. **김억 – 오다가다, 봄이 간다**
   연상하기 : 오다가다 봄이 간다.

3. **오상순 – 아시아의 밤(허무적, 퇴폐적)**
   연상하기 : 허무하고 퇴폐적인 아시아의 밤. 오월 상순의 밤.

4. **황석우 – 벽모의 묘, 광선의 부채(이상주의, 퇴폐적, 상징시)**
   연상하기 : 이상의(이상주의) 상징 광선의 부채 퇴폐한 묘(벽모의 묘) 앞에서 부채질.

5. **이상화 – 나의 침실로, 빼앗긴 들에도 봄은 오는가**
   연상하기 : 나의 침실에서 들로(빼앗긴 들) 나갔으니 이상하다.

6. **박종하 – 흑방 비곡, 청자부(낭만적, 퇴폐적)**
   연상하기 : 퇴폐한 흑방에서 청자병을 낭만적으로 감상.

7. **김소월 – 진달래꽃, 산유화, 초혼**
   연상하기 : 초혼의 시를 진달래꽃 핀 산에서(산유화) 달 밤에 읊다.

8. **한용운 – 님의 침묵, 알 수 없어요, 나룻배와 행인**
   연상하기 : 행인의 침묵을 알 수 없군.

9. **박영희 – 월광으로 짠 침실**
   연상하기 : 침실에서 영희가 달빛을 보다.

10. **홍사용 – 나는 왕이로소이다**
    연상하기 : 나는 왕의 이름으로 사용한다.

머릿속의 비밀 숫자를 훔친다

● **수의 신비**

수에 관한 여러 가지 신기하고 재미있는 수학적 이야깃거리와 에피소드, 그리고 수의 유희 등을 말하며, 옛날부터 많은 흥미를 가지고 연구되어 왔다. 그러므로 누구나 어디서든지 한 번은 그 신기로운 사실에 놀라본 기억이 있을 정도이다.

여기서 수에 대한 신비감을 느끼게 되는 것은 수학에 관심을 가지는 첫 단계이므로 다음에 몇 가지를 추려서 소개하기로 한다.

☆ **남의 생일(生日) 알아맞히기**

상대방의 생일을 알아맞히려면 우선 상대방으로 하여금 다음과 같은 계산을 부탁하여 그 셈 결과를 물어서 상대방의 생일을 알아맞출 수가 있다.

[비결] (예) 상대방의 생일을 8월 14일이라고 한다면,

첫째······당신의 생월만을 2로 곱하시오.·····················8×2=16

둘째······거기다 일주일 즉 7을 더하십시오.························+7
                                                                                                                23

셋째······또 그것을 인생 50년 즉 50배 하십시오.···················×50
                                                                                          1150

넷째······거기다 당신의 생일 날짜만 더하십시오.··················+14
                                                                                          1164

끝으로······거기서 1년 열두 달, 즉 365일을 빼십시오.··············−365
                                                                                          799

그러면 그 끝의 결과가 몇이 나왔습니까? 하고 물으면 상대방은 799라고 말하게 되니, 여기다 비밀 숫자 15를 더하면 814, 즉 8월 14일(8, 14)이라고 알아맞출 수가 있다.

☆ 남의 나이(年齡) 알아맞히기

상대방의 나이를 알아맞히려면 먼저 상대방으로 하여금 다음과 같은 간단한 계산을 부탁한 후에 그 끝의 셈 결과를 물어서 곧 상대방의 나이를 알아맞힐 수 가 있다.

[비결] (예) 상대방의 나이가 37세라고 한다면,

첫째……당신의 나이의 머리숫자(10단위 숫자)에다 5를 곱하십시오. ……3×5=15
둘째……거기다 6을 더하십시오. ……+6
21
셋째……그것을 다시 2배 하십시오. ……×2
42
끝으로……당신의 나이의 끝 숫자를 더하십시오. ……+7
49

그 끝의 셈 결과를 물으면 상대방은 49라고 대답할 것이니, 여기서 비밀 숫자 12를 빼면 상대방의 나이가 37세라고 곧 알아맞출 수 있다.

☆ 남의 수중(手中)에 든 물건의 수효를 알아맞히기

남의 수중(또는 주머니)에 든 물건의 수효 또는 금액을 알아맞히려면 다음과 같은 간단한 셈을 상대방에게 부탁하여 그 셈 결과만을 물어서 곧 그것을 알 수 가 있다.

[비결] (예) 상대방이 7을 가지고 있다고 한다면,

첫째……당신이 가진 물건의 수에다 2를 곱하십시오. ……7×2=14
둘째……거기다 3을 더하십시오. ……+3
17
셋째……그것을 5로 곱하시오. ……×5
85

끝으로……그러면 셈 결과가 몇이 나왔습니까?

상대방이 85라고 하면, 상대방이 가지고 있는 물건의 수효는 그 셈 결과의 둘째 자리 이상 수 (즉 여기서는 8)에서 1을 빼고 남은 수 즉 7이 바로 상대방이 갖고 있는 수효와 일치하게 된다.

☆ 요일 간편 환산법

달력을 사용하지 않고 무슨 요일인가 알아맞히기 위하여 비밀 숫자를 정하여 이 비밀 숫자로써 재빨리 요일을 알아 볼 수 있다.

[예] 연도별 비밀의 숫자

연도	일	1	2	3	4	5	6	7	8	9	10	11	12
2004년	비밀 숫자	3	6	0	3	5	1	3	6	2	4	0	2
1983년	비밀 숫자	5	1	1	4	6	2	4	0	3	5	1	3
1984년	비밀 숫자	6	2	3	6	1	4	6	2	5	0	3	5
1985년	비밀 숫자	1	4	4	0	2	5	0	3	6	1	4	6

[예] 비밀의 숫자 월 동일

[3]

일	월	화	수	목	금	토
	☆	☆	☆	1	2	3
4	5	6	7	8	9	10
11	12	13	14	15	16	17
18	19	20	21	22	23	24
25	26	27	28	29	30	

2004년 1월, 1984년 11월

[6]

일	월	화	수	목	금	토
1	2	3	4	5	6	7
8	9	10	11	12	13	14
15	16	17	18	19	20	21
22	23	24	25	26	27	28
29	30					

2004년 2월, 1985년 9월

[0]

일	월	화	수	목	금	토
☆	1	2	3	4	5	6
7	8	9	10	11	12	13
14	15	16	17	18	19	20
21	22	23	24	25	26	27
28	29	30	31			

2004년 3월, 1983년 8월

☞ 비밀 숫자 구하는 법

[해설 : 1984년 11월] 달력을 보면(월☆ 화☆ 수☆) 월요일부터 수요일까지는 빈칸(☆)이고, 목요일부터 날짜가 시작된다. 빈칸(☆)이 3개 있으면 비밀 숫자를 3으로 정한다. 그러므로 11월달 비밀 숫자는 3이 된다.

[해설 : 1985년 9월] 일요일부터 토요일까지 날짜가 다 들어 있으면 월요일부터 토요일까지 6일이 되니 비밀 숫자는 6으로 본다. 그러므로 9월달 비밀 숫자는 6이 된다.

[해설 : 1983년 8월] 일요일이 빈칸(☆)이고 월요일부터 토요일까지 날짜가 다 들어 있을 때는 비밀 숫자는 0으로 본다. 그러므로 8월의 비밀 숫자는 0이 된다.

☆ 무슨 요일인가 알아보는 법

상대방이 1984년 9월 21일은 무슨 요일인가 하고 문의하면 날짜 21에다 9월 비밀 숫자 5를 더하면 (21+5)=26이 된다. 일주일은 7일이므로 26일 속에는 몇 주일이 들어 있나 생각하면 (26÷7)=3…3주일 즉 21일을 빼고 5가 남는다, 1이 남으면 월요일, 2가 남으면 화요일, 5가 남으니까 금요일이라고 알 수 있다.

1984년 9월 21일은 금요일이라고 알아 볼 수 있다.

☞ 회갑날 요일 맞추기

1984년도에 37세(1948년생)면 24년(2008년도) 더 있으면 61세 회갑날이다. 생일은 8월 29일, 24년 동안 윤년이 4년마다 1번씩 드니까 24년은 6번 들었다. 24년에서 윤년 6을 더한다.

(29+2+30)=61, 61÷7=56…5(금요일)

생일날+월 비밀 숫자+(년+윤년)

☆ 계산하고 남는 숫자에 대해서

날짜와 비밀 숫자를 더해서 1주일을 빼고 남는 숫자 1자리가지 남는 수

① 1이 남으면 월요일　　② 2가 남으면 화요일　　③ 3이 남으면 수요일

④ 4가 남으면 목요일　　⑤ 5가 남으면 금요일　　⑥ 6이 남으면 토요일

⑦ 7로 나누어서 맞아 떨어지고 남는 수가 없으면 일요일이다.

☞ 예를 들면 다음과 같다.

① 1985년 5월 15일은 무슨 요일인가?　　　　　　　　　　(15+1)-14=2, 화요일

(15+1)÷7=2…2, 화요일
일자　비밀수　　남는 수

② 1985년 8월 20일은 무슨 요일인가?　　　　　　　　　　(20+3)-21=2, 화요일
③ 1984년 3월 21일은 무슨 요일인가?　　　　　　　　　　(21+3)-21=3, 수요일
④ 1984년 4월 28일은 무슨 요일인가?　　　　　　　　　　(28+6)-28=6, 토요일
⑤ 1983년 3월 15일은 무슨 요일인가?　　　　　　　　　　(15+1)-14=2, 화요일
⑥ 1983년 7월 30일은 무슨 요일인가?　　　　　　　　　　(30+4)-28=6, 토요일
⑦ 1983년 5월 8일은 무슨 요일인가?　　　　　　　　　　(8+6)-14=0, 일요일

성경 자동 암기 기억법

성경 통째 암기의 뜻

 이미 알려진 대로 성경은 세계적인 베스트셀러이며 기독교인이라면 성경을 처음부터 끝까지 독파하는 것도 과제 중의 하나다. 특히 교리 공부를 한다거나 성직자, 목회자 신분으로 활동하려면 성경을 통째로 외워서 그때 그때 활용하려고 많은 애를 쓰는 것을 흔히 보았다.
 필자는 사람이 가진 두뇌 능력을 극대화시켜 초기억법으로 모든 것을 머릿속에 저장시키는 방법을 연구하고 계발하여 많은 사람들에게 소개하는 것을 기쁨으로 삼고 있다. 하지만 내가 성경의 창세기부터 구약과 신약을 아울러서 통째로 암기하려는 의미는 다른 종교인이나 성직자들이 갖는 의미와는 약간 다르다.
 애초에 필자는 엄청난 분량의 성경을 자동 암기법으로 외울 수 있도록 공식을 고안하면서 이 작업은 역사적 기록의 도전이라는 것과, 인간 능력의 도전이란 점에 그 의의를 두었다. 따라서 필자는 약 1년 여 전부터 성경 자동 암기 공식으로 성경을 통째로 외우는 훈련을 하고 있으며, 약 3년을 목표 기간으로 생각하고 있다.
 그러나 보통 사람들은 300년 이상의 시간이 걸려도 불가능한 것으로 밝혀졌다. 왜냐하면 인간은 컴퓨터처럼 장과 절을 입력한 그대로 기억하는 두뇌 회로를 지니지 못했기 때문이다. 따라서 필자가 연구, 개발한 성경 자동 암기 공식으로 테마 학습법에 의거하여 약 3년 정도 시간을 갖고 암기에 들어간다면 누구나 성경을 통째로 외울 수 있다.
 세상에 있는 문장들 중에서 가장 길고 장과 절이 많은 성경책이지만 이것 역시 잘 들여다보면 장과 절이 테마별로 가장 잘 분류되어졌고 장, 절 속의 단위별 문장, 문장들이 서론, 본론, 결론으로 매듭지어지는 논리적인 형태를 띠고 있음을 알 수 있다.
 성직자나 목회자뿐만 아니라 논리적인 문장 훈련을 하고 싶다거나 두뇌 혁명을 원하는 사람이라면 종교를 초월하여 성경을 연구하고 통째로 외워 보라고 권하고 싶다.

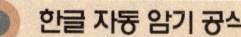

● **한글 자동 암기 공식**

성경을 외우기 위해서는 앞에서 설명한 한글 자동 암기 공식을 다시 사용하여야 한다.
복습하는 셈치고 떠올려 보자.

가	나	다	/	하	마	바	/	사	아	자	
10	20	30	/	40	50	60	/	70	80	90	
ㄱ	ㄴ	ㄷ		ㄹ	ㅁ	ㅂ		ㅅ	ㅇ	ㅈ	ㅊ
1	2	3		4	5	6		7	8	9	0

혼용해 쓰이는 것 : 라 = 하(40) - 모음
자음인 경우 : ① ㄱ, ㅋ(1)‥ ② ㄷ, ㅌ(3)‥ ③ ㄹ, ㅎ‥(4) ④ ㅂ, ㅍ(6)
10번 ㅊ은 제로로 보고, ㅇ(이응)을 도안체 8(팔)로 보라.

암기법 창세기 31장(1절~10절)

1. **31장 1절 :** 독차지하는 일(독일) - 독(31)+일

   독차지하는 일 : (라반의 아들들이 하는 말이, 야곱이 우리 아버지의 소유를 다 빼앗아) 독차지 한다고 생각

2. **31장 2절 :** 독이 있어 보인다 - 독(31)+이

   독이 서린 : (라반의 안색을 본즉) 독이 서린 모습이다.

3. **31장 3절 :** 득세 - 득(31)+세

   득세 : (네 종족의 땅 네 족속에게로 돌아가라) 라반의 득세에 못이겨 여호와께서 야곱에게 이르시는 말.

4. **31장 4절 :** 특사 - 특(31)+사

   특사 : 야곱이 보내어 라헬과 레아를 자기 양 떼 있는 들로 불러다가.

5. 31장 5절 : 다가오다 – 다가(31)+오다

   다가오니 : (그들에게 이르되).

6. 31장 6절 : 특유하게 – 특(31)+유하게

   특유하게 : 특유하게(힘을 다하여 섬겼거늘).

7. 31장 7절 : 닥치는 대로 – 닥(31)+치는 대로

   닥치는 대로 : (품삯을 열 번이나 번역하였도다).

8. 31장 8절 : 덕팔아 – 덕(31)+팔아

   덕팔아 : (온 양 떼가 낳은 것이 점 있는 것, 얼룩무늬 있는 것이니) 이것을 하나님의 품삯으로 팔아 주리.

9. 31장 9절 : 덕을 구하여 – 덕(31)+구하여

   덕으로 구하여 : 하나님이 구하여 (그대들의 아버지의 짐승을 빼앗아 내게 주셨느니라).

10. 31장 10절 : 뚝에서 있는 가축 – 뚝(31)+가축

    뚝에 서 있는 가축 : (내가 꿈에 눈을 들어 보니) 수양의 가축은 (얼룩무늬 있는 것, 점 있는 것, 아롱진 것이었더라).

☞ **연상 기억법**

가. 야곱의 독일로 라반이 독이 서린 모습이고, 그 아들의 득세로 더 이상 머물 수 없었다.
나. 야곱이 특사를 보내어 라헬과 레아를 다가오게 하고 특유한 설득을 하다.
다. 품삯까지 닥치는 대로 덕팔아 사는 라반의 재산을 하나님이 덕으로 구하여 빼앗다.
라. 뚝에서 노는 가축.

암기법 창세기 31장(11절~20절)

11. 31장 11절 : 특이한 귀가 – 특(31)+귀가(11)
    특이한 귀가 : 귀가 번쩍 띄여 (야곱아 하기로 내가 대답하기를).

12. 31장 12절 : 특이한 관계 – 특(31)+관계(12)
    특이한 관계 : 양 떼 간에 (수양은 다 얼룩무늬 있는 것, 점 있는 것, 아롱진 것이니라).

13. 31장 13절 : 똑바로 선 기둥 – 똑(31)+기둥(13)
    똑바로 선 기둥 : (거기서 기둥에 기름을 붓고).

14. 31장 14절 : 떡갈나무 – 떡(31)+갈(14)
    떡갈나무 밑에 : (라헬과 레아가 그에게 대답하여 가로되).

15. 31장 15절 : 독감 – 독(31)+감(15)
    독감 : 외인독감 (아버지가 우리를 오인으로 여기는 것이 아닌가).

16. 31장 16절 : 다그쳐 급히 – 다그쳐(31)+급히(16)
    다그쳐 급히 : 급히 (하나님이 당신에게 이르신 일을 다 준행하라).

17. 31장 17절 : 다그쳐 가속 – 다그쳐(31)+가속(17)
    다그쳐 가속을 : 다그쳐(야곱이 일어나) 그 가속 (자식들과 아내들을 약대들에게 태우고).

18. 31장 18절 : 도강 하는 강 – 도강(31)+강(18)
    도강하려 할새 : (곧 그가 밧단 아람에서 얻은 짐승을 이끌고) 도강하려 할새.

19. 31장 19절 : 특이한 가죽 – 특(31)+가죽(19)
    특이한 가죽신 : (라헬은 그 아비의 드라빔을 도적질하고).

20. 31장 20절 : 독자적 노출 – 독자적(31)+노출(20)
    독자적 노출이 두려워 : (가만히 떠났더라).

제2편 기억법의 실제

☞ 연상 기억법

가. 하나님의 사자 귀가 특이하고 꿈에 양 떼 간의 관계가 하나님의 은혜로 기둥에 기름을 붓더라.

나. 라헬과 레아가 떡갈나무 밑에서 앉았다가 독감이 급습하다.

다. 다그쳐 가속을 이끌고 강을 건너 가나안 땅 그 아비 이삭에게로 가려할새 라헬이 그 아비 가죽 드라빔을 도적질하고.

라. 야곱은 노출이 두려워 독자적으로 가만히 떠났다.

암기법 창세기 31장(21절~30절)

21. 31장 21절 : 뚝으로 나가 – 뚝(31)+나가(21)
뚝으로 나가 : (강을 건너 길르앗 산을 향하여 도망한 지).

22. 31장 22절 : 독이 서린 – 독(31)+서린(22)
독이 서린 : (삼일만에 야곱의 도망한 것이 라반에게 들린지라).

23. 31장 23절 : 독을 쓰고 나타나 – 독(31)+나타나(23)
독을 쓰고 나타나 : (칠일길을 좇아가 길르앗 산에서 그에게 미쳤더니).

24. 31장 24절 : 딱한 그날 밤 – 딱한(31)+그날(24)
딱한 그날 밤 : (밤에 하나님이 아람 사람 라반에게 현몽하여 가라사대).

25. 31장 25절 : 독자적 남 대 남 – 독자적(31)+남(25)
독자적으로 남 대 남의 만남 : (라반 그 형제로 더불어 길르앗 산에서 장막을 치고) 야곱을 만남.

26. 31장 26절 : 똑 납치한 듯 – 똑(31)+납치(26)
똑 납치하듯 : (가만히 내 딸들을 칼로 잡은 자 같이 끌고 샀으니) 어씨 납치하듯 했느냐?

27. 31장 27절 : 딱한 네 신세 – 딱(31)+네 신세(27)
딱한 네 신세 : (내가 즐거움과 노래와 북과 수금으로 너를 보내겠거늘) 내게 고하지 않은 네 신세 딱하도다.

28. 31장 28절 : 덕없는 농담 – 덕없는(31)+농담(28)
덕없는 농담 : (나로 내 손자들과 딸들에게 입맞추지 못하게 하였느냐) 덕 없는 농담일 뿐 (네 소위가 실로 어리석도다).

29. 31장 29절 : 딱한 내 조카 – 딱한(31)+내 조카(29)
딱한 내 조카 : (너를 해할 만한 능력이 내 손에 있으나) 딱한 내 조카이기에.

30. 31장 30절 : 딱한 사람 대체 어찌된 일이냐 – 딱한(31)+대체(30)
딱한 사람아 대체 : (어찌 내 신을 도적질하였느냐).

☞ 연상 기억법
가. 야곱이 뚝으로 나가 강을 건너 도망한 것이 라반에게 들린지라 독이 서린 모습으로 그에게 나타나다.

나. 딱한 그날 밤 남 대 남 독대하여 따지니 네가 어찌 내 딸을 납치하듯 끌고 갔느냐?

다. 딱한 네 신세 덕 없는 농담인들 무슨 소용 있나 내 조카야.

라. 딱한 사람아 대체 어찌 신을 도적질하였느냐?

암기법 창세기 31장(31절~40절)

31. 31장 31절 : 독특한 방법 – 독(31)+특(31)한

    독특한 방법 : (외삼촌이 외삼촌의 딸들을 내게서 강제로 빼앗으리라 하여) 내 독특한 방법대로 했나이다.

32. 31장 32절 : 독단 – 독(31)+단(32)

    독단적으로 찾던 : 독단적인 것이 발견되면(외삼촌에게로 취하소서 하니).

33. 31장 33절 : 독자적의 도덕관 – 독자적(31)+도덕(33)

    독자적 도덕관 : 라반이 (야곱의 장막에 들어가고, 레아 장막에 들어가고) 차례로 들어가는 것은 조카를 도둑으로 생각하는 독자적 생각.

34. 31장 34절 : 독특한 드라빔 – 독특한(31)+드라빔(34)

    특이한 드라빔 : (라헬이 그 드라빔을 가져 약대 안장 아래 넣고 그 위에 앉은지라).

35. 31장 35절 : 덕담 – 덕(31)+담(35)

    덕담 : (마침 경수가 나므로 일어나서 영접할 수 없사오니 내 주는 노하지 마소서).

36. 31장 36절 : 독한 답 – 독한(31)+답(36)

    독하게 답하여 : (야곱이 라반에게 대척하여) 답하되.

37. 31장 37절 : 득 대신 – 득(31)+대신(37)

    득 대신 : (외삼촌의 가장집물 중에 무엇을 찾았나이까) 득 대신 명예 실추.

38. 31장 38절 : 딱하게 당하다 – 딱하게(31)+당(하다)(38)

    딱하게 당하여 : (내가 이 이십 년에 외삼촌과 함께 하였거니와) 가축이 낙태하지 않았고 수양은 먹지도 않았다.

39. 31장 39절 : 툭하면 도적 – 툭(31)+도적(39)

    툭하면 도적 맞은 것 : (낮에 도적을 맞았든지 밤에 도적을 맞았든지 내가 외삼촌에게 물어내었으며).

40. 31장 40절 : 특이한 춘하추동 – 특이한(31)+춘하추동(40)

특이한 기후의 춘하추동 : (낮에는 더위를 무릅쓰고 밤에는 추위를 당하며).

☞ 연상 기억법

가. 독특한 방법으로 독단하여 독자적 도덕관.

나. 독특한 드라빔을 약대 안장 아래 감추고 아비와 덕담하매 야곱이 라반에게 답하여 대척하여 가로되.

다. 라반이 득 대신 조카에게 딱하게 당하다 툭하면 도적당하는 것 다 보충하다.

라. 맛단 아람의 특이한 기후 춘하추동.

암기법 창세기 31장(41절~50절)

41. 31장 41절 : 독학 – 독(31)+학(41)
   독학 : (내가 외삼촌집에 거한 이 이십 년에 외삼촌의 두 딸을 위하여 14년 외삼촌 양떼를 위하여 6년을) 봉사하며 독학.

42. 31장 42절 : 독한 – 독(31)+한(42)
   독한 : (외삼촌께서 이제 나를 공수로 돌려 보내셨으리이다 마는) 외삼촌의 독한 마음.

43. 31장 43절 : 딱하도다 – 딱(31)+하도다(43)
   딱하도다 : (내가 오늘날 내 딸들과 그 낳은 자식들에게 어찌 할 수 있으랴!) 딱하도다 라반의 신세.

44. 31장 44절 : 특활 지역 – 특(31)+활(44)
   특활 지역 : (그것으로 너와 나 사이에 증거를 삼을 것이리라) 특활 지역의 돌 기둥과 돌무지.

45. 31장 45절 : 뚝심의 힘 – 뚝(31)+뚝심(45)
   뚝심으로 힘을 내어 : (야곱이 돌을 가져 기둥으로 세우고) 힘을 내어 돌을 옮기다.

46. 31장 46절 : 똑같이 합쳐 – 똑(31)+합쳐(46)
   똑같이 합쳐 : (그들이 돌을 취하여 무더기를 이루매).

47. 31장 47절 : 딱 헷갈리네 – 딱(31)+헷갈리다(47)
   딱 헷갈리네 : (야곱은 그것을 갈르엣이라 칭하였으니) 여결사 하두다와 헷살리네.

48. 31장 48절 : 특항 – 특(31)+항(48)
   특항 : (이 무더기가 너와 나 사이에 증거가 된다 하였으므로) 라반의 말에 특항으로 갈르엣이라 칭하다.

49. 31장 49절 : 특혜 조항 – 특(31)+혜조항(49)
   특혜 조항 : (우리 피차 떠나 있을 때에 여호와께서 너와 나 사이에 감찰하옵소서) 하는 특혜 조항.

50. 31장 50절 : 때가 마침 - 때가(31)+마침(50)

때가 마침 오다 : (내 딸들 외에 다른 아내를 취하면 하나님이 증거하실 때가 마침 오다).

☞ **연상 기억법**

가. 외삼촌 집에 20년 독학, 라반의 독한 마음이 딱하도다.
나. 특활 지역에 힘을 합쳐 기둥과 돌무지를 만들다.
다. 딱 헷갈리는 특항이 특혜 조항이군.
라. 때가 마침 와서 내 딸들을 버리면.

암기법 창세기 31장(51절~55절)

51. 31장 51절 : 똑바로 선 막대기 – 똑바로(31)+막대기(51)
똑바로 선 막대기 : (내가 너와 나 사이에 둔 이 무더기를 보라) 막대기로 똑바로 재다.

52. 31장 52절 : 이득 만들어 – 이득(31)+만들어(52)
이득만 만들어 : (이 무더기가 증거가 되고 이 기둥이 증거가 되나니) 이득만 줄 무더기와 기둥.

53. 31장 53절 : 덕마다 – 덕(31)+마다(53)
조상의 덕마다 : (아브라함의 하나님 나홀의 하나님 그들의 조상의 하나님은 우리 사이에 판단하옵소서 하매) 조상의 덕마다 맹세하다.

54. 31장 54절 : 떡 먹고 물 마시니 – 떡(31)+물(55)
떡 먹고 물 마시니 : (형제들을 불러 떡을 먹이니) 목이 메어 물 마시다.

55. 31장 55절 : 덕으로 무마 – 덕(31)+무마(55)
덕으로 마무리하다 : (손자들과 딸들에게 입 맞추며 그들에게 축복하고) 돌아갔더라.

☞ **연상 기억법**

가. 똑바로 선 막대기 이득 만들어 조상의 덕마다 맹세하여 경외하다.
나. 떡먹고 물마시니 마음 돌려 덕으로 무마하다.

The Superspeed Remember Method 2

제11장 영어 단어·문장 연상 기억법

- 영어 단어·문장 연상 기억법
- 줄줄이 건져 올리는 영어 단어 초기억법

영어 단어 · 문장 연상 기억법

옛날 서당에서 글을 배우던 우리 선조들은 책을 한 권 떼면 책걸이를 했고, 선생님 앞에 꿇어앉아 그 책의 내용을 토시 하나 틀리지 않고 다 외워야 그 책을 떼었다는 인정을 받았다.

이 학습 방법을 현대인들이 주입식 암송이라 하며, 현대 교육과는 거리가 있다고 생각한다. 그러나 여기서 꼭 알아 두어야 할 것은 그 학습 방법 자체가 참으로 완전학습이라는 것이다.

회화, 어학 공부에 있어서 마인드 컨트롤이 필요한 이유는 외부 현재 의식이 입력(input)시키는 작용을 할 때, 우측 뇌의 내부 의식은 회생(output)하는 작용을 하게 되어 있기 때문이다.

새로 접하는 문장과 단어는 우리 머릿속에서 정복, 정리되어 자신감이 생기게 될 때 완전학습이 되며, 입력 작용보다는 회생의 작용이 더 많아야 대뇌 공학적 천재 학습이 이루어질 수 있다.

중학교부터 대학교까지 10년 어학 공부를 하여도 성공한 이보다는 실패한 이가 더 많은 이유는 문법과 해석을 통하여 90% 이상의 학습이 입력에 주력하여, 정복되는 학습이 아니고 자신감 대신에 의무감을 주는 학습이었기 때문이다.

어학 공부에서는 학습한 사항을 되뇌이는 반복 연습이 이루어져야 하는데, 이 복습의 방법이 읽고 쓰고 보고 듣고 하는 객관적(외부 의식 수준) 시청각 교육만 시켜서는 현대 시청각 교육 효과의 한계를 느끼게 된다.

100번을 읽고 쓰는 것도 물론 필요한 일이지만, 이 정도의 학습 효과는 두뇌의 50% 영역도 못 미치는 좌측 뇌의 활동만으로 어학을 정복할 수 없다.

어학 공부의 큰 목표와 신념을 가진 사람이 아니고는 대개의 경우 실패하고 만다. 어학 공부는 우측 뇌를 활용하여 입력보다 회생을 90% 이상 시켜줌으로써 우측 뇌의 작동이 활발해지고 좌우 뇌의 교신이 이루어질 때 큰 능률을 올릴 수 있다. 이게 바로 영어 천재 교육 창안 학습이며, ESP의 복습 방법이다.

이것을 위하여 영어 자동 암기 공식과 함께 영어 단어 연상법을 소개할 것이니 어학 공부에 많은 도움이 되기를 바란다.

영문 암기 표기 부호 풀이

1 기본 5형식 철자 표기
① 1형식 : 주어+동사=S+V
② 2형식 : 주어+동사+주격보어=S+V+C
③ 3형식 : 주어+동사+목적어=S+V+O
④ 4형식 : 주어+동사+간접목적어+직접목적어=S+V+IO+DO
⑤ 5형식 : 주어+동사+목적어+목적격보어=S+V+O+C

2 기본 5형식 숫자 표기
① 1형식 : S+V=1+2
② 2형식 : S+V+C=1+2+③
③ 3형식 : S+V+O=1+2+3
④ 4형식 : S+V+IO+DO=1+2+3+4
⑤ 5형식 : S+V+O+C=1+2+3+④

3 5형식 표기 숫자 풀이
1 : 1은 동사 앞의 주인공을 뜻하는 것으로 주어를 나타낸다.
2 : 2는 동사를 뜻하는 것으로 영문은 항상 1 다음에 2 동사가 존재하므로 차례 순서가 일치됨으로 느낀다.
  그러나 우리말은 동작의 표시 2는 항상 끝이다. 영문 표기 순서 차이는 동작인 2에 있다.
③ : 네모 ③은 주격보어로 동사 2의 뒤에 위치하나, 우리말은 동사 앞에 위치한다.
3 : 동작의 대상인 목적어의 표시의 위치는 '2' 동사 다음에 위치함으로 순서의 일치감을 준다.
  우리말은 동작의 대상인 '3'이 2 앞에 위치한다.
4 : 4형식의 수여동사에서 동작 '2' 하나에 대상 둘이 주어지는 경우 직접목적어 표시 4는 3의 순서 뒤에 위치한다.
④ : 5형식의 목적격보어로 ④는 3의 순서 뒤에 위치한다.

4 구의 결합 원리

A. 부호 풀이
① a : 형용사 ② ad : 부사 ③ a′ : 관용적인 형용사
④ a² : 비관용적인 형용사 ⑤ ad′ : 관용적인 부사 ⑥ ad² : 비관용적인 부사

B. a′+n+a²의 경우
① the good(a′) boy(n) reading a book(a²)
② the tall(a′) man(n) in the left(a²)
③ the pretty(a′) girl(n) in the room(a²)
④ the old(a′) man(n) from the country(a²)
⑤ the clean(a′) water(n) to drink(a²)

C. ad′+a+ad²의 경우
① quite(ad′) enough(a) to buy a car(ad²)
② very(ad′) pleased(a) to meet you(ad²)
③ pretty(ad′) full(a) of water(ad²)
④ very(ad′) tired(a) of work(ad²)

D. ad′+ad+ad²의 경우
① very(ad′) early(ad) in the morning(ad²)
② quite(ad′) slow(ad) along the bank(ad²)

제1형식 영문 암기

제1형식은 주어(S)+동사(V)로 구성된 문장 형식으로, 우리말의 1형식 순서와 같다. 그래서 주어(S)를 1로 표기하고 동사(V)를 2로 표기하여 주어(S)+동사(V)→1+2로 하고 국문·영문 비교를 '1+2=1+2'로 표기한다.

[예문 1]   새들이 운다. Birds sing.
            1   2   1   2

          국문 기억 : 1+2, 영문 기억 : 1+2

[예문 2]   그는 서울에 산다. He lives in Seoul.
            1   ad   2   1   2   ad

          국문 기억 : 1+ad+2, 영문 기억 : 1+2+ad

[예문 3]   강 위에 다리가 있다. There is a bridge over the river.
            ad   1   2+①   ①   2   1   ad

          국문 기억 : ad+1+2+①, 영문 기억 : ①+2+1+ad

제 2형식 영문 암기

제2형식의 동사는 불완전동사이므로 주격보어를 지니는 문장으로 재래식 표기로 주어+동사+주격보어, 철자 표기로 S+V+C의 형식을 주어 'S'를 1로, 동사 'V'를 2로, 주격보어 'C'를 ③으로 표기하여 국문 순서 1+③+2는 영문 순서 1+2+③으로 공식을 만든다.

[예문 1]   그는 선생님이 되었다. He became a teacher.
            1   ③   2   1   2   ③

          국문 기억 : 1+③+2, 영문 기억 : 1+2+③

[예문 2]　그는 행복했다. He was happy.
　　　　　　1　③ 2　2　1　③

　　　　　국문 기억 : 1+③+2, 영문 기억 : 1+2+③

제3형식 영문 암기

제3형식은 동사 2를 중심으로 동사의 주인공을 1로, 대상을 3으로 하여 재래식 표기 S+V+O를 숫자 1+2+3으로 표기한다.

[예문 1]　나는 상자를 만들었다. I made a box.
　　　　　　1　 3　　 2　　1　2　 3

　　　　　국문 기억 : 1+3+2, 영문 기억 : 1+2+3

제4형식 영문 암기

제4형식은 주어(1)+동사(2)+간접목적어(3)+직접목적어(4)로 구성된 문장으로 3형식과 다른 점은 동사 하나에 대상, 즉 목적어가 두 개 주어지는 꼴이다. 국문 어순은 주인공 다음에 목적어가 두 개 온 다음 동사가 나타나므로 동사 앞에 나열된 명사가 세 개나 주어지게 된다. 우리말 어순으로 표현하면 n+n+n+v의 형식이다.

여기서 문제는, 기본문은 조사(토씨)를 쓰지 않은 서양식 나열법을 그대로 보면 낱말이 연접되지 않아 낱말 나열에 지나지 않는다. 그러기에 이것을 숫자 표기에 의해 우리말 순서로 하면 1+3+4+2의 형식이 되는데 이것을 영어의 표기순으로 바꾸면 1+2+3+4 차례로 형성된다.

[예문 1]　그는 나에게 시계를 사 주었다. He bought me a watch.
　　　　　　1　 3　　 4　　 2　　 1　　2　　3　　4

　　　　　국문 기억 : 1+3+4+2, 영문 기억 : 1+2+3+4

제5형식 영문 암기

제5형식은 주어(1)+동사(2)+목적어(3)+목적보어(4)로 형성되어 있다.
주어+동사+목적어=1+2+3+4

[예문 1]   나는 나의 양친을 행복하게 만들 것이다.
             1   3   4   2

            I will make my parents happy.
              1   2   3   4

            국문 기억 : 1+3+4+2, 영문 기억 : 1+2+3+4

[예문 2]   사람들은 그를 대통령으로 선출했다.
              1   3   4   2

            The people elected him president.
                1   2   3   4

            국문 기억 : 1+3+4+2, 영문 기억 : 1+2+3+4

한글음으로 끝내는 영어 단어 연상법

apple 사과

① apple[애플] 명 사과
- 연상 기억 : 아플 때 사과 먹으면 낫는다.

② animal[애니멀] 명 동물
- 연상 기억 : 언니 말 잘 들으면 동물 구경 가지.

③ ant[앤트] 명 개미
- 연상 기억 : 안트는 얼굴은 개미이다.

④ angel[에인절] 명 천사
- 연상 기억 : 애인에게 절하면 천사 같다.

단어 연상 기억술

사과를 동물에게 주니 개미는 천사에게 부탁.
　① 　② 　　③ 　④

단어 문장 구성

① apple   I eat an apple.
② animal   There are many animals in zoo.
③ ant   The ant worked hard all summer.
④ angel   She is an angel of the sky.

해석

① 나는 사과를 먹는다. : eat(이트) – 먹다.
② 동물원에 많은 동물이 있다. : zoo(주-) – 동물원.
③ 개미는 여름내 열심히 일했다. : summer(서머) – 여름.
④ 그녀는 하늘의 천사다. : sky(스카이) – 하늘.

☞ **자동 암기 공식**

1형식 : <u>주어</u> + <u>동사</u> + <u>부사</u>
           1   2   ad

②번, ③번은 1형식 ◀ 1+2+ad ▶

③번   <u>The ant</u>   <u>worked</u>   <u>hard all</u>   <u>summer</u>.
            1   2   ad   ad

      <u>개미는</u>   <u>여름내</u>   <u>열심히</u>   <u>일했다</u>.
        1   ad   ad   2

☞ 자동 공식 : 1+2+ad+ad=1+ad+ad+2

②번   <u>There</u>   <u>are</u>   <u>many animals</u>   <u>in zoo</u>.
           ①   2   1   ad

※ ①은 가주어, 진주어는 동물이다.

beach 해변

① beach[비-취] 명 해변
- 연상 기억 : 햇빛이 비치는 해변.

② bean[빈-] 명 강낭콩
- 연상 기억 : 속이 빈 강낭콩.

③ bear[베어] 명 곰 동 낳다.
- 연상 기억 : 베어 먹는 곰이 새끼 낳다.

④ beard[베어드] 명 턱수염
- 연상 기억 : 베어도 또 나는 턱수염.

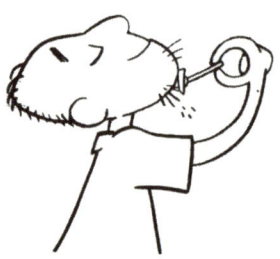

| 단어 연상 기억술 |

해변에 강낭콩 심고 곰은 턱수염 기르다.
① ② ③ ④

단어 문장 구성

① beach   We walked on the beach.
② bean   Please, give me ice-cream of green bean.
③ bear   We must bear the fact in mind.
④ beard   He grows a beard.

해석

① 우리는 해변을 거닐고 있었다. : walk(워크) – 거닐다.
② 푸른 완두콩으로 된 아이스크림을 주시겠어요? : green(그린) – 초록.
③ 우리는 그 사실을 마음에 새겨 두어야 했다. : mind(마인드) – 마음.
④ 그는 턱수염을 길렀다. : grow(그로우) – 기르다.

☞ 자동 암기 공식

3형식 : 주어 + 동사 + 목적어
              1   2   3

②번, ③번, ④번은 3형식 ◀ 1+2+3 ▶

①, ②, ③, ④번   He grows a beard.
                     1   2   3

                     그는 턱수염을 길렀다.
                     1   3   2

☞ 자동 공식 : 1+2+3=1+3+2

cab 택시

① cab[캐브] 명 택시
- 연상 기억 : 캐비지를 택시에 싣다.

② cabin[캐빈] 명 오두막집, 선실
- 연상 기억 : 캐비닛 같은 선실.

③ cable[케이블] 명 전선
- 연상 기억 : 케이블 카가 밧줄에 달려 있다.

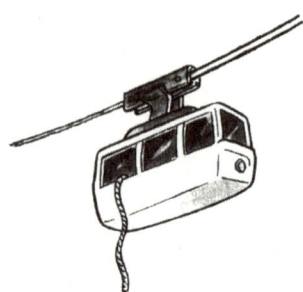

④ calendar[캐린더] 명 달력
- 연상 기억 : 달력이 유리를 가린다.

단어 연상 기억술

택시가 오두막집 앞에 도착 밧줄에 달력
  ①   ②   ③   ④

단어 문장 구성

① cab　　　　We will go by cab.
② cabin　　　There is a cabinet in the cabin.
③ cable　　　We are great fun to take a cable-car.
④ calendar　 They hang up the calendar on the wall.

해석

① 우리는 합승 마차로 갈 것이다. : we(위) – 우리.
② 오두막집 안에 캐비닛이 있다. : cabinet(캐비닛) – 서류 상자.
③ 우리는 케이블 카 타는 것이 재미있었다. : fun(펀) – 재미난.
④ 그들은 벽에 달력을 걸었다. : hang(행) – 걸다.

☞ 자동 암기 공식

1형식 : 주어 + 동사 + 부사
　　　　 1　　　2　　　ad

①번, ②번은 1형식 ◀ 1+2+ad ▶

① We will go by cab.
　 1　　2　　 ad

　 우리는 택시로 갈 것이다.
　　1　　 ad　　 2

☞ 자동 공식 : 1+2+ad=1+ad+2

daughter 딸

① daughter[도-터] 명 딸
- 연상 기억 : 도토리 같이 예쁜 딸.

② dawn[돈] 명 새벽
- 연상 기억 : 돈 벌려고 새벽에 나간다.

③ dark[다-크] 형 어두운
- 연상 기억 : 다 큰 아이가 어두운 밤을 무서워한다.

④ dash[대시] 동 돌진하다.
- 연상 기억 : 나 대신 돌진하다.

단어 연상 기억술

딸이 새벽 어두운 길에서 돌진하다.
① ② ③ ④

단어 문장 구성

① **daughter** They have two daughters.
② **dawn** Ben worked from dawn till dark.
③ **dark** It was a dark night.
④ **dash** He dashed down the slope.

해석

① 그들은 두 딸을 가지다. : they(데이) – 그들.
② 벤은 새벽부터 밤까지 일했다. : till dark – 밤까지.
③ 어두운 밤이었다. : night(나이트) – 밤.
④ 그는 비탈길을 뛰어 내렸다. : slope(슬로프) – 비탈.

☞ **자동 암기 공식**

1형식 : 주어 + 동사 + 목적어
          1   2   ad

②번, ③번은 1형식 ◀ 1+2+ad ▶

②번 Ben worked from dawn to night.
       1   2   ad

벤은 새벽부터 밤까지 일했다.
 1   ad   2

☞ 자동 공식 : 1+2+ad=1+ad+2

each 각각의

① each[이-취] 혱 각각의
- 연상 기억 : 각각의 위치에서 저마다 공부한다.

② eager[이-거] 혱 열심인
- 연상 기억 : 운동하는 이거를 열심히 갈망한다.

③ eagle[이-글] 몡 독수리
- 연상 기억 : 이글거리는 독수리의 눈.

④ ear[이어] 몡 귀
- 연상 기억 : 예쁘게 이어링 한 귀.

단어 연상 기억술

각각 열심히 일한 소문이 독수리 귀에 들리다.
  ① ②   ③ ④

단어 문장 구성

① each   Each student has a desk.
② eager   Tom is eager in his studies.
③ eagle   The symbol of the USA is the bold eagle.
④ ear   A hare has ling ears.

해석

① 학생 저마다 책상을 가지다. : desk(데스크) – 책상.
② 톰은 그의 공부에 열심이다. : study(스터디) – 공부.
③ 미국의 상징은 대머리 독수리다. : bold(볼드) – 대머리.
④ 토끼는 긴 귀를 가지고 있다. : hare(헤어) – 토끼.

☞ 자동 암기 공식

2형식 : <u>주어</u>+<u>동사</u>+<u>보어</u>
           1   2   [3]

②번, ③번은 2형식 ◀ 1+2+[3] ▶

②번   <u>Tome</u> <u>is</u> <u>eager</u> <u>in his studies</u>.
         1   2   [3]   ad

      <u>톰은</u> <u>그의 공부에</u> <u>열중하고</u> <u>있다</u>.
        1   ad   [3]   2

☞ 자동 공식 : 1+2+[3]+ad=1+ad+[3]+2

face 얼굴

① face[페이스] 명 얼굴
- 연상 기억 : 얼굴이 펴 있으니 침착하게 보인다.

② fact[팩트] 명 사실
- 연상 기억 : 팩틀어진 모습이 지구의 실정이다.

③ fade[페이드] 동 바래다.
- 연상 기억 : 사업이 패하드니 얼굴색이 흐려지다.

④ fail[페일] 동 실패하다.
- 연상 기억 : 시험이 실패일 경우 패자로다.

단어 연상 기억술

얼굴에 징조의 사실이 그려지고 흐려진 것은 실패 징조다.
    ①   ②   ③   ④

단어 문장 구성

① face   He always keeps a calm face.
② fact   It is a fact that the earth round.
③ fade   Some colors fade easily.
④ fail   He failed in the examination.

해석

① 그는 항상 침착한 얼굴을 지닌다. : calm(캄) - 평온한.
② 지구가 둥근 것이 사실이다. : earth(어스) - 지구.
③ 어떤 색은 쉽게 바래어지다. : easily(이지리) - 쉽게.
④ 그는 시험에 실패했다. : examination(이재미네이션) - 시험.

☞ **자동 암기 공식**

1형식 : 주어 + 동사 + 목적어
          1   2   ad

③번, ④번은 1형식 ◀ 1+2+ad ▶

③번   Some colors   fade   easily.
                1   2   ad

       어떤 색은   쉽게   바래어진다.
          1   ad   2

☞ 자동 공식 : 1+2+ad=1+ad+2

gain 얻다

① gain[게인] 동 ~얻다
• 연상 기억 : 개인적으로 명성을 얻다.

② garden[가든] 명 정원
• 연상 기억 : 정원으로 가던 길에 토마토 재배.

③ gate[게이트] 명 문
• 연상 기억 : 대문에 개 있더라.

④ gather[개더] 동 모으다, 수확하다.
• 연상 기억 : 가을 추수에 개도 한 몫 수확하다.

단어 연상 기억술

명성을 얻어 가든 파티, 문에서 성금 모으다.
　　　　　① 　　② 　　　③ 　　　　④

단어 문장 구성

① gain   He gained fame by space travel.
② garden We grow tomatoes in our garden.
③ gate   He got to the gate of Su-nam's house.
④ gather The farmers gather a harvest in the fall.

해석

① 그는 우주 여행으로 명성을 얻었다. : fame(페임) - 명성.
② 우리는 우리 집 정원에 토마토를 키운다. : grow(그로우) - 키우다.
③ 그가 수남집 대문까지 도착했다. : get to - 도착하다.
④ 농부들은 가을에 수확을 걷어들인다. : harvest(하비스트) - 수확.

☞ 자동 암기 공식

3형식 : 주어 + 동사 + 목적어
         1   2   3

①번, ②번, ④번은 3형식 ◀ 1+2+3 ▶

①번 He gained fame by space travel.
      1   2   3   ad

     그는 우주 여행으로 명성을 얻었다.
      1   ad   3   2

☞ 자동 공식 : 1+2+3+ad=1+ad+3+2

habit 버릇

① habit[해빗] 명 버릇, 습관
  • 연상 기억 : <u>햇빛</u> 쬐는 습관이 있다.

② harsh[하-시] 형 껄껄한
  • 연상 기억 : <u>하시</u>를 막론하고 껄껄한 소리.

③ harvest[하-비스트] 명 수확
  • 연상 기억 : 매년 <u>해</u> 비슷한 수확이다.

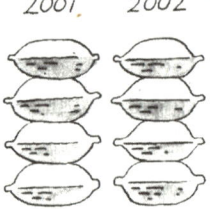

④ hatch[해치] 동 까다.
  • 연상 기억 : <u>해치</u>지 않게 알을 까다.

> 단어 연상 기억술

농부의 습관이 껄껄한 소리고 수확하고 닭이 알을 까는 것을 본다.
      ①   ②   ③   ④

단어 문장 구성

① habit   It is a good habit to get up early.
② harsh   She is singing with a harsh voice.
③ harvest   We had a large harvest of rice last year.
④ hatch   Don't count your chickens before they are hatched.

해석

① 일찍 일어나는 좋은 습관이다. : early(얼리) - 일찍.
② 그 여자는 껄껄한 소리로 노래한다. : voice(보이스) - 소리.
③ 우리는 지난해 벼 농사가 풍작을 했다. : rice(라이스) - 쌀.
④ 까기 전에 병아리를 세지 말라. : chicken(치킨) - 병아리.

☞ 자동 암기 공식

2형식 : 주어+동사+보어
　　　　 1   2   ③

①번, ②번은 2형식 ◀ 1+2+③ ▶

②번 She is singing with a harsh voice.
　　 1   2   ③   ad

　　그녀는 거친 소리로 노래한다.
　　 1   ad   ③   2

☞ 자동 공식 : 1+2+③+ad=1+ad+③+2

idle 게으른

① idle[아이들] 형 게으른
- 연상 기억 : <u>아이들</u>이 게으른 시간을 보내다.

② ignorance[이그너런스] 명 무시
- 연상 기억 : 이거 <u>노란</u> 위험 표지를 무시하다.

③ ill[일] 명 병
- 연상 기억 : 그녀는 <u>일</u>로 인해 병든 모양이다.

④ image[이미지] 명 상, 모습
- 연상 기억 : <u>이미지</u>는 상의 모습이다.

단어 연상 기억술

게으른 아이가 위험 표지 무시하니 병이란 이미지를 모르는군.
    ①   ②   ③   ④

단어 문장 구성

① idle   We spent many idle hours during the holidays.
② ignorance   We were quite ignorant of the accident.
③ ill   She is ill in the bed now.
④ image   I have the image of my mother in my mind.

해석

① 우리는 휴가중에 많은 게으른 시간을 보냈다. : spend(스펜드) – 보내다.
② 위는 그 사고에 대하여 전혀 모르고 있었다. : accident(엑시던트) – 사고.
③ 그녀는 지금 병으로 누워 있다. : bed(베드) – 병상.
④ 나는 어머니의 모습을 마음에 간직하고 있다. : mind(마인드) – 마음.

☞ 자동 암기 공식

2형식 : 주어 + 동사 + 보어 + 부사
         1   2   ③   ad

②번, ③번은 2형식 ◀ 1+2+③+ad ▶

③번 She is ill in the bed now.
      1   2 ③   ad

      그녀는 지금 병상에서 앓고 있다.
       1   ad   ③   2

☞ 자동 공식 : 1+2+③+ad=1+ad+③+2

jewel 보물

① jewel[주-얼] 명 보물
- 연상 기억 : <u>주어올</u> 보물을 은행에 보관할 것이다.

② job[자브] 명 품삯일, 직업
- 연상 기억 : <u>자브</u>심을 갖고 직업에 만족.

③ join[조인] 동 연결하다.
- 연상 기억 : <u>조인</u>하여 서로 연결하다.

④ joke[조우크] 명 농담
- 연상 기억 : 서로 <u>좋고자</u> 농담을 걸다.

단어 연상 기억술

보물을 품삯으로 받았기에 좋은 연결로 서로 농담하다.
  ①   ②   ③   ④

단어 문장 구성

① jewel   I will keep many jewel in the bank.
② job   He is happy with his job at the bank.
③ join   Why won't you join us to play tennis?
④ joke   They are telling jokes to each other.

해석

① 나는 많은 보물을 은행에 보관할 것이다. : keep(키프) – 보관하다.
② 그는 은행에서 일하는 것에 만족한다. : happy(해피) – 행복한.
③ 당신은 우리와 함께 테니스하기를 원하지 않나? : play(플레이) – 하다.
④ 그들은 서로 농담하고 있다. : tell(텔) – 말하다.

☞ 자동 암기 공식

2형식 : 주어 + 동사 + 보어 + 부사
            1   2   ③   ad

③번, ④번은 2형식 ◀ 1+2+③+ad ▶

②번   He is happy with his job at the bank.
        1   2   ③   ad

      그는 은행에서 일하는 것이 행복하다.
       1   ad   ③ 2

☞ 자동 공식 : 1+2+③+ad = 1+ad+③+2

keen 예리한

① keen[킨] 형 예리한
 • 연상 기억 : 약속 지킨 사람의 예리한 귀.

② keep[키-프] 동 지키다.
 • 연상 기억 : 골키퍼가 골문을 지키다.

③ kill[킬] 동 죽이다.
 • 연상 기억 : 비밀을 지킬 수 없으니 죽이다.

④ kind[카인드] 명 종류 형 친절한
 • 연상 기억 : 과일도 사람 종류 따라 친절한 태도를 보인다.

> **단어 연상 기억술**

예리한 성격 골키퍼가 골문 지킬 의무 친절히 하다.
 ①　　　　②　　　　③　　　④

단어 문장 구성

① keen   He is keen of hearing.
② keep   He always keeps his promise.
③ kill   The cat killed a mouse.
④ kind   He likes all kinds of books.

해석

① 그는 귀가 예민하다. : ear(이어) – 귀.
② 그는 항상 약속을 지킨다. : promise(프로미이즈) – 약속.
③ 고양이가 쥐를 죽이다. : mouse(마우스) – 쥐.
④ 그는 모든 종류의 책을 좋아한다. : like(라이크) – 좋아하다.

☞ 자동 암기 공식

3형식 : 주어 + 동사 + 목적어
　　　　 1　　　 2　　　 3

②번, ③번, ④번은 3형식 ◀ 1+2+3 ▶

②번　He always keeps　his promise.
　　　　　　1　　　　　 2　　　　　3

　　그는　그의 약속을　항상 지킨다.
　　　1　　　　3　　　　　2

☞ 자동 공식 : 1+2+3+ =1+3+2

labor 노동

① labor[레이버] 명 노동, 동 노동하다.
- 연상 기억 : 노동하자면 힘 내봐, 노력해야지.

② lake[레이크] 명 호수
- 연상 기억 : 차 브레이크 잘못 밟아 호수에 빠지다.

③ lamb[램] 명 양 새끼
- 연상 기억 : 양 새끼 키움을 보람으로 삼다.

④ lame[레임] 형 절름발이의
- 연상 기억 : 내임이 절름발이가 되다.

> 단어 연상 기억술

노동자가 호숫가에서 양 새끼를 먹이고, 어미 양은 절름발이였더라.
　　①　　　　②　　　　③　　　　　　　　　④

단어 문장 구성

① labor   They labored night and day.
② lake   They went swimming in the lake.
③ lamb   He took the lamb across the river.
④ lame   He is lame in the right leg.

해석

① 그들은 밤낮으로 일했다. : night and day – 밤낮으로.
② 그들은 수영하러 호수에 갔다. : swimming(스위밍) – 수영.
③ 그는 강 건너로 새끼 양을 데리고 갔다. : across the river – 강 건너.
④ 그는 오른쪽 다리를 전다. : leg(레그) – 다리.

☞ **자동 암기 공식**

1형식 : <u>주어</u>+<u>동사</u>+<u>부사</u>
          1   2   ad

①번, ②번은 1형식 ◀ 1+2+ad ▶

①번 <u>They</u> <u>labored</u> <u>night and day</u>.
       1   2   ad

<u>그들은</u> <u>밤낮으로</u> <u>일했다</u>.
 1   ad   2

☞ 자동 공식 : 1+2+ad=1+ad+2

machine 기계

① machine[머신-] 명 기계
- 연상 기억 : 세탁기가 멋 있는 기계로 보이다.

② mad[매드] 형 미친, 열광적인
- 연상 기억 : 야구장에 헤매드니 열광적인 팬이 되다.

③ magazine[매거진-] 명 잡지
- 연상 기억 : 매 거지는 이 잡지만 본다.

④ magic[매직] 형 마술의
- 연상 기억 : 매직으로 써서 마술을 부리다.

단어 연상 기억술

기계 연구에 미친 사람이 잡지를 보고 잡지에서 마술의 비밀을 캐다.
　①　　　　②　　　　　　　③　　　　④

단어 문장 구성

① machine　　My mother uses this washing machine.
② mad　　　 Tome is mad about baseball.
③ magazine　My sister takes this magazine.
④ magic　　 The clown did magic tricks at the party.

해석

① 나의 어머니는 빨래를 하기 위하여 세탁기를 사용한다. : clothes(클로스즈) - 옷들.
② 톰은 야구에 열광적이다. : baseball(베이스볼) - 야구.
③ 나의 누나는 이 잡지를 구독한다. : sister(시스터) - 누나.
④ 광대는 파티에서 마술을 했다. : clown(클라운) - 광대.

☞ 자동 암기 공식

3형식 : 주어+동사+목적어+부사
　　　　 1　　2　　 3　　 ad

①번, ③번, ④번은 3형식 ◀ 1+2+ad ▶

④번　The clown did magic tricks at the party.
　　　　　1　　　2　　　3　　　　ad

　　　광대는 파티에서 마술을 했다.
　　　　1　　ad　　3　　2

☞ 자동 공식 : 1+2+3+ad+ =1+ad+3+2

naked 벌거벗은

① naked[네이키드] 형 벌거벗은
• 연상 기억 : 벌거벗은 때는 네 키도 크게 보이는구나.

② narrow[내로우] 형 좁은
• 연상 기억 : 동굴 내로 길이 좁은 곳이더라.

③ nation[네이션] 명 국가
• 연상 기억 : 카네이션을 국가의 상징으로 하다.

④ nature[네이쳐] 명 자연
• 연상 기억 : 네 처의 천성은 자연적이다.

단어 연상 기억술

벌거벗은 나무가 좁은 길에서 추위에 떨고 국가 상징인 무궁화도 자연에 떨다.
    ①   ②   ③   ④

단어 문장 구성

① naked   There are many naked trees at mountain.
② narrow   The path we walked on was narrow.
③ nation   Each nation has a flower of its own.
④ nature   His wife is kind by nature.

해석

① 산에는 벌거벗은 나무들이 많이 있다. : mountain(마운틴) – 산.
② 우리가 걸었던 그 길은 좁았다. : path(패스) – 길.
③ 각 나라는 그 나라 자신의 꽃이 있다. : own(오운) – 자신의.
④ 그의 아내는 천성적으로 친절하다. : kind(카인드) – 친절한.

☞ 자동 암기 공식

2형식 : 주어+동사+보어+부사
　　　　 1　　2　　③　　ad

②번, ④번은 2형식 ◀ 1+2+③+ad ▶

④번　His wife is kind by nature.
　　　　1　　2　③　　ad

　　　그의 아내는 천성적으로 친절하다.
　　　　1　　　　ad　　　③　2

☞ 자동 공식 : 1+2+③+ad=1+ad+③+2

oak 참나무

① oak[오우크] 명 참나무
- 연상 기억 : <u>오그</u>라진 참나무.

② obey[어베이] 동 복종하다.
- 연상 기억 : <u>어버</u>이 부모님께 순종하다.

③ object[아브직트] 명 목적
- 연상 기억 : <u>아부직</u>도 인생의 목표냐.

④ oblige[어블라이즈] 동 할 수 없이 ~하게 되다.
- 연상 기억 : <u>업을</u>나이지 않을 줄 알고 할 수 없이 하게 되다.

단어 연상 기억술

참나무 매로 위협하니 무조건 복종하고 목적도 없이 순종할 수 밖에.
　①　　　　　　　　　　②　　③　　　　　　④

단어 문장 구성

① oak The park has many oaks in it.
② obey You should obey your parents.
③ object What is your object in life.
④ oblige Because of th rain, we were obliged to stay at home.

해석

① 공원에는 많은 참나무가 있다. : park(파크) – 공원.
② 당신은 당신의 부모에게 순종하여야 한다. : parents(페어런츠) – 부모.
③ 당신 인생의 목적은 무엇이냐? : in life – 인생의.
④ 비 때문에 우리는 할 수 없이 집에서 머무르게 되었다. : stay(스테이) – 머무르다.

☞ 자동 암기 공식

3형식 : 주어 + 동사 + 목적어 + 부사
          1   2   3   ad

①번, ②번은 ③형식 ◀ 1+2+3+ad ▶

①번 The park has many oaks in it.
       1   2   3   ad

    공원에 많은 참나무가 그 안에 있다.
     1   3   ad 2

☞ 자동 공식 : 1+2+3+ad=1+3+ad+2

줄줄이 건져 올리는 영어 단어 초기억법

☞ 여기에서는 영어 단어의 끝부분이나 중간의 철자가 같은 것끼리 묶어서 한 번에 여러 단어를 기억하도록 한 것이 key point이다. 마치 한 번 낚시 줄을 던져 여러 마리의 생선을 낚아 올리는 것과 같은 효과를 줄 것이다.

ply

apply	적용하다, 응용하다, 대다, 바르다, 신청하다.
imply	암시하다, 의미하다, 함축하다.
reply	대답하다, 응하다, 대답, 회답.
comply	동의하다, 승낙하다, 따르다, 좇다.
supply	보충하다, 공급하다.
multiply	번식하다, 증가하다, 곱하다.

pon

component	구성하고 있는, 성분을 이루는, 성분.
proponent	제안자, 제의자, 발의자, 지지자.
exponent	설명자, 해설자, 대표자, 설명적인.
opponent	반대자, 상대적, 반대하는.
postpone	연기하다, 뒤로 미루다.

pos

pose	자세, 구민 태도, 자세를 취하다.
compose	조립하다, 조직하다, 작문하다, 수습하다.
composed	마음이 가라앉은, 침착한.
composer	작곡가, 구성자, 작자, 조정자.
composing	조립, 저작, 작곡, 진정시키는, 식자.
composite	혼성의, 합성의, 합성을, 복합물.
composure	침착, 냉정, 평정, 자제.

pose

depose	퇴위시키다, 왕을 폐하다, 해임하다.
expose	드러내다, 노출하다, 폭로하다.
impose	부과하다, 강요하다.
oppose	반대하다, 저항하다.
repose	쉬다, 휴식하다, 자다.
dispose	처리(배치)하다, 마음이 내키게 하다.
propose	제안(신청)하다, 구혼하다.
suppose	가정하다, 추측하다.
compose	조립하다, 작문하다, 수습하다.
interpose	끼워 넣다, 참견하다.
transpose	바꾸어 놓다, (수학)이항하다.
superpose	위에 얹다, 첨가하다.
contrapose	대치(대비)하다.
superpose	겹쳐 놓다, 첨가하다.

position

imposition	부과, 과세, 강요.
reposition	저장, 보존, 보관.
exposition	전시, 진열, 박람회.
apposition	병치, 동격, 병렬.

deposition	공탁, 폐위, 퇴적.
opposition	반대, 대립, 저항, 야당.
oviposition	산란, 알을 낳음.
disposition	배치, 처리, 성질, 기질.
proposition	제안, 진술, 주장, 일, 유혹.
preposition	(문법) 전치사, 사전 배치하다.
supposition	상상, 가정, 추정, 가설.
malposition	위치가 나쁨, 태아의 이상위.
composition	구성, 조립, 작곡, 작문, 성질, 배치.
postposition	뒤에 둠, 후치함, 뒤에 놓임.
interposition	간섭, 중재, 개입.
transposition	전치, 치환, 교환.
juxtaposition	병렬, 나란히 놓기.
superposition	포갬, 포개짐, 중첩.
super-imposition	겹쳐 놓음, 첨가, 이중 인화.

pound

pound	파운드(무게의 단위), 약어 lb.
pound	탕탕치다, 두드리다, 타격, 강타.
impound	우리 속에 넣다, 가두다, 압수하다, (물을)채우다.
expound	상술하다, 해설하다, -er : 해설자.
propound	제출하다, 제의하다.
compound	합성하다, 하나로 만들다, 조제하다, 합성(의).

prehend

apprehend	염려하다, 이해하다, 체포하다.
reprehend	나무라다, 비난하다.
reprehend	질책, 책망, 비난.
mis-apprehend	오해하다, 잘못 생각하다.

prehension

apprehension	불안, 걱정, 이해.
reprehension	질책, 비난, 책망.
comprehension	이해, 테스트.
mis-apprehension	오해, 잘못 생각하기.

prehensive

reprehensive	비난적인, 질책적인.
apprehensive	염려하는, 걱정하는.
comprehensive	포괄적인, 범위가 넓은.

press

press	기자, 언론, 보도, 누르다, 다급해지다.
repress	다시 죄다, 제지하다, 압박하다.
express	표현하다, 나타내다, 급행.
impress	감동시키다, 깊은 인상을 주다, 명백한.
depress	우울하게 하다, 불경기가 되게 하다.
oppress	압박하다, 억압하다, 학대하다.
suppress	억압하다, 진압하다, 억누르다.
compress	압축하다, 축소하다, 압박붕대, 습포.

repression	억제, 제지, 진압, 억압, 억압 본능.
expression	표현, 말씨, 어법, 표정.
impression	인상, 감명, 감동, (막연한)느낌.
oppression	압박, 억제, 억압, 의기소침.
depression	억압, 의기소침, 우울, 불경기.
compressed	압축된, 압착된, 문체가 간결한.
compression	억압, 진압, 억제, 평정, 은폐, 막음.

ris

rise	일어서다, 기상하다, 오르다.
prison	형무소, 교도소, 감금.
surprise	놀람, 기습, 놀라운 사건, 놀라게 하다.
apprise	(남에게 사정을) 통고하다.
prisoner	죄수, 형사 피고인, 포로.
imprison	투옥하다, 형무소에 넣다.
comprise	함유하다, 의미하다, 성립하다.
enterprise	(모험적인) 기획, 기업(체), 진취적 정신.

act

act	행위, 소행, (연극)막, 행동(공연)하다.
tract	넓은 지역, 작은 책자, 소논문.
distract	(마음, 주위를)딴 데로 돌리다, 미혹케 하다.

tract

attract	마음을 끌다, 끌어당기다, 매혹시키다.
distract	마음을 딴 데로 쏠리게 하다.
protract	연장하다, 질질끌다, 늘이다.
abstract	추상적인, 추상(화하다).
contract	계약하다, 물들다, 계약, 약정.
subtract	감하다, 공제하다, 빼다.
retract	취소하다, 철회하다, 쑥 들어가게 하다.
extract	…을 뽑다, 추출하다, 발췌하다.
detract	(명성, 가치를)떨어뜨리다, 줄이다.

tress

tress	땋은 머리, 여자의 긴 머리털, 머리를 땋다.
stress	압박, 강제, 강세, 강조(역설)하다, 스트레스.
distress	고통, 비난, 고민, 걱정, 가난, 괴롭히다.

traction

attraction	사람을 끄는 힘, 매혹, 매력, 인력.
retraction	취소, 철회, (발톱 따위를) 오므림.
extraction	뽑아냄, 짜냄, 발췌, 인용구, 혈통.
detraction	욕, 비난, 훼손, 감손.
distraction	정신이 흐트러짐, 주의·기분전환.
protracion	오래 끌기, 연장, 신장.
abstraction	추상, 추상주의, 추상작품.
contraction	수축, 위축, 제한, 병에 걸림.
subtraction	빼기, 공제, 뺄셈.

rib

rib	늑골, 갈빗대, (구어)괴롭히다.
tribe	부족, 종족, …족, (동·식물)족.
tribute	공물, 조세, 찬사, 칭찬.

tribute

distribute	분배하다, 배포하다, 살포하다, 분류하다.
attribute	…에 돌리다, …의 탓으로 하다.
contribute	기부하다, 기증하다, 기고하다.
re-distribute	다시 분배하다, 재구분하다.

tribution

attribution	(원인 따위를 …에)돌림, 귀속, 속성.
distribution	분배, 유통, 배포, 배당, 분포, 배급.
contribution	기부(금), 기증(품), 기여, 공헌, 기고.
re-distribution	재분배, 재분류.

중·고생이 알아야 할 필수 영어 단어 유음 연상 기억법 (0~19)

0. permeate : 군은 작전 범위에 몰래 공중에서 침투하다. ~스며들다.
1. parliament : 헬기 앞에서 보니, 저기 바로 먼 곳에 국회, 의회가 보인다.
2. whirl : 프로펠라가 훨훨 나는 새처럼 빙글빙글 돌면서, 선회하다. 명 : 소용돌이
3. veer : 꼬리날개를 조정, 비어 있는 곳으로 방향을 바꾸다. 명 : 변경
4. torture : 낙하산이 터~져 심한 고통을 주다. 괴롭히다. 명 : 고문
5. void : 낙하산 줄 사이에 공간이 보이듯 텅 빈, 허공이 보인다.
6. imminent : 이미 넌 긴박한, 절박한 상태이다.(위험, 재난위기)
7. giddy : 짚차 지붕 위에 기대니 현기증이 나서 벌벌 기지! 형 : 현기증 나는
8. ugly : 운전수 얼굴이 아~그리도, 추한, 못생기니 불길한 느낌이다.
9. dwindle : 바퀴가 펑크 나서 뒨들 뒤를 하며 점점 작아진다. 약해진다. 줄다.
10. gleam : 십자가에 희미한 빛, 반짝이는 빛 사이로 예수님 그림이 나타났다.
11. pastor : 종각 지붕 위에 올라 가신 목사님과 정신적 지도자를 봤수다. = 파이스터
12. sorrow : 종을 치며 서로들 다, 사망자에 대하여, 슬픔, 애도, 모두 슬퍼하다.
13. earl : 종 줄을 얼빠진 백작이 잡고 있다.
14. sultry : 종각 지붕 위에 누우면 살 트리다. 무더운, 태양이 타는 듯한 뜨거운…
15. dumb : 교회 창문 앞에 담을 넘어온 말 못하는 벙어리가 서 있다.
16. pious : 출입구가 움푹 파이엇슈, 신앙심이 깊은 경건한 사람이 많이 다녀서…
17. clergyman : 목사님의 설교를 듣고 싶어요? 그러지뭐. 명 : 승려, 교역, 목사
18. hymn : 성경책 앞에서 힘차게 신자들이 찬송가를 찬송하다.
19. pulpit : 풀빛으로 된 설교대 앞에서 설교단, 성직자가, 설교하다.

공간력 영어 단어 유음 연상 기억법 (20~39)

20. knowledge : 이순신 장군은 지식과 학식까지 있으니 이름이 날리지!
21. colossus : 장군의 투구로 골라 썼어! 누가? 거대한 거물급이 썼다. 명 : 거대한 상
22. sash : 갑옷의 장식 띠가 세수하다가 없어졌다. 명 : 장식띠
23. blur : 장군의 신발에 바람이 불어서 먼지가 신을 희미하게 하다. 명 : 얼룩, 오점
24. tyro : 칼자루를 초심자에게 꽉 잡으라고 타일러 가며 가르치다. 명 : 신참자, 초심자
25. sword : 장군의 칼날은 써도 안 써도 칼이 좋다. 명 : 칼, 총검
26. vertical : 칼집을 수직으로 세우고 끝까지 버티껄 그랬다.
27. imagery : 거북선 머리에 형상이 이미 저리로 가 버렸다. 명 : 상, 조상, 형상
28. lurk : 거북선 등 속에 숨기에 너끈하다. 동 : 숨다, 숨어서 기다리다.
29. ache : 노를 계속 저으니 에이크 에이크 하면서 팔이 아프고 쑤시다. 명 : 아픔, 쑤심
30. somber : 삼팔선에서 삼바 춤을 어둠 컴컴한 음산한 밤에 춘다.
31. garb : 철모는 가~부간에 꼭 써야 전투복장, 차림에 맞다.
32. aggressor : 침략자, 공격자가 철망을 넘어와 어! 그래서 총으로 쐈다.
33. savage : 군인들은 군화를 야만인처럼 잘 쌔비지(훔침). 형 : 야만의, 원시적인
34. beset : 인민군 모자에 비(가)새 물이 머리 속으로 습격하다. 괴롭히다.
35. era : 따발총을 들고 남북이 갈라진 이러한 시대에 서 있다. 명 : 기원, 시대
36. mock : 인민군의 신발을 보고 막 비웃다. 놀리다.
37. border : 국기 봉을 국경에서 쳐다 보다. 명 : 경계, 국경
38. kudos : 태극기를 보면서 영광과 명예와 명성을 키우다. ~의 경계를 이루다.
39. approach : 계양대에 다가와서 내가 끈을 어! 풀었지… 동 : 다가오다, 명 : 접근

영어 단어 유음 연상 기억법 (40~59)

40. mammal : 사막에는 매몰된 포유동물이 많다.
41. butt : 낙타가 머리로 받다. 받고 돌진하다.
42. throne : 낙타 등에는 왕권을 가진 왕이 감격스러운 표정으로 타고 간다.
43. hasten : 낙타 고리를 잡고 재촉해선, 서둘러 가다. 동 : 재촉하다.
44. charm : 대상의 머리에 수건을 두르니 참 매력있다. 동 : 반하게 하다.
45. ruffle : 대상의 옷이 바람에 막 나풀거리니 주름진다. 동 : 구기다, 주름을 짓다.
46. dawn : 대상의 신발을 신고 새벽에 돈 벌러 간다. 동 : 날이 새다.
47. vigor : 야자수 나뭇잎에 비가 내리면 잎이 활력, 기력을 되찾는다.
48. morn : 열매를 따기 위해 먼 동이 트이기 전에 새벽, 아침에 와서 땄다.
49. odor : 야자수 나무 밑에만 오~더라도 야자의 향기, 향수를 느낀다.
50. pawn : 오리를 저당 잡힌 것이 뻔하다. 동 : 저당 잡히다, 명 : 저당
51. chew : 오리가 부리로 껌을 추하게 씹다.
52. quack : 오리가 날개짓을 하며 꽥꽥 울다. 동 : 꽥꽥 울다, 명 : 객쩍은 수단
53. obstreperous : 물갈퀴를 없애트려 버려서 시끄럽게 날뛴다. 형 : 시끄러운, 날뛰는
54. denial : 연꽃을 꺾어도 되나요 하니 부정적으로 거절하다.
55. gaga(속어) : 연잎을 뜯어 가라고 가가하니 노망한 망령든 노인이다.
56. core : 연뿌리가 커다란 연못 속 중심부에서 많이 있다.
57. natty : 사공이 입고 있는 내 티는 산뜻한, 멋진 옷이라고 좋아한다.
58. journey : 노를 저어 니 정말 여행하는 것 같다. 명 : 여행, 동 : 여행하다.
59. careen : 배 타기를 꺼린다. 배가 한쪽으로 기울다. 좌우로 흔들리다.

영어 단어 유음 연상 기억법 (60~79)

60. corps	:	육군은 걸어 다니는 군단이다. 명 : 무리, 단체
61. bullet	:	기관총 사수가 순순히 불어! 총탄에 맞기 전에. 명 : 탄환
62. alert	:	대포 앞에서 얼라들은 가라! 공습 경고로 인하여 경계 태세를 취하게 한다.
63. dodge	:	탱크 바퀴가 몸이 닿지 않았는데도 몸을 돌리다. 재빨리 피하다. 명 : 술책
64. blunder	:	전선 위에서 실수하면 불난다. 명 : 실수, 동 : 무심코 입 밖에 내다.
65. vague	:	변압기가 저 멀리 있어서 분명치 않게 희미하게 뵈이고 있다.
66. mockery	:	전구를 막걸리 마시고 취해서 잡고 있으니 웃음. 웃음거리가 된다.
67. dawdle	:	기차 바퀴를 더~들어! 하니 다들 무겁다고 게으름 피우다. 꾸물대다.
68. hinder	:	기차 레일이 뜨거워서 휜다. 그러니, 기차를 지연시키다. 방해하다.
69. knee	:	침묵에서 니~이가 밀어 넘어져서 무릎, 무릎 관절을 다쳤다.
70. dole	:	칠판 아래는 이재민을 도울 구호품이 있다. 명 : 보시, 구호품, 동 : 베풀어 주다.
71. dangle	:	철판고리에 철판이 댕그러니 매달리다, 늘어 뜨리다, 매달다.
72. bin	:	분필을 빈 용기나 상자 속에 보관하다.(헛간)
73. majority	:	지우개를 들고 머저리티 내는 놈이 우리 반에 과반수, 대다수이다.
74. severe	:	머리를 잡고 왠 시비여! 그건 날씨 병 따위로 지독한, 가혹한 행동이다.
75. embellish	:	선생님 넥타이에 장식하다. 내 임 버렸수! 재미있게 꾸미다.
76. soggy	:	구두 속에 물이 들어가 속이 흠뻑 젖은, 축축한 구두가 되었다.
77. ooze	:	화병이 깨져서 물이 우!즈~ 줄줄 흘러 나오다, 스며 나오다.
78. herd	:	교과서 책이 하도 많아 무리 지어 가는 학생에게 다 나누어 주었다. 명 : 군중
79. mangle	:	테이블에서 뭘 맹글(만들)려고 마구 자르다, 산산조각으로 부수다.

영어 단어 유음 연상 기억법 (80~99)

80. **munch** : 팔각정에서 만취한 사람이 음식을 소리나게 먹다, 우적우적 먹다.

81. **cut** : 동상의 머리는 컷트 친 짧은 머리가 아주 무뚝뚝한 모습이다.

82. **cough** : 동상이 가슴이 연 거푸 기침으로 아프다. 동 : 기침하다, 명 : 기침, 헛기침

83. **mandate** : 발판 아래선 맨 데이트만 하니 오지 말라고 명령했다. 명 : 지령

84. **phony** : 용이 가짜라는 걸 훤히 다 알고 있다. 형 : 가짜의, 위조의

85. **hush** : 비석 앞에서는 제발 조용히 하슈! 명 : 정숙, 침묵

86. **clog** : 거북이가 좀 클라고 하는데 비석의 장해물이 방해하다.

87. **spooky** : 탑 지붕까지 수북히 쌓여 있는 탑을 보니 밤에 유령의 모습 같다. 명 : 유령

88. **sumptuous** : 탑 중간에 인삼 부쳐서 매우 사치스러워 보인다. 형 : 호화로운

89. **vigil** : 탑 하단을 밤새도록 비질하면서 철야 작업했다. 명 : 불침번

90. **agent** : 구두 수선 가게는 예전부터 대리점, 대리인이 없다.

91. **daunt** : 수선공이 모자를 던져서 손님을 기죽게 한다. 협박하다.

92. **accuracy** : 바늘로 꿰메 수선했는데 왜 그러시지! 정확하고 정밀하게 했는데.

93. **petition** : 의자에 앉아서 끝까지 버티셔! 청원서를 ~에 탄원서를 내다. 명 : 탄원

94. **tangle** : 실패가 탱글 댕글한 데도 잘 엉킴, 혼란시키다.

95. **legacy** : 이 재봉틀은 네 것이 아니다. 유물, 유산으로 물려 받은 것이다. 명 : 유증

96. **jewel** : 재봉틀 다리 밑에 보석, 보물을 주~얼까 말까 한다.

97. **pat** : 망치로 구두를 팻 다기보다 그냥 가볍게 두드리다. 동 : 토닥거리다.

98. **sole** : 징걸이 위에 구두를 걸고 솔로 털고 구두창을 갈다. 명 : 발바닥, 구두창

99. **boggle** : 하이힐 속에 벌레가 바글바글하여 깜짝 놀라다. 움찔하다.

The Superspeed Remember Method 2

제12장 초능력 기억법

- 부동산 중개업법
- 한글 자동 암기 공식으로 끝내는 초능력 계산법
- 한의대생을 위한 경혈 기억법

부동산 중개업법

제1조 - 목적 : 목적은 **일목**요연하다.

→ 문장 기억

이 법은 부동산 중개업을 건전하게 지도 육성하고 /
　1　　　2　　　　ad　　　　3

부동산 중개업무를 적절히 규율함으로써 /
　　2　　　　ad　　　3

부동산 중개업자의 공신력을 높이고 /
　　a　　　　　2　　3

공정한 거래 질서를 확립하여 /
　a　　　2　　　3

국민의 재산권 보호에 기여함을 목적으로 한다.
　　a　　　　　2　　　3

```
1+2+ad+3 / 2+ad+3 / a+2+3 /
   가         나        다
  중개업    중개 업무    공신력

a+2+3 / a+2+3
  라       마
거래 질서  재산권 보호
```

제2조 – **정의** : 정의 **이**치에 맞도록 해석.

      : 중개, 중개업, 중개업자 / 공인중개사, 중개인, 중개보조인
           1   2   3   4   5   6

      / 부동산 거래 중개망
              7

제3조 – **중개 대상물의 범위** : 대상물을 **세**세히 정하다.

      : 토지, 건물, 대통령이 정하는 재산 물건.

      ※ 토지 위에 건물이 있고, 건물 안에 대통령이 하사한 물건이 있다.

제4조 – **중개업자 허가** : 사무소의 허가를 받아야 한다.

제5조 – **허가의 기준** : **오**직 신뢰와 정직에 기준을 두다.

제6조 – **중개업자의 사용인** : 사용인을 **육**성함에 법인과 개인업자는 그 수적 차이가 10, 4, 2(열 사이)다.

제7조 – **중개업자 결격 사유** : 결격 사유는 **치**사하다.

      : 미성년, 금치산, 파산 선고, 금고 확정 5년, 집유기간 만료, 유예중 허가 취소 3년, 자격 취소 3년. 벌금형의 1년.

      영상 기억 : 미성년이 금지된 산에서 파산선고.(1, 2, 3)

      금고를 집요하게 털다가 집행유예됨.(4, 5, 6)

      그래서 사무실 허가 개인자격 취소 3년과 벌금.(7, 8, 9)

제8조 – **공인중개사** : 공인중개사 시험을 보려고 **팔**을 걷어 부치다.

제9조 – **중개의 범위** : 공인중개사는 전국 **구**석구석 하고 중개인은 당해 구역에서만 한다.

제10조 – **2중 허가의 금지** : **기차** 소리가 2중으로 들리다.

제11조 – **사무소의 허가** : 관할 구역에 **객**기를 부려 두 개 둘 수 없고 법인은 외에도 둘 수 있다.

제12조 – **사무소의 이전** : 신고 후 **간**단히 떠나다.

제13조 – **사무의 개시** : **구두** 신고 30일만에 출근.

제14조 – **인장 등록** : 인장이 **갈**색인 것을 골라 등록하다.

제15조 – ㄱㅁ – **금지 행위(15조)** : 중개업자 등은 다음 각 호의 행위를 하여서는 아니 된다.

  • 15조의 1 – ㄱㅁㄱ – 감기

    : 당해 중개 대상물의 거래상의 중요 사항에 관하여 거짓된 언행, 기타의 방법으로 중개의뢰인의 판단을 흐르게 하는 행위.

    ※ **감**기로 마스크 했으니 말을 잘못하여 거짓된 언행으로 오인되어 의뢰자의 판단이 흐려지다.(15조의 1)

- 15조의 2 – ㄱㅁㄴ – 감내
  : 20조 3항의 규정에 의한 수수료 또는 실비를 초과하여 금품을 받거나 그 외에 사례 증여, 기타 어떠한 항목이라도 금품을 받아서는 안 된다.
  ※ 금과 돈을 보고도 욕심을 자제 감내하는 습관.(15조의 2)

- 15조의 3 – ㄱㅁㅌ – 금테
  : 3조 규정에 의한 중개 대상물의 매매를 업으로 하는 행위.
  ※ 중개 대상물에 금테를 두르다.

- 15조의 4 – ㄱㅁㅎ – 금화
  : 부동산의 분양 임대 등에 관련 있는 증서 등의 매매 교환 등을 중개하거나 그 매매를 업으로 하는 행위.
  ※ 분양 임대 증서를 금화를 주고 사다.(15조의 4)

- 15조의 5 – ㄱㅁㅁ – 감미
  : 중개 의뢰인과 직접 거래하거나 거래 당사자 쌍방을 대리하는 경우.
  ※ 쌍방을 대리하여 감미로운 접촉을 하다.

- 15조의 6 – ㄱㅁㅂ – 감방
  : 탈세를 목적으로 소유권 보존 등기 또는 이전 등기를 하지 아니한 부동산이나 법령의 규정에 의하여 전매 등 권리의 변동에 제한된 부동산의 매매를 중개하는 등 부동산 투기를 조장하는 행위.
  ※ 탈세를 목적으로 전매 투기 소행은 감방행.

- 15조의 7 – ㄱㅁㅅ – 감시
  : 4조 규정에 의한 허가를 받지 아니하고 중개업을 영위하는 자인 것을 알면서 그를 통하여 중개를 의뢰받거나 그에게 자기의 명의를 이용하게 하는 행위.
  ※ 무허가인 줄 알면서 중개를 의뢰받거나 명의를 이용하게 되면 감시를 받는다.
    - 감기를 감내하며 금테를 두르다.(15조의 1, 2, 3)
  ※ 금화로 감미로운 접촉으로 감방에 가다.(15조의 4, 5, 6)
    - 당대의 사기꾼 15조의 4, 5, 6항
  ※ 38조의 ①의 3항 – 3년 이하 2천만 원 벌금.
    - 동네 마을에 감기들어 감내하며 금테 둘러 감시하다.
  ※ 38조 ②의 5항 – 1년 이하의 징역 또는 1천만 원 이하의 벌금에 처한다.

제16조 1 – 급기 : 급기야 공정한 사무처리하다.
제16조 2 – 겁내 : 직무상 알게 된 비밀을 겁나게 지켜라.
제16조 3 – 급대성 : 전속 중개 계약으로 급대성하다.

제16조 4 - **급하게** : **급한** 때는 부동산 정보 거래 지정 및 이용.

제17조 - **중개 대상물의 확인 설명** : **깃**차게 설명한다.

제18조 - **휴업·폐업의 신고** : 휴업·폐업 기간의 **공간**.

제19조 - **손해 배상 책임** : 손해 배상 책임을 **가족**에게 전가시켜선 안 된다.

제20조 - **중개수수료** : **노처**녀 노총각 결혼중개비로 수수료 치르다.

제21조 - **감독상의 명령** : 직접 **나가**서 감독 명령.

제22조 - **허가의 취소**

① ㄴㄴㄱ - 난기류(22조의 ①)

: 허가 관청은 중개업자가 다음 각 호 1에 해당하는 경우에는 허가를 취소하여야 한다.

※ 취소로 <u>난기류</u>가 이루어지다.

• 22조의 1 - ㄴㄴㄱ - 난고 : 사망과 해산

: 중개업자가 사망하거나 법인인 경우에 해산한 경우.

※ 사망과 해산으로 <u>난고</u>를 겪다.(22조의 1)

• 22조의 2 - ㄴㄴㄴ - 눈 나오다.

: 허위, 기타 부정한 방법으로 중개업의 허가를 받은 경우.

※ 허위와 부정으로 <u>눈 나오다</u>.(22조의 2)

• 22조의 3 - ㄴㄴㄷ - 논다 : 제7조의 해당 경우.

※ 중개업자 중 제7조에 해당되어 <u>논다</u>니 치사하다.(22조의 3-7조)

■ 1, 2, 3 - 사망의 <u>난고</u>로 <u>눈 나오</u>는 가운데 <u>논다</u>니 치사하다.(22조의 1, 22조의 2, 22조의 3-7조)

• 22조의 4 - ㄴㄴㄹ - 논란

: 10조의 위반으로 이중허가를 받거나 다른 중개업자의 소속중개사 보조원이 법인의 임원일 때.

※ 이중 허가 직무로 <u>논란</u>이 일다.(22조의 4)

• 22조의 5 - ㄴㄴㅁ - 내나마 : 객기.(11조의 1)

<u>내나마</u> 객기로 (22조의 5) 두 개 이상의 사무소 설치.

• 22조의 6 - ㄴㄴㅂ - 눈보라 : 허가증 양도 대여.

※ 허가증 양도로 <u>눈보라</u> 속을 거닐다.

■ 이중으로 논란이 일 때 <u>내나마</u> 객기로 <u>눈보라</u> 속을 거닐며 양도 대여를 후회하다.

• 22조의 7 - ㄴ ㄴ ㅅ - 난세

: 영업 정지 처분 중에 업무를 행한 경우.

※ 난수표 발행하여 <u>난세</u>로다.

- 22조의 8 - ㄴㄴㅇ - 논어
  : 최근 1년 이내에 2회 시상의 업무 정지 처분을 받거나 최근 1년 이내에 3회 업무 정지 및 과태료를 처분받고 다시 업무 정지 과태료 처분을 받은 경우.
※ 업무 정지로 논어를 3회 정독하다.(22조의 8-3항)
- 22조의-② ㄴㄴㄴ - 눈 내리는 풍경 : 허가 취소할 수 있다.
- 2의 1 - 내가 - 반대(6의 2, 3항)
  : 6조 2항의 규정에 의하여 보조원의 초과 고용이나 6조 3항의 규정에 의한 공인중개사 미달인 경우.
※ 내가 반대하다.(2의 1-6조 2, 3항)
- 2의 2 - ㄴㄴ - 내전(2의 9, 2항)
  : 법인의 중개업자가 9조 2항 위반한 경우.
※ 내전으로 중개 대상물의 한계를 넘다.(2의 9, 2항)
- 2의 3 - ㄴㄷ - 내도감(2의 3-15조)
  : 15조 각 호의 규정에 의한 금지 행위를 한 경우.
※ 금지 행위로 내도감을 잃다.(2의 3-15조)
■ 내가 반대하는 내전에 내도감을 분실.
- 2의 4 - ㄴㄹ - 곱다니(16조 3의 2)
  : 16조 3 제2항의 규정에 의하여 표준계약서를 사용하지 아니하거나 보존하지 아니한 행위.
※ 표준 계약서가 곱다니 - 나래계약서.(2의 4-16조 3의 2)
- 2의 5 - ㄴㅁ - 공기(18조)
  : 18조 규정에 위반하여 특별한 사유 없이 계속하여 6개월 이상 휴업한 경우.
※ 나무 밑의 공기가 시원하여 휴업하고 쉬다.(2의 5-18조)
- 2의 6 - ㄴㅂ - 고지대(19의 3)
  : 중개업자가 19조 3항의 규정에 의한 손해 배상 책임을 보장하기 위한 조치를 이행하지 아니하고 업무를 개시한 경우.
※ 나비가 고지대를 날다.(2의 6-19조의 3항)
■ 나래계약서 곱다니 나무 밑의 공기 맑고 나비는 고지대를 날다.

제23조 - ㄴㄷ
  : 허가 관청 중개업자가 다음 각 호의 1에 해당하는 경우에는 6월의 범위 안에서 기간을 정하여 업무의 정지를 명할 수 있다.
※ 월의 정지 처분 내도 계속한다.(23조)

- 23조의 1 – ㄴㄷㄱ – 노닥거리다
  : 6조 4항의 규정에 의한 공인중개사 보조원의 고용 또는 해고를 신고하지 아니한 경우.

※ 노닥거리다가 신고를 발 늦게 하다.(23조의 1-6의 4)

- 23조의 2 – ㄴㄷㄴ – 놔두니 – 자각도(9, 11조 3항)
  : 9조 규정에 위반하여 제한 구역을 넘은 경우 2의 2-11조 3항의 규정에 의하여 사무소를 다른 사람의 중개 업무에 사용하게 하거나 중개업 외의 업무에 사용한 경우.

※ 놔두니 지각도 않고 제한 구역을 넘어 다른 사무소를 이용 중개 업무를 하다.(23조의 2-9조, 11조 3항)

- 23조의 3 – ㄴㄷㄷ – 내딛다 – 군내(12조 2항)
  : 12조 2항의 규정에 의한 신고를 하지 않고 사무소를 이전한 경우.

※ 군내로 이전 헛발의 내딛다.(23조의 3-12조의 2)

- 23조의 4 – ㄴㄷㄹ – 나들이 – 갈 때(14조)
  : 14조의 위반에 의하여 인장을 등록하지 아니하고 사용하지 아니한 경우.

※ 나들이 갈 때 인장을 잊고 가다.(23조의 4-14조)

- 23조의 5 – ㄴㄷㅁ – 나태만 – 값(16-17)
  : 제16조, 제17조 규정에 위반한 경우.

※ 나태만 하니 값이 떨어지다.(23조의 5-16, 17조)

- 23조의 6 – ㄴㄷㅂ – 내답 – 나가고(21조 1항)
  : 21조 1항의 규정에 의한 명령에 위반하거나 사유 없이 관계 공무원의 검사 또는 질문에 불응한 경우.

※ 관계 공무원이 내답하였으나 나가고 없다.(23조의 6-21조 1항)

- 23조의 7 – ㄴㄷㅅ – 내듯이 – 내 눈(22조의 ②)
  : 22조 2항 각 호 1에 해당하는 자.

※ 내 눈 속여 내듯이.(23조의 7-22조의 ②)

- 23조의 8 – ㄴㄷㅇ – 삭제

- 23조의 9 – ㄴㄷㅈ – 내도자 – 내수가(27조-1)
  : 27조 1항 위반자.

※ 내수가 많으니 장부 조사차 내사한 내도자.(23조의 9-27조 1항)

- 23조의 10 – ㄴㄷㅊ – 나도 가책(23조의 10)
  : 최근 1년 이내에 2회 이상 이 법에 의하여 과태료 처분을 받은 경우.

※ 2회 이상 과태료 처분을 받았으니 나도 양심의 가책을 느낀다.(23조의 10)

• 23조의 11 – ㄴㄷㄱㄱ – 나태극

: 기타 이 법 또는 이 법에 의한 명령에 위반한 경우.

※ 나태가 극에 달하여 명령을 위반한다.(23조의 11)

제24조 ① – 놀기 좋아 자격 정지

1. 양도 대여, 2. 벌금 이상의 형.

제24조 ② – ①항에의 3년간 불취득 – 날 노하게 하다.

제24조 ③ – 자격증 반납하고 놀다.

제24조의 2 – 청문의 건 : 놀난의 대상.

1. 16조 4, 5항 정보사업 지정 취소

2. 22조 중개업의 허가 취소

3. 23조의 규정에 의한 업무정지

4. 24조 자격 취소

※ 정보 사업 허가 취소로 업무 정지되고(1, 2, 3) 자격 정지

제25조 – 삭제

제26조 – 허가증의 게시 : 나보기 역겨워도 게시

제27조 – 장부의 비치 : 내수 외수 수입 적는 장부

제28조 – 사무소의 명칭 : 나이에 맞는 명칭을 쓰다.

① 농고 : 졸업 후 중개업자임을 표시.

② 농노 : 허가 번호 성명 명칭을 농노에 세우다.

③ 농대 : 농대 학사 명칭으로 사무소 개설이 안 됨.

④ 능하게 : 전단, 신문, TV에 광고를 능하게 내지 못한다.

제29조 – 중개업자의 교육 : 늦은 나이에 중개업 교육을 받다.

29조의 1 – 늦게 – 1년 1회 일반 교육과 3년에 한 번 연수 교육.

29조의 2 – 늦나 – 1년 1회 일반 교육 연수 교육이 왜 이렇게 늦나.

29조의 3 – 늦도록 성실히 받아야 한다.

29조의 4 – 신청일 전 3년 이내의 연수 교육은 내 자리 지키기 위함이다.

29조의 5 – 연수교육을 받지 아니한 자는 고용 이력서를 내지 마라. 고용을 해서는 안되기 때문이다.

29조의 6 – 필요한 사항을 내자보에 싣다.

제30조 1 – 자질 향상과 품위 유지 개선 운용을 위해 대처가 필요하여 부동산중개업협회를 설립.

제30조 2 – 협회는 대찬 법인으로 한다.

제30조 3 – 300인 이상이 정관을 만들어 창립총회에서 의결된 사항을 건설교통부 장관의 허가를 받아야 한다. ※ 300인을 다 초대하여야 한다.

제30조 4 – 협회는 서울에 두고, 도지부 지회는 시군구로 한다.
  ※ 대처하기 위하여 협회 사무소를 서울에 둔다.
제30조 5 – 설립 등기는 대통령령으로 한다.– 다치면 안 된다. ※ 다치면 안 된다.
제31조 – 회원의 자격은 독자적이다.
제32조 – 협회 정관을 튼튼하게 하다.
제33조 – 총회 : 총회는 대다수의 의결로 결정.
제34조 – 임원 : 회장 부회장 이사 감사로 따로 선출하여야 한다.
제35조 – 사업 계획 및 예산 : 담배공사의 사업 계획.
제36조 – 삭제
제37조 – 지도 감독을 대수롭지 않게 하다.
  ※ 건설교통부 장관이 협회, 지부, 지회를 지도 감독하는 뜻이 대세에 맞도록 한다.
제38조 – 벌칙 : 당하다.
  ① 다음 각 호에 해당하는 자는 3년 이하의 징역 또는 2천만 원 이하의 벌금에 처한다.
    (동거 동락)
  ※ 3년 동거 2천만 원 벌금 물다.
    1 – 동기 – 무허가 사무실 내는 동기 : 4조 규정 위반
    2 – 당나귀 – 당나귀처럼 허위 부정으로 능청 : 허위 부정한 방법으로 허가를 받은 자.
    3 – 당대 – 당대의 사기꾼 : 15조 4호~6호.(금화, 감미, 감방)
  ※ 사기꾼이 감방에 가다.
    4 – 당하다 – 낭떠러지에서 낭하나 : 28소 3항, 4항 위만
  ② 다음 각 호에 해당하는 자는 1년 이하의 징역 또는 1천만 원 이하의 벌금에 처한다.
  ※ 동네에서 당하여 1천만 원에 1년 징역이다.
    1, 2 – 삭제
    3 – 동네 다 아는 사이 : 공인중개사 자격증을 양도 대여하거나 양도 대여 받은 자.
    4 – 동네 하인 : 6조 2항의 위반으로 하인을 보조원으로 고용, 인원을 10, 4, 2(열, 사, 이) 조정하다.
    5 – 동네 마을 : 기차(10)를 타고 객기(11조 1)를 부르고 감기, 감내, 금테, 감시로 겁나다.
      (10조, 11조의 1, 15조의 1, 15조의 2, 15조의 3, 15조의 7, 16조의 2) 위반자.
    6 – 동네 비밀 : 급하게 해서 공개하다.(16조 4의 4항)
      : 거래 정보 사업자는 중개대상물의 정보를 공개하여야 한다.
  ③ 9조의 규정에 위반자는 징역 6월, 2백만 원 이하의 벌금에 처한다. : 등대 구역(38조 ③–9조)
  ④ 16조 2의 규정에 위반자는 피해자의 명시한 의사에 반하여 벌하지 않는다. 등하불명(38조의 4)

제39조 ① - 대작 : 과태료.
다음 각 호에 해당하는 자는 5백만 원 이하의 과태료에 처한다.
※ 대작의 값이 5백만 원이다.

1 - 대작가(39조 ①의 1)
: 14조 2항의 규정 위반하여 등록 인장을 사용하지 아니한다.
※ 대작가의 작품에 낙인의 인장이 등록 인장이 아니라 갈색을 내는 무등록 인장.(14조 2항)

2 - 대작내니(39조 ①의 2)
: 16조 4의 3항(급하다) 규정의 운영 규정을 위반한 부동산 거래 정보망을 운영한 자.
※ 대작내니 급하다.(39조 ①의 2-16조 4의 3항)

3 - 대작도(39조 ①의 3)
: 19조 3항의 위반으로 보증보험 또는 공제에 가입되지 아니하거나 공탁을 하지 아니하고 중개업을 한다.
※ 대작도 보증보험의 고지대를 통과해야 한다.(39조 ①의 3-19조 3항)

4 - 대적하다(39조 ①의 4)
: 21조 1항의 규정에 의한 명령 위반하거나 정당한 사유 없이 관계 공무원의 검사 및 질문에 불응한 거래 정보 사업자.
※ 지도 감독 명령자에게 대적하다.(39조 ①의 4)
대적하다 불응하여 나가고 말다.(39조 ①의 4-21조 3항)

② 다음 각 호에 해당하는 자는 1백만 원의 과태료에 처한다.

제39조 ② - 돼지네
※ 돼지네 마을 돼지 값 1백만 원

2의 1 - 누구나 : 6조 3항, 4항 위반자.
: 보다 나은 법인의 보조원 수와 발맞춰 고용 해고 신고.
※ 누구나 보다 나은 발걸음(2의 1-6조 3, 6조 4)

2의 2 - 난로 : 각도(11조 3항)
: 11조 3항의 규정에 위반하여 사무소를 다른 삶의 중개업무에 사용하게 하거나 중개업 외의 업무에 사용한 자.
※ 사무실 난로(2의 2)의 각도(11조 3항)가 달라 목적 이외에 사용되다.

2의 3 - 내다 : 군내로(12조 2항)
: 12조 2항의 규정 위반자로 사무소의 이전 신고를 아니한 자.
※ 짐을 내다(2의 2) 버리고 군내(12조 2)로 이전하다.

제12장 초능력 기억법

2의 4 - 날이 : 곧 개시(13조 1)

: 13조 1항의 규정 위반으로 업무를 개시 아니한 자.

※ 날이 새도록 곧 개시하는 것을 잊었다.(2의 4-13조 1항)

2의 5 - 놈 : 걸고(14의 12)

: 14조 1항의 규정을 위반하여 인장을 등록하지 아니한 자.

※ 놈이 걸고 넘어지다.(2의 5-4조 1항)

2의 6 - 내부 : 가볍게 (16조)

※ 내부 일로 공정한 사무 처리를 가볍게 여기다.

2의 6 - 16 : 내부 일로 가볍게 여김이다.

2의 7 - 내식 : 깃차게 확인 설명.

: 17조 1항의 규정한 제2항 규정 위반한 자.

※ 내식대로 가서 깃(17)차게 확인 설명.(2의 7-17조 1)

2의 8 - 내우 : 공개(18조 1)

: 18조 1항의 위반으로 휴업·폐업을 신고하지 아니한 자.

※ 내우(2의 8)가 공개(18조 1)하지 아니하고 비밀리 폐업.(2의 2-18조 1)

2의 9 - 내조 : 고조모(19조 5항)

: 19조 5항 위반한 자 : 보증 금액, 보증 보험회사, 보증 기간의 관계 증서 사본의 미교부.

※ 내조(2의 9)하는 고조모(19조 5항) 덕분에 관계증서를 받다.

2의 10 - 내 고쳐 : 놀 때.(24조 3항) : 24조 3항 위반으로 자격증을 반납하지 아니한다.

: 24조 3항 위반으로 자격증을 반납하지 아니한다.

2의 11 - 내 각오 : 나보기 역겨워.(26조)

: 26조 위반으로 허가증이 게시하지 아니한 자.

※ 내 각오는 나보기 역겨워 게시하지 않았다.(2의 11-26조)

2의 12 - 내근 : 내사(27)

: 27조 위반자로 장부의 미비치 성실한 기장을 빼놓은 자.

※ 내근하여 내수 사항을 내사하다. (2의 12-27조)

2의 13 - 내고도 : 나의 고뇌(28의 1항, 2항)

: 28조 1항, 2항 위반자로 중개업자임을 표시하는 명칭을 사용하기 싫어 허가 번호, 성명을 간판에 기재하지 않았다.

※ 간판을 내고도 나의 고뇌는 자처하기 싫다.(2의 13-28조 1, 2)

2의 14 - 노골적 : 늦게나마(29조 2항, 5항)

※ 노골적으로 일반 교육과 연수 교육을 받기 싫어하다가 고용 때문에 늦게 나마 3년만에 연수

교육을 받았다.(2의 14-29조 2항, 5항)

39조 ③ - 돼지 떼 : ㄷㅈㄷ

건설교통부 장관 – 1항의 2호, 4호 과태료 부과 징수.

※ 일 이 사(1항의 2호, 4호) – 짝수

: 허가 관청의 부과 징수 – 1항의 1호, 3호와 2항.

※ 국세 2항(1의 1과 3 홀수와 2항)

※ 돼지떼 일(1항)로 이사(2와 4)가다.(39조 3-1항 2호, 4호)

39조 ④ - 대졸

: 3항의 규정에 의한 과태료 처분에 불복이 있는 자는 그 처분의 고지를 받은 날부터 30일 이내에 건설교통부 장관 또는 허가 관청에 이의를 제기할 수 있다.

※ 대졸자가 과태료 처분에 불복하여 이의 제기.

39조 ⑤ - 핑계 대지마

: 3항의 규정에 의하여 건설교통부 장관 또는 허가 관청의 과태료 처분을 받은 자가 4항의 규정에 의하여 이의를 제기한 때는 건설교통부 장관 또는 허가 관청은 지체없이 관할 법원에 그 사실을 통보하여야 하며, 그 통고를 받은 법원은 비송사건 절차법에 의한 과태료 처분을 한다.

※ 대졸자의 상습적 불복, 이의 제기이므로 법원에서 핑계 대지마 충고로 과태료 처분한다.

39조 ⑥ - 대접

: 4항의 규정에 의한 기일 내에 이의를 제기하지 아니하고 과태료를 납부하지 아니한 때에는 국세 또는 지방세 체납 처분의 예에 의하여 징수한다.

※ 무단히 납부하지 아니하면 강제 징수의 대접을 받게 된다.(39조 ⑥)

한글 자동 암기 공식으로 끝내는 초능력 계산법

우리는 초등학교 때 가감승제산 공식을 마쳤다. 그러나 중·고를 거쳐 대학을 졸업했으나 초등학교 시절의 계산 능력을 초과하지 못하고 그대로다.

이렇게 된 이유는 계산 구구를 1~9계단까지밖에 활용을 할 수 없고, 지금까지의 인류 계산 방법은 1~9계단까지 계산하는 식을 학자들이 만들었기 때문이다.

그래서 지금까지 해 온 계산식은 어떻게 하든지 답은 내고 있으나 그 모양과 방법의 나열이 불편하게 되어 있다.

그런 나머지 아예 가감승제의 계산은 관심도 없고 오직 주머니 속에 전자계산기 하나면 되지 계산을 머리로 할 필요가 있느냐는 주장이 나온다.

이 편의위주라면 초등학교 과정부터 수학을 그만두자는 주장이 된다.

계산기가 있고 컴퓨터가 있어 기능상으로 사람보다 몇 천배 빠른 속도의 계산을 할 수 있으나 이 능력은 신이 창조한 인간의 두뇌 능력을 따를 수 없다.

2진법에 의한 숫자의 배열 계산이 2000년대에 Y2K사건을 만든다. 우리 두뇌의 능력을 활용, 천문학적 숫자를 계산하기 위하여 10~99계단 공식으로 된 한글 글자 공식을 활용할 수 있으니 인간의 무한한 수리력 잠재능력은 더욱 발전할 것이라고 기대한다.

글자 공식과 공간력 확장 99계단

[산의 장 72계단]

① 72×1=72(소나무 잎)　　　: 72(산) – 산에서 자란다.
　　　　　721

② 72×2=144(소나무 기둥)　: 골라 – 골라서 때다.
　　　　　722

③ 72×3=216(나무 뿌리)　　: 녹비 – 뿌리가 녹비로 자라다.
　　　　　723

④ 72×4=288(사슴 뿔)　　　: 농아 – 농아가 약으로 녹용을 사다.
　　　　　724

⑤ 72×5=360(사슴 등)　　　: 답 – 답을 등에 붙이다.
　　　　　725

⑥ 72×6=432(사슴 꼬리)　　: 하단 – 꼬리가 하단에 붙다.
　　　　　726

⑦ 72×7=504(꿩의 부리)　　: 마찰 – 부리가 서로 마찰하다.
　　　　　727

⑧ 72×8=576(꿩의 날개)　　: 맛보다 – 날개 요리 맛보다.
　　　　　728

⑨ 72×9=648(꿩의 꼬리)　　: 발아 – 꼬리에서 씨가 발아하다.
　　　　　729

870 → 아씨의 장

■ 공간력 확대 – 870~879

■ 수리력 공식 – 87계단으로 활용

① 871 – 우물 지붕 – 87×1=87(아씨)

② 872 – 두레박 – 87×2=174(구슬)

③ 873 – 우물 돌 – 87×3=261(나보기)

④ 874 – 처녀 머리 – 87×4=348(달아)

⑤ 875 – 처녀 봇짐 – 87×5=435(헤프면)

⑥ 876 – 처녀 신발 – 87×6=522(만나)

⑦ 877 – 막대기 – 87×7=609(바치자)

⑧ 878 – 총각 – 87×8=696(비지보)

⑨ 879 – 지게 – 87×9=783(상대)

한의대생을 위한 경혈 기억법

우리나나 한의학 역사상 위대한 업적을 남긴 사람이 많지만, 사상의학으로 최고의 권위를 세우고 연구 업적을 남기신 분으로 조선시대 이제마 선생을 꼽을 수 있다.

오늘날 그러한 이제마 선생의 사상의학을 그대로 전수받았을 뿐만 아니라 경희대 한의학과에서 후학들에게 사상의학을 강의하시는 오병호 한의원장님이 미국 이민을 신청, 미국 내에 동양의학의 전범을 보이려 준비하던 중에 한 가지 근심이 생겨서 필자를 찾아왔다.

현역 한의사이니 특히 환자의 혈맥을 찾아 침을 잘 놓기로 유명하나 미국 사회에서 침을 놓으려면 별도 시험을 봐서 자격증을 따야 했기 때문이다.

이제 시험을 위해서 12경락, 365혈을 부위 번호별로 다 기억하여야만 하는데 환갑이 넘은 나이가 되고 보니 기억력에 자신이 없었고, 그래서 필자에게 그 많은 내용을 쉽게, 단시일에 기억하는 방법이 없겠느냐고 다급하게 부탁을 했던 것이다.

필자와 오병호 박사는 평소부터 친분이 있었던 터라서 거절할 수도 없었다. 그래서 일요일, 하루 단 3시간만에 인체의 경락도와 혈을 순서적으로 외울 수 있는 자동 암기법을 고안하여 오병호 박사에게 알려 줬다.

한의학을 하고 침을 놓는 현 한의사들이라도, 30년을 한의학에 종사한 사람이라도, 자료를 보지 않고 정확한 순서와 이름으로 그 모든 것을 한꺼번에 기억하기는 어렵다. 그런 고충을 단시일에 풀어 버리라는 의미에서 필자는 이 책에 오병호 박사에게 알려 줬던 내용 중에서 가장 까다로운 부분인 "족태양방광경" 부분을 소개한다.

족태양방광경(足太陽膀胱經)

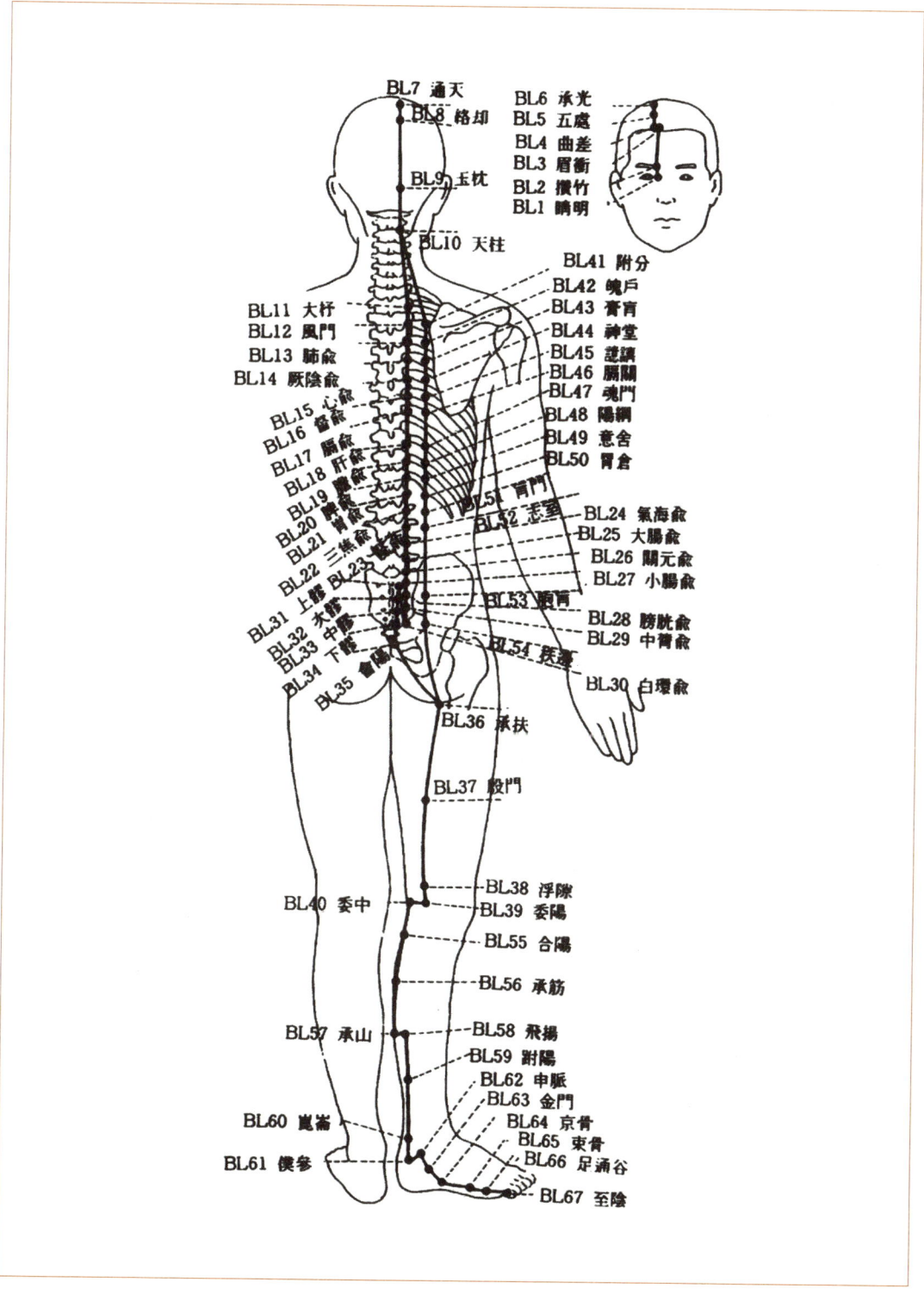

족태양방광경(足太陽膀胱經) 경혈 67

1. **정명** : 1, 2, 3의 그림은 병을 고치기 위해 동네 큰 나무 밑에서 청명한 날 비는 모습(청명-정명)

2. **찬죽** : 비는 상 위에 있는 제물이 찬죽이고 보니

3. **미충** : 충성이 모자라 미충이더라.

4. **곡차** : 4, 5, 6 그림은 사랑채에서 곡차를 드는

5. **오처** : 스님이 5처를 거느리고 오차도 함께 드는데

6. **승광** : 그 스님 이름이 승광스님이더라.

7. **통천** : 7, 8, 9의 그림은 강원도 통천 지방에 치료차

8. **낙각** : 사슴 농장이 있고, 거기에 떨어진 낙각으로

9. **옥침** : 옥침을 만들어

10. **천주** : 천주께서 사람의 병을 고쳐 주더라.

11. **대저** : 지붕 꼭대기에 돼지 저금통(대저)이 있고

12. **풍문** : 이것은 풍문여고생이 친구의 병 치료비로 모금한 것이고

13. **폐수** : 학교 앞에 폐수가 가득 흐르더라.

14. **궐음수** : 이 친구 벽혈병인 고로 피를 거르는 궐음수로

15. **심수** : 심수를 맑게 하나

16. **독수** : 계속 독수가 심장에 가득차 있더라.

17. **격수** : 17, 18, 19 그림은 손으로 격수하여 돼지를 잡고

18. **간수** : 그 안에 간담(간수+담수)을 비어 간수.

19. **담수** : 담수를 내어 치료하기 위하여 그 간담을

20. **비수** : 비수로 비어 내다. 빌 때에 낯을 가리다.

[족태양방광경 1~10]

[족태양방광경 11~20]

21. **위수** : 나들이를 낙으로 삼는 삼촌이 위신(위수+신수)만
                        23   21

22. **삼초수** : 세워 건강을 돌보지 않는 삼촌(삼초수)의 습관이

23. **신수** : 신세(신수) 망칠 팔자인데

24. **기해수** : 어느 날을 기해서
                    24

25. **대장수** : 대장

26. **관원수** : 관원이 삼촌의 병을 낫게하여 위신을 세워 주었다.

27. **소장수** : 소장수를 꼬시어

28. **방광수** : 소의 방광수를

29. **증려수** : 증류수(중려수)하여

30. **백환수** : 100원(백환)에 사 주어서 병을 낫게 하였다. (백환으로 대처하다.)
                                      27   30

31. **상료** : 독자적으로 마라톤 달리기를 하는데 고갯길(상료)
                 31   34

32. **차료** : 을 차로(차료) 달리고

33. **중료** : 중간(중료)을 지나

34. **하료** : 아래쪽(하료)으로 달려
                    34

35. **회양** : 마지막 돌아서(회양)

36. **승부** : 승부를 내다.

37. **은문** : 은으로 도색한 문(은문) 부인이 응원하러 와서
                  37

38. **부극** : 갑작스런 위중을 당하는데 아픈 부위(부극+위양)는

39. **위양** : 위양이고

40. **위중** : 위중(위급하고 중태인 상태)한 상태더라.

[족태양방광경 21~30]

[족태양방광경 31~40]

[족태양방광경 41~50]

41. **부분** : 혹 부분
    41
42. **백호** : 백호의   국회의사당 옆 백호의 상징물
43. **고항** : 고항

44. **신당** : 국회는 활동 중인데 신당이 모여
    44
45. **의희** : 의회(의희)를 구성하고 서로 간에

46. **격관** : 격한 모습으로 격투(격관)하며 다투다.

47. **혼문** : 병원의 의사와 간호부 사이에 헛 소문은 혼문이고
    47
48. **양강** : 의사는 양의사(양강+의사)로서

49. **의사** : 의사의 전문 치료는

50. **위창** : 무척 아픈 위창자 환자를 치료하다.
    50

[족태양방광경 51~67]

제2편 기억법의 실제

51. **항문** : 모기의 항문에 병이 나서
52. **지실** : 비실(지실) 거리면서 여행을
53. **포항** : 포항으로 가다.
54. **질변** : 질퍽한 변이(질변) 물 같고 포항까지의
55. **합양** : 거리가 멀어서 합승하다.(합양+승근)
56. **승근** : 합승한 모기가 질변을 승합차 지붕에서 보았고
57. **승산** : 포항 연못에서 승산을 내기 위하여 못에 내리다.
58. **비양** : 물은 비양심(비양)가에 의하여 오염되었고
59. **부양** : 그런 곳에 모기가 알을 낳아 부양하다.
60. **곤륜** : 부양한 알이 깨어 별이 빛나는 밤에 곤륜산에 오르다.
61. **복삼** : 모기 삼복(복삼) 더위에 기승을 부리고
62. **신맥** : 사람의 신금(신맥+금문)을 울리는 이름
63. **금문** : 중국 금문도에 이르다.
64. **경골** : 보신을 위해서 경골
65. **속골** : 속골로 된 뼈를 고아
66. **족통곡** : 족탕(족통)을 만들어 먹으니 밥 생각이 나
67. **지음** : 솥에 밥을 지음.

경혈 족태양방광경(1~67) 혈자리 번호 연상 기억 숫자 공식 응용

백혈병에 걸린 환자를 위해서

일기가 좋은	**두** 그릇	**세** 번씩 절을 해도	**네**가지 곡식으로 만든
오 처와	**6명** 승광 스님을 포함한	**치**료하기 위해	(낙각)을 **팔**라 하여
구해 와서	**십**자가 아래서		

병원비를 마련하기 위해서 풍문여고 학생들이 모금한 돈

각자 넣은 돈이	**간**절한 마음으로	**가두** 아래는	**걸**러서
감싸고 있는	**겁**나게	**고수**가	**강**물 아래는 걸러서
거즈에 싸서 담아	(얼굴)**낯**이 변한다.		

환자의 삼촌

녹초가 된	**난**데없이	**나도** 신수가	어느 **날**을	**남**자다운
나불대는	**낯**으로	**낭**패된	**나중**에	**대치**하기 위해
독신의	**단**단한	**더딘** 중로를 지나	**달**려 내려오는	
담을 끼고	**두부** 먹던 힘을 다하여		**도색**된	
당기는 **부위**	**다 죽**을 지경이 되니		**해추**ㄹ	

여의도에 혹 난 백호가 나타났다

혹	**한국**산	**하도** 고향에 가고 싶어	**활동**중	
함께	**합**의되지 않아서	**헛**소문	**항상**	**효자**인	**무척**
모기의	**만사**가 귀 찬다	**모두**	**물** 같은	**맘** 놓고	**마부**에
못(연못)에	**망**을 보며	**모조리**	**빛**나는(별빛) 밤에		

곤륜산 아래 물가에는

복 받은	**보나**마나	**바다** 건너	**불**을 피워	**밤**을 넣은
밥을	**부수**적으로 지음			

The Superspeed
Remember Method

2

 **제13장 한자 연상 기억법**

- 한자의 논리적 사고
- 한 자(字)를 알면 열 자(字)가 보인다
- 고사성어 뜻 연상 기억법
- 고사성어 뜻 기억하기

한자의 논리적 사고

옛날 우리 조상들은 그 어려운 한자를 깨쳐 예술적, 문화적, 정신적 면에서 하나의 극치에 도달할 정도의 문화를 이루었다.

현대를 사는 오늘의 우리들로서 또 미래의 후손들을 위해 옛날에 꽃 피웠던 한자 문화를 재현하여 우리 후손에게 물려 줄 방법이 있겠는가?

이것을 현대적 학문과 구식 학문의 구별을 떠나서 한자를 깨쳐 그 학문적 견지에 들자면 그 글자 하나 깨치는 방법에서부터 한문 구성의 문장과 어려운 어휘의 해석 그리고 쓰는 데 대한 글씨의 예술적 가치성 그 자체의 공부를 위해 정성을 다 바치는 그 정신력이 곧 ESP의 정신 에너지이며 그 사고방법이 ESP 통찰이고 ESP 사고력(思考力)이다.

한자를 배우면 어휘력이 풍부하여 모든 학과에 이해력을 도울 수 있고 그 학습하는 방법이 완전 학습이고 기억력이 좋아져 머리가 발달될 수 있다.

또 한 자를 깨치면 열 자를 알게 되고, 열 자를 깨치면 100자를 깨치는 수평적 사고의 방법을 익힌다.

한자가 만들어진 과정과 배우는 방법이 기억법으로 되어 있기 때문에 기억법에 대하여 논리적 이해감을 주는 데 도움을 줄 수 있으리라 믿으며, 여기에서는 필자가 연구개발한 한자 기억법 중에서 일부만 소개하기로 한다.

한자의 부수와 자원

● 한자의 부수(部首)

옥편 앞에 보면 글자의 색인표 214자가 있다. 이것이 놓이는 위치에 따라 변, 머리, 받침 등으로 글자의 원핵인 자원에 갈아 붙으면서 뜻을 나타내고, 우리의 상식에 호소해 봤을 때 알 수 있도록 되어 있다.

물의 성질(水), 나무의 성질(木), 돌의 성질(石), 쇠의 성질(金), 벌레 종류(虫) 등으로 되어 쉽게 상식으로 안다. 옛날 분들은 '변' 이라고 해야 이해가 된다.

이 변 214자를 가지고 뜻을 나타내고 기본 자원 하나에 10~100자로 깨쳐 가도록 되어 있다. 특히 자원은 부수와 부수가 합쳐 만들어질 때 두 개가 합치는 순리성, 타당성, 이차성이 우리 두뇌에 논리적 사고력을 길러 주게 된다.

● 한자의 자원(字源)

부수와 부수가 합쳐져 자원이 되고 한 개의 자원은 그 하나에 끝나지 않고 하나가 옆으로 펼쳐져 10~20자씩 더 만들어지는 원리를 수평적 사고(思考)라 한다. 예를 들면 다음과 같다.

① 國(나라 국), ② 或(혹시 혹), ③ 惑(의심벌 혹), ④ 域(지경 역)

이 네 자의 자원은 或(혹시 혹)이고 이 혹(或)자는 ~戈(창과)+口(국민의 생명)+一(한일. 땅)…병사가 나라를 지키기 위해 창(戈)을 들고 국민 생명(口)과 땅(一)을 지킨다. 세 개의 부수가 합쳐질 때 완선한 나라의 주관석 요소들 시니게 된나.

나라 국(國)의 자원이 주어지면 여기에 心(마음 심)과 土(흙 토)의 부수를 갈아 붙이면서 或(혹시 혹)과 域(지경 역)자를 만들어 낸다.

① 買(살 매)　② 賣(팔 매)　③ 讀(읽을 독)　④ 續(이을 속)

① 買(살 매)=罒 (그물로 된 장바구니)+貝(패물, 돈)
　: 장바구니(罒) 속의 돈(貝)을 내어 물건을 사다.
② 賣(팔 매)=土(밖으로 낸다는 뜻)+買(살 매)
　: 산(買) 물건을 밖으로 낸다는 뜻으로 팔다.
③ 讀(읽을 독)=言(말씀 언)+賣(팔 매)
　: 물건을 팔기 위한 선전문을 말로 읽는다.
④ 續(이을 속)=糸(실 사)+賣(팔 매)
　: 물건을 팔기 위해 읽고 소리가 (賣) 실糸 이어지듯 계속된다.

※ 물건을 사고파는 장면에서 만들어지고 같은 환경에서 만들어지는 것은 계속 같은 모양을 붙인다. 환경을 표시하는 장이 곧 자원이고 글자 모양인 '방'에 해당된다.

☞ **자원 : 買(살 매)**…**부수** : 土, 言, 糸
　① 橋(다리 교)　② 轎(가마 교)　③ 嬌(예쁠 교)　④ 驕(거만할 교)
　⑤ 僑(나그네 교)　⑥ 矯(고칠 교)　⑦ 蕎(메밀 교)

☞ **橋(다리 교)=木(나무 목)+喬(큰키나무 교),**
　喬=夭(큰 나뭇가지)+高(𠕓 높을 고) : 喬木(교목)

지금 13자의 기본된 장의 모양인 교각(喬) 위의 다리(橋)를 중심으로, 전체는 개체의 성질에 따라서 부수만 갈아 붙이고, 자원은 같은 환경에서 만들어지는 것은 같은 모양을 붙인다.
　그러므로 한자는 같은 모양이 자연히 많게 마련이다. 한 개의 기본된 모양에 의하여 글자가 많아질 때 막연히 글자만 느는 것이 아니고 사건따라 늘리므로 마치 소설의 극본이나 만화의 내용처럼 재미있게 전개된다.
　지금 본 장의 전개는 시골 나무다리 위에 가마가 가고 있다. 그 가마 안에 예쁜 신부가 타고, 말이 깝죽거리며 걷고, 나그네들이 가마를 메고 총총 걸음으로 걷는다.
　바지끈이 내려가 다시 고쳐 매고 들판을 지나는데 논에는 벼가 패고 밭에는 메밀이 익어가는 가을이다.

이 장의 주된 낱말의 글자들이 장 안에서 부수만 갈아 붙이면서 많은 문자를 만들어 내며 수평적 사고의 원천을 이룬다.

① 나무다리(木)   ② 가마(車)   ③ 예쁜 신부(女)
④ 깝죽거리는 말(馬)   ⑤ 총총 걸음(足)   ⑥ 나그네(人)
⑦ 바지(衣)   ⑧ 들다(授)   ⑨ 휘어진 활을 고치다(矢)
⑩ 벼(禾)   ⑪ 높은 산(山)   ⑫ 왕개미(虫)

● 한자의 장(場)의 역할

한자의 장은 닮은 글자들을 한데 모아 글자의 모양을 익히는 데 도움을 주며 그 많은 글자들을 양적으로 장 속에서 기억시키고 한자의 글자를 만들어 내기 위해서는 필요하고도 극치의 장면을 돌출시켜 평생 글자의 모양을 잊지 않도록 하는 장기 기억의 방법을 한자를 만들었던 사람은 이미 알고 있었다.

① 劇(극렬할 극)＝虍(호랑이)＋豕(돼지)＋刀(칼 도)
: 호랑이가 돼지 등에 타고 발톱을 무기(刀)로 삼고 돼지를 잡아먹을 때 사람들은 "돼지 멱따는 소리"를 낸다고 한다. 바로 그 장면이 극렬하다는 의미에서 극렬할 극자가 뜻을 중심으로 회의문자가 된 것이다.

② 壽(목숨 수)＝士(날 출)＋二(이마의 주름)＋口(생명)＋寸(법칙)
: 사람이 나이를 먹으면 이마에 주름이 하나 둘 만들어지는(二) 것이 생명(口)의 법칙(寸)이다.
濤(물결 도) : 물결의 주름.

③ 湖(호수 호)＝水(물)＋胡(소 멱살 호)
: 잠잠한 호숫가에서 돌을 던지니 물결의 파장이 소 멱살 주름처럼 퍼지는 모습에서 호수 호(湖)를 만들었다.

④ 益(더할 익)＝溢(넘칠 익) : 益＝𭃂(모로 누운 물 수)＋皿(그릇 명) : 그릇에 물을 부으니 찬다는 얘기고 더 부으니 넘치더라(溢).

⑤ 番(차례 번)=播(씨뿌릴 파)+采(사람 발자국)+田(밭 전) : 사람이 밭에 씨를 뿌리기 위해 밭을 고르게 고루어 놓고 씨를 뿌려 나갈 때 생기는 발자국이 차례로 생기고 그 장 안에서 파종할 파(播)자가 만들어진다.

※ 장은 글자를 논리적으로 만들고 새로운 글자를 탄생시킨다.

⑥ 인색(吝嗇)
　吝(인색할 인)=文(글 문)+口(입 구)
　　: 입과(口) 말로만(文) 살아가는 사람

⑦ 嗇(인색할 색)=來(올 래)+(靣)(광 름)
　　: 광안에 물건을(回) 가득 들여 놓고(來) 밖에서는 입과 말로만 살아가는 사람.

⑧ 인색할 수전노 집의 담(墻=담 장)

⑨ 수전노 집 담 위의 장미(薔=장미 장)

한자 부수 연상 기억

1 一 한 일

손가락 하나 또는 선(線) 하나를 가로 그어 수효의 '하나'를 가리킨 자.

三 삼 셋 — 손가락 셋을 펼쳐 든 모양을 본 뜬 글자로 "셋"을 나타낸다.

2 丨 뚫을 곤

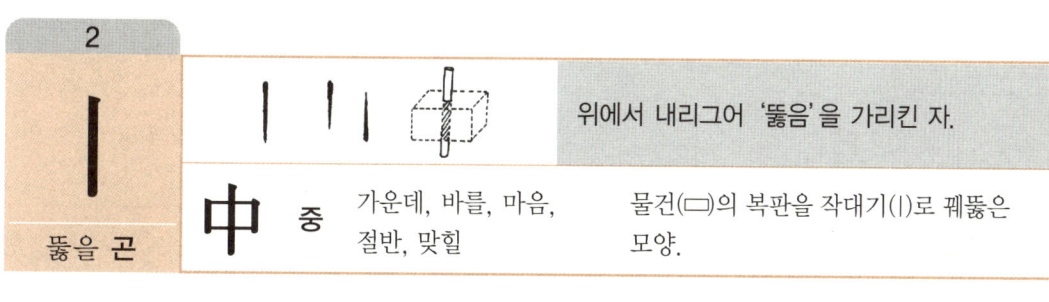

위에서 내리그어 '뚫음'을 가리킨 자.

中 중 가운데, 바를, 마음, 절반, 맞힐 — 물건(口)의 복판을 작대기(丨)로 꿰뚫은 모양.

3 丿 삐칠 별 (삐침)

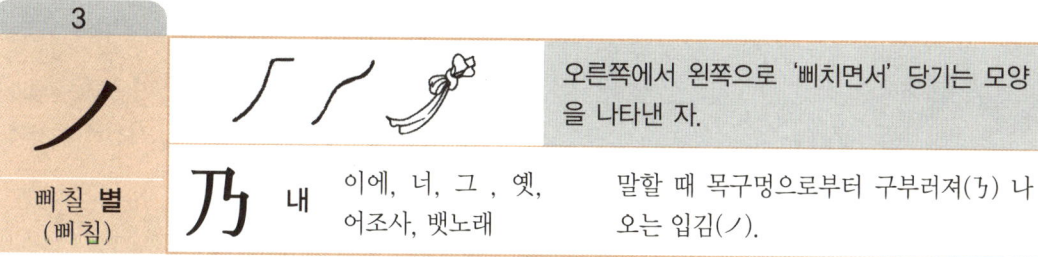

오른쪽에서 왼쪽으로 '삐치면서' 당기는 모양을 나타낸 자.

乃 내 이에, 너, 그, 옛, 어조사, 뱃노래 — 말할 때 목구멍으로부터 구부러져(ㄋ) 나오는 입김(丿).

4 乙 새 을

'새'의 '굽은' 앞가슴, 또는 초목의 새싹이 '구부러져' 나오는 모양을 본뜬 자.

乞 걸/기 구걸할 — '구걸하는' 사람(人)이 기운 없이 말하며 몸을 굽힘(乙)을 가리켜 된 자.

5 亅 갈고리 궐

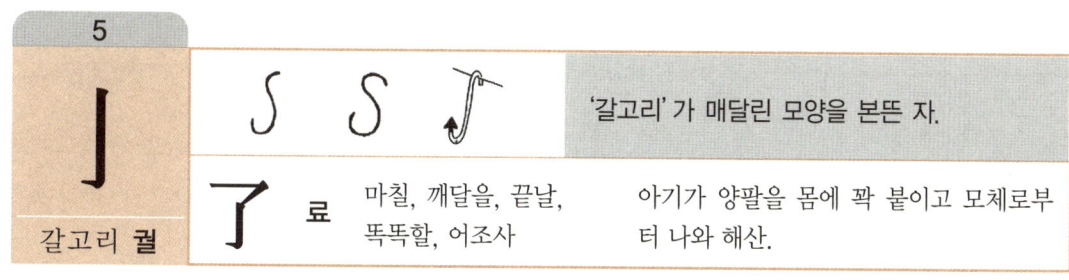

'갈고리'가 매달린 모양을 본뜬 자.

了 료 마칠, 깨달을, 끝날, 똑똑할, 어조사 — 아기가 양팔을 몸에 꼭 붙이고 모체로부터 나와 해산.

6 **二** 두 이	二 弍 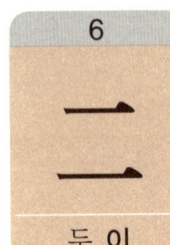		두 손가락 또는 두 선을 그어 '둘', '거듭' 등을 가리킨 자.
	云	운 이를, 말할, 이러저러할, 어조사	'구름'이 피어오르는 모양을 본뜬 자.
7 **亠** 머리부분 두 (돼지해머리)	亠 亠 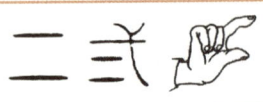		가로선(一) 위에 꼭지점(•)을 찍어 '머리부분'이나 '위'를 나타낸 자.
	亭	정 정자	길 가던 사람(丁)이 바람을 쐬며 쉴 수 있도록 높이(高) 지어 놓은 정자.
8 **人** 사람 인 (亻: 사람인변)	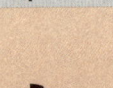 		'사람'이 다리를 내 딛고 섰는 모양을 본뜬 자.
	仙	선 신선	사람( )이 산(山)에서 도를 성취하여 장생불사가 된 '신선(神仙)'.
9 **儿** 어진사람 인 (걷는사람 인)	 		걸어가는 '사람'의 다리 모양을 본뜬 자.
	元	원 으뜸, 두목, 클, 어질, 머리, 처음	사람(儿)의 윗부분(二)에 있는 '머리'를 뜻하여 된 자.
10 **八** 여덟 팔	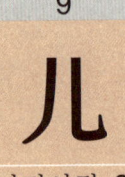		두 손의 손가락을 네 개씩 펴 서로 '등지게' 한 모양에서 '여덟'을 가리킨 자.
	公	공 공정할, 한가지	사사로움(厶)과 등진다(八)는 데서 '공정(公正)하다'의 뜻이 된 자.

제13장 한자 연상 기억법

11  멀 경	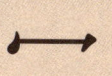	'멀리' 둘러싸고 있는 나라의 '경계' 또는 '성곽'을 나타낸 자.
	周 주 두루	말할(口) 때 마음을 고루 쓴다(用)는 데서 '주밀하다'.

12 ⼍ 덮을 멱 (민갓머리)		보자기로 물건을 '덮은' 것 같음을 나타낸다.
	 冠 관 갓, 갓 쓸, 볏, 우두머리, 어른 될, 관	법도(寸)에 맞추어 사람 머리(元)에 쓰는 (⼍) '관'.

13  얼음 빙 (이수변)		'얼음'의 결 또는 고드름 모양을 본뜬 자. 冰(얼음 빙)의 본 자.
	 冬 동 겨울	사철 중에서 맨 뒤에 오는(夂) 절기로서 얼음이 어는(冫) '겨울'.

14 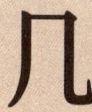 안석 궤 (책상 궤)		사람이 '기대 앉는 상' 모양을 본뜬 자. '책상' 따위의 뜻으로 널리 쓰인다.
	凡 범 대강, 무릇, 범상(凡常)할, 다, 천할	(几)와 (丶)의 합침. (几)는 흩어진 물건을 뭉치는 틀.

15 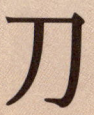 칼 도 (刂: 선칼도방)		'칼'의 모양을 본뜬 자. 그 쓰임에서 '자르다', '베다'의 뜻으로도 쓰인다.
	分 분 나눌, 분별할, 분수, 몫, 찢을, 푼 푼	칼(刀)로 물건을 '나눈다(八)'는 뜻으로 된 자.

제2편 기억법의 실제

16 力 힘 력

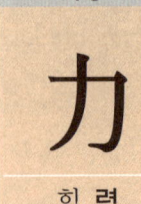

힘쓸 때 팔이나 어깨죽지에 생기는 '힘살'의 모양을 본뜬 자.

努 노 — 힘쓸, 힘들일

노예(奴)처럼 '힘들여(力)' 일한다는 뜻으로 된 자.

17 勹 쌀 포

사람이 몸을 구부려 두 팔로 무엇을 에워싸 품고 있는 모양을 본떠 '싸다'의 뜻이 된 자.

抱 포 — 안을, 품을, 아름, 낄, 가슴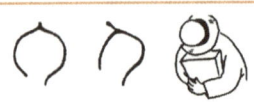

두 팔(扌)로 에워싼다(包)는 데서 '안다', '품다'.

18 匕 비수 비

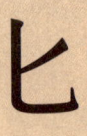

밥을 뜨는 '숟가락'이나, 고기를 베는 '비수'의 모양을 본뜬 자.

老 로 — 늙을, 쭈그러질

허리 굽은(匕) 백발의 '늙은이(耂=毛+人)'가 지팡이를 짚고 있는 모양.

19 匚 상자 방 (터진입구몸)

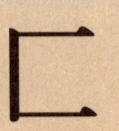

통나무를 파서 만든 '홈통' 또는 '모진 상자' 모양을 본뜬 자.

匠 장 — 장인, 목수, 직공, 만들, 궁리할

도끼(斤) 등의 공구를 상자(匚)에 담아 가진 '장인'.

20 十 열 십

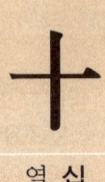

다섯 손가락씩 있는 두 손을 엇걸어 '열'을 나타낸 자.

協 협 — 화할, 도울, 맞을, 복종할, 힘 합할

여러(十) 사람이 힘을 합한다(劦)하여 '화하다'.

제13장 한자 연상 기억법

21 卜 점 복

| 占 | 점 | 점칠, 점령할 |

점치기 위해 거북의 등 껍데기를 태울 때 나타나는 금 모양을 본떠 '점'의 뜻이 된 자.

땅(口)을 차지하기 위하여 표지판이나 깃대(卜)를 꽂는다는 데서 '점'.

22 卩 병부 절 (마디 절)

| 却 | 각 | 물러날, 도리어 |

구부러진 '무릎 마디'의 모양을 본뜬 자로, 節(마디 절)의 옛 자.

무릎(卩)을 구부리고 뒷걸음쳐 간다.(去)

23 厂 굴바위 엄 (민엄호)

| 原 | 원 | 근본, 들, 벌판 |

산기슭에 바위가 옆으로 비어져 나온 모양을 본떠, '굴바위' 또는 '언덕'의 뜻이 된 자.

바위(厂) 밑에서 솟아나는 샘(泉)이 물줄기의 '근본'이 됨을 뜻한 자.

24 厶 사사로울 사 (마늘 모)

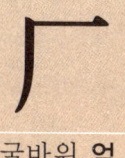

| 去 | 거 | 갈, 버릴, 덜, 감출, 덮을, 내쫓을 |

팔꿈치를 구부려 물건을 자기 쪽으로 감쌈을 나타내어 '나' 또는 '사사롭다'의 뜻이 된 자.

사람(土)이 밥그릇(厶)을 버리고 '간다'는 뜻으로 된 자.

25 又 또 우

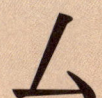

| 叉 | 차 | 깍지낄, 가장자리, 가닥진 비녀, 귀신 |

'오른손' 모양을 본뜬 자. 오른손은 자주 쓰인다 하여 '또', '다시'의 뜻으로 쓰인다.

손가락(又←手)이 엇걸림(丶)을 가리켜 '깍지끼다'의 뜻.

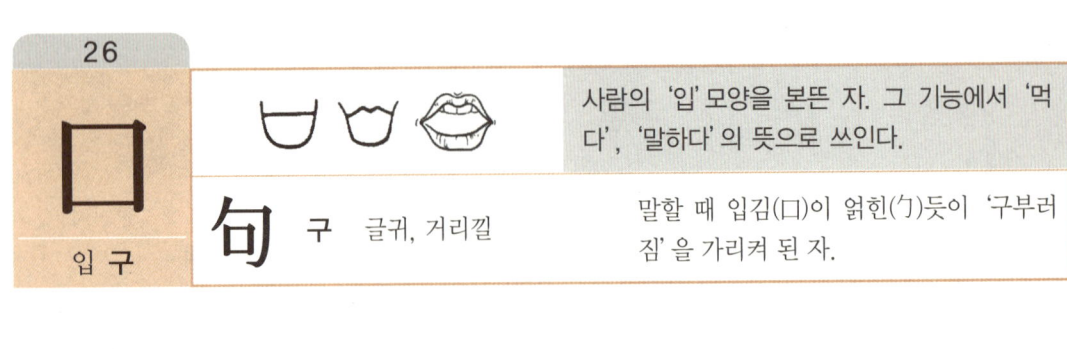

26 口 입 구		사람의 '입' 모양을 본뜬 자. 그 기능에서 '먹다', '말하다'의 뜻으로 쓰인다.
	句 구 글귀, 거리낄	말할 때 입김(口)이 얽힌(勹)듯이 '구부러짐'을 가리켜 된 자.

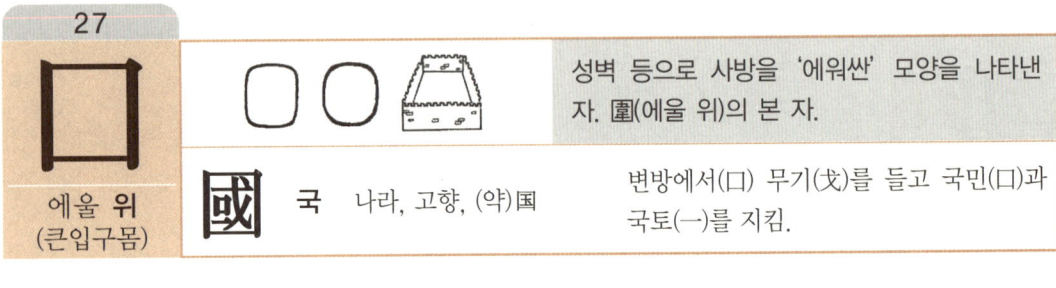

27 口 에울 위 (큰입구몸)		성벽 등으로 사방을 '에워싼' 모양을 나타낸 자. 圍(에울 위)의 본 자.
	國 국 나라, 고향, (약)国	변방에서(口) 무기(戈)를 들고 국민(口)과 국토(一)를 지킴.

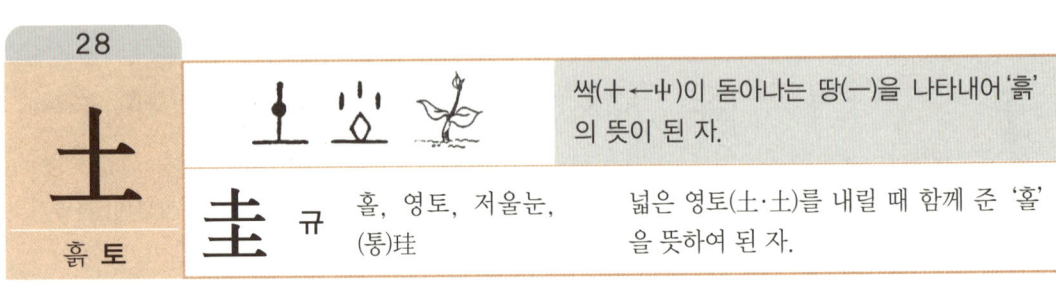

28 土 흙 토		싹(十←屮)이 돋아나는 땅(一)을 나타내어 '흙'의 뜻이 된 자.
	圭 규 홀, 영토, 저울눈, (통)珪	넓은 영토(土·土)를 내릴 때 함께 준 '홀'을 뜻하여 된 자.

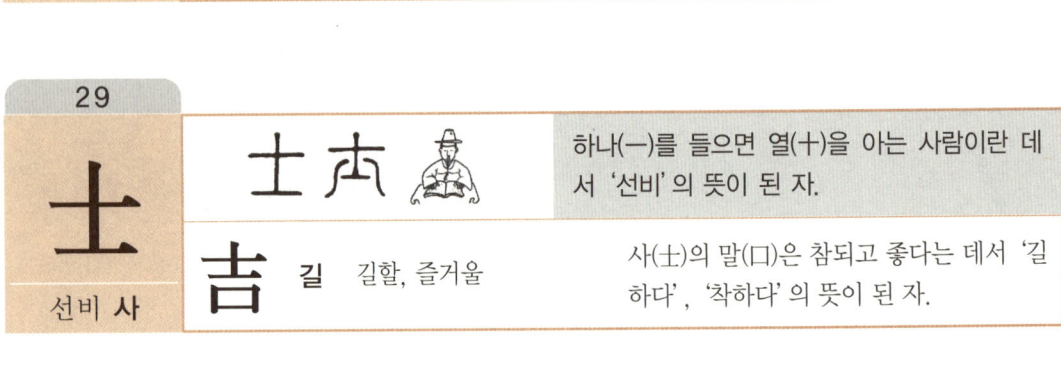

29 士 선비 사		하나(一)를 들으면 열(十)을 아는 사람이란 데서 '선비'의 뜻이 된 자.
	吉 길 길할, 즐거울	사(士)의 말(口)은 참되고 좋다는 데서 '길하다', '착하다'의 뜻이 된 자.

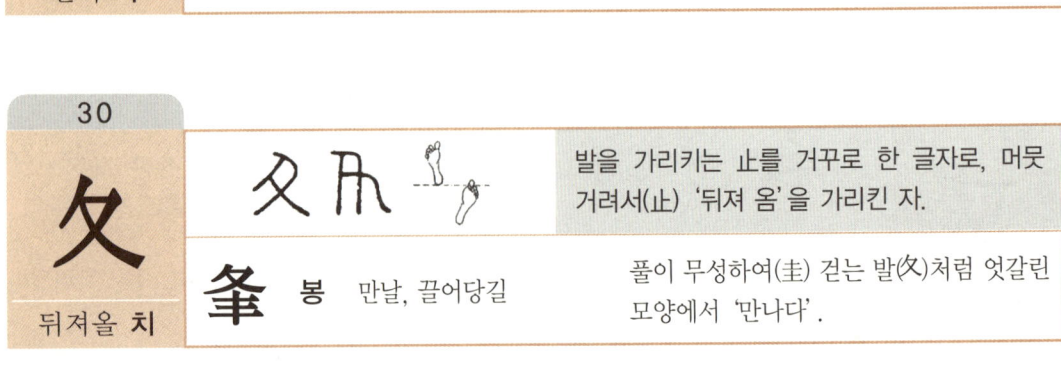

30 夂 뒤져올 치		발을 가리키는 止를 거꾸로 한 글자로, 머뭇거려서(止) '뒤져 옴'을 가리킨 자.
	夆 봉 만날, 끌어당길	풀이 무성하여(丰) 걷는 발(夂)처럼 엇갈린 모양에서 '만나다'.

31 夕 저녁 석			저무는 하늘에 희게 뜬 반달 모양을 본떠 '저녁'을 가리킨 자.
	外 외	바깥, 다를, 멀리할, 잃을	저녁(夕)에 점(卜)을 치는 것은 관례에 벗어난다 하여 '밖'을 뜻하게 된 자.

32 大 큰 대			어른이 양팔을 벌리고 섰는 모습이 '큼'을 가리킨 자.
	太 태	클, 심할, 콩(통)泰	大에 'ㆍ'을 더하여 참으로 '큼'을 가리킨 자.

33 女 계집 녀			'여자'가 두 손을 모으고 모로 꿇어앉은 모습을 본뜬 자.
	妊 임	아이 밸, (동)姙 (통)壬	원래 壬자가 '아이 밴 모양'을 가리킨 자.

34 子 아들 자			양팔을 벌린 '어린 아이'의 모양을 본뜬 자.
	孝 효	효도 입을	늙은(耂) 부모를 아들(子)이 업고 있는 모양.

35 宀 집 면 (갓머리)	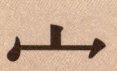		'움집'의 위를 '덮어 씌운' 모양을 본뜬 자.
	宅 택	(댁 : 관용) 집, 살, 자리, 정할, 묘	사람이 의지하고(乇) 사는 '집(宀)'을 뜻한 자.

36 **寸** 마디 촌	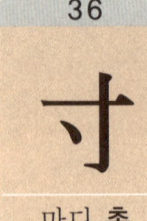	손목(㕚)에서 맥박(丶)이 뛰는 데까지의 사이를 나타내어 '한 치'의 길이를 가리킨 자.
	 尊 존 높을	술잔(酋)을 손(寸)에 정중히 들고 제상 또는 웃사람에게 바치는 모양.

37 **小** 작을 소	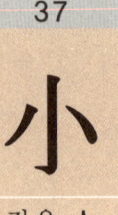	점(丶) 셋으로 물건의 '작은' 모양을 나타낸 자.
	尖 첨 뾰족할, 날카로울, 작을, 끝	아래는 크고(大) 위끝은 작다(小)는 데서 '뾰족하다'.

38 **尢** 절름발이 왕	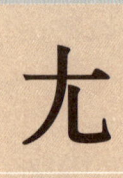	한 쪽 정강이가 굽은 사람(大→尢)의 모양을 본떠 '절름발이'를 뜻한 자.
	尤 우 더욱, 허물	손(ナ←友)에 쥐었던 물건을 떨어뜨려(乚←失) '허물' 되었다는 뜻.

39 **尸** 주검 시 (주검시엄)		사람이 고꾸라져 누운 모양을 본떠 '주검'을 뜻한 자.
	屠 도 저 죽일, 잡을, 백정, 가를, 흉노	사람(者)을 '죽인다(尸)'는 뜻으로 된 자.

40 **屮** 싹날 철	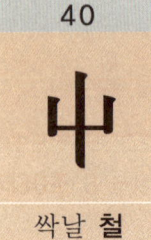	초록의 떡잎이 '싹터 나온' 모양을 본뜬 자.
	 屯 둔 모일 준 어려울	싹(屮)이 힘들게 땅(一)을 뚫고 나오는 모양에서 '어렵다'의 뜻.

41

山 메 산

우뚝우뚝 솟은 '산봉우리'의 모양을 본뜬 자. '메'는 산의 옛말.

巖 암 바위, 험할, 산굴
엄 높을 (동)岩

산(山)에 굳센(嚴) 모습으로 버티고 있는 '바위'.

42

巛 개미허리 천
(川 : 내 천)

물이 흐르는 모양을 본떠 '내'를 뜻한 자.

巡 순 순행할, 물러날

물(巛)이 돌아서 흘러가듯이 '두루돌아다님(辶)'.

43

工 장인 공

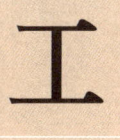

목공일 할 때 쓰는 자. 또는 공구의 모양을 본떠 '만들다'의 뜻이 된 자.

巧 교 교묘할, 재주, 예쁠

재치있게(丂) 만들었다(工) 하여 '교묘(巧妙)하다'의 뜻이 된 자.

44

己 몸 기

사람의 척추 마디 모양을 나타내어 '몸' 또는 '자기(自己)'를 뜻한 자.

配 배 짝, 도울

사람(己)에게 술(酉)을 따라 준다는 데서 '노느다', '짝'.

45

巾 수건 건

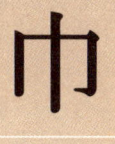

'수건'을 몸에 걸친 모양을 본뜬 자.

布 포 베, 베풀

손(ナ=왼손 좌)으로 천(巾)을 '편다'는 뜻에서 오늘날의 자형이 됨.

46 干 방패 간		'방패'의 모양을 본뜬 자. 방패를 창이나 화살이 뚫음을 가리켜 '범하다'라는 뜻으로도 쓴다.
	刊 간 깎을, 새길	방패(干)처럼 편편한 널빤지에 글자를 새겨(刂) '책을 박아낸다'는 뜻.

47 幺 작을 요		아기가 갓 태어날 때의 모양을 본떠 '작다', '어리다'의 뜻을 나타낸 자.
	幼 유 어릴, 어린이	힘(力)이 약한(幺) '어린이'를 뜻하여 된 자.

48 广 바위 엄 (엄호엄)		언덕이나 바위를 지붕 삼아 지은 '바위집' 또는 '돌집'의 모양을 본뜬 자.
	庭 정 뜰, 집안, 곧을, 곳, 조정 (통)廷	원래는 벽이 없이 지붕(广)만 덮인 조정(庭)의 작은 '뜰'.

49 廴 길게걸을 인 (민책받침)		발을 '길게 끌며(乀) 멀리 걸어감(丿)'을 가리킨 자.
	廷 정 조정, 법정, 바를, 공평할	뜰을 걸어 나아가(廴) 곧게(壬←庭) 늘어서서 정사를 논의하던 '조정'.

50 廾 받들 공 (밑스물입)		두 손으로 마주 잡아 받들어 올리는 모양을 본떠 '손 맞잡다', '팔짱끼다'의 뜻을 나타낸 자.
	弄 롱 희롱할, 놀, 즐길	구슬(王)을 두 손에 받쳐 들고 (廾) 노는 모양에서 '희롱(戱弄)하다'.

51 弓 활 궁		'활'의 모양을 본뜬 자.
	弘 홍/횡 크게 할, 클, 넓을 / 활소리	팔을 굽혀(厶) 활(弓) 시위를 당김이 '크다'는 뜻.

52 彡 터럭 삼 (삐친석삼)		'머리털'이 보기 좋게 자란 모양을 본뜬 자.
	影 영 그림자, 빛, 모습, 초상, 형상, (통)景	햇살(景)에 의해 아롱진(彡) '그림자'.

53 彳 자축거릴 척 (두인변)		허벅다리(丿), 정강이(乀), 발(丨)을 나타내어 '자축거리다'의 뜻이 된 자.
	彷 방 방황할, 배회할	여러 방향(方)으로 이리저리 돌아다닌다(彳)는 데서 '방황하다'.

54 心 마음 심 (忄: 심방변)	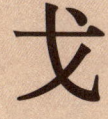	'마음'의 바탕이 되는 것으로 생각했던 '심장'의 모양을 본뜬 자.
	必 필 반드시, 살필	마음(心)에 말뚝(丿)을 치듯이 결심하고 '꼭' 한다는 뜻으로 된 자.

55 戈 창 과		날부분이 갈라진 창의 모양을 본뜬 자.
	戒 계 경계할, 고할	두 손(廾)으로 무기(戈)를 든 모양에서 적을 '경계(警戒)한다'.

56 戶 지게문 호 (문 호)		외짝문인 '지게문'의 모양을 본뜬 자.
	房 방 　방, 곁방, 거처, 제기, 전동, 송이	집(戶)의 한쪽(方)에 있는 '방'을 뜻하여 된 자.

57 手 손 수 (扌: 재방변)		손의 모양을 본뜬 자.
	拏 나 　잡을, 맞당길, 연좌 될 (동) 拿拏	죄 지은 자(奴)를 '붙잡는다(手)'는 뜻으로 된 자.

58 攴 칠 복 (등글월문)		손(又)에 회초리(卜=상형)를 들고 '똑똑 두드리다' 또는 '치다'의 뜻으로 된 자.
	敎 교 　가르칠, 종교	교(敎)의 본 자는 아이(子)에게 좋은 일을 본받게(爻=본받을 효) '인도한다'는 뜻.

59 斗 말 두		용량을 헤아리는 '말'의 모양을 본뜬 자.
	料 료 　헤아릴, 말질할	쌀(米)을 '말질한다(斗)'는 뜻으로 된 자인데, 널리 '헤아린다'는 뜻.

60 斤 도끼 근 (무게근)	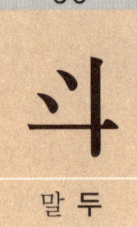	'도끼'의 모양을 본뜬 자.
	斥 척 　내칠, 쫓을, 넓힐, 엿볼, 망군, 가리킬	도끼(斤)로 찍어서(ヽ) '내친다'는 뜻으로 된 자.

| 61 方 모 방 | 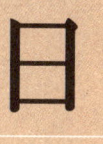 | 두 척의 배를 붙인 모양이 '모남'을 나타낸 자. 쟁기의 보습이 나아가는 방향을 가리킨 자. |
| | 旁 방 곁 | 말할 때 입김(干)이 사방(方)으로 퍼짐을 나타내어 '넓다'. |

| 62 日 날 일 |  | '해(날)의 모양'을 본뜬 자. |
| | 旦 단 아침, 새벽 | 해(日)가 지평선(一)을 벗어나 떠오른다 하여 '밝다', 또는 '아침'. |

| 63 曰 가로 왈 | 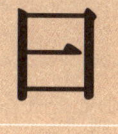 | 입(口)에서 입김(一)이 나가면서 '말이 됨'을 가리킨 자. |
| | 最 최 가장, 극진할, 잘할, 우뚝할, 넉넉할 | 위험을 무릅쓰고(日) 적의 귀를 잘라(取) 오는 큰 모험. |

| 64 月 달 월 |  | 초승 '달'의 모양을 본뜬 자. |
| | 朔 삭 초하루, 북방 | 그믐달이 거꾸로 (屮←逆) 선 모양으로 불어나는 '초승달(月)'. |

| 65 木 나무 목 |  | 땅에 뿌리를 내리고(八) 가지를 뻗으며 자라나는 (十←屮=싹날 철) '나무'의 모양을 본뜬 자. |
| | 枝 지 가지, 흩어질, 버틸, 손마디 (통)支 | 나무(木) 줄기에서 갈려나간(支) '가지'. |

66 欠 하품 흠		입을 벌리고 '하품하는' 모양을 본뜬 자.
	次 차 버금, 행차	하품하는(欠) 사람은 피곤하여 정진하지 못하므로 다음(二) '차례(次例)'.

67 止 그칠 지		사람이 멈추어 선 발목 아래의 모양을 본떠 '머무르다', '그치다'의 뜻을 나타낸 자.
	武 무 호반, 날랜, 군사	창(戈)을 들고 난리를 방지할(止) 목적으로 이루어진 '호반'.

68 歹 뼈앙상할 알 (죽을사변)		'살을 발라낸 뼈'의 모양을 본뜬 자. 그 잔악한 모양에서 '몹쓰다'의 뜻으로도 쓰인다.
	死 사 죽을, 죽음, 끊일, 마칠, 다할, 위태할	사람이 죽어(匕) 뼈(歹)만 남았다 하여 '죽음'의 뜻이 된 자.

69 殳 칠 수 (갖은 둥글월문)		몽둥이(几)를 손(又)에 들고 친다는 뜻. 몽둥이라는 데서 날 없는 창을 뜻하기도 한다.
	殺 살 죽일, 없앨	(杀)자만으로 나무(木)를 찍고(丶) 베어(乂=풀 벨 예) '죽인다'.

70 气 기운 기		수증기 모양을 본떠 '구름 기운'을 뜻한 자.
	氣 기 기후, 기운, 숨, 생기, 공기 (약)気	밥(米)을 지을 때 나는 '증기(气)'를 뜻하여 된 자.

71 水 물 수 (氵: 삼수변)			물의 흐름을 본뜬 자.
	氷	빙 / 얼음, 얼, 식힐, 전 동뚜껑, (본)(冰)	물(水)이 얼어붙었다(冫) 하여 '얼음'의 뜻이 된 자.

72 火 불 화			타오르는 '불꽃'의 모양을 본뜬 자.
	災	재 / 재앙(災殃)	巛(川=내 천의 본 자)와 火의 합침. 수재(巛), 화재(火) 등 '재앙(災殃)'.

73 爪 손톱 조 (爫: 손톱조머리)			물건을 '긁어당기는' '손톱' 모양을 본뜬 자.
	爭	쟁 / 정	다툴, 싸울, 분별할 간할, (약)争	서로 손(爪)과 손(ㅋ)으로 끌어(丨)당기며 '다툰다'.

74  조각널 장 (장수장변)			통나무를 쪼갠 것 중 왼쪽 것의 모양을 본떠 조각 또는 쪼개다의 뜻이 된 자.
	將	장 / 거느릴, 장수	널판(爿) 위에 고기(월←肉)를 벌여 놓고 법도(寸)에 의해 제사를 지내는 장수.

75 片 조각 편			통나무를 쪼갠 것 중 오른쪽 것의 모양을 본떠 '조각' 또는 '쪼개다'의 뜻이 된 자.
	版	판 / 조각, 쪽, 판자, 호적, 인쇄할, (통)板	뒤졌다(反) 엎었다 하며 켜낸 널조각(片), '판자'.

76 牛 소 우	牛 牜 [소 그림]	'소'의 양 뿔과 머리·어깨·꼬리 등의 모양을 본뜬 자.
	牧 목 기를, 다스릴	소(牛)를 먹이 있는 곳으로 회초리(攵)로 몰고 간다는 데서 동물을 '기르다'.

77 犬 개 견 (犭: 개사슴록변)	犬 犬 [개 그림]	앞발을 들고 짖어대는 '개'의 모양을 본뜬 자.
	狀 장 모양, 문서, 편지, 베풀 (약)狀	널빤지(爿)로 된 대문 옆에 개(犬)가 서 있는 '모양'.

78 玄 검을 현	玄 玄 [구름 그림]	작은(幺) 것이 공기에 가려져(亠) 그 빛이 '검게' 보이거나 '아득함'을 나타내어 된 자.
	玆 자 현 이, 이에 검을, (통)玄	玄에 玄을 합쳐 빛깔이 '검고(玄·玄)' '흐리다'는 뜻으로 된 자.

79 玉 구슬 옥 (王: 구슬옥변)	玉 玉 [구슬 그림]	구슬 세(三) 개를 꿴(丨) 모양을 본뜬 자. 후에 王과의 혼동을 피하기 위해 '丶'을 덧붙임.
	珠 주 구슬, 눈동자	빛깔이 붉은(朱) 구슬(玉)을 뜻하여 된 자.

80 甘 달 감	甘 甘 [입 그림]	입 안(凵→口)의 혀끝(一)으로 '단맛'을 가려냄을 가리킨 자.
	甚 심 심할, 더욱	한 쌍(匹-짝 필)의 남녀가 달콤한(甘) 사랑을 속삭이니 '심하다'.

81

田 밭 전

밭과 밭 사이에 사방으로 난 둑의 모양을 본떠 '밭'을 뜻하게 된 자.

畓 답 논(國字)

水(물 수)와 田의 합침. 물(水)이 있는 밭(田), 곧 '논'.

82

疋 발 소

발목에서 발끝까지의 모양을 본떠 '발'을 나타낸 자.

疑 의/응 의심할, 그럴 듯할 정할

어린애(マ)가 뜻을 정하지(疋) 못해 망설인다.

83

疒 병들 녁 (병질엄)

사람이 병상에서 팔을 늘어뜨리고 기댄 모양을 보여 '병듦'을 가리킨 자.

病 병 병들, 근심할

불을 밝혀(丙) 밤새워 간호해야 할 정도로 앓는 '병(疒)'을 뜻한 자.

84

癶 걸을 발 (필발머리)

두 발(癶)을 벌리고 걸어가려는 모양에서 '걷다', '가다'의 뜻이 된 자.

登 등 오를, 나갈, 높을, 탈, 이룰, 익을

발판(豆)을 밟고(癶) 높은 데에 '오른다'.

85

白 흰 백

해(日)의 빛(丿)이 '흼'을 가리킨 자.

的 적 밝을, 과녁, 어조사, 표준, 의, 것

흰(白) 동그라미(勹)를 가리켜(一) '과녁'.

86 皿 그릇 명	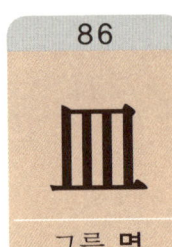	위가 넓고 받침이 있는 쟁반 모양을 본떠 '그릇'을 뜻한 자.
	盤 반　소반, 큰 돌	음식을 담아 옮기는(般) 넓적한 그릇(皿), 즉 '소반(小盤)'.
87 目 눈 목		사람의 눈 모양을 본떠 '눈', '보다'의 뜻이 된 자.
	盲 맹　소경, 어두울	눈동자(目)가 없다(亡)는 데서 '소경'의 뜻.
88 矛 창 모		뾰족한 쇠를 긴 자루 끝에 박은 '세모진 창'의 모양을 본뜬 자.
	矜 긍　자랑, 불쌍할	창(矛)을 방금(今) 잡은 자가 잘난 체한다는 데서 '자랑'.
89 矢 화살 시		화살의 모양을 본뜬 자.
	短 단　짧을	콩단이(豆) 화살같이(矢) 짧다.
90 石 돌 석		언덕(厂) 아래에 굴러 떨어진 '돌덩이(口)' 모양을 본뜬 자.
	砲 포　대포	돌(石)을 여러 개 싸서(包) 쏘아 한꺼번에 나가게 했던 '돌 쇠뇌'.

91 示 보일 시 (礻: 보일시변)	示 禾 		제물을 차려 놓는 '제단' 모양을 본떠 그 제물을 신에게 '보임'을 나타낸 자.
	祭	제 제사, 기고, 제사지낼	고기(夕)를 집어(又) 제단(示)에 놓고 지내는 '제사(祭祀)'.

92 禸 짐승발자국 유	禸 禸 		구부러져(冂) 둥그랗게(厶) 난 '짐승의 발자국' 모양을 본뜬 자.
	禽	금 짐승, 날짐승, 사로잡을, 포로, (통)擒	'날짐승(离=짐승 리)'을 그물로 씌운(人) 모양에서 '사로잡다'.

93 禾 벼 화	禾 禾 		볏대(木)에서 이삭이 패어 드리워진(丿) 모양을 본떠 벼의 뜻을 나타낸 자.
	秋	추 가을, 말 뛰놀	햇볕(火)을 받아 익은 곡식(禾)을 거둬들이는 계절.

94 穴 구멍 혈	穴 穴 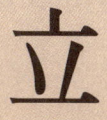		집(宀)으로 삼을 수 있도록 파헤쳐진(八) 굴 '구멍'을 뜻한 자.
	空	공 빌, 없을, 구멍, 궁할	땅을 파낸(工) 굴(穴)처럼 속이 '비다', '없다'의 뜻으로 된 자.

95 立 설 립	立 立 立		땅(一)에 바로 '선' 사람(立) 모양을 본뜬 자.
	竣	준 일 마칠, 물러설, 그칠	立과 夋(갈 준 음부)의 합침. 걸어가다가 (夋←俊) 섰다(立)는 데서 '그치다'.

96 竹 대 죽		'대'와 이파리 모양을 본뜬 자.
	筆 필 붓, 쓸, 글씨, 글	竹과 聿(붓 율 음부)의 합침. 붓을 대(竹)로 만든 데서 된 자.

97 米 쌀 미		겉껍질이 까져(十) 나온 '쌀알들(氺)' 모양을 가리킨 자.
	粉 분 가루, 분, 분바를, 회, 빻을	쌀(米)이 잘게 나뉘어져(分) 부숴진 가루.

98 糸 실 사		'가는 실'을 감는 실타래 모양을 본뜬 자.
	綿 면 솜, 고치솜, 동일, 잇닿을	가는 명주 실(帛)은 섬유(糸)가 끊이지 않고 '잇닿았다'.

99 缶 장군 부 (질그릇부)		배가 불룩하고 아가리가 좁은 '질그릇(장군)' 모양을 본뜬 자.
	寶 보 보배, 귀할	집(宀) 안의 큰 그릇(缶)에 담긴 구슬(玉)과 재물(貝)을 가리켜 '보배'.

100 羊 양 양		양의 두 뿔과 네 발 및 꼬리 등의 모양을 본뜬 자.
	善 선 착할, 옳게 여길	'양(羊)과 같이 온순하고 어진 사람은 두말할( ) 것도 없이 '착하다'.

제13장 한자 연상 기억법

101 羽 깃 우

새의 긴 '깃' 또는 '날개' 모양을 본뜬 자.

習 습 — 익힐, 버릇, 거듭, 풍습, 습관
어린 새가 여러 번(白) 날기를(羽) 거듭 '익힌다'.

102 老 늙을 로 (耂: 늙을로엄)

허리 굽은(匕) '늙은이(耂=毛+人)'가 지팡이를 짚고 있는 모양을 나타낸 자.

考 고 — 상고할, 노인, 헤아릴, 칠, 죽은 아비
성장이 막히고(丂←亐) 허리가 굽은 '노인(耂)'을 뜻하여 된 자.

103 而 말이을 이

'윗수염'을 본뜬 자. 수염 사이로 말이 나온다 하여 문장을 '이을' 때의 어조사로 쓰인다.

耐 내 — 참을, 구레나룻 깎을
죄를 짓고 법도(寸)에 의해 수염(而)을 깎이는 것을 '참는다'.

104 耒 따비 뢰 (쟁기 뢰)

잡초(耒=풀날개)를 캐고 밭을 일구는 나무(木)로 된 연장의 하나인 '따비'를 뜻한 자.

耕 경 — 밭갈, 겨리질할
쟁기(耒)로 밭이랑(井)을 지으며 '밭을 갈다'.

105 耳 귀 이

'귀'의 모양을 본뜬 자.

取 취, 추 — 가질, 빼앗을
적을 죽인 표시로 그 귀(耳)를 손(又)에 가지고 온 데서 '빼앗다'의 뜻이 된 자.

487

106 聿 붓 율

'붓'을 잡고 손을 놀려(聿=붓 율) 글자획(一)을 그음을 가리킨 자.

律 률 법률, 절제할

사람이 지켜가야(行) 할 바를 붓(聿)으로 쓴 '법률(法律)'.

107 肉 고기 육 (月 : 육달월)

근육 및 그 단면의 모양을 본떠 '살' 또는 '몸'의 일부를 뜻한 자.

腐 부 썩을, 두부

곳간(府)에 오래 놓아 둔 고기(肉)가 '썩는다'는 뜻으로 된 자.

108 臣 신하 신

임금 앞에서 몸을 꿇고 엎드린 '신하'의 모양을 본뜬 자.

臥 와 누울, 눕힐, 쉴, 엎딜, 침실 (속)卧

신하(臣)가 임금(人) 앞에 '엎드린다'는 뜻으로 된 자.

109 至 이를 지

(土)는 땅을 나는 새 또는 화살(一). 새 또는 화살이 날아와 땅에 '이름'을 나타낸 자.

臺 대 누각, 관청, 돈대

높이(高-高) 쌓아 놓고 머무르는(至室) 곳이 '돈대'나 '누각'.

110 臼 절구 구

확(臼)에 쌀(一)이 든 모양을 본뜬 자.

 훼 헐, 무너질

진흙(土)이나 돌로 만든 절구통(臼)에 쌀을 찧을(殳) 때 절구통이 이지러진다.

제13장 한자 연상 기억법

111 舌 혀 설

입(口) 안에서 방패(干) 같은 구실을 하는 '혀'를 나타낸 자.

話 화 — 말씀, 이야기, 착한 말
혀(舌)로 말(言)함을 가리켜 '말씀' 또는 '이야기'의 뜻.

112 舛 어그러질 천

오른발(夕←㐄) 왼발(㐄)이 각각 다른 방향으로 '어겨져' 있음을 나타낸 자.

舜 순 — 무궁화
꽃(爫←瞬)이 피고 지고 하기를 끊임없이 번갈아(舛)하는 '무궁화꽃'.

113 舟 배 주

통나무를 파서 만든 '쪽배'의 모양을 본뜬 자.

般 반 — 일반, 옮길, 돌, 돌아올, 펼, 세 (통)搬
배(舟)에 물건을 싣고 노(殳)저어 '옮아간다'.

114 艸 풀 초 (艹: 초두머리)

초목의 싹들(屮·屮)이 돋아 나오는 모양에서 '풀 싹'의 뜻이 된 자.

菜 채 — 나물, 반찬, 캘
먹을 수 있는 풀(艹)을 캠(采·採)을 가리켜 '나물'.

115 虍 범의문채 호 (범호)

얼룩덜룩한 줄무늬가 진 호랑이 가죽의 모양을 본떠 그 '문체'를 나타낸 자.

虐 학 — 사나울, 학대할
범(虍)이 발톱(ヨ)으로 할퀴며 덤빈다는 데서 '사납다'.

116 虫 벌레 충

뱀이 사리고 있는 모양을 본뜬 자로, 널리 '벌레'의 의미로 쓰인다.

蜜 밀 꿀 — 벌(虫)이 빽빽하게 (宓←密) 지은 집에 저장해 두는 꿀.

117 衣 옷 의 (衤: 옷의변)

사람들(衣←人人)이 몸을 감싸 덮는(亠) '옷'을 뜻한 자.

裝 장 행장(行裝), 쌀, 꾸밀, 동일 — 옷(衣)을 성하게(壯) 차린다는 데서 '꾸미다'.

118 襾 덮을 아

위에서 덮고(冂) 아래에서 받친(凵) 데에다 다시 뚜껑(一)으로 '덮는다'는 뜻으로 된 자.

栗 률 밤나무, 엄할, 여물 — 가시 돋고 벌어진 송이가 매달린(覀) '밤나무(木)'.

119 見 볼 견

사람(儿)이 눈(目)으로 '본다'는 뜻으로 된 자.

視 시 볼, 본받을 — 示는 남에게 보임, 見은 자기가 봄. 보이고(示) 또 본다(見)는 데서 '살피다'.

120 角 뿔 각

짐승의 뿔모양을 본뜬 자.

解 해 풀, 해부할
개 헤칠, 벗을 — 소(牛)의 두 뿔(角) 사이를 칼(刀)로 쳐 '풀다'.

121

言 말씀 언

스스로 생각한 바를 곧바로 찔러서(≡ ←辛 – 찌를 건) '말한다(口)'는 뜻으로 된 자.

訓 훈 / 가르칠, 경계할, 새길

냇물(川)이 위에서 아래로 흐르듯이 이치를 좇아 타이른다(言) '가르치다'.

122

豆 콩 두

제기 모양을 본뜬 자로, 콩꼬투리같이 생긴 그 모양에서 '콩'의 뜻으로 널리 쓰인다.

豊 풍 / 풍성할, 풍년들, 예도 禮의 옛 자.

'풍성(豊盛)히' 담긴(曲) 그릇(豆)의 모양을 본뜬 자.

123

豕 돼지 시

'돼지'의 머리 및 등(一)·네 발(豕)·꼬리(ㄟ)의 모양을 본뜬 자.

豚 돈 / 돼지, 새끼 돼지

살(月)이 통통히 찐 '새끼 돼지(豕)'를 뜻하여 된 자.

124

豸 해태 치 (갖은돼지시)

'맹수'가 발을 모으고 등을 높이 세워 덤벼드는 모양을 본뜬 자.

豹 표 / 표범

눈이 작고(勺) 동글동글한 무늬가 있는 맹수(豸)의 하나인 '표범'을 뜻한 자.

125

貝 조개 패

'조개' 모양을 본뜬 자. 조가비를 화폐로 사용했던 데서 '돈'이나 '재물'의 뜻으로 쓰인다.

買 매 / 살, 구해 가질

돈(貝)을 주고 바꾼 물건을 그물 망태기(罒)에 담는다.

126 走 달아날 주

팔을 휘저으며(大) 발(止←止)을 재게 내딛으며 '달아남'을 나타낸 자.

超 초 — 뛰어넘을, 뛰어날, 높을, 넘을

윗사람이 불러서(召) '뛰어간다(走)'는 뜻.

127 足 발 족

허벅다리 또는 슬개골(口)에서 발가락(止←止) 끝까지의 모양을 본떠 발을 뜻한 자.

跡 적 — 발자취, 행적, 사적 (동)迹 (통)蹟

발(足)을 거듭(赤) 옮겨서 난 흔적, 즉 '발자취'.

128 車 수레 거

'수레'를 옆에서 본(원형은 ⿻) 모양을 본뜬 자로, 그 '바퀴'의 뜻으로도 쓰인다.

軌 궤 — 수레바퀴, 굴대, 법, 좇을, 바퀴 자국

수레바퀴(車)의 여러 살을 에워싼 구부정한(九) '바퀴둘레'.

129 辛 매울 신

죄(䇂=죄 건)를 범한(一) 자 이마에 바늘로 찔러 표했던 데서 '혹독하다', '맵다'의 뜻이 된 자.

辯 변 — 말 잘할, 풍유할 (약)弁

다투는(䇂䇂) 두 사람의 말을 듣고 옳고 그름을 가려 설명한다(言).

130 辵 쉬엄쉬엄갈 착 (辶: 책받침)

조금 걷다가(彳←彳) 멈추곤(止←止)하며 간다 하여 '쉬엄쉬엄가다'의 뜻이 된 자.

速 속 — 빠를, 초래할

束(묶을 속 음부)에 辶의 받침. 약속(束)시간에 맞추려고 급히 간다(辶).

131  고을 읍 (阝: 우부방)			일정한 경계(口) 안에 사람(㔾←口=마디 절)들이 모여 사는 '고을' 또는 '읍'을 뜻한 자.
	鄕 향	시골, 고향, 곳, 대접할 (통)饗	어릴 때(幺-작을 요) 따뜻한 밥(皀-고소할 흡)을 먹던 고을(阝-邑)의 시골

132  술 유 (닭 유)			'술'병 모양을 본뜬 자. 酒(술 주)의 옛 자. 12지에서는 '닭'의 뜻으로 쓰인다.
	醫 의	의원, 병 고칠, (약)医	전쟁 시 창(殳)과 화살(矢)에 맞아 파인 자국(匚)에 술(酉)로 소독하여 치료하다.

133  쇠 금			흙(土)에 덮여(亼) 있는 광석(··)을 나타내어 금을 뜻한 자.
	針 침	바늘, 꿰맬, 침찌를 (본)鍼	(十)자는 실을 꿴 바늘의 모양. 쇠(金)로 된 '바늘(十)'을 뜻하는 자.

134  문(두짝) 문			두 짝의 '문' 모양을 본뜬 자.
	閉 폐 별	닫을, 마칠, 가릴, 덮을 감출, 막을	문(門)에 빗장(才)을 끼운 모양에서 '닫다'의 뜻이 된 자.

135  언덕 부 (阝: 좌부변)			흙이 겹겹이 쌓이고 덮쳐진 산의 단층 모양을 본떠 큰 '언덕'을 뜻한 자.
	陸 육	육지, 뭍, 두터울, 뛸, 길, 어긋날	언덕(阝)과 큰 흙덩이(坴)가 높고 낮게 잇닿아 된 '육지(陸地)'를 뜻하는 자.

136 隶 밑 이

隷 예 — 종, 붙이, 죄인, 서체, 검열할 (동)隸

꼬리(朮←尾)를 붙잡고(⇒=又) 뒤쫓아간다는 데서 '미치다' 또는 '밑'의 뜻이 된 자.

저지른 죄의 꼬리가 잡혀(隶) 그 벌(柰)로 '종'이 되었다는 뜻으로 된 자.

137 隹 새 추

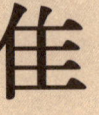

集 집 — 모을, 나아갈, 문집, 가지런할, 편할

꽁지가 몽똑하게 짧은 '새'의 모양을 본떠 꽁지 짧은 새를 통틀어 일컫는 자.

새(隹) 떼가 나무(木)를 뒤덮듯이 많이 앉은 모양에서 '모이다'의 뜻이 된 자.

138 雨 비 우

雪 설 — 눈, 눈 내릴, 흴, 씻을 (雪辱=설욕)

구름에서 빗방울이 떨어지는 모양을 본 떠 '비' 또는 '비오다'의 뜻이 된 자.

비(雨)가 얼어서 내리는 눈발을 손(⇒=又)으로 받는 모양.

139 韋 다룬가죽 위

韓 한 — 우물 담, 나라 이름, 한국

'다룬 가죽'을 본뜬 자. 또는 성의 주위를 군인이 어긋 디디며 다닌 발자국 모양을 본뜬 자.

아침 햇빛(卓)을 받아 아름답게 빛나는 '우물담(韋)' 같은 성의 나라.

140 頁 머리 혈

顔 안 — 얼굴, 빛, 편액, 산우뚝할

사람의 목에서 '머리(首=百)' 끝까지의 모양을 본뜬 자.

선비(彦)의 훤칠한 이마(頁)를 가리켜 '얼굴'을 뜻하게 된 자.

제13장 한자 연상 기억법

141 食 밥 식 (먹을 식)

밥(皀=皀, 밥 고소할 흡)을 모아(스=모을 집) 담은 모양을 본떠 '밥' 또는 '먹다'의 뜻이 된 자.

飮 음 — 마실, 음료, 잔치, 머금을, 숨길 (약)飲

입을 크게 벌리고(欠) 물이나 술 따위를 마신다(食).

142 鹿 사슴 록

'사슴'의 뿔 및 머리( ), 몸통( )·네 발(比)의 모양을 본뜬 자.

麗 려리 — 고울, 붙을, 밝을, 맨 부딪힐

사슴(鹿)이 나란히 짝지어(㸚) 가는 모양.

143 黑 검을 흑

불땔 때 연기(灬)가 창(田) 사이로 빠져 나가면서 그을어진 것이 '검다'는 뜻.

默 묵 — 고요할, 말없을, 흐릴, 가리킬, 침잠할

캄캄한(黑) 밤에 개(犬)마저 짖지 않는 '고요'.

144 馬 말 마

'말'의 머리·갈기와 꼬리(馬)·네 굽(灬) 등의 모양을 본뜬 자.

騷 소 — 시끄러울, 흔들릴

말(馬)이 물것에 물려 벼룩(蚤)처럼 마구 날뛴다.

145 骨 뼈 골

살(月←肉)이 발라내진(冎=살 발라낼 과) '뼈'를 뜻하여 된 자.

體 체 — 몸, 근본 (약)体

뼈(骨)와 살과 오장육부(豊)로 이루어진 '몸'을 뜻하여 된 자.

495

146

音 소리 음

소리에 마디가 있음을 나타내어 言의 아랫부분 口에 한 획(一)을 더 그어 '소리'를 가리킨 자.

韻 운 울림, 운치, 화할

사람(員)이 글을 읽는 소리(音)의 높낮이를 가리켜 '운'.

147

髟 머리늘어질 표 (터럭발)

긴(長) 머리카락(彡)이 '늘어짐'을 나타낸 자.

髮 발 터럭, 머리카락, 모래 땅, 메마를

개꼬리(犮←拔) 같이 늘어진 긴 '머리털(髟)'.

148

鬼 귀신 귀

죽은(甶=귀신머리 불) 사람(儿)의 영혼이 사악하게(厶) 사람을 해치는 '귀신'을 뜻한 자.

魂 혼 넋, 마음

구름(云)처럼 떠다니는 죽은 사람의 넋(鬼).

149

魚 고기 어

'물고기'의 머리(⺈)·몸통(田)·지느러미(灬)의 모양을 본뜬 자.

鯨 경 고래

고기(魚)가 대궐같이(京) 크다 하여 '고래'.

150

鳥 새 조

꽁지가 긴 '새'의 모양을 본뜬 자(隹자 참조).

鳴 명 울, 울릴, 새가 울, 부를

닭(鳥)이 주둥이(口)를 벌리고 '욺'을 나타내어 된 자.

한 자(字)를 알면 열 자(字)가 보인다

1 단계 門자 자원 10字 풀이

1 [8급]
門
문 문

두 짝(門-문 문)
대문에 문패를 붙이다.

門牌 : 문패, 門前成市 : 문전성시

2 [7급]
問
물을 문

문에(門-문 문) 들어서면서 물어서
(口-입 구) 문답하다.

問答 : 문답, 問議 : 문의

3 [7급]
間
사이 간

햇볕이(日-해 일) 들어오는 문틈
(門-문 문) 사이의 간격

間隔 : 간격, 間接 : 간접

4 [6급]
聞
들을 문

귀의(耳-귀 이) 귓바퀴는 모든 것을
들어서 견문을 넓히는 대문이다.

新聞 : 신문, 見聞 : 견문

5 [5급]

관계할 관

문(門-문 문)을 실꿰듯이(絲-실꿸
관) 서로 매어 관계하여 통하다.

關稅 : 관세, 關係 : 관계

6 [6급]
開
열 개

문의(門-문 문) 빗장(一)을 들어
(廾-들 공) 내어 열고 개방하다.

開放 : 개방, 開通 : 개통

7 [4급]
閉
닫을 폐

문의(門-문 문) 빗장(才)을 들어 대
어 닫고 폐쇄하다.

閉校 : 폐교, 閉鎖 : 폐쇄

8 [4급]
閑
한가할 한

문을(門-문 문) 나무로(木-나무
목) 막으니 출입이 없어 한가하다.

閑暇 : 한가, 閑散 : 한산

9 [3급]
閣
집 각

여러 사람이(各-각각 각) 찾아드니
큰 문(門-문 문)이 달린 누각.

樓閣 : 누각, 鐘閣 : 종각

10 [1급]

번민할 민

마음의(心-마음 심) 문이(門-문
문) 막혀 번민하다.

苦悶 : 고민, 煩悶 : 번민

門자 한자 연상 이야기

Ⅰ단계 [①~④]
門牌를 보고 問議하고 대문의 間隔을 이용 新聞을 배달하다.

① 門牌 ② 問議
③ 間隔 ④ 新聞

Ⅱ단계 [⑤~⑦]
關稅를 없애고 자유 開放하니 閉鎖된 항구는 활기를 띠고.

⑤ 關稅 ⑥ 開放
⑦ 閉鎖

Ⅲ단계 [⑧~⑩]
閑暇한 樓閣의 종소리는 사람들의 煩悶을 씻어 주다.

⑧ 閑暇 ⑨ 樓閣
⑩ 煩悶

훈음과 한자쓰기

	훈 음	한자 연상하며 쓰기		훈 음	한자 연상하며 쓰기
1. 門 ( )			6. 開 ( )		
2. 問 ( )			7. 閉 ( )		
3. 間 ( )			8. 閑 ( )		
4. 聞 ( )			9. 閣 ( )		
5. 關 ( )			10. 悶 ( )		

2 단계 木자 자원 10字 풀이

1 木 나무 목 [8급]
땅에 뿌리를 내리고(八) 자라는 (屮-싹날 철) 나무와 풀을 초목이라 일컬음.
草木 : 초목, 木石 : 목석

2 沐 머리감을 목 [3급]
나무를(木-나무 목) 때어 목욕할 물(氵)을 데우다.
沐浴 : 목욕, 沐雨 : 목우

3 休 쉴 휴 [7급]
사람이(亻-사람) 나무 밑(木-나무 목)에서 휴식하면서 쉬다.
休息 : 휴식, 休憩 : 휴게

4 林 수풀 림 [7급]
나무와(木) 나무가(木) 자라 산림이 우거지고 수풀이 자라다.
林野 : 임야, 山林 : 산림

5 材 재목 재 [5급]
나무를(木) 재주 있게(才-재주 재) 다루어 목재를 만들다.
敎材 : 교재, 木材 : 목재

6 禁 금할 금 [4급]
신을(示-보일 시) 모시는 산림(林-수풀 림)에는 출입을 금하여 금기시키다.
禁忌 : 금기, 禁止 : 금지

7 森 수풀 삼 [3급]
나무가(木) 빽빽(林-수풀 림)하게 우거져 삼림욕을 즐기다.
森林浴 : 삼림욕

8 本 근본 본 [6급]
나무(木) 뿌리의 근본을 가르쳐(一) 본성을 캐다.
本來 : 본래, 本性 : 본성

9 末 끝 말 [5급]
나무가(木) 하늘 끝(一)까지 자라듯 모든 일에 마지막 말석까지 이르다.
末席 : 말석, 末職 : 말직

10 未 아닐 미 [4급]
나무가(木) 아직 가지를 뻗어(一) 자라고 있으니 얼마나 자랄 지 아니 자랄 지는 미정이다.
未定 : 미정, 未遂 : 미수

木자 한자 연상 이야기

Ⅰ단계 [①~③]
草木이 우거진 숲속 계곡에 沐浴하고 휴게실에서 休息을 취하다.

① 草木 ② 沐浴
③ 休息

Ⅱ단계 [④~⑦]
林野에서 木材 벌채를 禁止하는 것은 森林浴장을 만들기 위해서다.

④ 林野 ⑤ 木材
⑥ 禁止 ⑦ 森林浴

Ⅲ단계 [⑧~⑩]
本性은 착하나 末職에서 근무할 지는 未定이다.

⑧ 本性 ⑨ 末職
⑩ 未定

훈음과 한자쓰기

훈 음	한자 연상하며 쓰기		훈 음	한자 연상하며 쓰기
1. 木 ( )		6. 禁 ( )		
2. 沐 ( )		7. 森 ( )		
3. 休 ( )		8. 本 ( )		
4. 林 ( )		9. 末 ( )		
5. 材 ( )		10. 未 ( )		

3단계 禾자 자원 10字 풀이

1 禾 벼 화 [3급]
볏대에서(木-나무 목) 화곡이 익어 드리워진(丿-삐침 별) 벼 이삭.
禾穀: 화곡, 禾苗: 화묘

2 和 화할 화 [6급]
곡식을(禾-벼 화) 여럿이 같이 먹으니(口-입 구) 화목하다.
和睦: 화목, 和解: 화해

3 利 이할 리 [6급]
벼를(禾-벼 화) 낫으로 베어(刂-칼 도) 거두니 이득이 생겨 편리하다.
利得: 이득, 便利: 편리

4 梨 배 리 [3급]
배는 사람에게 이로움을(利-이로울 리) 주는 나무로 이원을 만들어 이화를 즐기다.
梨園: 이원, 梨花: 이화

5 痢 이질 리 [1급]
뱃속이 날붙이(利-이로울 리)로 도려내듯 아픈(疒-병들 녁) 이질 증세.
痢疾: 이질, 痢症: 이증

6 私 사사 사 [4급]
사사로이 벼를(禾-벼 화) 팔에 끌어 안으니(厶-팔꿈치 모양) 사유재산이 생기다.
私有: 사유, 私設: 사설

7 季 계절 계 [4급]
벼의(禾-벼 화) 싹이(子-아들 자) 어린 계절의 철부지 시절.
季節: 계절, 春季: 춘계

8 委 맡길 위 [4급]
곡식은(禾-벼 화) 아내에게(女-계집 녀) 맡겨 위임하다.
委任: 위임, 委託: 위탁

9 秋 가을 추 [7급]
벼(禾-벼 화)가 햇볕에(火-불 화) 익어 추수하는 가을.
秋收: 추수, 秋毫: 추호

10 愁 근심 수 [3급]
가을이면(禾-가을 추) 겨울 걱정(心-마음 심)으로 수심에 잠겨 근심하다.
愁心: 수심, 哀愁: 애수

禾자 한자 연상 이야기

Ⅰ단계 [①~②]
禾穀을 나누어 먹으니 이웃이 和睦하다.

① 禾穀 ② 和睦

Ⅱ단계 [③~⑤]
매년 利得을 보는 梨園(배과수원) 농민이 痢疾로 고생하여 손해보다.

③ 利得 ④ 梨園
⑤ 痢疾

Ⅲ단계 [⑥~⑩]
私設 농장에서 씨를 뿌리는 春季에 委託받은 농장이 커서 秋季에 秋收할 근심부터 생겨 愁心에 잠기다.

⑥ 私設 ⑦ 春季
⑧ 委託 ⑨ 秋收
⑩ 愁心

훈음과 한자쓰기

	훈 음	한자 연상하며 쓰기		훈 음	한자 연상하며 쓰기
1. 禾	( )		6. 私	( )	
2. 和	( )		7. 季	( )	
3. 利	( )		8. 委	( )	
4. 梨	( )		9. 秋	( )	
5. 痢	( )		10. 愁	( )	

4 단계 夕자 자원 10字 풀이

1. 夕 [7급] 저녁 석
달(月-夕-夕)이 기울어(夕)진 초승달은 초저녁에 떠 조석을 구별시킨다.
夕陽 : 석양, 朝夕 : 조석

2. 名 [7급] 이름 명
저녁(夕-저녁 석)에는 얼굴 대신 이름(口)을 불러 명부를 확인하다.
名簿 : 명부, 名稱 : 명칭

3. 銘 [3급] 새길 명
이름(名-이름 명)을 오래 남기기 위하여 쇠에(金-쇠 금) 새겨 감명을 주다.
銘心 : 명심, 感銘 : 감명

4. 多 [5급] 많을 다
어제 오늘 내일 거듭되는 날이(夕-저녁 석) 허다하게 많다.
多少 : 다소, 許多 : 허다

**5. ** [4급] 옮길 이
못자리에 많은(多-많을 다) 볏모를(禾-벼 화) 옮겨 이앙시키듯 이사하다.
移徙 : 이사, 移替 : 이체

**6. ** [1급] 사치할 치
사람이(亻) 몸에 많은(多-많을 다) 액세서리를 걸쳐 사치하다. 侈放(치방) : 오만하고 방종함.
奢侈 : 사치, 侈放 : 치방

7. 外 [8급] 바깥 외
저녁에(夕) 점을 치러(卜-점 복) 바깥에 외출하다.
野外 : 야외, 外出 : 외출

8. 夜 [6급] 밤 야
저녁이(夕) 지나가면 또(亠-亦-또 역) 밤이 와(夂-뒤져올 치) 야경을 만든다.
夜景 : 야경, 夜勤 : 야근

9. 液 [4급] 진 액
밤처럼(夜-밤야) 어두운 곳에서 나오는 진(氵)의 액체.
液體 : 액체, 溶液 : 용액

**10. ** [3급] 꿈 몽
저녁에(夕) 눈을 감고(瞢-눈어둘 몽) 잘 때 길몽의 꿈을 꾸다.
夢想 : 몽상, 吉夢 : 길몽

夕 자 한자 연상 이야기

I 단계 [①~③]
朝夕으로 부르는 名稱을 銘心해서 마음에 새기다.

① 朝夕 ② 名稱
③ 銘心

II 단계 [④~⑥]
許多하게 많은 移徙짐 속에 奢侈품이 많다.

④ 許多 ⑤ 移徙
⑥ 奢侈

III 단계 [⑦~⑩]
야외로 外出하여 산등에서 夜景 바라보며 나무의 수액인 液體를 채취함에 산장에서 吉夢의 꿈을 꾸다.

⑦ 外出 ⑧ 夜景
⑨ 液體 ⑩ 吉夢

훈음과 한자쓰기

훈 음	한자 연상하며 쓰기		훈 음	한자 연상하며 쓰기
1. 夕 ( )		6. 侈 ( )		
2. 名 ( )		7. 外 ( )		
3. 銘 ( )		8. 夜 ( )		
4. 多 ( )		9. 液 ( )		
5. 移 ( )		10. 夢 ( )		

5단계 白자 자원 10字 풀이

1 白 [8급]
해의(日-해 일) 빛이(丿-삐침 별) 백설같이 힘을 가리킴.
흰 백
白米 : 백미, 白雪 : 백설

2 伯 [3급]
집안 여러 일을(白-흰 백) 사뢰야 할 맏이(亻-사람 인) 백부.
맏 백
伯父 : 백부, 畵伯 : 화백

3 百 [7급]
한살(一-한 일)에서 시작 백년까지 (百-일백 백) 사는 백성.
일백 백
百年 : 백년, 百姓 : 백성

4 柏 [3급]
겉이 흰(白-흰 백) 잣나무(木-나무 목) 송백.
측백 백
冬柏 : 동백, 松柏 : 송백

5 帛 [1급]
흰(白-흰 백) 천으로(巾-수건 건) 된 폐백 비단.
비단 백
幣帛 : 폐백, 白書 : 백서

6 拍 [4급]
손으로(扌) 박수를 많이 쳐(白-흰 백) 박차를 가하다.
칠 박
拍手 : 박수, 拍車 : 박차

7 迫 [3급]
명백하게(白-흰 백) 닥쳐오니(辶) 핍박(逼迫)하다.
핍박할 박
急迫 : 급박, 臨迫 : 임박

8 舶 [2급]
흰 돛(白-흰 백) 단 큰 배(舟-배 주)의 선박.
배 박
船舶 : 선박, 舶物 : 박물

9 泊 [3급]
희게 보이는(白-흰 백) 얕은 물에 (氵) 정박하여 머무르다.
머무를 박
民泊 : 민박, 碇泊 : 정박

10 箔 [1급]
대나무 껍질의(竹-대 죽) 얇은 막 (泊-머무를 박)처럼 된 금박, 은박.
금박 박
金箔 : 금박, 銀箔 : 은박

白 자 한자 연상 이야기

Ⅰ단계 [①~⑤]
머리가 白雪이 된 伯父께서 百年 사시어 松柏나무 밑에 幣帛상을 차리다.

① 白雪 ② 伯父 ③ 百年
④ 松柏 ⑤ 幣帛

Ⅱ단계 [⑥~⑩]
船舶을 碇泊시켜 놓고 拍車를 가하여 急迫하게 金箔으로 포장하여 선재하다.

⑥ 拍車 ⑦ 急迫 ⑧ 船舶
⑨ 碇泊 ⑩ 金箔

● 훈음과 한자쓰기

	훈 음	한자 연상하며 쓰기		훈 음	한자 연상하며 쓰기
1. 白	( )		6. 拍	( )	
2. 伯	( )		7. 迫	( )	
3. 百	( )		8. 舶	( )	
4. 柏	( )		9. 泊	( )	
5. 帛	( )		10. 箔	( )	

6단계 家자 자원 10字 풀이

1 [7급]
家
집 가
돼지(豕-돼지 시)가 새끼 번식하듯 식구가 느는 가정의 행복한 집(宀-집 면)
家庭 : 가정, 家訓 : 가훈

6 [4급]

떼 대
언덕(阝-언덕 부)에 돼지 떼(㒸-다 할 수)가 대열을 이루다.
隊列 : 대열, 軍隊 : 군대

2 [1급]
嫁
시집 갈 가
여자는(女) 나이가 차면 남의 집(家-집 가)으로 출가하여 시집간다.
出嫁 : 출가, 改嫁 : 개가

7 [1급]
墜
떨어질 추
대열에(隊-떼 대) 한 마리 돼지가 언덕 아래(土)로 추락하여 떨어지다.
墜落 : 추락, 擊墜 : 격추

3 [1급]

심을 가
곡식(禾-벼 화)을 집 주변에(家-집 가) 심어 가득을 높인다.
稼動 : 가동, 稼得 : 가득

8 [3급]

돼지 돈
살찐(月-肉) 돼지 새끼(豕-돼지 시)를 기르는 양돈 사업
養豚 : 양돈, 豚肉 : 돈육

4 [3급]
逐
쫓을 축
돼지(豕-돼지 시)가 달아나도록 (辶) 축출하여 쫓는다.
角逐 : 각축, 逐出 : 축출

9 [3급]

어두울 몽
돼지머리(十)를 겹쳐 덮어씌우니 (冖-겹쳐덮을 모) 몽매해져 어리석어진다.
蒙昧 : 몽매, 啓蒙 : 계몽

5 [3급]

드디어 수
여러 가지(㒸-다할 수) 일이 잘 되어가(辶) 완수하여 이루다.
遂行 : 수행, 完遂 : 완수

10 [3급]

호걸 호
성난 돼지(豕)의 씩씩거리는 높은 기상(亠-高)이 호걸에 비유된다.
豪傑 : 호걸, 豪雨 : 호우

家자 한자 연상 이야기

I 단계 [①~③]

여자는 家庭에서 出嫁하여 시집가면 농사일을 도와 稼得을 높여 살림을 잘해야 한다.

① 家庭 ② 出嫁
③ 稼得

II 단계 [④~⑦]

농가에서 逐出된 돼지가 행군을 遂行하던 중 隊列에서 한 마리가 墜落하다.

④ 逐出 ⑤ 遂行
⑥ 隊列 ⑦ 墜落

III 단계 [⑧~⑩]

養豚사업의 몽매한 농촌을 啓蒙하던 영웅豪傑이 누군가요.

⑧ 養豚 ⑨ 啓蒙
⑩ 豪傑

훈음과 한자쓰기

	훈 음	한자 연상하며 쓰기		훈 음	한자 연상하며 쓰기
1. 家 ( )			6. 隊 ( )		
2. 嫁 ( )			7. 墜 ( )		
3. 稼 ( )			8. 豚 ( )		
4. 逐 ( )			9. 蒙 ( )		
5. 遂 ( )			10. 豪 ( )		

고사성어 뜻 연상 기억법

1. 감지덕지(感之德之) : **감**자 주고 **떡** 주니 ※ 매우 고맙게 여김.

2. 경천애인(敬天愛人) : **경**치 좋은 **하**늘 아래서 **애인**을 만났으니.
   ※ 하늘을 공경하고 사람을 사랑하라.

3. 선남선녀(善男善女) : **선**본 **남**자와 **선**본 **여**자는 (부모님 말씀 잘 듣는).
   ※ 착하고 어진 사람들이다.

4. 형설지공(螢雪之功) : **형**은 **설**거**지**하며 **공**부했으니 ※ 어려운 여건을 이겨내고 성공함.

5. 대기만성(大器晚成) : 큰 **대**접을 **기**술적으로 **만**드는 데 늦게 **성**공하였다.
   ※ 오랫동안 공적을 쌓아 늦게 이루어짐.

6. 백문불여일견(百聞不如一見) : **백**번 **문** 앞에 **불려**와도 **한**번 **견**학한 것만 못하다.
   ※ 백 번 듣는 것이 한 번 보는 것만 못하다.

7. 모순(矛盾) : **모**나게 행동하고 말은 **순**하게 하니. ※ 말과 행동이 서로 맞지 않음.

8. 삼고초려(三顧草廬) : **세 번**씩 **고**개 숙여 **초라**한 집에 가서.
   ※ 인재를 맞아 들이기 위하여 참을성 있게 마음 씀.

9. 어부지리(漁父之利) : **어부**가 **지리**에 밝으면 이익이 많다.
   ※ 어부의 이익이 되고 말았다는 뜻.

10. 양약고구(良藥苦口) : **양약**을 **고구**마와 함께 먹으라는 충언은 귀에 거슬리지만.
    ※ 자신에게는 이롭다(좋은 약은 입에 쓰다).

고사성어 뜻 기억하기

1. **張三李四** : 평범한 사람들.
   장삼이사, 스님의 **장삼**입고 **이사**하는 사람들은.

2. **錦上添花** : 좋은 일에 더 좋은 일을 더함.
   금상첨화, **금상**과 함께 **첨**가하여 **화**폐까지 받았으니.

3. **百年河淸** : 아무리 기다려도 가망 없음.
   백년하청, **백년**을 기다렸는데 **하루 청**도 안들어 주니 가망 없음.

4. **風樹之嘆** : 부모가 돌아가 효행을 하지 못함에 한탄.
   풍수지탄, **풍수**로 ~ **지탄**함.

5. **緣木求魚** : 제대로 되지 않은 일을 굳이 하려 함.
   연목구어, **연**을 **목구**멍에 굳이 넣으려 한다.

6. **改過遷善** : 과거의 허물을 고치고 바른 길로 들어섬.
   개과천선, **개**처럼 **과거**에 지내다가 **천**사처럼 **선**하게 산다.

7. **身言書判** : 인물을 평가하는 데 4가지(몸가짐, 말씨, 글씨, 판단력) 조건.
   신언서판, ※**신**체 좋고 **언**변 좋고, **서**예솜씨 좋고, **판**단력 있는 인물.

8. **龍頭蛇尾** : 용의 머리와 뱀의 꼬리(시작은 좋지만 끝은 나쁘다).
   용두사미, ※**용 두** 마리 보고 나서 **사**기 당해 **미**치겠다.

9. **白骨難忘** : 죽어 백골이 된 뒤에도 그 깊은 은덕을 잊을 수 없다는 뜻.
   백골난망, ※**백골**이 되거나 **난 망**해도 깊은 은덕을 잊을 수 없다.

10. **晚時之歎** : 기회를 놓쳐 버려 안타까워하는 탄식(때늦은 한탄).
   만시지탄, ※ **만**두 먹을 **시**간에 **지**각해서 안타까워 한**탄**함.

11. **信賞必罰** : 상과 벌을 공정하게 구분함.
   신상필벌, **신**나게 **상** 받을 사람과 **필**히 **벌** 줄 사람을 공정하게 구분함.

12. **見物生心** : 실물을 보면 욕심이 생김.
   견물생심, **견**본 **물**건만 봐도 가지고 싶은 **생**각이 **심**하게 난다.

13. **一朝一夕** : (하루 아침이나 하루 저녁) 짧은 시간.
   일조일석, **일**을 **조**리 있게 해서 **일 석**에 끝냈으니 짧은 시간이다.

14. **實事求是** : 사실을 토대 삼아 진리를 탐구하는 일.
   실사구시, **실사**를 밝히려고 **구 시**대를 토대 삼아 진리를 탐구함.

15. **靑出於藍** : 제자가 스승보다 뛰어남.
   청출어람, 스승이 **청**색을 **출**품했지만 **어**린 **남**매의 작품이 더 푸르다.

16. **東問西答** : 묻는 말에 엉뚱한 답을 함.
   동문서답, **동문**에서 물어보니 **서**문에서 **답**하다.

17. **肝膽相照** : 서로 마음을 터놓고 진실하게 사귐.
   간담상조, **간담**을 **상** 위에 **조**심스럽게 올려 놓고 서로 마음을……

18. **百年之計** : 먼 장래를 내다본 계획.
   백년지계, **백년**을 내다보고 **지게**를 지지 않기 위한 계획.

19. **金科玉條** : 조금도 움직일 수 없는 금, 옥과 같이 생각하는 귀중한 법칙.
   금과옥조, **금과 옥**은 **조**금도 움직일 수 없는 귀중한 법칙과 같다.

20. **卓上空論** : 실현성 없는 이론, 책상 위에서만 허황된 이론.
   탁상공론, **탁상** 위에서 **공**만 가지고 논의하니 실현성 없는 허황된 이**론**이다.

21. **一笑一少 一怒一老** : 한 번 웃으면 한 번 젊어지고, 한 번 화내면 한 번 늙어진다.
   일소일소 일노일노, 한 번(**일**)씩 **소**리내어 웃으면 한 번(**일**)씩 **소**년처럼 젊어지고, 한 번(**일**)씩 **노**할 때 마다 한 번(**일**)씩 **노**인처럼 늙어진다.

Foreign Copyright:
Joonwon Lee
Address: 10, Simhaksan-ro, Seopae-dong, Paju-si, Kyunggi-do,
         Korea
Telephone: 82-2-3142-4151
E-mail: jwlee@cyber.co.kr

기억법 공식 훈련 학습법 가이드
초스피드 기억법

2004. 1. 15. 초   판 1쇄 발행
2005. 8. 22. 초   판 2쇄 발행
2015. 1. 5. 개정 1판 1쇄 발행
2017. 11. 14. 개정 1판 2쇄 발행

판권
본사
소유

지은이 | 손동조
감 수 | 손주남
펴낸이 | 이종춘
펴낸곳 | BM 주식회사 성안당
주 소 | 04032 서울시 마포구 양화로 127 첨단빌딩 5층(출판기획 R&D 센터)
       10881 경기도 파주시 문발로 112 출판문화정보산업단지(제작 및 물류)
전 화 | 02) 3142-0036
       031) 950-6300
팩 스 | 031) 955-0510
등 록 | 1973. 2. 1. 제406-2005-000046호
출판사 홈페이지 | www.cyber.co.kr
ISBN | 978-89-315-7802-7 (13010)
정 가 | 25,000원

이 책을 만든 사람들
책임 | 최옥현
진행 | 정지현
전산편집 | 김인환
표지디자인 | 박원석
홍보 | 박연주
국제부 | 이선민, 조혜란, 김해영
마케팅 | 구본철, 차정욱, 나진호, 이동후, 강호묵
제작 | 김유석

이 책의 어느 부분도 저작권자나 BM 주식회사 성안당 발행인의 승인 문서 없이 일부 또는 전부를 사진 복사나 디스크 복사 및 기타 정보 재생 시스템을 비롯하여 현재 알려지거나 향후 발명될 어떤 전기적, 기계적 또는 다른 수단을 통해 복사하거나 재생하거나 이용할 수 없음.

■ 도서 A/S 안내

성안당에서 발행하는 모든 도서는 저자와 출판사, 그리고 독자가 함께 만들어 나갑니다.
좋은 책을 펴내기 위해 많은 노력을 기울이고 있습니다. 혹시라도 내용상의 오류나 오탈자 등이 발견되면 **"좋은 책은 나라의 보배"**로서 우리 모두가 함께 만들어 간다는 마음으로 연락주시기 바랍니다. 수정 보완하여 더 나은 책이 되도록 최선을 다하겠습니다.
성안당은 늘 독자 여러분들의 소중한 의견을 기다리고 있습니다. 좋은 의견을 보내주시는 분께는 성안당 쇼핑몰의 포인트(3,000포인트)를 적립해 드립니다.
잘못 만들어진 책이나 부록 등이 파손된 경우에는 교환해 드립니다.